Jose Nava

A orientação epistemológica da investigação educacional

Jose Nava

A orientação epistemológica da investigação educacional

A filosofia, a teoria, a metodologia, a técnica e os instrumentos de investigação em ciências da educação

ScienciaScripts

Imprint

Cover image: www.ingimage.com

This book is a translation from the original published under ISBN 978-3-659-01752-0.

Publisher:
Sciencia Scripts
is a trademark of
Dodo Books Indian Ocean Ltd. and OmniScriptum S.R.L publishing group

120 High Road, East Finchley, London, N2 9ED, United Kingdom
Str. Armeneasca 28/1, office 1, Chisinau MD-2012, Republic of Moldova, Europe
Printed at: see last page
ISBN: 978-620-8-32433-9

Índice de conteúdos:

A orientação epistemológica da investigação educacional

Pressupostos filosóficos, fundamentos teóricos, procedimentos metodológicos, estratégias técnicas e instrumentos para a realização de pesquisas em ciências da educação.

DR. JOSÉ NAVA BEDOLLA

APRESENTAÇÃO

O título desta obra explica, de forma resumida, o seu conteúdo. O trabalho reconstrói uma ideia fundamentalmente problemática no desenvolvimento de qualquer investigação levada a cabo nas ciências da educação: a *orientação epistemológica* da investigação.

Este livro destina-se aos estudantes de licenciatura, de mestrado e de doutoramento em geral e, em particular, a todos os interessados na formação em investigação no domínio das ciências da educação.

A *orientação epistemológica* da investigação levada a cabo nas ciências da educação está relacionada com algumas ideias mais comuns que se observam em qualquer processo de investigação: o quadro teórico e o quadro metodológico ou, se preferirmos, o quadro teórico-metodológico.

A categoria "*orientação epistemológica*" não exclui as ideias anteriores. Pelo contrário, recupera-as num conceito mais amplo, que inclui - para além do *teórico* e *do metodológico* - os níveis *filosófico*, *técnico* e *instrumental* de qualquer processo de conhecimento; ou seja, uma orientação epistemológica é composta por cinco elementos: filosófico, teórico, metodológico, técnico e instrumental.

O conceito de "*orientação epistemológica*" é construído com base no facto de o conhecimento ser um problema, porque em toda a investigação educacional, entendida como um processo, existe uma relação entre duas entidades diferentes que pertencem a mundos diferentes, ou seja, a realidades que não são de todo semelhantes: o investigador (o sujeito cognoscente) e a investigação (o objeto a conhecer).

As esferas do investigador e do seu objeto de investigação são a *psicológica* (a alma) e a *ontológica* (a realidade concreta ou abstrata), respetivamente; por isso, tal *relação* não é possível na sua essência, ou seja, não se consegue um contacto real entre os *principais elementos do conhecimento* (sujeito e objeto), porque pertencem a planos epistemológicos diferentes; por isso, a *relação de conhecimento* só pode ser estabelecida a partir das qualidades que o sujeito cognoscente tem para se relacionar com o objeto a conhecer: a sua *razão* e os seus *sentidos.*

A relação de conhecimento entre o sujeito cognoscente e o objeto a conhecer estabelece-se na *esfera lógica*; é apenas a linguagem, um discurso que o sujeito cognoscente elabora, a partir das suas percepções (sensações) e raciocínios (pensamentos) sobre o objeto. Este discurso é construído com base na forma como o investigador educacional resolve cada um dos seguintes *problemas de conhecimento* possibilidade (dogmatismo, ceticismo, subjetivismo, relativismo, pragmatismo, criticismo), origem (racionalismo, empirismo, intelectualismo, apriorismo), essência (*solução pré-metafísica* - objetivismo, subjetivismo, dialética - , *solução metafísica* - realismo, idealismo, fenomenalismo - , *solução teológica* - dualismo e teísmo, monismo e panteísmo -), classificação (conhecimento racional, conhecimento intuitivo) e conceitos e critérios de verdade (transcendente e imanente). Estes problemas filosóficos do conhecimento, o investigador em educação pode resolvê-los a partir da razão, dos sentidos ou de ambas as qualidades do sujeito cognoscente e, ao fazê-lo, cai - quer o saiba ou não - num determinado pressuposto filosófico dos acima mencionados, resolvendo todos e cada um dos problemas filosóficos do conhecimento também indicados.

Cada *problema do conhecimento* (possibilidade, origem, essência, classificação e conceitos e critérios de verdade) pode ser resolvido pelo investigador a partir de qualquer uma das diferentes *hipóteses filosóficas* mencionadas (as que se encontram entre parêntesis a seguir a cada problema do conhecimento), consoante os seus interesses epistemológicos e ontológicos, mas sobretudo consoante as tenha derivado da razão, dos sentidos ou de ambas as qualidades do sujeito cognoscente.

O nível *filosófico* de uma orientação epistemológica é o primeiro elo da cadeia gnoseológica, onde cada investigador deve situar o seu objeto de estudo; porque este passo é decisivo para a escolha dos fundamentos *teóricos* com que o sujeito cognoscente vai problematizar a realidade que investiga.

O nível seguinte em que o investigador se deve situar, depois do nível *filosófico*, é o nível *teórico*. Em função dos *pressupostos filosóficos* a partir dos quais o investigador em educação resolve todos e cada um dos cinco grandes problemas filosóficos do conhecimento, terá de escolher uma ou algumas das *teorias gerais do conhecimento* (matemática, mecanicismo, organicismo, caos, conflito, complexidade), *particulares das ciências sociais* (positivismo, funcionalismo, estruturalismo, historicismo, marxismo) e *específicas das ciências da educação* (behaviorismo, psicanálise, humanismo, cognitivismo, psicogenética, sociocultural), para problematizar os seus objectos de estudo.

O terceiro nível é o *metodológico*. Em função das *teorias* com que o investigador problematizou a realidade educativa, deve escolher um *procedimento metodológico* ou *operação intelectual* (adição, subtração, multiplicação, divisão, análise, síntese, indicação, dedução, classificação, comparação, definição) para construir novos conhecimentos sobre o fenómeno educativo em estudo.

O quarto nível de uma orientação epistemológica é o nível *técnico*. Com base no *método* ou *métodos* que o investigador educacional utilizou para gerar novos conhecimentos, ele terá de escolher uma ou mais *estratégias técnicas* para conhecer a realidade educacional que pretende investigar. Apenas quatro *técnicas* são conhecidas para conhecer a realidade: a observação, a experimentação, o inquérito e o documentário.

Em quinto e último lugar, desenvolve-se o tema dos *instrumentos* de recolha de informações sobre o objeto de estudo. Consoante a *técnica* utilizada para conhecer a realidade, será escolhido o *instrumento* ou *instrumentos* de recolha de dados empíricos ou teóricos. O *instrumento de observação* é o registo, que pode ser quantitativo ou qualitativo; o instrumento documental é a *ficha de trabalho*; os instrumentos de inquérito são o *questionário* e a *entrevista*, quantitativos ou qualitativos; e, finalmente, a *experiência* é realizada com os materiais necessários.

Assim, propõe-se uma ideia de *perspetiva*, *paradigma* ou *orientação epistemológica*, entendida como uma tomada de posição do investigador em educação em relação a cada um dos cinco problemas do conhecimento acima referidos.

São sugeridos cinco *elementos* ou *níveis epistemológicos* que estão presentes em qualquer processo de investigação: filosófico, teórico, metodológico, técnico e instrumental.
É evidente que estes elementos ou níveis epistemológicos se determinam mutuamente, de forma descendente, em todo o processo de investigação educacional. Assim, os *fundamentos teóricos*, com os quais se problematizam os objectos de estudo, dependem dos *pressupostos filosóficos*, a partir dos quais se observa a realidade; os *procedimentos metodológicos*, com os quais se geram novos conhecimentos, têm a sua origem nos fundamentos teóricos; as *estratégias técnicas*, com as quais se conhece a realidade, derivam dos procedimentos metodológicos; e, finalmente, os *instrumentos*, com os quais se recolhem as informações, derivam das estratégias técnicas.
Caracterizam-se três *orientações epistemológicas*: objetivista, subjetivista e dialética; como resultado da postura do investigador face ao problema do conhecimento, ao optar por uma ou outra das diferentes propostas que se referem aos pressupostos filosóficos, fundamentos teóricos, procedimentos metodológicos, estratégias e instrumentos técnicos, para a realização do seu trabalho.
Conclui-se que, uma vez que as diferentes propostas contidas em cada um dos níveis ou elementos acima mencionados constituem uma posição sobre o problema do conhecimento, não é possível definir uma única orientação epistemológica para a realização de investigação nas ciências da educação; tudo dependerá do objeto de estudo e das inclinações epistemológicas e ontológicas do investigador.
É possível concluir, entre outras coisas já mencionadas, que a obra que agora está nas mãos de qualquer leitor interessado no assunto, tenta tornar-se um manual para formar e educar na, pela e para a investigação no domínio das ciências da educação. Paralelamente a este trabalho, estamos a preparar uma proposta de projeto de investigação que permitirá, num futuro não muito distante, estabelecer a relação teoria-prática da investigação realizada no domínio das ciências da educação.

CAPÍTULO 1

A DEFINIÇÃO DE ORIENTAÇÃO EPISTEMOLÓGICA.
Elementos para a sua construção

1. A DEFINIÇÃO DE ORIENTAÇÃO EPISTEMOLÓGICA. Elementos para a sua construção.

A *orientação epistemológica* da investigação educacional pode ser colocada no domínio da *epistemologia*, um ramo da filosofia que, entre outras coisas, trata do problema do conhecimento, ou seja, responde a questões como: é possível conhecer, qual é a fonte e a base do nosso conhecimento, como se processa a relação entre o sujeito e o objeto do conhecimento, quantos tipos de conhecimento existem, quais são os critérios para determinar se o conhecimento é verdadeiro ou não, quais são os critérios para determinar se um conhecimento é verdadeiro ou não e quais são os critérios para determinar se um conhecimento é verdadeiro ou não?

Por esta razão, é necessário, em primeiro lugar, analisar o conceito de *epistemologia* para se poder falar de uma *orientação epistemológica* da investigação levada a cabo nas ciências da educação.

1.1 A EPISTEMOLOGIA, ENTENDIDA COMO A TEORIA DA CIÊNCIA OU DO CONHECIMENTO DO CONHECIMENTO (METACIÊNCIA).

Também designada por *teoria do conhecimento* e, menos frequentemente, por *gnoseologia* (Ortiz, 2003:152), *a epistemologia* é entendida - etimologicamente - por Dagoberto D. Runes (1998:114-117) como um ramo da filosofia que estuda a origem, a estrutura, os métodos e a validade do conhecimento (do grego *episteme*, conhecimento; e *logos*, teoria).

Literalmente, *a epistemologia* é entendida como um discurso (logos) sobre a ciência (*episteme*) (Miguélez, 1997:7). O conceito designa uma *teoria geral do conhecimento*.

As tradições anglo-saxónica e francesa entendem *a epistemologia* como *filosofia da ciência* e como *epistemologia, teoria do conhecimento* ou *gnoseologia*, respetivamente.

Piaget, segundo Rolando García (2000: 25) entende *a epistemologia* (da psicologia), como uma teoria do conhecimento científico, para fundamentar o estudo da epistemologia genética, como o estudo dos mecanismos do desenvolvimento do conhecimento científico. Desta forma, Piaget pretende dar um carácter científico (entendido como método científico) à nova ciência que, segundo ele, estava a caraterizar (epistemologia genética).

A necessidade de definir orientações epistemológicas obriga a entender *a epistemologia* simplesmente como uma ideia sobre a ciência, sobre o conhecimento, sobre os seus problemas e limites, sobre as suas construções, etc.; ou seja, implica níveis filosóficos, teóricos, metodológicos, técnicos e instrumentais.

Para efeitos do presente trabalho, entende-se por *epistemologia* o ramo da filosofia que, independentemente da sua designação (filosofia da ciência, teoria geral da ciência, etc.), se ocupa dos problemas filosóficos (possibilidade, origem, essência, classificação, critérios de verdade, etc.), teóricos, metodológicos, técnicos e instrumentais do conhecimento, do seu alcance e dos seus limites. É, seguindo Miguélez, um discurso sobre a ciência; a ciência entendida como a construção do conhecimento.

Neste estudo, analisa-se o conhecimento em geral. Se a ciência for entendida como conhecimento, então o chamado conhecimento científico é apenas uma das quatro possibilidades de realização humana; as outras três são a filosofia, a religião e a arte. Nesta investigação, analisa-se o conhecimento do conhecimento na ciência e na educação.

1.1.1 *A origem etimológica da definição de "epistemologia".*

A ideia, "epistemologia", vem do grego *episteme* que significa "conhecimento" e *logos* que significa "tratado", "teoria" ou "estudo".

Etimologicamente, epistemologia significa "o estudo do conhecimento". *A epistemologia* ocupa-se do conhecimento e do saber que lhe está associado, dos tipos de conhecimento, das suas fontes e da relação entre o sujeito que conhece e o objeto a conhecer. A epistemologia também se preocupa com o grau de certeza que cada indivíduo estabelece na sua ideia do objeto de conhecimento (Gutiérrez, 2007:8).

1.1.2 *A dinâmica da ideia de "epistemologia".*

O termo *epistemologia* começou a difundir-se no final do século XIX, substituindo o antigo termo *teoria do conhecimento* e, mais tarde, *gnoseologia*. No entanto, é algo ambíguo, pelo que nem sempre é utilizado no mesmo sentido. Quando lhe é atribuído um significado tradicional, refere-se ao estudo crítico das condições e possibilidade do conhecimento em geral, preocupado em responder a questões como o que podemos saber, ou como sabemos que o que acreditamos sobre o mundo é verdadeiro? Neste caso, o seu objeto de estudo coincide com o da *teoria do conhecimento*. Mas recentemente foi-lhe atribuída a função de tratar de todos os processos cognitivos, incluindo o da ciência (Gutiérrez, 2007:9).

Para Blanché (1973) *a epistemologia* é uma teoria da ciência. A epistemologia é uma reflexão sobre a ciência. *A epistemologia* é uma metaciência. A metaciência é entendida como a união entre o científico e o filosófico (voltaremos a este assunto na secção sobre a relação entre filosofia e teoria).

Blanché (1973: 8) afirma que "...*a metaciência é o estudo que segue uma ciência e se ocupa dela, tomando-a por sua vez como objeto e interrogando-se a um nível superior sobre os seus princípios, fundamentos, estruturas, condições de validade, etc...". A epistemologia, que é uma reflexão sobre a ciência, com este título passa a fazer parte da metaciência....*".

Blanché (1973: 13) afirma ainda que "... *a relação da epistemologia com a teoria do conhecimento é a que existe entre a espécie e o género, limitando-se a epistemologia a uma única forma de conhecimento: o conhecimento científico...*".

Blanché tem razão quando diz que *a epistemologia* é uma metaciência, ou seja, o conhecimento do conhecimento; mas discorda-se dele quando diz que a epistemologia só trata do conhecimento científico. Na realidade, *a epistemologia* deve ser considerada como o conhecimento do conhecimento em geral. *A epistemologia* é o conhecimento do conhecimento científico, religioso, artístico e filosófico; como tentaremos provar ao longo do presente estudo. Com a ressalva de que a presente investigação está direcionada, de forma preponderante, para a investigação que se realiza a partir das ciências da educação.

1.1.3 *O debate atual sobre a definição de "epistemologia".*

A dificuldade em categorizar - estabelecer as determinações específicas dos elementos que compõem o objeto, ou seja, imputar ou estabelecer as suas propriedades - o termo *epistemologia* deve-se ao facto de lhe terem sido atribuídos tantos significados quantos os estudiosos interessados em compreendê-lo. Nos países de influência anglo-saxónica, *epistemologia* é *filosofia da ciência* ou *lógica da ciência*; na tradição francesa, distingue-se entre a reflexão genérica sobre a ciência, *a filosofia da ciência*, e o estudo histórico e crítico do conhecimento, dos seus princípios, métodos e resultados. *A epistemologia*, para nós, é a teoria do conhecimento (Gutiérrez, 2007:10).

Dado que é difícil estabelecer uma definição exacta, específica e comummente aceite do que devemos entender por *epistemologia*, devido à complexidade da definição; para efeitos desta investigação, a epistemologia é proposta genericamente como *o conhecimento do conhecimento* (Gutiérrez, 2007:11). Ou seja, como um ramo da filosofia que se ocupa do problema do conhecimento.

O conhecimento, enquanto objeto de estudo da *epistemologia*, remete-nos para problemas como o conceito, as caraterísticas, as funções, as finalidades, as classificações, as possibilidades, etc., do conhecimento.

O conhecimento, como se verá mais adiante, é definido com base em diferentes pressupostos filosóficos. Dependendo do modo como o sujeito cognoscente resolve cada um dos cinco principais problemas filosóficos do conhecimento. Com efeito, *a epistemologia* é um ramo da filosofia que se ocupa do problema do conhecimento em geral.

A epistemologia, ou conhecimento do conhecimento, tem a função determinante de nos ajudar a resolver os problemas do conhecimento: sua possibilidade, origem, essência, classificação e conceitos e critérios de verdade; seus fundamentos teóricos, procedimentos metodológicos, estratégias e instrumentos técnicos; entre outros.

1.2 ORIENTAÇÕES EPISTEMOLÓGICAS E CIÊNCIAS DA EDUCAÇÃO.

A fim de clarificar a questão da conceção de uma orientação epistemológica da investigação educacional, incluindo os seus pressupostos filosóficos, fundamentos teóricos, procedimentos metodológicos, estratégias técnicas e instrumentos para a realização de investigação no domínio das ciências da educação, é necessário dividir este subcapítulo em duas secções: ciências da educação e orientações epistemológicas.

1.2.1 *Ciências da educação.*

Num sentido lógico, "definir" significa estabelecer limites, ou seja, exprimir o que um objeto é sem lhe acrescentar ou retirar nada. Neste caso, estamos a lidar com dois conceitos: "ciência" e "educação" e/ou os seus respectivos plurais. Assim, a primeira questão seria: existe uma ou várias ciências da educação?

Sobre a unidade ou pluralidade da ciência da educação (ou das ciências da educação) existem diferentes opiniões: uns defendem a existência de uma única ciência da educação representada pela Pedagogia; outros, para além de considerarem a Pedagogia como a "ciência geral da educação", admitem a existência de outras ciências que, no entanto, não se tornam independentes das primeiras; Um terceiro grupo considera a existência de um conjunto de ciências da educação independentes entre si, com o denominador comum de considerarem a educação como um objeto formal de estudo, mas sob diferentes perspectivas; e, finalmente, há quem atribua o rótulo **de** "ciências da educação" a qualquer ciência direta ou indiretamente relacionada com a educação, mesmo que não a tenha como objeto de estudo próprio.

A posição pessoal a este respeito está em consonância com a dos currículos do Mestrado em Investigação Educacional e do Doutoramento em Ciências da Educação do Instituto Superior de Ciências da Educação do Estado do México (ISCEEM), que considera a existência de um conjunto de ciências que têm a educação como objeto comum de estudo, mas cada uma delas olha para ela de uma perspetiva específica, considerando a natureza multirreferencial do fenómeno educativo.

Sem pretender fazer uma análise epistemológica a este respeito, por agora, é necessário esclarecer que qualquer definição, de qualquer objeto de estudo, é estabelecida a partir de uma determinada visão do mundo, com o apoio de alguma teoria, seguindo determinados caminhos ou passos, utilizando uma técnica e através de instrumentos adequados.

Nominalmente, por "ciência", pretende-se significar "conhecimento" e por "educação", "dirigir, orientar, doutrinar", etc. Neste sentido, as "ciências da educação" poderiam ser entendidas como "todas as actividades que dirigem, orientam ou conduzem ao conhecimento"; uma definição muito pobre, em termos explicativos, pelo que, dispensando-a, tentaremos elaborar outra mais realista; que enumere as propriedades mais típicas do objeto; que descreva os seus atributos essenciais; que seja clara; que seja breve mas completa, ou seja, exacta; e que se aplique a tudo e apenas ao que é definido.

Isto só é possível do ponto de vista lógico, mas não do ponto de vista epistemológico. Os conceitos de ciência e de educação variam consoante a posição filosófica, teórica, metodológica, técnica e instrumental do sujeito cognoscente; assim, por "ciência" tem-se entendido "um corpo de conhecimentos verdadeiros", "um corpo de conhecimentos provavelmente verdadeiros que se desenvolvem historicamente", "um corpo de conhecimentos provavelmente verdadeiros, falíveis e incompletos", "um corpo de hipóteses que se apresentam como teste", etc. Do mesmo modo, por "educação" pode entender-se "o processo pelo qual as classes dominantes preparam na mentalidade e na conduta das crianças as condições fundamentais da sua própria existência", ou "a ação exercida pelas gerações adultas sobre aqueles que ainda não estão maduros para a vida social, que visa suscitar e desenvolver na criança um certo número de estados físicos, intelectuais e morais que lhe são exigidos pela sociedade política no seu conjunto e pelo meio especial a que está particularmente sujeita", etc. É de notar a diferença concetual entre o marxismo e o positivismo.

Uma primeira abordagem do conceito de "ciências da educação" a partir de uma perspetiva descritiva, e não explicativa, poderia ser a seguinte:

Conjunto de disciplinas que, a partir de diferentes perspectivas filosóficas, teóricas, metodológicas, técnicas e instrumentais, fazem da educação o seu objeto de estudo. Estas perspectivas ou paradigmas podem também ser designados por orientações epistemológicas, que é o caso do presente estudo e cuja conceção é desenvolvida nas linhas que se seguem.

1.2.2 *Orientações epistemológicas*.

As ciências que tomam a educação como objeto de estudo comum, abordando-a a partir de diferentes *perspectivas*, levantam o problema de chegar a um acordo sobre o que devemos entender por diferentes *perspectivas* científicas - quais são essas diferentes *perspectivas* das ciências?

Uma *perspetiva* é entendida em termos de olhar de perto. É a determinação da inclusividade do que pode ter realidade para um organismo. O *ponto de vista* a partir do qual um indivíduo considera outras coisas existentes (Runes, 1998:287). A conotação de uma *perspetiva* de investigação é semelhante à de um *paradigma*. Um *paradigma* de investigação refere-se às "...crenças, valores, técnicas, etc., partilhadas pelos membros de uma determinada *comunidade científica*." (Kuhn, 1999: 269). Neste sentido, *os paradigmas*, parafraseando Kuhn, são as realizações científicas universalmente reconhecidas que, ao longo de um período de tempo, fornecem modelos de problemas e soluções a uma comunidade científica. Ou seja, alguns exemplos aceites de prática científica fornecem modelos a partir dos quais emergem tradições coerentes de investigação científica; uma espécie de síntese do desenvolvimento científico que atrai a maioria dos praticantes da geração seguinte, desaparecendo os antigos (Kuhn, 1999: 269317).

Paradigma significa modelo e *paradigma científico* caracteriza, mais do que define, o quadro concetual e metodológico em que os problemas da investigação científica são colocados e, sucessivamente, resolvidos, constituindo um todo mais ou menos coerente através do qual o investigador se relaciona com os seus objectivos de estudo. Para Kuhn, esta tarefa compõe a chamada "ciência normal", na qual as bases teóricas, científicas e filosóficas do *paradigma* não são questionadas, estando muitas vezes implícitas na linguagem utilizada pela comunidade científica como matriz disciplinar comum (Khun, 1999:280).

A ideia de *paradigma* de investigação está relacionada com a de *comunidade científica: "Um paradigma é o que é partilhado pelos membros de uma comunidade científica e, inversamente, uma comunidade científica é constituída por pessoas que partilham um paradigma..."*. Kuhn (1999: 271). As ideias de *perspetiva* ou *paradigma* são equiparadas às de *orientação epistemológica*. O seu significado refere-se aos pressupostos filosóficos, aos fundamentos teóricos, aos procedimentos metodológicos, às estratégias técnicas e aos instrumentos que os membros de uma determinada *comunidade científica* ou *tradição de investigação* utilizam na realização das suas investigações.

Interpretando Kunn e Runes, os membros de uma *comunidade científica*, em função do *paradigma* de investigação a que aderem e tendo em conta a *perspetiva* de investigação a partir da qual constroem os seus objectos de estudo, partilham determinados pressupostos filosóficos, para observar a realidade, neste caso, a realidade educativa; determinados fundamentos teóricos, para problematizar os objectos de estudo da educação; diversos procedimentos metodológicos, para gerar novos conhecimentos educativos; algumas estratégias técnicas, para conhecer o fenómeno pedagógico; e determinados instrumentos, para recolher dados, etc.Por outras palavras, determinados programas ou formas de fazer investigação para construir os seus objectos de estudo, que são transmitidos aos investigadores que se juntam à comunidade para aprenderem a *perspetiva* ou *o paradigma* partilhado pelos membros da *comunidade* científica. A *comunidade* científica orienta o processo de formação em investigação e este processo de formação em investigação será adaptado - filosófica, teórica, metodológica, técnica e instrumentalmente - ao *paradigma* ou *perspetiva* de investigação a partir do qual a *comunidade* científica constrói os seus objectos de estudo.

O *paradigma* de investigação, a *perspetiva* (filosófica, teórica, metodológica, técnica e instrumental) a que uma *comunidade científica* adere para fazer investigação, fornece o *modelo de investigação* para a comunidade e compromete-a profissionalmente em termos dos problemas a abordar para análise científica e em termos das regras para os considerar admissíveis e da sua solução legítima. A atividade científica assenta em compromissos e acordos entre os membros da *comunidade científica* sobre o *paradigma* ou *a perspetiva* a partir da qual devem construir os seus objectos de estudo, num primeiro momento; num segundo momento, esse acordo ou compromisso compromete os membros da comunidade com o tipo de problemas que devem ser investigados a partir dessa perspetiva; e, num terceiro momento, devem também acordar as regras para a sua admissão ou rejeição e mesmo as orientações com base nas quais serão admitidas as soluções dadas aos problemas.

As ideias de *perspetiva* e *paradigma*, no sentido acima, estão relacionadas com os conceitos cunhados por Lakatos (2001) e Laudan (1986): *programas* de pesquisa e *tradições* de pesquisa, respetivamente. No entanto, para que se estabeleça um acordo sobre as definições, há que distinguir três dimensões significativas: em primeiro lugar, Kuhn estabelece claramente que o conceito "*paradigma*" designa as bases teóricas, científicas e filosóficas que, a partir das crenças, valores e técnicas partilhadas pelos membros de uma *comunidade científica* para realizar a investigação, servem de pressupostos, fundamentos, etc. para a construção dos objectos de estudo; refere-se ao problema *epistemológico*. Em segundo lugar, também se refere à *comunidade científica* como o grupo de investigadores que partilham esse paradigma. Terceiro, os pressupostos e fundamentos utilizados pelo grupo de investigadores remetem para uma *forma* muito original de fazer investigação. Lakatos, por outro lado, está mais preocupado com a *forma como* a investigação científica é conduzida, com os seus *programas de investigação*; e Laudan está mais interessado em especificar *as tradições* de investigação, ou seja, o nome a dar aos diferentes grupos que conduzem a investigação a partir de diferentes *perspectivas*; isto é, a segunda dimensão significativa, *as comunidades* científicas, como Kuhn, ou *tradições* de investigação, entendidas como "*....conjuntos de suposições gerais sobre as entidades e processos de um domínio de estudo, e sobre os métodos apropriados a serem usados para investigar os problemas e construir as teorias desse domínio*" (Laudan, 1986:116).

Neste sentido, o problema aumenta: quais são as *perspectivas*, *paradigmas*, a partir dos quais se pode fazer investigação educacional, quais são as *comunidades* científicas ou *tradições* de investigação que constroem os seus objectos de estudo a partir dessas perspectivas, paradigmas, e quais são os *programas* ou *modos* de produção de conhecimento que, com base nas perspectivas ou paradigmas, são utilizados pelas comunidades científicas ou tradições de investigação para gerar novos conhecimentos?

Neste artigo, procurar-se-á definir o conceito, enunciar os elementos, estabelecer as caraterísticas, descrever as funções, determinar os objectivos e propor uma classificação das *orientações epistemológicas*, também designadas, pelos autores acima referidos, por perspectivas ou paradigmas de investigação. A análise das comunidades científicas ou tradições de investigação e dos seus programas ou modos de produção de conhecimento, que dependem da orientação epistemológica a partir da qual constroem os seus objectos de estudo, será deixada para trabalhos futuros.

Quando Kuhn se refere aos *paradigmas* ou *perspectivas de investigação* como os quadros conceptuais e metodológicos a partir dos quais se pode realizar a investigação científica; ou como as bases teóricas, científicas e filosóficas a partir das quais é possível que diferentes *comunidades científicas* (denominadas por Laudan *tradições de investigação*) construam os seus objectos de estudo, de acordo com determinadas crenças, valores e técnicas comuns; É possível inferir que ele se refere, embora não os especifique devidamente, a vários *níveis ou dimensões epistemológicas* que podem ser consideradas para realizar uma investigação; tais como os pressupostos filosóficos, a partir dos quais se pode analisar a realidade; os fundamentos teóricos, com os quais se podem problematizar os objectos de estudo; os procedimentos metodológicos, com os quais se podem gerar novos conhecimentos; as estratégias técnicas, para conhecer a realidade; e os instrumentos, para recolher a informação necessária para realizar o trabalho de investigação.

Para caraterizar estas *perspectivas* ou *paradigmas* de investigação, penso que é mais adequado utilizar o termo *orientações epistemológicas*, porque elas orientam, ou seja, dirigem ou encaminham *as comunidades científicas* para uma determinada forma ou *modo* de fazer investigação; também impõem, ou colocam o ónus, a obrigação, etc., e instruem as tradições de investigação, ou as comunidades científicas, sobre determinados pressupostos filosóficos, a partir dos quais devem partir para analisar a realidade; determinados fundamentos teóricos, que devem considerar para problematizar os objectos de investigação, e instruem *as tradições* de investigação, ou *as comunidades* científicas, sobre determinados pressupostos *filosóficos*, a partir dos quais devem partir para analisar a realidade; determinados fundamentos *teóricos*, que devem considerar para problematizar os objectos de estudo; diversos procedimentos *metodológicos*, que devem seguir para gerar novos conhecimentos; algumas estratégias *técnicas*, que são necessárias para conhecer os fenómenos; e determinados *instrumentos*, que são necessários para recolher as informações com as quais os objectos de estudo serão construídos.

Estes *horizontes* (como também é possível considerá-los) ou *orientações epistemológicas* informam, informam, informam, informam sobre os *modos* ou *formas* de produzir conhecimento.

As orientações epistemológicas instruem, ensinam, doutrinam, comunicam, etc., ideias, conhecimentos ou doutrinas epistemológicas; dão a conhecer *formas* ou *modos* de conduzir a investigação e informam *as tradições* ou *comunidades* científicas sobre o modo como a investigação pode e deve ser conduzida.

São *orientações epistemológicas* porque se referem ao conhecimento do conhecimento (Gutiérrez, 1997), ou seja, aos problemas do conhecimento. *A epistemologia* também tem sido designada por "*teoria do conhecimento*" e, menos frequentemente, por "*gnoseologia*". Independentemente da designação atribuída à *epistemologia*, neste estudo, e com o objetivo de caraterizar *as orientações epistemológica*, é entendida como já foi dito: conhecimento do conhecimento, metaciência.

As orientações epistemológicas são posições sobre os problemas do conhecimento, ou seja, sobre o modo como os cinco problemas do conhecimento (filosófico, teórico, metodológico, técnico e instrumental) podem ser resolvidos: os pressupostos filosóficos com que se resolvem os problemas do conhecimento (possibilidade, origem, essência, classificação e critérios de verdade; os fundamentos *teóricos*, para problematizar os objectos de estudo; os procedimentos *metodológicos*, para gerar novos conhecimentos; as estratégias *técnicas* para conhecer a realidade; e os *instrumentos*, para recolher informação sobre os objectos de estudo. Trata-se, na prática, de *perspectivas* ou *paradigmas* de localização, conhecimento e ação sobre a realidade, no sentido kuhniano.

No domínio da educação, a *orientação epistemológica* da investigação pedagógica refere-se aos *pressupostos filosóficos*, a partir dos quais é possível começar a resolver os cinco problemas filosóficos do conhecimento (possibilidade, origem, essências, classificação e conceito e critérios de verdade); aos *fundamentos teóricos*, a partir dos quais os fenómenos podem ser problematizados; aos *procedimentos metodológicos*, que podem ser utilizados para gerar novos conhecimentos; às *estratégias técnicas*, que podem ser utilizadas para conhecer a realidade; e aos *instrumentos*, que servem para recolher as informações que precisamos de analisar.

Para estudar os *pressupostos filosóficos* de qualquer perspetiva, paradigma ou orientação epistemológica, a partir dos quais a realidade pode ser analisada, dependendo da qualidade com que o sujeito cognoscente resolve todos e cada um dos cinco principais problemas do conhecimento (com a razão, com os sentidos ou com ambos), apoiamo-nos principalmente no brilhante trabalho de Hessen (2011). Este autor alemão analisa os cinco principais problemas filosóficos do conhecimento: a sua possibilidade, origem, essência, tipos e critérios de verdade. O problema da *possibilidade do conhecimento* pode ser resolvido de forma diferente a partir de seis pressupostos filosóficos distintos (dogmatismo, ceticismo, relativismo, subjetivismo, pragmatismo e criticismo). O problema da *origem do conhecimento* pode ser resolvido, também de forma diferente, por quatro pressupostos filosóficos diferentes (racionalismo, empirismo, apriorismo e intelectualismo). No problema da *essência do conhecimento* colocam-se três soluções possíveis: *pré-metafísica* (que pode ser resolvida por três hipóteses filosóficas diferentes: objetivismo, subjetivismo e dialética), *metafísica* (que pode ser resolvida por três critérios filosóficos diferentes: realismo, idealismo e fenomenalismo) e *teológica* (que pode ser resolvida por duas estimativas filosóficas diferentes: dualismo e teísmo e monismo e panteísmo). O problema sobre os *tipos de conhecimento* pode ser resolvido a partir de três conjecturas filosóficas diferentes: conhecimento racional, conhecimento intuitivo e conhecimento misto. E, finalmente, o problema dos *critérios de verdade* do conhecimento pode ser resolvido a partir de quatro pressupostos filosóficos diferentes: conceitos transcendentes ou imanentes de verdade e critérios transcendentes ou imanentes de verdade.

Para analisar os *fundamentos teóricos* com os quais se pode problematizar a realidade educativa, baseámo-nos principalmente nas grandes realizações de

Gabriel Gutierrez Pantoja (1984), Alan F. Chalmers (1999) e CONALTE (1993), respetivamente, a partir das quais foi possível classificar *os fundamentos teóricos* que permitem problematizar qualquer realidade no campo das ciências da educação em três grandes grupos: teorias gerais do conhecimento (matemáticas, mecanicismo, mecanicismo, organicismo, caos, conflito, complexidade, etc.), teorias particulares das ciências sociais (positivismo, funcionalismo, estruturalismo, marxismo, teoria dos sistemas, historicismo, fenomenologia, hermenêutica, etc.) e teorias específicas das ciências da educação (positivismo, funcionalismo, estruturalismo, marxismo, teoria dos sistemas, historicismo, fenomenologia, hermenêutica, etc.) e teorias das ciências da educação.), específicas das ciências sociais (positivismo, funcionalismo, estruturalismo, marxismo, teoria dos sistemas, historicismo, fenomenologia, hermenêutica, etc.) e específicas das ciências da educação (behaviorismo, psicanálise, humanismo, cognitivismo, psicogenética, sociocultural, etc.).

Para explicar os *procedimentos metodológicos* ou operações intelectuais, com os quais o sujeito cognoscente pode gerar novos conhecimentos sobre a realidade, baseamo-nos principalmente na lógica de Copi (2000), que, juntamente com outros especialistas em Lógica, nos permitiu classificar as principais operações intelectuais ou procedimentos metodológicos que o sujeito cognoscente pode realizar para gerar novos conhecimentos sobre o seu objeto de estudo em: adição, subtração, multiplicação, divisão, análise, síntese, indução, dedução, abdução, definição, classificação, comparação, etc.

Para compreender as *estratégias técnicas* com as quais o sujeito cognoscente pode conhecer a realidade, baseamo-nos na proposta de Dieterich (2003), que analisa todas e cada uma das estratégias técnicas de conhecimento da realidade, que são: observação, experimentação, levantamento e documentação.

Os *instrumentos* utilizados para a recolha de informação podem ser classificados, segundo Hernández (2000), da seguinte forma: registo, itens, questionário, inquérito e ficha de trabalho, entre outros.

Uma primeira aproximação à *definição* do conceito de *orientação epistemológica* pode ser enunciada da seguinte forma: uma *orientação epistemológica* é constituída pelos pressupostos filosóficos a partir dos quais o sujeito cognoscente resolve todos e cada um dos cinco grandes problemas filosóficos do conhecimento, pelos fundamentos teóricos com que se problematizam os objectos de estudo, pelos procedimentos metodológicos ou operações intelectuais para gerar conhecimento, pelas estratégias técnicas para conhecer a realidade e pelos instrumentos de recolha de dados, de qualquer processo de investigação. Os cinco níveis de conhecimento (filosófico, teórico, metodológico, técnico e instrumental) podem ser resolvidos com os sentidos, com a razão ou com ambas as qualidades do sujeito cognoscente.

A diferença entre os pressupostos filosóficos, os fundamentos teóricos, os procedimentos metodológicos, as estratégias técnicas e os instrumentos das orientações epistemológicas é de grau; de nível epistemológico.

1.3 RESUMO DO CAPÍTULO.

A epistemologia é uma teoria da ciência, do conhecimento, porque ciência significa conhecimento. *A epistemologia* não é ciência, não é conhecimento científico; é metaciência, porque é conhecimento do conhecimento, é teoria da ciência. *Episteme* significa conhecimento, mas não se refere ao conhecimento da realidade, mas ao conhecimento de como a realidade é conhecida, é uma teoria (conhecimento também) sobre como essa realidade é conhecida. Uma coisa é conhecer os fenómenos (conhecimento científico) e outra coisa é saber como os fenómenos são conhecidos (conhecimento do conhecimento). A primeira é a ciência, a segunda é a metaciência.

Para fazer epistemologia, os investigadores apoiam-se na ciência e perguntam não o que é a realidade (conhecimento científico) mas como é que a realidade é conhecida (conhecimento do conhecimento científico). Os epistemólogos (se quisermos chamar-nos assim) estão interessados em saber como é que a realidade é conhecida.

No domínio da educação, por exemplo, não nos interessa que Durkheim (2000: 74) tenha definido a educação como "... *a ação exercida pelas gerações adultas sobre aqueles que ainda não estão maduros para a vida social - e* que tem por fim *suscitar e desenvolver na criança um certo número de estados físicos, intelectuais e morais que lhe são exigidos pela sociedade política no seu conjunto e pelo meio especial a que está particularmente destinada*". Também não nos interessa que Ponce (1998: 224) a tenha definido, de forma diferente, como ".*o procedimento pelo qual as classes dominantes preparam na mentalidade e na conduta das crianças as condições fundamentais da sua própria existência*".

Aos epistemólogos interessa saber, entre outras coisas, a partir de onde ambos os autores resolveram os cinco principais problemas filosóficos do conhecimento (possibilidade, origem, essência, classificação e critérios de verdade), para supor o que supuseram conveniente sobre a definição do conceito de educação; com que teorias (teorias gerais do conhecimento, teorias particulares das ciências sociais e teorias específicas das ciências da educação) problematizaram o conceito de educação, para estimar o que estimaram; quais foram as operações intelectuais ou procedimentos metodológicos (métodos) com que assumiram o que assumiram; com que estratégias técnicas conjecturaram o que conjecturaram e, finalmente, que instrumentos utilizaram para recolher informação sobre o seu objeto de estudo.

Todos e cada um dos cinco problemas *epistemológicos* mencionados, o investigador em educação resolve-os, quer o saiba ou não, a partir da razão, dos sentidos ou de ambas as qualidades do sujeito cognoscente.

Em conclusão, os epistemólogos estão interessados em saber se os autores acima mencionados construíram o conceito de educação a partir da razão, dos sentidos ou de ambas as qualidades do sujeito cognoscente.

Uma *orientação epistemológica* refere-se à posição que o investigador adopta em relação aos cinco problemas do conhecimento (filosófico, teórico, metodológico, técnico e instrumental).

O investigador educacional, ao construir o conhecimento, coloca-se (quer o saiba ou não) num plano superior ao da ciência, isto é, num plano metacientífico; porque, mesmo que o ignore, a exploração, a descrição, a explicação, a interpretação e a compreensão do fenómeno educativo que realiza dependem do facto de resolver todos e cada um dos problemas filosóficos, teóricos, metodológicos, técnicos e instrumentais do conhecimento com a razão, com os sentidos ou com ambas as qualidades do sujeito cognoscente.

Pode concluir-se que a relação entre as *ciências da educação* e as *orientações epistemológicas* consiste no facto de que todo o conhecimento que se constrói nas *ciências da educação* dependerá, irremediavelmente, do facto de o investigador em educação resolver todos e cada um dos cinco problemas principais do conhecimento (filosófico, teórico, metodológico, técnico e instrumental) com a sua razão, com os seus sentidos ou com ambas as qualidades do sujeito cognoscente. A filosofia determina a teoria, a teoria influencia a metodologia, a metodologia é a causa da técnica e a técnica influencia o instrumento. Se o investigador educacional "olha" com a sua razão, constrói um determinado conhecimento, se olha com os seus sentidos, constrói um conhecimento totalmente contrário ao que elaborou com a sua mente, e se olha com as duas qualidades do sujeito cognoscente, conhece a realidade de uma forma conciliatória entre os dois extremos.

CAPÍTULO 2

ELEMENTOS DE UMA ORIENTAÇÃO EPISTEMOLÓGICA. O conhecimento como um processo.

II. ELEMENTOS DE UMA ORIENTAÇÃO EPISTEMOLÓGICA. O conhecimento entendido como um processo.

A partir da definição de "orientação epistemológica", pode inferir-se que os seus elementos são: os pressupostos *filosóficos*, a partir dos quais o investigador pode resolver todos e cada um dos cinco problemas filosóficos do conhecimento (possibilidade, origem, essência, classificação e conceito e critério de verdade); os fundamentos *teóricos*, com os quais se podem problematizar os objectos de estudo; os procedimentos *metodológicos* ou operações intelectuais, com os quais se podem gerar novos conhecimentos; as estratégias *técnicas*, para conhecer a realidade; e os *instrumentos*, para recolher a informação. Antes de analisar os elementos acima referidos, é necessário clarificar algumas ideias sobre os problemas do conhecimento.

Se *o conhecimento* é entendido como um problema que pode ser resolvido a partir de diferentes pressupostos *filosóficos*, fundamentos *teóricos*, procedimentos *metodológicos*, estratégias *técnicas* e *instrumentos*, dependendo da postura do investigador em relação aos *sentidos* e *à razão* do sujeito cognoscente, então a *orientação epistemológica* será também entendida como aquela postura que o investigador assume em relação aos cinco grandes *problemas* do *conhecimento*: filosófico, teórico, metodológico, técnico e instrumental.

Os elementos de uma orientação epistemológica (filosofia, teoria, metodologia, técnica e instrumento) são também analisados, neste subcapítulo, como cinco grandes problemas do conhecimento, entendido como um processo: filosófico, teórico, metodológico, técnico e instrumental.

2.1 OS PROBLEMAS DO CONHECIMENTO.

Se concordarmos que uma *orientação epistemológica* é composta por cinco elementos ou níveis: filosofia, teoria, metodologia, técnica e instrumento; então os *problemas do conhecimento* são também cinco: filosóficos, teóricos, metodológicos, técnicos e instrumentais.

Neste subcapítulo, apenas são mencionados os cinco grandes *problemas do conhecimento*, que serão desenvolvidos no capítulo dois. Neste subcapítulo, os cinco *elementos* de uma *orientação epistemológica* são tratados como *problemas do conhecimento* em geral.

Como já foi referido, existem cinco problemas de conhecimento: filosófico, teórico, metodológico, técnico e instrumental. Comecemos por fazer uma breve análise de cada um deles.

2.1.1 ***Os problemas filosóficos do conhecimento.***

O conhecimento pode ser entendido como um *processo* em que um *sujeito* cognoscente *se relaciona* com um *objeto* a ser conhecido. Isto significa que os *elementos essenciais de qualquer processo de conhecimento* são o *sujeito* cognoscente, o *objeto* a ser conhecido e a *relação* que deve ser estabelecida entre eles para que o conhecimento ocorra.

Antes de se estabelecer a *relação de conhecimento*, ambos os elementos, o *sujeito* e o *objeto*, são apenas *entidades*; seres que existem independentemente um do outro. Ambos estão na esfera ontológica, na realidade, que pode ser concreta ou abstrata.

O *objeto de conhecimento* surge na medida em que um sujeito fixa a sua atenção numa entidade qualquer (material ou imaterial) com a intenção de a conhecer e, por sua vez, o *sujeito cognoscente*, de simples entidade que era, antes de se relacionar com o objeto para o conhecer, transforma-se em sujeito cognoscente ao fixar a sua atenção num objeto para o conhecer; "*....o conhecimento é um ato, espontâneo quanto à sua origem, imanente quanto à sua terminação, pelo qual um homem se torna intencionalmente presente a uma região qualquer do ser...*" (Verneaux, 2011:103-104).

O problema surge quando o *sujeito* procura estabelecer a *relação* de conhecimento com o *objeto*, porque ambos (o sujeito cognoscente e o objeto a conhecer) estão em *mundos* diferentes, distintos e até contrários: o sujeito cognoscente é a alma humana, a sua psique, o seu pensamento, a sua razão, a sua mente, etc.; e, portanto, está na *esfera psicológica*. Por outro lado, o objeto a ser conhecido é a realidade (que pode ser material ou imaterial), pertence à esfera ontológica. Hessen (2011: 15) afirma que "... *o conhecimento apresenta-se como uma relação entre estes dois membros* - ele quer dizer o sujeito e o objeto - *que permanecem eternamente separados um do outro*". Já o facto de Hessen afirmar a separação entre sujeito e objeto do conhecimento, diz muito sobre a orientação epistemológica a partir da qual elabora o conhecimento sobre o seu objeto de estudo: o conhecimento do conhecimento. Este assunto será tratado mais adiante.

O facto de estarem em *esferas* diferentes significa que a *relação* de conhecimento entre o *sujeito* cognoscente e o *objeto* a conhecer não é *essencial*, ou seja, fundem-se, literalmente, para que exista uma verdadeira relação de conhecimento. Por esta razão, a relação é, na sua essência, impossível. Quando o sujeito cognoscente (a alma humana) tenta ultrapassar a barreira do objeto a conhecer (a realidade concreta ou abstrata) para apreender literalmente o objeto a conhecer, choca, também literalmente, com uma barreira que lhe é imposta pela realidade. São mundos, planos ou esferas diferentes em que o sujeito e o objeto existem; e, por isso, não se podem fundir; é como querer misturar água e óleo.

Por exemplo, suponhamos que um ente, um certo JOÃO, fixa a sua atenção num outro ente, uma árvore, com o objetivo de a apreender, de a conhecer. A partir desse momento, o ente JOÃO passa a ser o sujeito cognoscente e o ente árvore passa a ser o objeto a conhecer. No momento em que

o sujeito cognoscente JOÃO (que está na esfera psicológica, já que o ser humano conhece com a alma, a razão, a mente, ou o que quer que se chame a essa "coisa" abstrata com que pensamos) tenta penetrar na esfera ontológica do objeto a conhecer, a árvore (que é uma entidade concreta) e choca com a casca da árvore (supondo que quer começar por conhecer o tronco). Por mais tentativas que o sujeito cognoscente JOÃO faça para meter a cabeça dentro do tronco do objeto a conhecer, a árvore, só conseguirá uma mossa e tremendas dores de cabeça (é lógico que se o ente JOÃO quiser conhecer a árvore na sua essência, terá de se meter literalmente dentro da árvore, fundir-se e tornar-se um com a árvore, átomo com átomo, molécula com molécula. Como isso é impossível, surge o problema do conhecimento; "... *o espírito não pode sair de si mesmo para coincidir com as coisas... uma coisa não pode entrar no espírito...*" (Verneaux, 2011: 77). Nem a consciência cognoscente pode sair de si mesma para penetrar na esfera do objeto; nem o objeto pode entrar na mente. O conhecimento da realidade, em essência, é impossível; parece que os seres humanos não nasceram para conhecer a realidade, talvez, só viemos a este mundo com as ferramentas necessárias para sobreviver nele; não para conhecê-lo em essência.

Nesta investigação, somos da opinião de que só podemos supor o que é a realidade, consoante a analisemos com os sentidos, com a razão ou com as duas qualidades do sujeito cognoscente.

Se quisermos conhecer entidades imateriais, como o conceito de "educação", o problema torna-se mais agudo. Pelo menos, no caso de entidades materiais como a "árvore", se não podem ser conhecidas na sua essência, os seres humanos podem concordar em como descrevê-las; se não podemos saber o que são, podemos saber como são, as suas caraterísticas (forma, extensão, cor, textura), funcionamento, objetivo, classificação, etc. Por outro lado, as entidades imateriais (como o conceito de educação), por serem entidades abstractas, que não podem ser apreciadas com os sentidos, é mais difícil chegar a acordo sobre as suas definições, caraterísticas, funções, finalidades, classificações, etc. É por isso que existem tantas definições do conceito de "educação".

A relação de conhecimento entre o investigador e o seu objeto de estudo é problemática, porque é impossível um verdadeiro contacto (relação) entre o *sujeito* cognoscente e o *objeto* a conhecer; porque pertencem a mundos, esferas ou planos diferentes.

Hessen (2009: 16) diz que "*vista a partir do sujeito, esta apreensão apresenta-se como uma saída do sujeito da sua própria esfera, uma invasão na esfera do objeto e uma captura das propriedades do objeto. O objeto não é, porém, arrastado para a esfera do sujeito, mas permanece-lhe transcendente...*". É impossível ao sujeito cognoscente (a alma humana) penetrar na esfera do objeto a conhecer (a realidade concreta ou abstrata). É por isso que a *relação* de conhecimento só pode ter lugar no mundo *lógico*, na esfera *lógica*. Tudo o que um sujeito pode dizer sobre um determinado objeto não será a realidade do objeto, o que ele é, mas apenas um discurso sobre ele, será uma linguagem sobre o objeto, um discurso elaborado por um sujeito que não coincide necessariamente com o discurso elaborado por outro sujeito. Todos os seres humanos sentem e pensam de forma diferente. Esta é uma das razões pelas quais os sujeitos cognoscentes terão de chegar a acordo sobre o que deve ser entendido por um determinado objeto de conhecimento.

Como é que surge a relação lógica de conhecimento entre um sujeito cognoscente e um objeto a ser conhecido?

Observa-se que o *sujeito cognoscente* dispõe apenas de dois atributos para estabelecer a *relação lógica* do conhecimento com o objeto a conhecer: os seus *sentidos* (olhos, visão, tato, audição e olfato) e a sua *razão*. Pode-se afirmar que o ser humano só tem os sentidos e a razão para *se relacionar* com a *realidade* e que é a única coisa que tem à mão para conhecer as coisas, tanto materiais como espirituais.

Para Verneaux (2011: 72) "*... o objeto e o sujeito só são definíveis pela sua relação mútua que é o conhecimento. O que é um objeto, uma coisa, um ser? O que é um* *sujeito, uma consciência, um espírito? É aquilo em que ou para quem um objeto aparece...*". A realidade (concreta ou abstrata) transcende o investigador, ou seja, está fora dele, num outro mundo.

Uma vez que o ser humano dispõe apenas dos seus sentidos e da sua razão para conhecer, a primeira questão que lhe ocorre é: qual é a fonte do conhecimento, de onde vem, qual é a sua origem, de onde vem, onde está, onde está?

Para resolver os problemas filosóficos do conhecimento, o sujeito cognoscente não tem outra alternativa senão ater-se aos atributos que possui como ente (sentidos e razão) e *supor*, sem nunca ter a certeza, que o conhecimento tem origem na razão (racionalismo), nos sentidos (empirismo), em ambos: sentidos e razão, mas primeiro nos sentidos e depois na razão (intelectualismo) ou, em ambos, mas primeiro na razão e depois nos sentidos (apriorismo). Estas são as únicas quatro possibilidades, matematicamente falando, que o sujeito tem para "opinar" sobre a origem do conhecimento. Porque só há dois atributos para conhecer a realidade: a razão e os sentidos.

Entende-se que os problemas filosóficos do conhecimento, na sua essência, não têm solução; a única coisa que resta ao sujeito cognoscente é supor que são resolvidos a partir da razão, dos sentidos ou de ambas as qualidades do sujeito cognoscente.

O problema sobre a origem do conhecimento que acaba de ser colocado está relacionado com outros quatro grandes problemas do conhecimento: a sua possibilidade, essência, classificação e conceitos e critérios de verdade); que terão de ser resolvidos supondo a partir destas quatro possibilidades: razão (racionalismo), sentidos (empirismo), sentidos e razão (intelectualismo), razão e sentidos (apriorismo).

Uma primeira abordagem ao problema filosófico pode ser enunciada da seguinte forma: os principais problemas filosóficos do conhecimento são cinco: é possível conhecer (o problema da possibilidade do conhecimento), qual é a fonte do conhecimento (o problema da origem do conhecimento), quem determina quem numa relação de conhecimento: o objeto para o sujeito, o sujeito para o objeto, ou ambos se determinam mutuamente? (o problema sobre a essência do conhecimento), quantos tipos de conhecimento existem (o problema sobre a classificação do conhecimento), e qual é o critério de verdade para aceitar ou rejeitar o conhecimento (o problema sobre os conceitos e critérios de verdade do conhecimento).

Os cinco *problemas filosóficos do conhecimento* mencionados podem ser resolvidos, como foi afirmado ao longo deste estudo, a partir de diferentes pressupostos filosóficos que dependem da posição que o investigador assume em relação à sua razão e aos seus sentidos. No subcapítulo correspondente aos pressupostos filosóficos a partir dos quais os problemas filosóficos do conhecimento podem ser resolvidos, eles serão tratados de forma mais extensa. Neste subcapítulo, apenas são indicados os seguintes.

2.1.2 *Problemas teóricos do conhecimento*.

As orientações epistemológicas são compostas, como já foi observado, por pressupostos filosóficos, para analisar a realidade; fundamentos teóricos, para problematizar os objectos de estudo; procedimentos metodológicos, para gerar novos conhecimentos; estratégias técnicas, para conhecer os fenómenos; e instrumentos, para recolher a informação a analisar tecnicamente.

Assim, os problemas do conhecimento são: os pressupostos filosóficos, para analisar a realidade; os fundamentos teóricos, para problematizar os objectos de estudo; os procedimentos metodológicos, para gerar novos conhecimentos; as estratégias técnicas, para conhecer os fenómenos; e os instrumentos, para recolher a informação a analisar tecnicamente.

O segundo nível, de forma descendente, onde se situam os outros problemas do conhecimento, é o nível *teórico*. Uma vez que o investigador tenha localizado o seu objeto de estudo em todos e cada um dos pressupostos filosóficos a partir dos quais vai resolver todos e cada um dos cinco problemas filosóficos do conhecimento, utilizando a sua razão, os seus sentidos ou ambas as qualidades, precisa de determinar quais as *teorias* que vai utilizar para problematizar a realidade estudada; isto é, escolher as *teorias* com as quais vai construir o seu objeto de estudo.

Isto significa que o investigador, para além de uma formação filosófica que lhe permita resolver os cinco grandes problemas filosóficos do conhecimento, necessita de *conhecimentos teóricos* que lhe permitam problematizar o seu objeto de estudo.

Neste trabalho, propomos uma classificação das *teorias*, algo arbitrária devido às necessidades da investigação que está a ser realizada, considerando o modo como o sujeito cognoscente resolve todos e cada um dos problemas filosóficos do conhecimento: a partir da razão, dos sentidos ou de ambas as qualidades do investigador; e a extensão da exploração, descrição, explicação, interpretação e compreensão da realidade, de forma descendente, da teoria. As teorias podem ser classificadas da seguinte forma: *teorias gerais do conhecimento*: matematicismo, mecanicismo, organicismo, caos, conflito e complexidade; *teorias particulares das ciências sociais*: positivismo, funcionalismo, estruturalismo, teoria dos sistemas, marxismo, hermenêutica e fenomenologia; e *teorias específicas das ciências da educação*: behaviorismo, psicanálise, humanismo, cognitivismo, teoria genética (Piaget) e teoria sociocultural.

O conhecimento destas *teorias por* parte do investigador permitir-lhe-á dominar os autores e as ideias, gerais, particulares e específicas sobre os fenómenos educativos, para a construção do seu objeto de estudo.

O nível da *teoria*, numa orientação epistemológica, é colocado em segundo lugar (depois da filosofia) porque *a teoria* depende da filosofia. Neste estudo tentaremos mostrar, no respetivo subcapítulo, que qualquer discurso (teoria) elaborado por um sujeito cognoscente sobre qualquer objeto a conhecer (concreto ou abstrato) depende dos pressupostos a partir dos quais o investigador resolve todos e cada um dos problemas filosóficos do conhecimento; isto é, daquilo que o investigador assume filosoficamente sobre a realidade que investiga. Tal estimativa pode ter origem na razão do investigador; nos seus sentidos; em ambos, privilegiando os sentidos em detrimento da razão; ou, em ambos, privilegiando a razão em detrimento dos sentidos.

O investigador em educação, em função dos pressupostos a partir dos quais resolveu os problemas filosóficos do conhecimento (razão, sentido ou ambos), terá de escolher certas *teorias* gerais do conhecimento, particulares das ciências sociais e específicas das ciências da educação, para construir o seu objeto de estudo a partir das ciências da educação.

Os três níveis de *teoria* mencionados (geral, particular e específico) devem ser congruentes, em termos epistemológicos, com os pressupostos a partir dos quais o investigador educacional resolveu previamente os cinco grandes problemas filosóficos do conhecimento: a sua razão, os seus significados ou ambas as qualidades.

A congruência epistemológica entre o nível filosófico e o nível teórico, numa orientação gnoseológica, significa algo como o seguinte: se construir a ideia de educação pressupõe a partir da razão (racionalismo); as teorias gerais do conhecimento que se relacionam, epistemologicamente, com a razão são o matematicismo, o mecanicismo e o organicismo; não devo usar outra teoria geral do conhecimento (como, por exemplo, a teoria do caos) porque ela seria incongruente, em termos epistemológicos, com o pressuposto filosófico racionalista a partir do qual se resolveu o problema sobre a origem do conhecimento. Tudo isto será discutido mais adiante no subcapítulo sobre os fundamentos teóricos de uma orientação epistemológica.

2.1.3 *Os problemas metodológicos do conhecimento*.

Como já foi referido, a forma como o investigador resolve os problemas filosóficos e teóricos do conhecimento deve ser congruente em termos epistemológicos. Com efeito, a filosofia é a mãe da teoria. A teoria depende da filosofia.

No caso da *metodologia*, o terceiro problema do conhecimento entendido como um processo que o investigador tem de resolver na construção do seu objeto de estudo, acontece o mesmo. As teorias (teorias gerais do conhecimento, teorias particulares das ciências sociais e teorias específicas das ciências da educação), que o investigador escolhe para problematizar o seu objeto de estudo, devem ser congruentes, em termos epistemológicos, com o *método* (procedimento metodológico ou operação intelectual) ou *métodos* que o sujeito cognitivo pretende utilizar para gerar novos conhecimentos.

A congruência epistemológica entre teoria e *método* pode ser entendida como algo semelhante ao seguinte: se o investigador educacional resolvesse os problemas filosóficos do conhecimento partindo da razão e as teorias (conhecimento geral, ciências sociais particulares e ciências da educação específicas) que escolhesse para problematizar o seu objeto de estudo fossem, respetivamente, o organicismo, o positivismo e o behaviorismo; o método a utilizar, para a geração de novos conhecimentos no seu trabalho de investigação, deveria ser, preferencialmente, a dedução. Se utilizasse a indução seria incongruente, em termos epistemológicos, o método com a teoria.

No decurso deste estudo, será demonstrado que apenas os seguintes procedimentos metodológicos ou operações intelectuais (métodos de investigação) são conhecidos por gerar novos conhecimentos: adição, subtração, multiplicação, divisão, análise, síntese, indução, dedução, classificação, comparação e definição. No respetivo subcapítulo, a ideia de método será discutida em mais pormenor.

2.1.4 *Os problemas técnicos do conhecimento*.

Como já foi referido, a forma como o investigador resolve os problemas filosóficos, teóricos e metodológicos do conhecimento deve ser congruente em termos epistemológicos. Com efeito, a teoria depende da filosofia e a metodologia deriva da teoria.

No caso da *técnica* que o investigador em educação escolhe para conhecer a realidade, o quarto problema do conhecimento entendido como um processo que o sujeito cognoscente tem de resolver na construção do seu objeto de estudo, acontece o mesmo: o método (procedimento metodológico ou operação intelectual) ou métodos que o sujeito cognoscente pretende utilizar para gerar novos conhecimentos, devem ser congruentes, em termos epistemológicos, com a *técnica* de conhecimento da realidade que é utilizada.

A congruência epistemológica entre método e *técnica* pode ser entendida como algo semelhante ao seguinte: se o investigador educacional resolvesse os problemas filosóficos do conhecimento partindo de hipóteses da razão; as teorias (geral do conhecimento, particular das ciências sociais e específica das ciências da educação) que escolhesse para problematizar o seu objeto de estudo fossem, respetivamente, o organicismo, o positivismo e o behaviorismo; e o método que utilizasse, para a geração de novos conhecimentos no seu trabalho de investigação, fosse a dedução; a *técnica* a escolher, para "conhecer" a realidade, deveria ser qualquer uma das seguintes: observação, experimentação, inquérito e documental. Estas *técnicas* devem, se se pretende uma congruência epistemológica, ser utilizadas apenas para testar a hipótese racionalista (dedução) construída, ou seja, no seu sentido quantitativo. Se estas *técnicas* (no seu sentido qualitativo) forem utilizadas para interpretar e compreender a realidade estudada, para a descrever, mais do que para a explicar, será incongruente, em termos epistemológicos, a estratégia técnica que foi utilizada para "conhecer" a realidade com o método que se pretendia utilizar para gerar o novo conhecimento.

Ao longo deste estudo tentaremos mostrar que apenas as seguintes estratégias *técnicas* são conhecidas para conhecer a realidade: observação, experimentação, inquérito e documentário. No respetivo subcapítulo, serão analisadas mais detalhadamente as estratégias técnicas que qualquer investigador pode utilizar para "conhecer" qualquer realidade.

2.1.5 *Problemas instrumentais do conhecimento*.

O último problema do conhecimento, entendido como um processo, é o problema instrumental.

Como já foi referido, a forma como o investigador resolve os problemas filosóficos, teóricos, metodológicos e técnicos do conhecimento deve ser congruente em termos epistemológicos. Com efeito, a teoria depende da filosofia, a metodologia deriva da teoria e a técnica deriva do método.

No caso dos *instrumentos* que o investigador pode utilizar para recuperar a informação necessária à construção do seu objeto de estudo, o quinto problema do conhecimento entendido como um processo que o sujeito cognoscente tem de resolver na construção da realidade, acontece o mesmo: o instrumento que o sujeito cognoscente pretende utilizar para recolher a informação de que necessita tem de ser congruente, em termos epistemológicos, com a *técnica* de conhecimento da realidade que é utilizada.

A congruência epistemológica entre a técnica para "conhecer" a realidade e os *instrumentos* para recuperar a informação necessária pode ser entendida como algo semelhante ao seguinte: se o investigador em educação resolvesse os problemas filosóficos do conhecimento partindo da razão; as teorias (geral do conhecimento, particular das ciências sociais e específica das ciências da educação) que escolhesse para problematizar o seu objeto de estudo fossem, respetivamente, o organicismo, o positivismo e o behaviorismo; o método que utilizasse, para a geração de novos conhecimentos no seu trabalho de investigação, fosse a dedução; e a *técnica* escolhida, para "conhecer" a realidade, fosse qualquer uma das seguintes: observação, experimentação, inquérito e documental. Se estas *técnicas* fossem, se houvesse congruência epistemológica, utilizadas apenas para verificar a hipótese racionalista (dedução) construída, isto é, no seu sentido quantitativo; então, os instrumentos que deveriam ser utilizados para recuperar a informação deveriam ser, se se pretendesse a congruência epistemológica, os seguintes o registo (derivado da técnica de observação), os itens (derivados da técnica experimental), o questionário e a entrevista (derivados da técnica de inquérito) e a ficha de trabalho (derivada da técnica documental) Todos estes instrumentos devem ser utilizados pelo investigador no seu significado quantitativo, se tais *instrumentos* (no seu significado qualitativo) forem utilizados para recolher dados qualitativos, seria incongruente, em termos epistemológicos, o instrumento que foi utilizado para recuperar a informação com a estratégia técnica com que se pretendia conhecer a realidade.

Ao longo deste estudo, tentaremos mostrar que apenas os seguintes instrumentos são conhecidos para recuperar a informação necessária sobre o objeto de estudo: o registo (derivado da estratégia técnica para conhecer a realidade denominada: *observação*), os elementos (experimentação), o questionário e a entrevista (derivados da estratégia técnica para conhecer a realidade denominada: *inquérito*) e a ficha de trabalho (derivada da estratégia técnica para conhecer a realidade denominada: documental). No respetivo subcapítulo, serão analisados mais extensivamente os instrumentos que qualquer investigador pode utilizar para recolher a informação necessária sobre o seu objeto de estudo.

Até aqui apresentámos os cinco problemas epistemológicos do conhecimento (filosófico, teórico, metodológico, técnico e instrumental), e agora vamos analisar o primeiro e principal deles. Consideramos que este problema é a causa de todos os outros problemas do conhecimento: o problema filosófico.

2.2 OS PRESSUPOSTOS A PARTIR DOS QUAIS OS PROBLEMAS FILOSÓFICOS DO CONHECIMENTO PODEM SER RESOLVIDOS.

A diferença entre *ciência* e *filosofia* é a mesma que existe entre os *pressupostos filosóficos* (primeiro elemento) e *os fundamentos teóricos* (segundo elemento) das orientações epistemológicas; *a ciência* (teoria) surge da *filosofia* (pressupostos), tal como os fundamentos *teóricos* surgem dos pressupostos *filosóficos*.

Para analisar os fenómenos educativos, o investigador utiliza, consciente ou inconscientemente, certos *pressupostos* filosóficos.

As hipóteses filosóficas são isso mesmo, estimativas, presunções, conjecturas, atribuições, concessões, pressuposições, etc., sobre como resolver os grandes problemas filosóficos do conhecimento (a sua possibilidade, a sua origem, a sua essência, a sua classificação e os seus conceitos e critérios de verdade), a partir da razão; a partir dos sentidos; a partir de ambos, privilegiando a razão em detrimento dos sentidos; ou a partir de ambos, privilegiando os sentidos em detrimento da razão.

Em seguida, serão discutidos mais pormenorizadamente os *pressupostos filosóficos* que qualquer investigador pode utilizar para analisar qualquer realidade (concreta ou abstrata).

2.2.1 *A definição de "pressuposto filosófico".*

Um *pressuposto* é aquilo que deve ser *assumido* de antemão para se obter um resultado desejado, é um postulado. É algo que é logicamente necessário, implícito, *assumido*. É causalmente necessário, condição ou resultado. Do latim suppositicius, *colocar no lugar de*; é uma expressão epistemológica para qualquer objeto que é *suposto* pelo espírito sem que ocorra realmente na experiência (Runes, 1998:304 e 357).

Em vez da certeza que nos permitiria resolver os principais problemas filosóficos do conhecimento (possibilidade, origem, essência, classificação e conceitos e critérios de verdade); uma vez que a solução definitiva destas questões é impossível, pelas razões já discutidas em subcapítulos anteriores; podemos apenas "*supor*" que as referidas questões se resolvem, de certa forma, a partir da razão; a partir dos sentidos; a partir da razão e dos sentidos, com a exceção de que primeiro pensamos e depois sentimos; ou a partir dos sentidos e da razão, com a diferença de que primeiro sentimos e depois pensamos.

Os pressupostos filosóficos são tomados como garantidos para *teorizar* sobre a realidade. *As teorias* derivam deles. São como as "lentes" através das quais observamos os fenómenos.

Supomos, estimamos, presumimos, conjecturamos, atribuímos, concedemos, pressupomos, etc., que os problemas filosóficos do conhecimento podem ser resolvidos a partir da razão; a partir dos sentidos; a partir de ambos, privilegiando os sentidos em detrimento da razão; ou a partir de ambos, privilegiando a razão em detrimento dos sentidos: Supomos porque não conhecemos, com certeza, a realidade das coisas. Parece que não conhecemos as coisas em essência porque não viemos com o equipamento que nos permite fazê-lo.

2.2.2As ***caraterísticas dos pressupostos filosóficos.***

A principal caraterística de uma *hipótese* filosófica, a partir da sua definição etimológica, é o facto de ser apenas um termo, uma ideia, que é colocada no lugar de outra ideia, outro termo.

O facto de a realidade, em si mesma, a coisa em si mesma, nos ser desconhecida, apenas podemos "*supor*", usando os nossos sentidos e a nossa razão, que ela é de uma certa maneira. Em vez da certeza, colocamo-nos na suposição da certeza.

A suposição substitui a certeza do conhecimento. Não temos a certeza da realidade, apenas a assumimos de uma certa forma.

Partindo de um pressuposto filosófico, analisamos a realidade de uma forma; partindo do seu oposto, de uma forma diferente. Partindo de um pressuposto filosófico, podemos provar que Deus existe; partindo do seu oposto, podemos negá-lo. O que é realmente verdade é que não nascemos com as qualidades necessárias que nos permitiriam saber se podemos realmente conhecer Deus ou não. Podemos apenas *assumir* que o conhecemos de uma certa forma.

Os *fundamentos teóricos* estão um nível abaixo dos *pressupostos filosóficos*, porque derivam deles.

As "lentes" (nível filosófico) que colocamos para observar a realidade, os *pressupostos* filosóficos a partir dos quais observamos a realidade, determinarão as explorações, descrições, explicações, interpretações e compreensões que elaboramos sobre os fenómenos (nível teórico). A filosofia determina a teoria. A filosofia reduz-se a pressupostos a partir dos quais os principais problemas filosóficos do conhecimento devem ser resolvidos. Por conseguinte, a teoria limita-se a meras opiniões sobre a realidade.

2.2.3 *O papel dos pressupostos filosóficos.*

A questão importante a este respeito seria: qual é a necessidade satisfeita por uma suposição que é utilizada para resolver um problema filosófico de conhecimento? Resposta: substituir a certeza que se teria da solução dos problemas filosóficos do conhecimento por uma opinião sobre a forma como esses problemas poderiam ser resolvidos.

Fazer *ciência* é criar conhecimento e *filosofar* é refletir sobre os problemas do conhecimento. Para criar conhecimento, é necessário refletir sobre os problemas do conhecimento. Esta reflexão baseia-se em *pressupostos filosóficos* que servem de ponto de partida para a análise da realidade.

Filosofar é pensar sobre a realidade de uma determinada forma; considerar determinada(s) *hipótese*(s) que responde(m) a questões sobre os *problemas do conhecimento* de diferentes formas.

Se isto for verdade, torna-se necessário conhecer a diversidade de *pressupostos* a partir dos quais a realidade pode ser observada; porque as teorias que são elaboradas sobre a realidade dependerão desses pressupostos; ou seja, das "lentes" que o investigador coloca para "olhar" os fenómenos.

A filosofia é para *a ciência* o que *os pressupostos filosóficos* são para os *fundamentos teóricos*, nos termos expostos ao longo deste estudo.

Os *pressupostos filosóficos das orientações epistemológicas* constituem diferentes "lentes" através das quais a realidade pode ser observada, ou seja, respondem a questões sobre o *problema do conhecimento*. Constituem uma posição sobre os problemas do conhecimento.

2.2.4 *O objetivo dos pressupostos filosóficos.*

Se *as hipóteses filosóficas* são estimativas sobre as diferentes soluções que podem ser propostas para o problema do conhecimento, e funcionam estimando que as questões relativas às dificuldades do conhecimento podem ser resolvidas de uma forma ou de outra, então o *objetivo* de uma *hipótese* filosófica só pode ser substituir a certeza pela mera possibilidade de uma solução para um problema filosófico do conhecimento.

2.2.5 *A classificação dos pressupostos filosóficos.*

Hessen (2011: 19-20) descreve o fenómeno do conhecimento a partir de "...*cinco problemas principais*...", parafraseando-o, estes problemas são os seguintes: a possibilidade do conhecimento humano, a origem do conhecimento humano, a essência do conhecimento humano, as formas do conhecimento humano e os conceitos e critérios de verdade do conhecimento humano. Em cada *relação de conhecimento* há um sujeito cognoscente e um objeto a conhecer. Nesta relação, o investigador é confrontado com problemas como os seguintes: o sujeito pode realmente apreender o objeto, a razão ou a experiência são a fonte e o fundamento do conhecimento humano, o objeto determina o sujeito ou o sujeito determina o objeto ou ambos se determinam mutuamente, para além do conhecimento racional pode haver conhecimento intuitivo, qual é o critério que nos diz se o conhecimento é verdadeiro ou não, etc.

Devo esclarecer que a presente investigação se baseia principalmente no trabalho de Hessen (2011), apenas no que diz respeito ao primeiro elemento de uma *orientação epistemológica*: os *pressupostos filosóficos* a partir dos quais os cinco problemas do conhecimento podem ser resolvidos. O referido autor esclarece magistralmente que os cinco *problemas do conhecimento* descritos foram tentados ser *resolvidos* de diferentes formas ao longo da história do conhecimento. Neste artigo, somos da opinião de que estes problemas não foram resolvidos porque são insolúveis.

Estas *soluções*, que foram elaboradas para responder aos cinco principais *problemas do conhecimento* referidos pelo autor, são designadas por *posições epistemológicas*. Ao longo da sua obra principal (*Teoria do conhecimento*), o autor descreve as diferentes *posições epistemológicas* que foram desenvolvidas para responder às questões sobre os diferentes problemas do conhecimento, critica-as e toma posição sobre elas.

Também é necessário esclarecer que as diferenças entre o autor comentado e a posição da presente pesquisa são as seguintes:

PRIMEIRO: John Hessen chama às *posições epistemológicas as soluções* que, ao longo da história, foram implementadas para *resolver* os cinco principais *problemas do conhecimento* descritos. Isto está parcialmente de acordo e parcialmente não, porque *episteme* significa: conhecimento, e *posição*: situação, estado ou disposição de uma entidade em relação a outra; portanto, uma *posição epistemológica* é a *situação*, *estado* ou *disposição* que um investigador toma em relação a um *problema de conhecimento*. Até aqui estamos de acordo, mas este título é demasiado grande para a questão, porque os *problemas do conhecimento* não se reduzem aos cinco mencionados pelo autor, embora sejam os mais importantes no plano *filosófico*. Há outros *problemas do conhecimento* que o autor não considera e que neste estudo são chamados de fundamentos teóricos, procedimentos metodológicos, estratégias técnicas e instrumentos do conhecimento. John Hessen fica-se pelo *problema filosófico do conhecimento* e esquece os outros *problemas* referidos. A importância de chamar *posições epistemológicas* às soluções que foram construídas para responder aos *diferentes problemas do conhecimento* reside no facto de *estas situações*, *disposições* ou *estados do* sujeito em relação ao problema do conhecimento constituírem já um grande avanço no plano *filosófico*. Aquilo a que Hessen chama *posições epistemológicas* são, na realidade, *pressupostos filosóficos* para a resolução dos problemas do conhecimento.

SEGUNDO: Para efeitos deste estudo, uma *orientação epistemológica* é a *posição* de um investigador relativamente aos seguintes *níveis de conhecimento*: filosófico, teórico, metodológico, técnico e instrumental. Hessen trata apenas do primeiro e chama-lhe *posição epistemológica*, reduzindo o *problema do conhecimento* a apenas um dos seus níveis: o *filosófico*.

TERCEIRO: Após a descrição fenomenológica que Hessen faz dos cinco principais *problemas filosóficos* do conhecimento, partindo daquilo a que chama *posições epistemológicas* (e que neste estudo se designam por *pressupostos* a partir dos quais se podem resolver os diferentes *problemas filosóficos do conhecimento*, pelas razões já referidas), critica alguns *pressupostos* e toma partido relativamente a outros; Não reconhece que se trata de meras *suposições*, uma vez que o ser humano não nasceu para conhecer a verdade das coisas e, devido às limitações da nossa razão e dos nossos sentidos, apenas podemos opinar, a nível filosófico, relativamente aos cinco problemas do conhecimento acima referidos.

Os problemas sobre a possibilidade, origem, essência, formas e critérios de verdade do conhecimento humano, entre outros, são resolvidos pelas comunidades científicas ou tradições de investigação de diferentes formas: a partir dos sentidos, da razão ou de ambas as qualidades do sujeito cognoscente, dependendo da perspetiva, paradigma ou orientação epistemológica do programa ou modo de produção de conhecimento a que se atribuem.

Pode afirmar-se que nenhum *pressuposto filosófico* é melhor ou superior a outro ou outros; tudo dependerá dos interesses epistemológicos e ontológicos do investigador. Também se deve afirmar que os investigadores não partem sempre do mesmo *pressuposto filosófico* para resolver qualquer problema de conhecimento; o *pressuposto filosófico* escolhido pode depender do espaço em que o investigador se situa, do tempo em que vive, das circunstâncias que o rodeiam e dos seus interesses, tanto epistemológicos como ontológicos.

A análise de cada um dos pressupostos a partir dos quais se pode resolver cada um dos cinco problemas filosóficos do conhecimento acima referidos será efectuada pela seguinte ordem: conceito, caraterísticas, função, finalidade, classificação, autores e obras.

2.2.5.1 *Os pressupostos filosóficos a partir dos quais se pode resolver o problema da possibilidade do conhecimento.*

As comunidades científicas ou tradições de investigação, consoante a perspetiva, paradigma ou orientação epistemológica do programa ou modo de produção de conhecimento a que aderem, resolvem o problema da *possibilidade do conhecimento - na* construção dos seus objectos de estudo - a partir dos *seguintes pressupostos filosóficos:* dogmatismo, ceticismo, subjetivismo, relativismo, pragmatismo ou criticismo. A orientação epistemológica e, portanto, o(s) pressuposto(s) filosófico(s) a partir do(s) qual(is) essas tradições de investigação ou comunidades científicas exploram, descrevem, explicam, interpretam, compreendem, etc., a realidade, dependerá do modo como resolvem cada um dos cinco principais problemas filosóficos do conhecimento: com a razão, com os sentidos ou com ambas as qualidades do sujeito cognoscente.

2.2.5.1.1 Partindo do princípio de que é possível saber.

Dogma implica uma doutrina fixa. O dogmatismo é um pressuposto filosófico a partir do qual o problema da possibilidade do conhecimento pode ser resolvido afirmando, a partir da razão, que o sujeito, a consciência cognoscente, apreende o seu objeto.

O problema da *possibilidade do conhecimento*, em que o sujeito cognoscente se interroga se pode realmente apreender o *objeto*, se é possível conhecer a realidade, pode ser resolvido *assumindo,* usando a razão, que o sujeito realmente apreende o objeto, que o conhecimento dos fenómenos não é um problema, que o contacto entre o sujeito cognoscente e o objeto a conhecer é possível e real; porque não se vê ou não se quer ver, parafraseando Hessen (2011: 21-22) o conhecimento como

uma relação (sujeito-objeto), que o ser humano estabelece a partir do seu espírito e, por isso, o sujeito cognoscente pensa que os objectos do conhecimento lhe são dados de forma absoluta.
Quando um investigador em educação quer que a realidade não se mova, que os fenómenos permaneçam os mesmos, eternamente imóveis, fixos, deve elaborar os seus discursos negligenciando o sujeito que conhece e julga e concentrando toda a sua atenção no objeto.
A *função do pressuposto filosófico dogmático*, a necessidade que pode ser satisfeita *assumindo* que a realidade se comporta de tal maneira, é doutrinar outros sujeitos para que se conformem com a ordem estabelecida. Funciona muito bem nas quatro possibilidades de realização do espírito humano: filosofia, ciência, religião e arte.
Exemplos: na filosofia, o "dever ser" platónico impregnou toda a época moderna; na ciência, o "método científico" serviu para justificar a mundividência platónica da modernidade; na religião, a doutrinação católica conciliou os interesses das diferentes classes sociais da época; e, na arte, ainda hoje se fala das grandes invenções de Da Vinci, embora ninguém saiba exatamente em que consistiam, porque ele era apenas um "ícone" imposto pela colonização cultural europeia ao resto do mundo.
Observar um objeto de conhecimento desta forma significa que se parte do *pressuposto* ou da crença de que ele existe, em si mesmo, independentemente de haver ou não um sujeito que o possa conhecer.
O *pressuposto filosófico dogmático* implica uma doutrina fixa para o sujeito conhecedor e julgador. Consiste num pressuposto filosófico a partir do qual o sujeito cognoscente acredita que o problema do conhecimento não existe; dá por garantida a possibilidade e a realidade de um contacto real entre ele próprio e o seu objeto de conhecimento; o sujeito *assume* que apreende verdadeiramente o seu objeto, que a realidade pode ser descoberta; tem uma confiança absoluta na razão humana.
Quando um investigador parte de *pressupostos filosóficos dogmáticos* para observar a realidade, recorrerá a argumentos de autoridade para justificar as suas teorias, por exemplo, apelando à fé de que é possível saber sobre assuntos filosóficos, religiosos, científicos, artísticos, etc.
O problema epistemológico e, consequentemente, ontológico, derivado da *assunção* do *dogmatismo*, consiste no facto de o investigador não se interessar pelo sujeito cognoscente (que é ele próprio, transformado de ente em sujeito, devido ao facto de ter fixado os seus sentidos e a sua razão num outro ente, pretendendo conhecê-lo), mas apenas pelo objeto (a realidade que pretende conhecer). Esquece que o conhecimento é um processo sem fim, em que se relacionam duas entidades (o sujeito cognoscente e o objeto a conhecer) que pertencem a esferas diferentes (psicológica e ontológica, respetivamente) e que só podem ser relacionadas na esfera lógica, na linguagem, através da palavra, da argumentação, do discurso. É por isso que o investigador acredita, quer acreditar, ou mesmo *acredita* que os objectos de conhecimento lhe são dados, de forma absoluta e não apenas pela função intermediária do conhecimento, pela relação que estabelece com o objeto, através dos seus sentidos e do seu espírito. O investigador *supõe* que os objectos de conhecimento da perceção (os objectos concretos que são percebidos pelos

sentidos) e os objectos de conhecimento do pensamento (os objectos abstractos que são melhor percebidos pela consciência) lhe são dados da mesma forma diretamente a partir da sua corporeidade, como se o objeto (a realidade) pudesse penetrar na esfera do sujeito (a alma).

Por exemplo: na ciência ética, pensa-se que os valores (ideais) existem independentemente do sujeito que os pensa. O facto de os valores (entes da razão) pressuporem uma consciência valorativa não é considerado pelos investigadores que se colocam num pressuposto dogmático, nem que os objectos a conhecer (reais e ideais) implicam uma consciência cognoscente. O sujeito cognoscente é ignorado.

A partir de um pressuposto dogmático, presume-se, ou pretende-se estimar, que o objeto não se move; que a realidade permanece imóvel, sempre, eternamente. A utilização deste pressuposto filosófico permite elaborar discursos (saberes) que favorecem a manutenção da ordem estabelecida, o status quo.

Pode presumir-se de um *dogmatismo* radical, pensando que o conhecimento de qualquer fenómeno é possível de forma absoluta; ou de um *dogmatismo* moderado, aceitando que é possível conhecer certos objectos de estudo e não outros; porque cada objeto de estudo é conhecido de uma forma diferente. Os objectos materiais (concretos) são melhor conhecidos com os sentidos e os imateriais (abstractos) com a razão.

Por exemplo, na religião, para conhecer os deuses, é melhor abordá-los a partir de um pressuposto filosófico racional do que de um pressuposto empirista, porque Deus é uma ideia, para a qual não possuímos provas empíricas, sobre a qual todos estamos de acordo.

Se o investigador deseja, suspeita, estima, presume, conjetura, atribui, concede, pressupõe, supõe, preocupa-se e quer partir de uma hipótese *dogmática* para conhecer factos, fenómenos, acontecimentos, coisas, realidade; isso pode dever-se a várias razões: em primeiro lugar, pode ser um sujeito cognoscente ingénuo que não se apercebeu de que o conhecimento é um problema, porque implica uma relação entre ele e o objeto, mediada pelo discurso; em segundo lugar, mesmo conhecendo o problema anterior, tem interesse em que a realidade, o objeto de conhecimento, o fenómeno em estudo, permaneça imóvel, sempre fixo, em eterna quietude (se pensarmos bem, este é o aspeto filosófico da questão).

2.2.5.1.2Estimar que não é possível saber.

Ceticismo significa ponderar, examinar, duvidar. A partir deste *pressuposto filosófico*, o conhecimento pode ser negado. A possibilidade de um contacto real entre sujeito e objeto pode ser descartada. *Pressupõe*

que o sujeito não pode apreender o objeto. Pode afirmar-se que o conhecimento, no sentido de uma apreensão real do objeto pelo sujeito, é impossível. Conclui-se que não devemos emitir qualquer juízo, mas abstermo-nos de o fazer.

Entende-se *que supor* é sinónimo de *hipotizar*, porque o sujeito cognoscente nunca terá a certeza absoluta de que o conhecimento que elabora sobre os objectos (fenómenos, acontecimentos, factos) é o verdadeiro e único; para todo o sempre; em virtude de a realidade estar em contínuo movimento e nunca parar; as mudanças nos objectos de conhecimento estão constantemente a acontecer, levando os sujeitos que pretendem conhecê-los ao abismo da incerteza, da insegurança e da melancolia. É possível que nunca haja certeza sobre a veracidade do conhecimento, nos termos expostos nas linhas supracitadas.

A partir de *pressupostos filosóficos cépticos*, por oposição a *hipóteses filosóficas dogmáticas*, o investigador pode *considerar* a negação da *possibilidade* de um contacto real entre o sujeito cognoscente e o objeto a conhecer, *suspeitando* que é impossível conhecer na sua essência. Pode *presumir-se* que o sujeito não pode realmente apreender o objeto. É possível *conjeturar* que o conhecimento é um problema porque não é possível um contacto real entre o sujeito e o objeto; por isso, recomenda-se ao sujeito que se abstenha de julgar, definitivamente.

Quando um investigador opta por este *pressuposto filosófico*, não vê o objeto a conhecer. Pode ser porque não quer considerá-lo, ou mesmo porque não lhe convém considerá-lo. A sua razão e os seus sentidos estão fixados exclusivamente no sujeito cognoscente. A sua razão e os seus sentidos fixam-se exclusivamente no sujeito cognoscente. Pode ser porque ele tem interesse em conhecer a realidade desta forma, para poder negar um fenómeno que não lhe convém. *Assume*, portanto, que os únicos seres (entidades) com capacidade de conhecer são os seres humanos, que estes sujeitos são únicos e que nenhum deles é igual a outro. Por conseguinte, deduz que todos e cada um dos seres humanos, os sujeitos cognoscentes, pensam e sentem de forma diferente,

quando procuramos conhecer o mesmo facto, fenómeno ou acontecimento. A partir deste *pressuposto*, o investigador (sujeito cognoscente) aplica a sua alma e as suas percepções apenas aos aspectos subjectivos do conhecimento humano (paixões, emoções, sentimentos, interesses, ambições, complexos). O investigador é capaz de *pressupor* que todo o conhecimento se baseia nos sentidos do sujeito (todos sentimos de forma diferente) e que isso influencia a sua razão (todos pensamos de forma diferente). Partindo deste *pressuposto filosófico cético*, são também consideradas as circunstâncias (de modo, tempo e lugar) que rodeiam os sujeitos cognoscentes: o tempo em que se vive, o lugar em que se vive, a cultura do povo, as tradições, as crenças, os costumes, os mitos, os credos, os medos, etc.

Parafraseando Hessen (2011: 22-25), é possível considerar vários níveis de *ceticismo* que o investigador pode considerar quando confrontado com o conhecimento do seu objeto: é possível assumir que os seres humanos nunca serão capazes de encontrar respostas certas para os fenómenos e mistérios da natureza e do universo. *É possível estimar* que nada existe, e que se algo existisse, não poderia ser conhecido, e que se algo pudesse ser conhecido, não poderia ser transmitido de um homem para outro.

Se se *assume o ceticismo radical* ou *absoluto*, pode dizer-se que não há contacto real entre o sujeito cognoscente e o objeto a conhecer, devido ao problema do conhecimento; que é impossível à consciência cognoscente (alma) apreender o seu objeto (realidade), porque ambos se encontram em esferas ou mundos diferentes; que não há conhecimento, porque é impossível ao sujeito cognoscente (razão e sentidos) penetrar na esfera do objeto a conhecer (realidade concreta ou abstrata); que todos os sujeitos pensam e sentem de forma diferente, pelo que, de dois juízos contraditórios, um é tão exatamente verdadeiro como o outro.

Se *considerarmos*, a partir de um *ceticismo médio* ou *académico*, é possível afirmar que o conhecimento rigoroso (universalmente válido e logicamente necessário) é impossível. Nunca temos a certeza de que o nosso

Os juízos (afirmativos ou negativos) estão de acordo com a realidade. Assim, nunca podemos dizer que esta ou aquela proposição é verdadeira; mas podemos dizer que parece ser verdadeira, que é provável. Há uma possibilidade de chegar a uma opinião provável.

A partir de um *ceticismo metafísico*, é possível *supor* que é possível mudar uma metodologia anterior para gerar novos conhecimentos (dedução aristotélica), porque ela é deficiente; e trocá-la por uma mais eficiente (indução) (Hume, 1992:IX-X).

Podemos supor, a partir de um *ceticismo metafísico*, que existe uma ordem nos fenómenos, no sentido em que os factos são regidos por certas leis de inerência e causalidade; mas a certeza que temos quanto à falsidade ou verdade dessa ordem não pode ser intuída ou demonstrada. Não se nega o conhecimento da realidade; reconhece-se que na natureza prevalece uma ordem. A ideia de uniformidade, de ordem na natureza, provém de uma expetativa ou crença provável, de um argumento suposicional, não de provas racionais. Só se tem possibilidades sobre causas e efeitos, não certeza ontológica (Hume, 1992: XLII-XLIII). Com Hume, a ciência já não é um conhecimento verdadeiro, demonstrável, verificável (que pode ser afirmado a partir de uma suposição dogmática); a ciência é agora um conhecimento provavelmente verdadeiro, não verificável (a partir de uma suposição cética). A realidade não está parada (dogmatismo), está em movimento (ceticismo); não estamos absolutamente seguros das explicações que são elaboradas sobre a realidade.

Partindo de um *pressuposto cético filosófico*, devemos cingir-nos ao positivamente dado, aos factos imediatos da experiência e não considerar seriamente qualquer especulação metafísica; "*... qualquer proposição que não possa ser estritamente reduzida à simples enunciação de um facto, particular ou geral, não pode ter qualquer significado real ou inteligível...*" (Comte, 1997: 70). O positivismo assume, a partir do *ceticismo metafísico*, que o único conhecimento verdadeiro é aquele que podemos verificar através da observação e da experimentação. Comte chega a esta conclusão porque resolve o problema da possibilidade de conhecimento recorrendo aos sentidos e não à razão.

A partir de um *ceticismo metódico* é possível derrubar o autoritarismo filosófico, científico, religioso e artístico de toda uma época (feudal); e recomeçar uma prática de meditação pessoal (modernidade). Os pressupostos filosóficos cépticos permitem-nos compreender que a investigação da razão humana deve preceder o conhecimento do mundo. Antes de iniciar uma investigação, o sujeito cognoscente deve considerar a partir de que pressupostos filosóficos vai começar a observar a realidade; e, para isso, terá de começar por considerar uma educação para a investigação, que lhe permita conhecer os diferentes pressupostos filosóficos a partir dos quais se podem resolver os diferentes problemas do conhecimento. Se o homem quer investigar a verdade, deve primeiro examinar o seu próprio intelecto, a sua razão (Descartes, 1981: VIII). Descartes é considerado, por alguns estudiosos da epistemologia, como o pai do racionalismo moderno, no entanto, a sua obra é mencionada nesta parte do estudo para que se compreenda que existem vários níveis de ceticismo.

O *cético metódico duvida* para saber. A dúvida de um *ceticismo metódico* tem a intenção de descobrir a verdade, mesmo que seja parcial. O princípio cartesiano

"*Penso, logo existo*", permite-nos ter alguma certeza sobre a existência humana. De facto, este princípio constitui uma demonstração racionalista da existência da alma humana (Descartes, 1981: XIII-XIV). Nessa introdução ao "Discurso do Método" de Descartes, escrita por Francisco Larroyo, afirma-se que o autor não obteve esse conhecimento por meio de um silogismo, mas por meio de uma intuição imediata. Isto é algo com que não concordamos, porque Descartes obteve o referido princípio, bem como o outro que diz "duvido, logo penso", aplicando as leis da lógica formal aristotélica; a lógica dedutiva, que é o método rigoroso seguido a partir de um *pressuposto filosófico racionalista*, para gerar novos conhecimentos a partir da razão.

O *pressuposto filosófico cético funciona* duvidando, ponderando, examinando todas as nossas certezas imediatas, a fim de conhecer os fenómenos de uma forma mais real.

No que diz respeito ao *objetivo* de quem utiliza um *pressuposto filosófico cético* para observar a realidade, é possível afirmar que se pensa, ou se quer pensar, porque pode servir os interesses do sujeito que elabora o discurso cético, que a realidade está em constante movimento, entendendo-se movimento como mudança.

2.2.5.1.3 Partindo do princípio de que não é possível estabelecer uma verdade universal.

Pode-se afirmar, a partir de um *pressuposto filosófico subjetivista*, que existe uma verdade, mas que esta tem uma validade limitada a cada sujeito. Pode-se dizer que não existe uma verdade universalmente válida, absoluta, eterna e imutável para todos os sujeitos, em geral. Cada sujeito elabora a sua própria verdade, com base no que sente e pensa. Isto significa, entre outras coisas, que todas as pessoas são sujeitos que sentem (sentidos) e pensam (razão) de forma diferente. Todos os juízos são válidos apenas para os sujeitos que os formulam. Por conseguinte, não existem juízos universalmente válidos. Protágoras afirmava que o homem é a medida de todas as coisas (Hessen, 2011: 25 - 27). Esta afirmação tem um sentido individualista, podendo justificar-se que cada ser humano pode construir a sua própria realidade. Protágoras chega a esta conclusão porque está a resolver o problema da possibilidade de conhecimento com os sentidos, e não com a razão.

O investigador pode argumentar, colocando-se num *pressuposto filosófico subjetivista*, que cada ser humano individual é uma entidade única e irrepetível; o resultado de milhões de anos-luz de evolução cósmica e que, nesse sentido, segundo Schpenhauer (1997: 19) "*Não há outra verdade mais certa, mais independente e menos necessitada de prova do que a de que tudo o que pode ser conhecido, isto é, o universo inteiro, é apenas um objeto para um sujeito, a perceção do perceptor; numa palavra: representação...*". Cada ser humano representa o mundo de forma diferente, dependendo dos seus sentidos e da sua razão; da sua evolução material e espiritual; do tempo e do lugar em que vive; da cultura em que se recria; das suas emoções, sentimentos, preconceitos, ambições, medos; dos mitos, tradições, costumes, crenças da sociedade em que vive.

Pode afirmar-se que a *função do pressuposto filosófico subjetivista*, a necessidade que preenche, é precisamente: a libertação do ser humano individual. Nietzsche (1976: 41) coloca a questão mais ou menos da seguinte forma: "*A independência é o privilégio dos fortes, da pequena minoria que tem a coragem de se afirmar...*".

Nietzsche interessa-se pela realização do ser humano, "para além do bem e do mal". Utiliza *pressupostos filosóficos subjectivistas* extremos.
Quando um ser humano pretende impor a sua vontade aos outros, pode recorrer ao *pressuposto filosófico subjetivista*, elaborando discursos que servem esse fim: a realização do ser humano individual.

2.2.5.1.4 Conjeturar que a verdade é relativa.

Segundo Hessen 2011: 25-27), partindo de um *pressuposto filosófico relativista*, pode afirmar-se que só existem verdades em relação a uma dada humanidade. A verdade depende das circunstâncias de tempo, lugar e modo de vida dos seres humanos. Com base nos pressupostos filosóficos relativistas, pode-se afirmar que a verdade, em si, não existe, que ela é uma elaboração cultural e, portanto, a validade da verdade é uma decisão do grupo que a elabora.
Em Kuhn (1999: 319) ".*o conhecimento científico, tal como a linguagem, ou é intrinsecamente propriedade comum de um grupo, ou não é nada*..."; a ciência é relativa, tanto no seu desenvolvimento como nos seus critérios de verdade. Kuhn chega a esta conclusão porque está a resolver o problema da possibilidade de conhecimento a partir dos sentidos, e não com a razão.
Quando um investigador em educação utiliza *pressupostos filosóficos relativistas* para construir um objeto de estudo, *considera* que a realidade está em movimento, que o contacto entre o sujeito e o objeto de conhecimento não é possível de forma definitiva por duas razões: primeiro, porque o sujeito (alma) e o objeto (realidade) estão em mundos diferentes e, segundo, porque a realidade não está parada, está em constante mudança. Por isso, o conhecimento é um processo sem fim.
Neste sentido, é filosoficamente assumido: a realidade é uma realidade ou existem várias realidades, a realidade move-se ou permanece imóvel?

2.2.5.1.5 Atribuir que o que é verdadeiro é o que é útil.

A partir de uma conjetura filosófica pragmática, segundo Hessen (2011: 27-29), o investigador educacional pode abandonar a ideia de verdade, no sentido da concordância entre o pensamento e o ser, e admitir que o verdadeiro é o que é útil, valioso, o que serve ao sujeito para sobreviver. Pode considerar-se que os seres humanos, enquanto indivíduos, são práticos, orientados para a ação; que só nos interessa a nossa própria segurança e bem-estar. Também é possível conjeturar que a inteligência foi dada aos seres humanos, individualmente, para se orientarem na realidade, não para a conhecerem. É possível pressupor que o conhecimento humano só é importante pela sua utilidade. A verdade pode ser atribuída à congruência dos pensamentos com os fins práticos, que são úteis e proveitosos para a realização do ser humano.
Para James (1975: 156-158), verdade significa "...*adequação com a realidade...ideias verdadeiras são aquelas que podemos assimilar, tornar válidas, corroborar e verificar; ideias falsas são aquelas que não podemos*...". Possuir pensamentos verdadeiros significa, para James, ter instrumentos de ação, que nos dizem quais as realidades que podem ser úteis ou prejudiciais. A verdade é provisória, verdade de grupo, o discurso deve adaptar-se à realidade para ser útil, verdadeiro. Tiago adopta este ponto de vista porque está a resolver o problema da possibilidade de conhecimento a partir dos sentidos, e não da razão.
Se assim for, no domínio religioso, por exemplo, uma pessoa não estaria preocupada com o problema da existência de Deus para aceitar uma determinada

religião, mas sim com o facto de esta lhe proporcionar alguma utilidade, por exemplo, que a sua família, praticando-a, se realize moral, social, economicamente, etc.

Para Frederick Nietzsche (1976: 88), "*Dos sentidos provém toda a manifestação de certeza, toda a boa consciência, toda a evidência da verdade*". Assim, a verdade é mutável, relativa; porque os sentidos não nos fornecem um conhecimento estável. Nietzsche afirma o que precede a partir dos seus sentidos, e não da sua razão.

Consideramos correta a afirmação de Hessen, no sentido em que James e os outros *pragmatistas* referidos evitam o debate sobre a objetividade ou subjetividade-relatividade da verdade, no que diz respeito ao problema da possibilidade do conhecimento, isto é, se é ou não possível conhecer; mas consideramos também que, ao analisá-lo em termos de utilidade, assumem uma posição cética, subjetivista e relativista.

2.2.5.1.6 É certo que é possível saber, mas não na sua essência.

Seguindo Hessen (2011: 29-30), as escolas de pensamento que partem de *pressupostos filosóficos críticos* são da opinião de que é de facto possível conhecer (dogmatismo) mas não na essência, pelo que se deve analisar as afirmações dos outros e não aceitar nada sem refletir, ponderar, analisar os juízos dos outros (ceticismo); porque os seres humanos sentem e pensam de forma diferente dos outros seres humanos (subjetivismo); porque os juízos mudam no tempo, no espaço e nas circunstâncias (relativismo); e porque o conhecimento que aprovamos como verdadeiro deve ser-nos útil na realização dos nossos objectivos, na consecução dos nossos propósitos, tanto individualmente como nas nossas relações com os outros seres humanos (pragmatismo).

Este *pressuposto filosófico* permite aos investigadores em educação esperar certezas. Porque *o criticismo* é um *pressuposto filosófico* a partir do qual é possível estabelecer uma mediação entre os extremos radicais (dogmatismo e ceticismo) para, com base em pressupostos filosóficos *subjectivistas, relativistas e pragmáticos*, tentar clarificar o *problema* da *possibilidade do conhecimento*, em termos de diálogo entre uns e outros, de modo a chegar a um acordo sobre o que se deve entender por conhecimento verdadeiro.

Kant (1996: 6), o fundador do *pressuposto filosófico crítico*, caracterizou a época em que viveu da seguinte forma: "*...a nossa época é a época da crítica, à qual tudo tem de se submeter. A religião, por causa da sua santidade, e a legislação, por causa da sua majestade, querem geralmente evitá-la. Mas então levantam contra si próprias suspeitas justificadas e não podem aspirar a um respeito sincero, que a razão só concede àqueles que souberam sustentar um exame livre e público*".

Kant chamou "*crítica*" à sua *conjetura* de ensinar a filosofar a partir de *pressupostos filosóficos* que medeiam entre o dogmático e o cético. O seu objetivo era ensinar a filosofar, a pensar por si próprio, e não transmitir os princípios de uma filosofia pronta. "*Crítica*" significa apenas apreciação, poder-se-ia dizer o meio-termo aristotélico. Acima de tudo, significa uma apreciação do potencial do homem como criador e sustentador da cultura. A tarefa da *crítica* é simultaneamente negativa e positiva. É uma crítica da razão humana, revela as suas limitações, mas ao mesmo tempo, ou dentro dessas limitações, garante o seu trabalho possível e criativo.

Kant é *crítico*, em termos de *pressupostos filosóficos*, quando promove um diálogo entre *o dogma* (fé) e *o ceticismo* (dúvida) e estabelece um acordo entre ambos. Para pensar, em filosofia, ciência, religião e arte, assumamos, embora nunca se possa ter a certeza absoluta, que se pode saber (dogmatismo), mas não na essência (ceticismo), porque todos os seres humanos são únicos e irrepetíveis e raciocinamos e sentimos de forma diferente.

(subjetivismo), as ideias são criações subjectivas que se transformam no tempo, no espaço e nas circunstâncias (relativismo) e todo o conhecimento deve ter alguma utilidade prática para os seres humanos (pragmatismo).

Partindo de um *pressuposto filosófico crítico*, são dadas possibilidades de concretizar um dos grandes ideais da educação: formar alunos críticos, analíticos e reflexivos. A materialização de uma das máximas kantianas: "ousa pensar por ti mesmo".

Em Kant (1994: 25) diz-se que "*a preguiça e a cobardia são a causa pela qual uma tão grande parte dos homens continua à vontade no seu estado de pupilo... são também a causa pela qual se torna tão fácil para os outros constituírem-se tutores*...". Ousar pensar por si próprio significa libertar-se dos grandes males que afligem a humanidade: a ignorância, o fanatismo e a ambição. A primeira leva à segunda e a segunda à terceira.

É por isso que Kant (1994: 25) entendeu o esclarecimento como a possibilidade de "*.libertação do homem da sua incapacidade culpada*". Esta incapacidade é entendida como "*.a impossibilidade de fazer uso da sua inteligência sem a orientação de outrem*..." (Kant 1994: 25). É uma incapacidade culpável porque "*...a sua causa não reside na falta de inteligência, mas na falta de decisão e de coragem para fazer uso dela por si mesmo sem a orientação de outrem*..." (Kant 1994: 25). (Kant, 1994: 25) É por isso que Kant (1994: 25) disse: "... *Sapere aude! Tem a coragem de fazer uso da tua própria razão!*...". Kant conclui o acima exposto porque está a resolver o problema sobre a possibilidade de conhecer com a sua razão e com os seus sentidos, só que primeiro usa a razão e depois os sentidos.

Em jeito de conclusão, e após esta visão geral dos *pressupostos filosóficos* a partir dos quais o *problema* da *possibilidade do conhecimento* pode ser resolvido, considera-se pessoalmente que, de todos os *pressupostos filosóficos* discutidos, a partir dos quais o *problema* da *possibilidade do conhecimento pode* ser resolvido, nenhum dos analisados (dogmatismo, ceticismo, subjetivismo, relativismo, pragmatismo e criticismo) é melhor do que os outros. O(s) *pressuposto*(s) que um investigador educacional escolhe, para analisar os fenómenos, dependerá(ão) do objeto de estudo e dos interesses epistemológicos e ontológicos do investigador. O que é importante notar é que o pressuposto filosófico escolhido, quer o investigador o conheça quer o ignore, terá implicações nas teorias, nos tipos de teorias a utilizar para problematizar o objeto de estudo, para o construir.

Além disso, todo o investigador que constrói um objeto de estudo, quer o saiba ou não, fá-lo com base em um ou vários *pressupostos filosóficos*, neste caso, *sobre a possibilidade de conhecimento*. Porque todo o discurso é construído a partir de certos pressupostos filosóficos, irremediavelmente; porque o sujeito cognoscente está a usar a sua razão, os seus sentidos ou ambas as suas qualidades para resolver o problema da possibilidade de conhecer.

A questão que cada investigador deve colocar a si próprio, antes de tentar partir para o conhecimento de qualquer fenómeno da educação, é a seguinte: o facto, o fenómeno, o acontecimento educativo que pretendo conhecer pode ser explicado, pode ser explorado, descrito, interpretado ou compreendido? Se isto for possível, a partir de que *pressuposto filosófico* deve ser abordado? Isso dependerá do facto de se usar a razão, os sentidos ou ambas as qualidades para responder à questão colocada.

2.2.5.2 *Os pressupostos filosóficos a partir dos quais se pode resolver o problema da origem do conhecimento.*

A compreensão do *problema filosófico* da *origem do conhecimento* é fundamental para interpretar as outras quatro *dificuldades filosóficas do conhecimento* (possibilidade, essência, classificação e critérios de verdade do conhecimento). Isto sem esquecer que os outros *quatro tipos de problemas do conhecimento* continuam por esclarecer: os seus fundamentos *teóricos*, para problematizar a realidade; os procedimentos *metodológicos*, para gerar novos conhecimentos; as estratégias *técnicas*, para conhecer a realidade; e os *instrumentos*, para recuperar a informação necessária para analisar os fenómenos; de acordo com o conceito de *orientação epistemológica* da investigação realizada a partir das ciências da educação, ideia geral que orienta o presente trabalho de investigação.

Já foi referido (supra, 2.1.1) que, de acordo com a posição *crítica* assumida nesta investigação, é impossível ao sujeito cognoscente (alma) penetrar na esfera do objeto a conhecer (realidade: material e espiritual), parecendo que nós, seres humanos, não nascemos para conhecer a realidade tal como ela é, na sua essência. Se nós, investigadores em educação, só podemos contar com a nossa razão e os nossos sentidos para "conhecer" a realidade educativa, temos, à partida, matematicamente falando, apenas duas *possibilidades* de estabelecer contacto com a realidade: a razão e os sentidos. Podemos *supor*, mas nunca ter a certeza absoluta, que *o conhecimento tem origem* na *razão* (então seríamos racionalistas) ou que *o conhecimento tem origem* nos *sentidos* (e seríamos empiristas). Os investigadores em educação, numa segunda fase, têm duas outras *possibilidades* de abordar os objectos de estudo, derivadas das duas *possibilidades* anteriores: podemos *assumir* que o conhecimento tem origem tanto na razão como nos sentidos, mas que os nossos sentidos participam primeiro e depois a nossa razão (e seríamos intelectualistas); ou que a razão participa primeiro e depois os sentidos (e seríamos aprioristas). Cada uma destas quatro *hipóteses* tem um grande representante e fundador: Platão, Lucke, Aristóteles e Kant, respetivamente.

É importante notar que estamos a falar apenas de "pressupostos" e não de *verdades. Acreditamos que até a própria ideia de verdade é uma invenção racionalista,* como tentaremos mostrar ao longo desta investigação.

Pode afirmar-se que as comunidades científicas ou as tradições de investigação (a que nós, investigadores em educação, pertencemos), consoante a perspetiva, o paradigma ou a orientação epistemológica do programa de investigação ou do modo de produção de conhecimento a que aderem, constroem o conhecimento recorrendo a *pressupostos filosóficos* como o racionalismo, o empirismo, o intelectualismo ou o apriorismo; consoante resolvem o problema filosófico da origem do conhecimento a partir da razão, dos sentidos ou de ambas as qualidades do sujeito cognoscente.

Sendo um pouco mais ousados, propomos que todos os investigadores, conscientes ou não, caem em qualquer um dos *pressupostos* acima mencionados, quando tentam conhecer a realidade educativa. E que o mesmo acontece quando se toma *posição* sobre os outros quatro *problemas do conhecimento* (possibilidade, essência, tipos e critérios de verdade).

Nesta secção, tentaremos analisar o conceito, as caraterísticas, a função, a finalidade, a classificação, os autores e as obras dos *pressupostos filosóficos* mencionados; que todos os investigadores em educação podem utilizar, por vezes com desconhecimento do facto, ao elaborarem explicações sobre a realidade educativa. Considera-se que os *únicos quatro pressupostos* que o ser humano pode considerar para resolver o *problema filosófico* sobre a *origem do conhecimento*, nenhum é melhor do que o outro. O(s) pressuposto(s) filosófico(s) escolhido(s) para opinar sobre uma qualquer realidade dependerá(ão), como já foi referido, dos interesses epistemológicos e ontológicos do investigador e do objeto de estudo que pretende construir.

2.2.5.2.1 Partindo do princípio de que o conhecimento nasce da razão.

O racionalismo é um *pressuposto filosófico* a partir do qual um investigador em educação pode construir o conhecimento, resolvendo o problema da *origem do conhecimento*, *admitindo* que todo o nosso *conhecimento* provém da *razão*, da mente, do cérebro, da inteligência dos seres humanos.

A pergunta que surge imediatamente é: se *o conhecimento humano* tem sua *fonte* original na *razão*, quem o colocou lá, ou como o conhecimento chegou à *alma* humana? A resposta será construída a partir das observações que se seguem:

De um ponto *de vista racionalista*, pode-se ser *da opinião*, mas nunca ter a certeza absoluta, de que um conhecimento só pode ser verdadeiro quando é logicamente necessário e universalmente válido. Quando é que um determinado conhecimento pode ser considerado válido para todos os seres humanos, *assume-se* que é verdadeiro quando toda a humanidade concorda que esse conhecimento é verdadeiro. Quando é que um juízo pode ser dito logicamente necessário, *assume-se* que também é verdadeiro quando a razão julga que uma coisa, fenómeno, acontecimento ou facto tem de ser assim e que não pode ser de outra forma ou de qualquer outro modo, que tem de ser sempre e em todo o lado.

Por exemplo: as proposições "o todo é maior que a parte" e "todos os corpos são grandes" são exemplos de juízos logicamente necessários e universalmente válidos; porque são juízos que nascem da *alma*, proposições que procedem dos *raciocínios* do *cérebro*. Os juízos fundados no *pensamento*, os juízos provenientes da *razão*, da alma, possuem uma necessidade lógica e uma validade universal. Todo o conhecimento, para ser verdadeiro, a partir de uma conjetura *racionalista*, deve ter origem no pensamento, vir da mente; a alma humana é a verdadeira fonte de onde emergem os juízos, o cérebro é o recipiente do conhecimento humano.

É óbvio que os juízos acima são proposições lógicas, que o pensamento humano está a *ordenar* a realidade. Estes juízos são semelhantes ao seguinte: dois mais dois é igual a quatro (simbolicamente: 2 + 2 = 4), que é um juízo matemático. Assim, os juízos das ciências Lógica e Matemática são proposições, conhecimentos gerados na razão. *É suposto* estarem na mente e é necessário tirá-los da mente (voltando à questão que está a orientar esta exposição).

O pensamento matemático é concetual e dedutivo. A razão só pode criar conceitos, juízos, raciocínios. Mas porquê criar ideias, juízos, raciocínios, é *suposto* estabelecer certas ordens na realidade. *A razão* quer estabelecer a ordem na realidade. Na ciência geométrica, todo o conhecimento é derivado (por dedução) de alguns conceitos e axiomas supremos (leis supostamente universalmente válidas e logicamente necessárias). O pensamento funciona de forma absolutamente independente de toda a experiência, proveniente dos sentidos, seguindo apenas as suas próprias leis (postulados, axiomas, conceitos). Todos os juízos formulados a partir da geometria distinguem-se, supostamente, pelas notas caraterísticas da necessidade lógica e da validade universal. É *a razão* a ordenar a realidade.

Platão observou que qualquer juízo que se pretenda verdadeiro deve reger-se pelas duas caraterísticas já mencionadas: necessidade lógica e validade universal. Segundo Platão, a realidade, que pode afetar os sentidos e proporcionar experiências à alma, está em constante transformação, em constante mudança, em movimento, em deslocação (relativismo) e, por isso, não pode proporcionar à alma um conhecimento certo sobre si mesma. Os sentidos podem enganar-nos, mas dificilmente podem fornecer à alma um conhecimento verdadeiro da realidade.

Platão era de opinião que os sentidos, ao fornecerem à alma apenas sensações, levam-na a elaborar *opiniões* puras sobre a realidade. O que ele não disse é que *a razão* também só pode produzir meras *opiniões*; porque dizer - por exemplo - que dois mais dois são quatro, constitui um juízo que uma *razão* está a propor a outras *razões*, como uma convenção, para concordar com elas, sobre certos aspectos da realidade.

Platão pensava que, para além do mundo sensível, que apenas fornece à alma meras sensações através dos sentidos, deve necessariamente existir um outro mundo, suprassensível, a partir do qual a razão, a
a consciência cognoscente deve "extrair" os seus conteúdos (Hessen, 2011: 31-35).

O debate filosófico sobre a *origem do conhecimento* só pode ser resolvido, tal como os outros problemas filosóficos do conhecimento, *através da suposição*; ou da *razão* ou da *experiência*; ou de ambas, privilegiando uma ou outra, por ordem de aparecimento. Só há quatro possibilidades conhecidas (matematicamente falando) para resolver este problema, uma vez que o sujeito cognoscente só tem dois atributos para relacionar com os objectos a conhecer: a sua *razão* e os seus *sentidos*; mas, como cada sujeito sente e pensa de forma diferente dos outros, este é o problema fundamental: a que sujeitos devemos dar ouvidos e que outros devemos ignorar quando pretendem extrair os seus conhecimentos, *supostamente* válidos para todos e logicamente necessários? Não serão meras *suposições* que em determinados tempos, espaços e circunstâncias foram elaboradas para pôr ordem numa determinada realidade?

Platão, talvez sem o saber, estava também a *assumir* que a origem do conhecimento se encontrava na *razão*. Talvez, nesse mesmo sentido, ele quisesse estimar isso; ou talvez os seus interesses pessoais exigissem essa postura e fosse do seu interesse filosofar (refletir) sobre a realidade dessa forma. É preciso não

esquecer que Platão pertencia à classe abastada da Grécia clássica e era do seu interesse manter o status quo, as desigualdades sociais da época em que viveu. Não se deve esquecer que os pressupostos filosóficos, no sentido em que estão a ser expostos na presente investigação, não são bons nem maus, em si mesmos, nem nenhum deles é melhor do que os outros, para resolver os problemas filosóficos do conhecimento; que tudo dependerá de interesses subjectivos ou de grupo, tanto a nível epistemológico como ontológico.
Sabe-se que Platão foi um discípulo ateniense de Sócrates e que fundou a Academia, uma das mais famosas escolas de filosofia da época. Não se deve esquecer que, para pertencer a esta instituição, era exigido um conhecimento de matemática; porque se *supunha* que, para se poder começar a estudar filosofia, era necessária essa formação prévia. Parafraseando Gaarder (2001), este facto é sugerido pela placa colocada à entrada deste centro intelectual, onde se lê: "Aqui não entra quem não souber geometria". A geometria é uma ciência matemática e, portanto, racional; *supõe-se* ou, é necessário *supor*, que os seus juízos provêm da alma, independentemente dos sentidos. Mas, numa análise mais aprofundada, os axiomas e postulados da geometria não passam de "convenções" que permitem a uma certa parte da humanidade chegar a acordo sobre a forma de atuar na natureza e na sociedade. As limitações dos nossos conhecimentos matemáticos impedem-nos de fazer uma análise mais profunda a este respeito. Acrescentaremos apenas que as ciências matemáticas não são nem falsas nem verdadeiras, em si mesmas; mas que requerem a assunção da verdade e da falsidade dos seus juízos, para estabelecerem um conhecimento convencional.
Platão (A, 2001: 145-196), no diálogo "*Protágoras ou dos Sofistas*", (um dos 14 livros que escreveu) desenvolve a questão de saber se é ou não possível ensinar a virtude. Neste livro, Platão parte do princípio de que a virtude é objetiva e, portanto, que é possível ensiná-la, uma vez que a virtude existe em si mesma, independentemente dos sujeitos. Se algum sujeito a possui, é possível que a possa transmitir a outros; ensinar outros a serem virtuosos. Partindo de um *pressuposto filosófico racionalista*, pode *admitir-se* que a alma humana é boa por natureza e que, com base em perguntas e respostas (diálogo), o professor pode ajudar os seus alunos a descobrir as suas virtudes no fundo da alma; porque a alma humana vem a este mundo carregada de todos os conhecimentos necessários à sua realização mundana.
Platão (A 2001, 287-321), no diálogo "*Ménon ou da virtude*", que está relacionado com o diálogo "*Protágoras ou dos Sofistas*", desenvolve o tema da natureza da virtude e da possibilidade de a ensinar. Platão começa por dizer que a alma está cheia de ideias, como que em potência, como que adormecidas; que podem ser extraídas da alma, como já foi referido, através do diálogo. Partindo do *pressuposto racionalista* que Platão utiliza para resolver o *problema* da *origem do conhecimento*, é possível *argumentar* que "apreender" é o mesmo que "recordar"; porque a alma vem a este mundo com todos os conhecimentos necessários para nele funcionar, só que ao nascer foram esquecidos, porque o corpo tomou conta de toda a sua atenção por uma questão de sobrevivência; a alma ficou escrava do corpo, sujeita a satisfazer as suas necessidades; e só tem "recordações" do que já sabia, por ocasião das sensações que experimenta através dos sentidos. Ele também aborda a questão dos graus de conhecimento, com seus extremos: verdade e

falsidade. Para Platão o conhecimento verdadeiro é aquele que é gerado a partir de um dos procedimentos metodológicos ou operações intelectuais, que a alma humana é capaz de realizar, para gerar novos conhecimentos, chamado de definição; (racionalismo). Na definição, como será observado no subcapítulo 2.3, são estabelecidos limites entre o que uma coisa é e o que ela não é; como esses limites implicam ordenar as coisas, é a razão que os impõe. De quem é a razão? Resposta: a razão de um sujeito ou de um grupo de sujeitos, se partirmos do princípio de que não existe uma razão universal.

Platão (A, 2001: 415-492), no diálogo "*Theaetetes ou da ciência*", discute o conhecimento partindo *do pressuposto* de que este é um produto exclusivo da *razão* humana (racionalismo). Segundo ele, a essência imaterial e invisível das coisas só pode ser apreendida através da razão, mas todo o conhecimento verdadeiro deve poder ser demonstrado em factos, na experiência. O conhecimento passa do racional para a experiência de uma forma rigorosamente *dedutiva. A dedução* é outra das operações intelectuais ou procedimentos *metodológicos*, com os quais se podem gerar novos conhecimentos a partir de *pressupostos filosóficos racionalistas*.

Platão (A, 145-196), no diálogo "*Protágoras ou dos Sofistas*", reconhece, apesar de ser o pai do *pressuposto racionalista* para resolver o *problema filosófico* da *origem do conhecimento*, que o conhecimento é uma tarefa progressiva (relativismo) que, passo a passo, avança nas suas conclusões. Segundo Platão, o caminho do conhecimento conduz da multiplicidade das coisas à unidade da verdade. O real, para Platão, é aquilo que tem o poder de ser um efeito ou de produzir um efeito.

Platão (B, 2001: 1-246), no diálogo "*A República ou o Justo*", mais concretamente no sétimo livro (atualmente, capítulo VII, porque antigamente os capítulos de uma obra eram chamados livros) desenvolve o mito da caverna, onde se explica que as coisas individuais (ser) são apenas cópias de ideias (dever ser). Utilizando um pressuposto objetivista para resolver o problema da essência do conhecimento, em relação à solução pré-metafísica do mesmo (a relação sujeito-objeto), é de opinião que, numa relação de conhecimento, o objeto determina o sujeito. É primeiro o dever ser e depois o ser. O ser deve estar em conformidade com o dever ser. Podemos pensar que, a partir de Platão, o pressuposto filosófico dominante para resolver o problema filosófico da essência do conhecimento, no que diz respeito à sua solução teológica, é o dualismo. Platão iniciou a divisão da realidade em dois pólos opostos: o ser e o dever ser. Os filósofos anteriores a Platão falavam apenas do ser; a questão a responder era: de que é feita a realidade (materialismo)? A partir de Platão, a questão seria: para que fomos feitos (dever ser)? O próprio Platão afirma, no livro acima citado, que fomos feitos para fazer o bem (dever ser).

Platão (2001 B: 247-300), no diálogo "Fedro ou do amor", constrói a sua teoria educativa. Na Academia, ensina que "apreender" é "recordar". Trata sobretudo do problema da alma, do espírito, da razão, que se caracteriza como auto-atividade. A alma é o que há de mais nobre no homem. A alma sofre, aprisionada pelas paixões do corpo, o desejo de regressar ao reino das ideias absolutas (idealismo), onde o amor verdadeiro, a verdade, a justiça e todas as virtudes podem ser apreciadas na sua expressão mais completa.

No "Symposio" (Platão 2001 A: 493-540) é abordado o tema da alma humana, da razão, da mente, da inteligência (dogmatismo), prisioneira do corpo, tentando escapar a este mundo de factos sensíveis, ansiando por uma existência eterna, perfeita, imutável, bela (racionalismo).

Para Platão, o mundo das ideias é a verdadeira morada da alma, o eternamente verdadeiro, o sempre belo e o duradouramente bom (idealismo, dever ser). Para ele, deve haver uma realidade por detrás do mundo dos sentidos e chamou a essa realidade o mundo das ideias. Aqui encontramos as imagens-modelo eternas e imutáveis que estão por detrás dos vários fenómenos que encontramos na natureza. Chamamos a este conceito a teoria das ideias de Platão (Gaarder, 2001: 94-111).

Platão chegou às conclusões acima referidas porque resolveu todos e cada um dos grandes problemas filosóficos do conhecimento a partir da razão.

Zeno de Cício (342-270 a.C.), o fundador do *estoicismo*, assim chamado porque, segundo Gaarder (2001), se encontrava no pórtico de Atenas (*stoa*), juntamente com representantes romanos como Séneca e o imperador Marco Aurélio, também partia do princípio de que a origem do conhecimento se encontrava na razão. Cultivavam a lógica dedutiva e a sua visão do mundo era puramente *racional*. O ideal humano do estoico é o homem sábio que se rege exclusivamente pela *razão*, não dando lugar aos impulsos das paixões (empirismo), que são consideradas más (dualismo). *A razão* deve colocar o homem em harmonia com a sua própria natureza e com a natureza do cosmos. É graças à razão que se adquirem as virtudes (dever ser) e, por conseguinte, a felicidade.

O estoico é impassível, tentando equilibrar a razão e a paixão. O estoico tem de renunciar aos prazeres e suportar as suas próprias dores e dificuldades. É esta a origem da conhecida expressão: "Suporto a dor numa atitude estoica". Séneca disse a famosa frase: "Se concordares de boa vontade, o destino levar-te-á; se não, arrastar-te-á à força".

O estoicismo tem, positivamente, o ideal do dever (idealismo), da renúncia e da fraternidade universal; por isso, foi uma doutrina apreciada pelos primeiros cristãos. Os estóicos, como Platão, ou melhor, seguindo os seus ensinamentos, resolviam todos e cada um dos cinco grandes problemas do conhecimento com base em pressupostos racionais.

Plotino é o mais famoso autor neoplatónico (também ele parte do princípio de que a fonte do conhecimento está na razão). Escreveu "*As Enéadas*" (uma obra dividida em seis tratados, cada um com nove livros). Para Plotino, o princípio de tudo é o Uno, uma espécie de Deus do qual emanam todas as coisas, mas completamente transcendente ao mundo e ao homem (dualismo). Nada se pode afirmar sobre ele, é incognoscível e inexprimível. Por emanação do Uno, surgem três tipos de entidades, em cascatas sucessivas de menor valor. São elas: a inteligência (ou nous), a alma e a matéria. A inteligência contém as ideias (segundo Platão) e, a partir dela, a alma. O mundo inteligível é composto por esta tríade, o uno, a inteligência e a alma (racionalismo). Num nível inferior está a matéria, resultado último da emanação divina e raiz de todos os males (empirismo). O homem deve subir esta escada até se identificar com Deus (objetivismo). A sua vida consistirá assim no desapego da matéria e na assimilação da alma, da inteligência e do uno, através da contemplação mística (idealismo). O êxtase é o estágio final, onde o homem se despersonaliza e se une completamente a Deus (Gutiérrez, 1997: 65 -

69). Plotino foi um seguidor de Platão, pelo que parte dos mesmos pressupostos filosóficos deste.

Segundo Hessen (2011: 33-35), há que distinguir entre vários tipos de *racionalismo*: lógico, transcendente, teológico, imanente e ontológico.

De acordo com o *racionalismo lógico*, os conteúdos da experiência (num pressuposto empirista) não dão ao sujeito pensante qualquer ponto de apoio para a sua atividade concetual. A ideia de consciência em geral é distinta da consciência concreta e individual. É algo puramente lógico, uma abstração, e não significa outra coisa senão o conjunto de pressupostos ou princípios supremos do conhecimento. O pensamento é a única fonte de conhecimento (se partirmos do princípio da racionalidade). O conteúdo do conhecimento humano é deduzido (a dedução é o método pelo qual pretendemos gerar novo conhecimento a partir da suposição imaginária racionalista) desses princípios supremos por uma via dedutiva rigorosamente lógica. Todo o conhecimento verdadeiro possui necessidade lógica e validade universal. Aplica-se principalmente ao conhecimento matemático.

É necessário assumir que o conhecimento matemático é logicamente necessário e universalmente válido, para que os seres humanos, vivendo juntos num grupo, possam chegar a acordo sobre a forma de atingir os seus objectivos diários: dois mais dois são quatro. Caso contrário, seria impossível viver em conjunto.

O racionalismo lógico é dogmático, acredita que pode penetrar na esfera metafísica (ontológica) pela via do pensamento puramente concetual (racional). Deriva de princípios formais (dever ser) proposições materiais (ser); deduz (método racional, por excelência, para gerar novos conhecimentos), a partir de meros conceitos (idealismo), o conhecimento. Pretende que se possa derivar (dedução) do conceito de Deus (racionalismo), a sua existência (empirismo). Imagina que, do conceito de substância, se pode deduzir (dedução) a essência da alma.

Para o *racionalismo transcendental*, o domínio das ideias (objetivismo) está, em primeiro lugar, em relação com a realidade empírica (empirismo). As ideias (objetivismo) são os modelos das coisas empíricas (empirismo). O domínio das ideias (objetivismo) está, em segundo lugar, em relação com a consciência cognoscente (racionalismo). Não só as coisas (empirismo), mas também os conceitos (idealismo) através dos quais conhecemos as coisas (empirismo) são cópias das ideias (idealismo), provêm do mundo das ideias (idealismo). Por exemplo: *anamnese* é um conceito, criado por Platão, que pode ser entendido no sentido de que todo o conhecimento (relação sujeito-objeto) é uma reminiscência (lembrança). Segundo Platão, a alma contemplou ideias numa existência pré-terrena (conhecimento inato) e recorda-as por ocasião da perceção sensível (conhecimento nascido).

De acordo com o *racionalismo teológico*, já foi estabelecido que, segundo Plotino, a parte racional da nossa alma é continuamente alimentada e iluminada a partir do alto. Deus é suposto ser a causa e o fim de todo o conhecimento humano.

Para Agostinho, todo o conhecimento, todo o saber, em sentido próprio e rigoroso, provém da razão humana ou da iluminação divina (racionalismo). A questão era saber se era preciso acreditar nos milagres cristãos ou se também era possível aproximar-se das verdades cristãs através da razão. A verdade não deve ser procurada fora do homem, mas dentro dele. Não são os sentidos que a fornecem (do imaginário empirista), mas a atividade do espírito racional (do imaginário racionalista). A verdade é eterna e imutável (objetivismo), portanto não provém das coisas (empirismo), que são mutáveis (subjetivismo). A verdade é o próprio Deus, e as suas ideias são moldes dessas coisas materiais e imperfeitas (Platão). Até aqui o que se pode afirmar sobre o racionalismo teológico, no espaço e tempo óbvios da investigação.

De acordo com o *racionalismo imanente*, e seguindo Descartes, há certas ideias que constituem a razão humana, chamadas, portanto, ideias inatas, inatas, e que não só fornecem a base do conhecimento verdadeiro, mas também da sabedoria da vida como um todo.

Supõe-se, finge-se, imagina-se, mesmo que nunca se tenha a certeza, que o pensamento religioso, os princípios lógicos, o conceito de substância e de causa, de extensão e de número, são plantados por Deus na nossa razão e vêm connosco à nascença (a partir de um pressuposto racionalista).

Segundo Descartes (1981. XVI), do pensamento de Deus, dos princípios lógicos, dos conceitos de substância e de causa, de extensão e de número que, pelo facto de terem sido semeados por Deus na nossa razão, nos acompanham à nascença, podemos derivar princípios conceptuais evidentes, como os teoremas da geometria. Os conceitos inatos (com que nascemos, segundo o pressuposto racionalista) são os fundamentos possíveis do conhecimento científico do universo, ao contrário dos conteúdos da experiência sensível (criticando o pressuposto empirista), cujos conceitos nunca estão isentos de confusão.

Descartes, para além das ideias inatas, nascidas de um pressuposto racionalista, observa dois outros tipos de ideias: as adventícias, provocadas pela realidade exterior; e as fictícias, criadas pela imaginação. As ideias inatas (racionalistas) são, no entanto, as únicas que constituem os verdadeiros fundamentos do conhecimento (racionalismo).

Se o sujeito cognoscente dispõe apenas da sua razão e dos seus sentidos para conhecer a realidade, pode-se *supor* (a partir da razão) que ele vem a este mundo com todos os conhecimentos para sobreviver nele (ideias inatas). A realidade externa provoca-lhe sensações e, por ocasião dessas sensações, ele recorda os conhecimentos que já conhecia (ideias adventícias). Quando a razão (que nasce com todo o conhecimento da realidade) está em repouso, a imaginação desempenha o seu papel e, juntando o puzzle das ideias inatas e adventícias (ser e dever ser), cria ideias irracionais sobre a realidade. Por exemplo: Às vezes sonhamos (imaginação) que vivemos com pessoas que já morreram e, ao mesmo tempo, com pessoas que ainda estão vivas, em espaços, tempos e circunstâncias diferentes.

Para Descartes, a matemática é o exemplo de conhecimento em que se podem observar duas condições importantes do conhecimento racional (ideias inatas): os princípios matemáticos são claros em si mesmos e com conteúdos distintos.

No entanto, é preciso dizer que a matemática é convencional.

Segundo o *racionalismo ontológico*, conhecemos as coisas contemplando imediatamente o absoluto na sua atividade criadora.

Leibniz (racionalista) demonstra, ao contrário de Locke (empirista), que existem verdades inatas e necessárias, ou verdades da razão, bem como verdades naturais, ou verdades de facto, que provêm da experiência. As primeiras, portanto, são elaboradas pelo espírito sem o auxílio da observação empírica, como é o caso das verdades da aritmética e da geometria. As segundas são adquiridas através dos sentidos (empirismo).

Partindo do racionalismo que a fonte do conhecimento está na razão, este conhecimento inato não é, portanto, um conhecimento de atualidade permanente. Eles não são impressos na mente para serem adoptados. Eles existem na mente apenas virtualmente (apriorismo), como disposições, ou seja, como pré-formações. O intelecto tem de lutar e esforçar-se para as obter. A experiência ajuda, sim, a provocá-las e a confirmá-las, mas não é a própria fonte da sua validade.

O facto de muitas pessoas aceitarem ideias inatas também não é um sinal de prova objetiva. A certeza do conhecimento inato, diz Leibniz, acima de todo o subjetivismo, não se funda na opinião generalizada (empirismo). O seu fundamento está no princípio lógico da não-contradição (critério imanente da verdade).

As noções inatas (racionalistas) não pertencem apenas ao conhecimento das ciências puras (lógica e matemática). Existem também noções práticas de plena validade. Esta é a base da ética (racionalista) como conhecimento comprovado do comportamento humano. A ciência moral (racionalista), tal como a aritmética, é inata, pois também ela depende de provas fornecidas pela luz interior. E como as provas saltam diante dos nossos olhos, não é de admirar que os homens não tenham consciência de tudo o que possuem em si mesmos e nem sempre leiam com suficiente rapidez os contornos da lei natural, que Deus, segundo S. Paulo, escreveu no coração (Leibniz, 1991: 56-57).

Em jeito de conclusão, o investigador em educação pode utilizar o pressuposto filosófico racionalista, aceitando que a origem, a fonte e a base do conhecimento estão na razão, no pensamento. Desta forma, ele estaria a resolver o problema filosófico sobre a origem do conhecimento a partir da sua razão.

Que consequências teóricas se podem retirar do pressuposto do racionalismo?

Assume-se, ou pretende-se assumir, que o conhecimento deve ser logicamente necessário e universalmente válido, porque a nossa razão julga que deve ser assim e que não pode ser de outra forma, que deve ser assim sempre e em todo o lado, para ser verdadeiro.

Porquê procurar a verdade?

A questão pode ser respondida no sentido em que a verdade eterna, imutável e universal permite-nos ordenar a realidade. Ter a certeza de que os juízos são sempre e em todo o lado verdadeiros.

E qual é o objetivo de tentar pôr ordem na realidade?

Manter o status quo. Preservar a ordem estabelecida.

O pressuposto filosófico racionalista anda de mãos dadas com o seu primo dogmático. Assumir que o conhecimento pode ser conhecido implica também assumir que existe uma ordem para o conhecimento. Trata-se, em ambos os casos, de uma realidade que não se move, talvez porque convém a certos interesses. É aqui que se encontra o sentido filosófico do pressuposto: que a realidade não se move.

O racionalismo, tal como o dogmatismo, tanto epistemológico como ontológico, é de grande ajuda para aqueles que querem manter a ordem estabelecida.

2.2.5.2.2 Acreditar que o conhecimento tem origem nos sentidos.

Um outro *pressuposto filosófico*, a partir do qual se pode resolver o *problema da origem do conhecimento*, contrariamente ao *racionalismo*, consiste no *pressuposto* de que todo o *conhecimento* humano provém da *experiência* proporcionada pelos nossos *sentidos*: o empirismo.

É importante notar que, quando este pressuposto filosófico é utilizado para resolver o problema da *fonte do conhecimento*, para conhecer a realidade, o sujeito cognoscente utiliza os seus *sentidos* de preferência à sua razão. Já foi dito que o sujeito cognoscente se apoia apenas na sua razão e nos seus *sentidos* para estabelecer a relação com os objectos que quer conhecer. No caso da *hipótese empirista*, são os *sentidos* que *supostamente* permitem conhecer os fenómenos. Alguns filósofos dizem que os sentidos são "as janelas da alma".

O investigador em educação, como já foi referido, pode optar entre *assumir* que o conhecimento tem origem na *razão* (racionalismo), na *experiência* (empirismo), em ambas, privilegiando *a experiência* em detrimento da *razão* (intelectualismo), ou, em ambas, preferindo *a razão* à *experiência* (apriorismo). O pressuposto que escolher determinará a teoria com que problematiza o seu objeto de estudo. Tudo dependerá dos interesses epistemológicos e ontológicos do sujeito cognoscente. O pressuposto que o investigador escolhe para se relacionar com a realidade dependerá também das caraterísticas do seu objeto de estudo. Quando se trata de conceitos, como a educação, é preferível utilizar pressupostos racionalistas em vez de *empiristas*; mas se o objeto de estudo são fenómenos tangíveis, como o comportamento dos alunos, os pressupostos *empiristas* funcionam melhor para estabelecer a relação de conhecimento.

O empirismo é um pressuposto filosófico a partir do qual se pode *estimar* que a alma humana vem a este mundo totalmente vazia (contrariamente ao *racionalismo*, a partir do qual se pode *supor* que a alma humana vem com todo o conhecimento da realidade) e que se vai enchendo de conhecimentos, ao longo da vida, graças às *experiências* que os sentidos lhe proporcionam. Deste modo, os alunos aprendem melhor se lhes forem proporcionadas experiências, experiências, etc.

O primeiro a utilizar o pressuposto *empirista* para tentar explorar, descrever, explicar, interpretar, compreender a realidade, talvez sem se aperceber das consequências epistemológicas e ontológicas que isso acarretaria, foi Demócrito, o construtor da teoria do átomo. Sobre o problema da origem do conhecimento, Demócrito, segundo Hessen (2011: 35-38), parte de um pressuposto filosófico *empirista* de que quando apreendemos algo com os nossos sentidos (empirismo) isso se deve aos movimentos dos átomos no espaço vazio. Isto significa que, se existem apenas átomos em movimento no espaço vazio, a realidade está em constante movimento e mudança (relativismo). *O relativismo* é um outro pressuposto filosófico a partir do qual se pode resolver um outro problema do conhecimento: a possibilidade do conhecimento. A verdade do conhecimento, de acordo com este pressuposto filosófico, está em constante mudança, dependendo do lugar, do tempo e das circunstâncias dos sujeitos que o constroem.

Segundo Demócrito, quando vemos a lua, é porque os átomos da lua chegam aos nossos olhos (os objectos da realidade provocam sensações nos sentidos do sujeito). Ele imagina que a alma é constituída por átomos da alma, redondos e lisos. Supõe que, com a morte da pessoa, os átomos da alma se dispersam por todo o lado, deixam o corpo. Podem então entrar noutro corpo no processo de criação. As consequências *teóricas* do estabelecimento da relação do conhecimento com os objectos de estudo a partir do pressuposto empirista, neste caso, conduzem o sujeito à opinião de que o ser humano não tem uma alma imortal. Conclui-se que a alma está ligada ao cérebro e que não podemos ter qualquer tipo de consciência quando o cérebro se desintegra.

Parafraseando Gaarder (2001:50-56), citando Demócrito, os átomos, embora muito numerosos e muito diferentes uns dos outros, são todos eternos, inalteráveis e indivisíveis. Só existem átomos com propriedades quantitativas. Tudo o que é qualitativo é agregado pelos sentidos. Sabemos que nós, sujeitos cognoscentes, pensamos e sentimos de forma diferente. Então, o pressuposto filosófico empirista está relacionado com outro pressuposto que pode ser utilizado para resolver outro problema do conhecimento: *o subjetivismo*, a partir do qual se pode resolver o problema da *possibilidade do conhecimento*. Assim, se resolvermos o problema da *possibilidade do conhecimento* a partir de um pressuposto *subjetivista*, afirmando que é possível conhecer mas que cada sujeito elabora a sua própria verdade, porque sente e pensa de forma diferente dos outros sujeitos, estamos também *a assumir* que são apenas as nossas experiências (empirismo) que nos permitem conhecer a realidade; e que cada sujeito conhece os fenómenos de forma diferente.

A palavra átomo significa indivisível. Para Demócrito, era importante poder dizer que aquilo de que tudo é feito não podia ser dividido em partes mais pequenas. Se fosse esse o caso, os átomos não poderiam ser utilizados como tijolos de construção. Porque os átomos poderiam ter sido limados e divididos em partes cada vez mais pequenas. A natureza teria começado a flutuar numa pasta cada vez mais líquida. Além disso, os tijolos da natureza tinham de ser eternos, pois nada pode sair do nada, fixos e sólidos, mas não podiam ser idênticos uns aos outros. As únicas coisas que existem são os átomos e o espaço vazio. Quando um corpo morre e se desintegra, os átomos dispersam-se e podem ser utilizados de novo noutro corpo. Porque os átomos movem-se no espaço, mas porque têm entradas e saídas, encaixam-se para formar as coisas que vemos. Se aceitarmos à partida que nada pode surgir do nada e que nada desaparece, então a natureza tem necessariamente de ser feita de pequenos tijolos que se juntam e voltam a separar-se. Demócrito concordava com Heráclito que toda a natureza flui (relativismo). As formas vêm e vão (relativismo). Mas, por detrás de tudo o que flui, há algumas coisas eternas e imutáveis que não fluem: os átomos.

Se aceitarmos que do nada nada pode surgir, então a lei da física que afirma que a matéria não é criada nem destruída, mas apenas transformada, faz algum sentido. Partindo deste pressuposto filosófico, pode afirmar-se que a matéria, tal como as ideias, está em constante fluxo, em constante mudança.

Partindo de um pressuposto *empirista*, a experiência (tudo o que percepcionamos através dos sentidos) é a única fonte do conhecimento humano, a origem de todo o conhecimento. A consciência cognoscente (sujeito) retira o seu conteúdo (objeto) da experiência. O espírito humano é, por natureza, vazio, a alma é um quadro em branco, o espírito é uma folha de papel onde a experiência escreve. A alma experimenta apenas sensações (experiências). As ideias são cópias das impressões, derivadas das sensações. Todos os nossos conceitos derivam da experiência. Parte de factos concretos. Justifica a sua posição referindo-se à evolução do pensamento

e do conhecimento humano. A criança começa por obter percepções concretas. Com base nessas percepções, chega gradualmente a formar representações e conceitos gerais. Estes surgem organicamente da experiência. Os seus defensores provêm das ciências naturais. Trata-se sobretudo de verificar os factos com exatidão, através de uma observação atenta. A experiência pode ser interna, a auto-perceção, ou externa, a perceção dos sentidos (sensualismo). É por isso que os *sofistas* pensavam desta forma. Também os *estóicos* - como se verá mais adiante - e os *epicuristas* eram da mesma opinião (Hessen, 2011: 35-38).
Partindo de um pressuposto *empirista*, os factos são apurados pela observação e pela experimentação. Assim, o objetivo de quem utiliza este pressuposto, para determinar a origem do conhecimento, é conformar-se aos factos, ao que pode ser verificado com os sentidos.
Alguns autores empiristas são os sofistas, os estóicos, os epicureus, John Locke (fundador da hipótese), David Hume, Condillac, John Stuart Mill, etc.
Epicuro (341-270 a.C.), baseado numa visão *materialista* do mundo, com raízes em Demócrito, fundou a comunidade científica dos *hedonistas*, que propunham o prazer (em grego: *Edoné*) como o valor supremo, ao qual todos os outros valores deveriam estar subordinados. A regra de conduta prática é, portanto: procurar o máximo de prazer, com o mínimo de dor. Todo o conhecimento é sensual (empírico).
Parafraseando Gaarder (2001: 76-80), Epicuro insiste no tema da ética. A virtude não é senão um meio subordinado ao prazer (experiências sensuais). E é aqui que se encontra a maior oposição com o *estoicismo*, que, partindo de um pressuposto filosófico *racionalista* (quanto ao problema da origem do conhecimento) e *dogmático* (quanto ao problema da possibilidade do conhecimento), propõe a virtude como um fim, e não como um meio. Partindo de um *pressuposto* filosófico *racionalista*, a virtude é um fim em si mesmo; partindo do seu oposto, é um meio subordinado ao prazer. *Pressupostos* filosóficos contrários permitem a elaboração de *teorias* contraditórias.
Lucrécio desenvolveu a ética do prazer de Aristipo e combinou-a com a teoria atómica de Demócrito. O princípio era: viver em segredo, viver o momento. *"Estrangeiro, aqui estarás bem, aqui o prazer é o primeiro bem. A morte não nos diz respeito, porque enquanto existirmos, a morte não está presente, e quando a morte chega, deixamos de existir. As quatro ervas curativas são: os deuses não devem ser temidos, a morte não é motivo de preocupação, o bem é fácil de alcançar e o terrível é fácil de suportar"* (Gaarder, 2001: 66).
John Locke é considerado o fundador do pressuposto filosófico *empirista*. Ele obtém o conhecimento da realidade a partir do que os nossos sentidos nos dizem (subjetivismo), das nossas sensações, do que podemos experimentar, verificar. Lucke parte do princípio de que não temos nenhuma ideia inata sobre o mundo, Deus, a eternidade, a substância. Lucke considera que é necessário analisar todas as ideias humanas para ver se podem ser comprovadas por experiências autênticas (ceticismo). De onde vêm os conceitos do ser humano, podemos confiar no que os nossos sentidos nos dizem? Todos os nossos pensamentos e conceitos são apenas reflexos do que vimos e ouvimos (subjetivismo). Antes de apreendermos algo com os nossos sentidos, a consciência é como uma tabula rasa ou um quadro em branco. Antes de apreendermos algo com os nossos sentidos, a consciência é tão vazia e

desprovida de conteúdo como o quadro negro antes de o professor entrar na sala de aula. Mas depois começamos a apreender ideias simples com os sentidos, ideias simples dos sentidos que são elaboradas através do pensamento, do raciocínio. A fé e a dúvida são ideias de reflexão dos sentidos. Sentimos (subjetivismo) e reflectimos. Tudo o que recebemos através dos sentidos são simples impressões, mas pouco a pouco juntamos essas sensações para formar conceitos (Locke, 1994: 47-74).

Todo o material do nosso conhecimento sobre o mundo entra através dos sentidos (realismo). O conhecimento que não pode ser derivado de simples sensações (subjetivismo) é falso e deve ser rejeitado. O mundo é realmente tal como o percepcionamos (realismo ingénuo). Os sentidos têm qualidades primárias e secundárias. As primeiras são a extensão das coisas (peso, forma, movimento, número), podemos ter a certeza de que os sentidos reproduzem as verdadeiras qualidades das coisas, doce, azedo, verde, vermelho, frio, quente, etc.; as segundas (cor, cheiro, sabor, som) são sensações, não reflectem as verdadeiras qualidades inerentes às próprias coisas; reflectem apenas a influência da realidade exterior sobre os nossos sentidos, os nossos gostos. As qualidades primárias estão nas próprias coisas. As qualidades secundárias podem variar de um animal para outro e de uma pessoa para outra, de acordo com a constituição dos sentidos de cada um (subjetivismo) (Locke, 1994: 139-161).

No que diz respeito à realidade externa (realismo), Locke concordava com Descartes que esta realidade tem certas qualidades que o ser humano pode apreender com a sua razão. A alma é um papel branco que a experiência cobre gradualmente com os traços da escrita. Não temos absolutamente nenhum conteúdo na consciência antes de adquirirmos as nossas experiências através dos sentidos (subjetivismo). Há dois tipos de experiência: interna (reflexão) e externa (sensação). Os conteúdos da experiência são ideias ou representações, simples ou complexas. Qualidades sensíveis primárias e secundárias. O pensamento não acrescenta um novo elemento, mas apenas junta os vários dados da experiência. Embora todos os conteúdos do conhecimento derivem da experiência, o seu valor lógico não se limita de modo algum à experiência. Há verdades independentes da experiência (as da matemática, por exemplo) (Locke, 1994: 175176).

David Hume (1992) é outro pensador que parte do princípio de que só conhecemos através da experiência das sensações (empirismo).

Parafraseando David Hume (1992: 5-8), para conhecer, temos de partir do mundo quotidiano (da experiência). Segundo ele, o homem tem dois tipos diferentes de percepções: as impressões e as ideias. As primeiras consistem na perceção imediata da vida exterior; as segundas são as recordações das impressões. Ambas podem ser simples ou compostas.

As impressões são as sensações que temos quando vemos, ouvimos, tocamos, etc. As ideias são de dois tipos: sensações e reflexões. Todas as ideias partem de impressões.

O único método seguro de filosofar, segundo Hume, é a experiência e a observação. O seu *empirismo crítico* leva-o ao problema da génese das ideias. Todos os conteúdos da consciência, ou percepções, são de dois tipos: impressões e ideias. As primeiras são propriamente sensações (ouvir, ver, sentir, desejar, rejeitar, etc.);

as segundas, representações, ainda que enfraquecidas, das primeiras. Por sua vez, as impressões subdividem-se em dois grupos: as de sensação e as de reflexão. Uma impressão que nos faz sentir calor ou frio, sede ou fome através dos sentidos. A consciência produz então uma cópia da mesma, cópia essa que geralmente permanece depois de a sensação ter desaparecido. Esta cópia chama-se ideia e a impressão de que provém chama-se impressão da sensação. Quando essa ideia, acompanhada de prazer ou de dor, aparece mais tarde na alma, podem surgir novas impressões de desejo ou de aversão, de alegria ou de medo, etc. Estas últimas impressões são impressões de reflexão. A aptidão produtiva da mente não vai além da capacidade de vincular, moldar ou retrabalhar os conteúdos fornecidos pela perceção.

O trabalho da compreensão consiste em combinar de alguma forma estes materiais, como? A ligação das representações ocorre de três formas, designadas por princípios. Os princípios de associação ou de semelhança, de contiguidade no tempo ou no espaço e de causa e efeito. Todas as ideias provêm, na sua aparência inicial, de impressões simples; têm a sua correspondência em impressões compostas e representam-nas na consciência. Por outras palavras: as ideias, como representações enfraquecidas, são cópias de impressões. Mesmo aquelas ideias que, à primeira vista, parecem tão distantes da experiência, têm a sua origem na experiência. A própria idéia de Deus não escapa a essa lei psicogenética. O entendimento concebe-a na medida em que associa, pela imaginação, o ilimitado às idéias de sabedoria e bondade, obtidas empiricamente no princípio. Há ideias que são o produto da memória e ideias que são o produto da imaginação. Além disso, há percepções e ideias simples e percepções e ideias complexas. Estas últimas são formadas de acordo com os princípios de associação acima mencionados, assim como, em virtude desses princípios, as ideias simples podem ser distinguidas das complexas. As ideias complexas são de três tipos: relações, modos e substâncias. As noções de modo e de substância não são mais do que colecções (colecções) de representações, reunidas pela imaginação, sob certos nomes evocados pela memória. Provêm, em rigor, de impressões de reflexão.

Pense-se, por exemplo, no ser substancial mencionado na ideia de ouro, ou no modo como a beleza existe em várias mulheres. Por outro lado, as relações podem ser agrupadas em sete categorias: semelhança, identidade, espaço e tempo, quantidade (número), qualidade (grau), contrariedade e causa e efeito. Hume conclui as suas reflexões com o tema das ideias abstractas ou gerais, defendendo a tese de que tais ideias são, no fundo, ideias particulares ligadas a um certo nome que lhes confere um significado mais amplo e as faz evocar ideias individuais semelhantes a elas (nominalismo).

No que diz respeito às ideias de espaço e de tempo, e contra a doutrina de Newton sobre a função do infinito na sua conceção, Hume, ligando-se ao *empirismo* de Locke e Berkeley, defende a ideia de que essas ideias são geradas na observação de um número finito de factos. A representação do espaço provém da ordenação dos objectos percebidos; a do tempo, da sucessão de impressões de toda a espécie. A capacidade do espírito é limitada. A noção de divisibilidade infinita é ilusória. O espaço e o tempo não são algo que existe de facto, lado a lado com as coisas observadas, como supõe a filosofia tradicional. São algo diferente; são modos de perceção do sujeito, e, de facto, o espaço é o modo de perceção da coexistência, e o tempo o modo de perceção da sucessão das impressões. A mente costuma ver neles certas ideias reais, mas são apenas abstracções, e às abstracções nada corresponde na realidade. Como abstracções, elas existem apenas nas palavras (nomes) pelas quais são convencionalmente designadas. Assim, Hume explica a origem da crença em tais abstracções através do *nominalismo*. Ou seja, pelo trabalho da imaginação, associado ao poder da linguagem, o homem inventa a existência substancial do espaço e do tempo. Mas este é apenas um dos casos frequentes de ilusão metafísica. A própria faculdade humana chega a inventar as ideias de existência em geral e de existência externa em particular.

Quando se procura a relação causal entre factos, o conhecimento permanece no domínio da probabilidade. A necessidade da sucessão de um facto (causa) em relação a outro (efeito) não pode ser dada por mero raciocínio. A experiência passada é a resposta. A observação da ligação de certos factos traz consigo o hábito de os associar uns aos outros como contíguos e sucessivos. A perceção de um determina necessariamente a produção do outro. A ligação habitual dos factos impele o espírito a passar de um para o outro por necessidade interna. A intensidade das impressões espalha-se pelas ideias que lhe estão associadas. Daí surge a crença, ou seja, a expetativa aceitável da ordem e da ligação das ideias que representam os factos. Hume indica que, para julgar a relação causa-efeito (lógica da causalidade), é preciso submeter-se às oito regras seguintes: regra da contiguidade das causas e dos efeitos, regra da prioridade das causas sobre os efeitos, regra do nexo necessário das causas e dos efeitos, regra da constância das causas e dos efeitos, regra da comunidade ou coerência das causas e dos efeitos, regra da diferenciação das causas e dos efeitos, regra das variações de grau das causas e dos efeitos, e regra da completude das causas (Hume, 1992: 5-8).

Condillac é outro empirista que só aceita o conhecimento quando este provém dos sentidos. Segundo Condillac (sensualista), existe apenas uma fonte de conhecimento, a sensação. A alma tem originalmente apenas uma faculdade, a de experimentar sensações.

Até agora, podemos ver os dois *pressupostos* filosóficos opostos a partir dos quais é possível elaborar explicações contraditórias da mesma realidade: *o racionalismo* e o *empirismo*. Tudo depende de onde o investigador se coloca em relação à razão e aos sentidos. Se a razão for privilegiada, cai-se no primeiro pressuposto; se forem os sentidos a partir dos quais o sujeito cognoscente parte, cai-se no segundo.

Se se aceitar que o sujeito cognoscente tem apenas a sua razão e os seus sentidos para se relacionar com a realidade, pode concluir-se que tem, em termos matemáticos, apenas quatro *pressupostos* filosóficos para a analisar: *o racionalismo* (razão), *o empirismo* (experiência), *o intelectualismo* (tanto a razão como a experiência, mas começando pelos sentidos e acabando na razão), ou *o apriorismo* (tanto a razão como a experiência, mas começando pela razão e acabando nos sentidos). Verifica-se que as duas últimas conciliam as posições radicais das duas primeiras.

2.2.5.2.3 Presumindo que a fonte do conhecimento está tanto na razão como nos sentidos, mas que primeiro sentimos e depois pensamos.

De acordo com Hessen (2011: 38-40), *o intelectualismo* é um pressuposto filosófico que significa "leitura interior". Para este pressuposto filosófico, a fonte e a base do conhecimento são tanto o pensamento (razão) como a experiência

(sentidos), ou seja, faz a mediação entre o empirismo e o racionalismo. A consciência cognitiva lê na experiência, extrai os seus conceitos da experiência (empirismo). Para além das representações sensíveis intuitivas (empirismo) existem os conceitos, conteúdos da consciência, não intuitivos (racionalismo); mas em relação genética com eles, porque são obtidos a partir dos conteúdos.
Aristóteles (384-322 a.C.) situa o mundo platónico das ideias (racionalismo) na realidade empírica (empirismo). As ideias são as formas essenciais (racionalismo) das coisas. A experiência (empirismo) é a base de todo o conhecimento. Através dos sentidos obtemos imagens perceptivas de objectos concretos. Nessas imagens sensíveis está contida a essência geral, a ideia da coisa; que é extraída pelo entendimento real ou agente e é depois recebida pelo entendimento possível ou passivo; assim se realiza o conhecimento (Hessen, 2011: 38 - 40); ou seja, faz a mediação entre o empirismo e o racionalismo, privilegiando o primeiro.
Aristóteles, segundo Gaarder (2001: 20), era um homem meticuloso que queria ordenar os conceitos dos seres humanos. Filósofo e cientista, interessava-se pelos processos da natureza. Para além da inteligência que Platão utilizou (racionalismo), utilizou também os sentidos (empirismo). Platão era um poeta, Aristóteles um sistematizador enciclopédico que fundou e ordenou as várias ciências. Aristóteles ordenou os conceitos e fundou a Lógica como ciência. Aristóteles não era ateniense, Platão tinha 61 anos quando Aristóteles chegou à Academia. Aristóteles, filho de um médico, ocupava-se sobretudo da natureza viva; pode ser considerado o primeiro biólogo (empirista) da Europa (Gaarder, 2001: 126-147).
O intelectualismo pode resolver o problema da origem do conhecimento supondo, a partir da razão e dos sentidos (mas estimando primeiro os sentidos e depois a razão), que tanto o pensamento (racionalismo) como os sentidos (empirismo) são a fonte e a base do conhecimento; mas que primeiro sentimos e depois pensamos. Isto aplica-se muito bem às Ciências Naturais, porque estas ciências trabalham com objectos concretos (como a natureza); mas não à Matemática e à Lógica, que trabalham com conceitos.
A necessidade que o intelectualismo satisfaz é a de refletir (racionalismo) sobre as percepções (empirismo).
Um dos maiores seguidores de Aristóteles na Idade Média foi São Tomás de Aquino (1225-1274): Um grande *intelectualista*, em termos de pressupostos filosóficos; Segundo ele, começamos por receber das coisas concretas imagens sensíveis, espécies sensíveis (empirismo). O *intelectus agens* (razão) extrai delas imagens essenciais gerais, as species *intelligibilis* (sensações). O *intelectus posibillis* (razão) recebe-as em si mesmo e assim julga sobre as coisas (racionalismo).
Não adquirimos as ideias das coisas reais, mas através do contacto com a realidade (empirismo). São verdades existenciais de facto, que só apreendemos através da reflexão sobre os dados sensíveis. Por outro lado, os primeiros princípios, por exemplo: "o todo é maior do que cada uma das suas partes", poderíamos conhecê-los, mesmo que não tivéssemos experiência, simplesmente analisando os termos do sujeito e do predicado (racionalismo). Basicamente, os primeiros princípios dizem-nos as essências das coisas e as relações essenciais, que são a própria estrutura da natureza.

Enquanto os dados adquiridos pelos sentidos (empirismo) nos dão a conhecer, analisados (racionalismo), a realidade existencial das coisas.

O que seria mais importante na doutrina tomista, os primeiros princípios essenciais (racionalismo) ou a experiência existencial (empirismo)? Ambos os aspectos. Sem a experiência, não poderíamos conhecer a realidade; sem a razão, não poderíamos conhecê-la em essência, mas apenas contingentemente. Por isso, necessariamente, todo o conhecimento tem de partir dos sentidos, e tem de ser realizado (ou aplicado) por meio de conclusões, que são uma conjugação desses primeiros princípios com a realidade experiencial. Estas são, naturalmente, as ciências fundamentais, como a matemática, a filosofia, etc., que emprestam os princípios às outras. Com efeito, é evidente que as ciências positivas devem necessariamente partir da observação e da experimentação. Por exemplo, a noção de triângulo e as relações dos seus ângulos não é experimental. Como princípio fundamental, seria verdadeiro mesmo que não existisse nenhum triângulo perfeito no mundo. E, aplicando as leis da Lógica (ou seja, a própria estrutura do pensamento humano), o erro nesses casos seria impossível. Em contrapartida, não é assim na sua aplicação a casos particulares, em que a observação tem necessariamente de ser introduzida, como seria o caso da triangulação traçada no imaginário para medir por trigonometria a distância da Terra à Lua.

É necessário partir primeiro do facto da existência (empirismo), e só depois, numa segunda fase, procurar o que é essencialmente o objeto em questão (racionalismo). A nossa razão, aplicada à experiência, ordena-a, regula-a, para fins práticos, e não para fins de conhecimento essencial. É a razão a pôr ordem na paixão: primeiro sentimos e depois pensamos. Parece que a razão e os sentidos foram dados ao sujeito, mais do que para conhecer a essência das coisas, para sobreviver neste plano terrestre.

O homem não sabe tudo apenas pelo raciocínio (racionalismo). De facto, mesmo na experiência quotidiana e puramente humana (empirismo), o nosso conhecimento vai muito além do nosso raciocínio. Por exemplo, não é possível reduzir a termos lógicos a certeza que temos do amor de um amigo. Se a temos, é porque ele nos revelou o seu interior, através de alguns sinais que estou disposto a aceitar (De Aquino, 1991: XXV-XXXV).

Tomás de Aquino foi um *intelectualista*, no que diz respeito aos pressupostos filosóficos a partir dos quais parte para resolver o problema da origem do conhecimento religioso (razão e sentidos, privilegiando os segundos em detrimento dos primeiros); ou seja, primeiro localiza-se na realidade (empirismo), para depois poder analisá-la (racionalismo).

2.2.5.2.4 Conjecturando que a base do conhecimento reside tanto na razão como nos sentidos, mas que pensamos primeiro e depois sentimos.

Parafraseando Hessen (2011: 40-41), se partirmos do *apriorismo* considera-se tanto a experiência (empirismo) quanto o pensamento (racionalismo); ou seja, tanto a razão quanto os sentidos, como fontes do conhecimento, tal qual o *intelectualismo*, só que, enquanto deste pressuposto filosófico a prioridade é dada à experiência (empirismo), do primeiro é dada à mente (racionalismo). O nosso conhecimento apresenta elementos a priori (anteriores à experiência) e independentes da experiência. Não são conteúdos (conhecimentos) mas formas de conhecimento (métodos). Essas formas (procedimentos) recebem seu conteúdo da experiência (sentidos). Os conceitos (racionalismo) sem intuições (empirismo) são vazios, as intuições (empirismo) sem conceitos (racionalismo) são cegas. O fator a priori não provém da experiência, mas do pensamento, da razão. Num certo sentido, a razão imprime as formas a priori da matéria empírica e constitui assim os objectos do conhecimento. O pensamento não se comporta de forma recetiva e passiva perante a experiência, mas de forma espontânea e ativa.

No *apriorismo* assumimos que o problema filosófico sobre a origem do conhecimento pode ser resolvido, tal como no intelectualismo, a partir das duas qualidades do sujeito cognoscente: a razão e os sentidos. A diferença na forma como ambas as hipóteses resolvem este problema é que no apriorismo se considera primeiro a razão e depois os sentidos como a origem do conhecimento.

Partindo do pressuposto *apriorista*, pode conjeturar-se que as pessoas vêm a este mundo "programadas" para saber apenas certas coisas (por exemplo, as caraterísticas, funções, propósitos, causas, consequências, classificações, etc., dos fenómenos); mas que outras coisas (como as essências das realidades que experimentamos) nos são proibidas.

Kant é de opinião, de acordo com Hessen, que a matéria do conhecimento (sensações) provém da experiência (empirismo), e a forma (ideias) do pensamento (racionalismo). Admite-se que, com a matéria, as sensações são significadas. Considera-se que o nosso pensamento (razão) ordena os conteúdos das sensações por meio das formas da intuição (empirismo) e do pensamento (racionalismo). As formas de intuição (empirismo) são consideradas como sendo o espaço e o tempo. Pressupõe-se que a consciência cognoscente (razão) começa por introduzir ordem no tumulto das sensações (empiria), ordenando-as no espaço e no tempo, em justaposição e sucessão. Argumenta-se que o sujeito cognoscente introduz então uma nova ligação entre os conteúdos da perceção com a ajuda de formas de pensamento. Esta ligação, argumenta-se, é determinada pelas leis do pensamento, pelas formas e funções a priori da consciência. É *o intelectualismo-empirismo*. Deriva os conceitos da experiência: *apriorismo-racionalismo*. Prefere o fator racional, não à experiência, mas à razão.

De acordo com Gaarder (2001), Immanuel Kant (1724-1804), estudante em Berkeley, foi o primeiro professor de filosofia numa universidade. Gaarder argumenta que a preocupação filosófica de Kant era ver o que podemos saber sobre o mundo, se é exatamente como o percebemos (empirismo), ou se é como se apresenta à nossa razão (racionalismo).

A este respeito, segundo Gaarder (2001: 388-413), Kant assume que a própria lei de causa-efeito (categorias) faz parte da razão humana. A lei causal (racionalismo) reina sempre de forma absoluta porque tanto a perceção (empirismo) como a razão (racionalismo) desempenham um papel importante quando percepcionamos o mundo. Considera que existem também condições importantes na nossa razão para a forma como apreendemos o mundo que nos rodeia. Defende que há certas condições na mente humana que contribuem para determinar a nossa conceção do mundo. Há certas disposições na nossa razão e essas disposições marcam as nossas percepções (apriorismo). É de opinião que o que vemos é, antes de mais, um fenómeno no tempo e no espaço.

Kant, talvez sem se aperceber que estava apenas a supor a realidade a partir das duas qualidades do sujeito cognoscente (razão e sentidos), nos termos expostos

nos parágrafos anteriores, inventou o pressuposto apriorístico na tentativa de resolver o problema da origem do conhecimento.
Em jeito de conclusão, e após esta panorâmica dos *pressupostos filosóficos* a partir dos quais se pode resolver o *problema* da *origem do conhecimento*, consideramos que, tal como aconteceu com o problema da possibilidade do conhecimento, de todos os *pressupostos filosóficos* discutidos, a partir dos quais se pode resolver o *problema* da *origem do conhecimento*, nenhum dos analisados (racionalismo, empirismo, intelectualismo e apriorismo) é melhor do que os outros. O(s) *pressuposto*(s) que um investigador educacional escolhe para analisar os fenómenos dependerá(ão) do objeto de estudo e dos interesses epistemológicos e ontológicos do investigador. O que é importante notar é que o pressuposto filosófico escolhido, quer o investigador o conheça quer o ignore, terá implicações nas teorias, nos tipos de teorias a utilizar para problematizar o objeto de estudo, para o construir.
É bom lembrar uma máxima da teoria quântica: "no início tudo é possibilidade, mas quando uma das possibilidades é escolhida, ela se torna experiência e tem consequências sobre os sujeitos". Pois o modo como se resolve o problema filosófico do conhecimento, respetivamente (usando a razão, os sentidos ou ambos), determinará o que se assume sobre a realidade.
Além disso, todo o investigador que constrói um objeto de estudo, quer o saiba ou não, fá-lo com base em um ou mais *pressupostos filosóficos*, neste caso, *sobre a origem do conhecimento*. Porque todo o discurso é construído a partir de certos pressupostos filosóficos, irremediavelmente.
A questão que cada investigador deve colocar a si próprio, antes de tentar partir para o conhecimento de qualquer um dos fenómenos da educação, é a seguinte: de onde provém o conhecimento do objeto de estudo que pretendo abordar, qual é a fonte, onde nasce, de onde vem, como se origina, da razão, da experiência ou de ambas? A construção do discurso sobre o objeto de estudo dependerá da escolha feita em relação aos pressupostos a partir dos quais se pode legitimar a origem do conhecimento. E esta escolha será feita, quer o investigador educacional o saiba ou não, resolvendo este problema com a razão, com os sentidos ou com ambas as qualidades do sujeito cognoscente.
Neste sentido, o investigador em educação deve colocar uma segunda questão: a partir de que *pressuposto filosófico* devo abordar o objeto de estudo? Há quatro opções: racionalismo, empirismo, intelectualismo e apriorismo. E a escolha de qualquer uma destas opções dependerá da forma como se resolve o problema do conhecimento em estudo.

2.2.5.3 *A relação epistemológica entre os pressupostos filosóficos a partir dos quais se pode resolver o problema da possibilidade do conhecimento e os pressupostos filosóficos a partir dos quais se pode resolver o problema da origem do conhecimento.*

Os pressupostos filosóficos a partir dos quais se pode resolver o problema da origem do conhecimento (racionalismo, empirismo, intelectualismo e apriorismo) podem ser comparados com os pressupostos filosóficos a partir dos quais se pode resolver o problema da possibilidade do conhecimento.
Um racionalista (origem do conhecimento) é também um dogmático (possibilidade do conhecimento). Quem assume que é possível conhecer, imagina que a verdade

existe, pode pensar que ela está no fundo da alma (Platão) e que o sujeito pode obtê-la por descoberta. O que já existe pode ser descoberto. Para um racionalista (origem do conhecimento) o mesmo que para um dogmático (possibilidade do conhecimento) a realidade não se move, por isso pensa que o conhecimento verdadeiro existe. Os sujeitos imaginam, em ambos os pressupostos, que a realidade permanece sempre fixa, eternamente imóvel. A partir de ambos os pressupostos, procuram ordenar a realidade, estabelecer um conhecimento acabado. Isto deve-se, como já foi referido, ao facto de o problema da origem do conhecimento a partir da razão estar a ser resolvido.

Um empirista (origem do conhecimento) é também um cético, subjetivista e relativista (possibilidade do conhecimento). A partir de ambos os pressupostos, pode-se tentar derrubar a ordem estabelecida. Eles imaginam que o sujeito nunca termina de conhecer os objectos (ceticismo); que a realidade se move, que cada sujeito sente e pensa de forma diferente (subjetivismo) e que, portanto, não existe uma verdade universal, eterna e imutável; que a verdade muda no tempo, no espaço e nas circunstâncias (relativismo). Pelo facto de a alma vir a este mundo em branco, sem qualquer conhecimento, todo o conhecimento deve ser adquirido pela experiência (empirismo). Isto porque o problema da origem do conhecimento a partir dos sentidos está a ser resolvido.

Um intelectualista e/ou apriorista (origem do conhecimento) é também um crítico (possibilidade do conhecimento). A partir de ambos os pressupostos, pode-se pensar que é possível conhecer (dogmatismo), mas não na essência (ceticismo), porque cada sujeito sente e pensa de forma diferente (subjetivismo), porque a verdade muda no tempo, no espaço e nas circunstâncias (relativismo) e porque todo o conhecimento deve ser útil para quem o formula (pragmatismo). Isto porque se está a resolver o problema da origem do conhecimento a partir da razão e dos sentidos. Se é primeiro a razão e depois os sentidos, o pressuposto de que se parte para conhecer será o apriorismo; se se parte dos sentidos para conhecer e depois se termina com a razão, está-se a partir do intelectualismo aristotélico.

Aqui, o que é verdadeiramente filosófico, se é que se pode falar de uma verdade, é supor que, na origem do conhecimento, a realidade permanece imóvel (dogmatismo e racionalismo) ou se move (ceticismo e empirismo).

Em seguida, será abordado o problema mais importante do conhecimento: a relação sujeito-objeto. Gutiérrez Pantoja (2005) no seu livro: *Metodologia das ciências sociais I*, especificamente no capítulo III, argumenta que o método depende da forma como o sujeito cognoscente está ligado ao seu objeto de conhecimento. O título do referido capítulo intitula-se "*Alternativas de ligação entre o pensamento e a realidade"*, o que pode ser interpretado como: os diferentes *pressupostos* a partir dos quais o *sujeito* cognoscente pode *relacionar-se* com o *objeto* a conhecer, para tentar explorá-lo, explicá-lo, interpretá-lo, compreendê-lo, etc. Consoante a forma

em que resolve cada um dos cinco grandes problemas do conhecimento.

Mais uma vez, tal como nos dois problemas anteriores do conhecimento (a *possibilidade* e *a origem* do conhecimento), vemos que o sujeito cognoscente apenas dispõe dos seus *sentidos* e da sua *razão* para "conhecer" o objeto do conhecimento, para *se relacionar* com ele. Como não é possível saber se ele conhece com a razão ou com os sentidos, nos termos do que já foi esclarecido, é

necessário partir de um ou de outro, ou de ambos, privilegiando um ou outro. O certo é que a teoria depende do pressuposto, ou seja, se o sujeito cognoscente se situa na razão, a relação com o seu objeto de estudo será estabelecida de forma totalmente diferente do facto de partir dos sentidos.
O problema da essência do conhecimento é importante porque procura esclarecer o modo como se estabelece a relação de conhecimento entre o sujeito cognoscente e o objeto a conhecer. Trata-se dos vínculos alternativos entre o pensamento e a realidade, segundo Gutiérrez (2005).

2.2.5.4 *Os pressupostos filosóficos a partir dos quais se pode resolver o problema da essência do conhecimento.*

As comunidades científicas ou as tradições de investigação, consoante a perspetiva, o paradigma ou a orientação epistemológica do programa de investigação ou do modo de produção de conhecimento a que aderem, constroem os seus objectos de estudo de forma pré-metafísica (objetiva, subjectiva ou dialética), metafísica (realista, idealista ou fenomenalista) e teológica (dualista e teísta ou monista e panteísta), consoante o modo como resolvem o problema da essência do conhecimento: Com a razão, com os sentidos ou com ambas as qualidades do sujeito cognoscente.
Segundo Hessen (2011: 15-20), os principais elementos do conhecimento são o sujeito, que se situa na esfera psicológica; a imagem, que se situa na esfera lógica; e o objeto, que se situa na esfera ontológica. O principal problema da gnoseologia, teoria da ciência, epistemologia, teoria do conhecimento ou filosofia da ciência, consiste em determinar a relação do sujeito com o objeto; ou seja, quem determina quem; o objeto ao sujeito (objetivismo), o sujeito ao objeto (subjetivismo) ou se os dois se determinam recíproca e indefinidamente (dialógico).
Para responder a questões como as anteriores Hessen (2011: 4460) propõe três soluções: *pré-metafísica*, em que considera apenas o objetivismo e o subjetivismo (incluímos neste estudo, para além dos dois pressupostos propostos por Hesse, a dialética; porque este pressuposto tenta estabelecer uma mediação entre os dois anteriores); *metafísica*, como o realismo, o idealismo e o fenomenalismo; e *teológica*, como o monismo e o panteísmo e o dualismo e o teísmo.

2.2.5.4.1 Resolver o problema da essência do conhecimento a partir dos pressupostos filosóficos da solução pré-metafísica.

As soluções pré-metafísicas nada nos dizem sobre o carácter ontológico do sujeito e do objeto; referem-se apenas à relação de conhecimento entre os dois; isto é, ao problema epistemológico, ao problema do conhecimento.
Nesta secção, tentaremos resolver o problema da relação sujeito-objeto em termos pré-metafísicos, isto é, considerando apenas a relação de conhecimento entre o sujeito e o objeto, sem nos referirmos à realidade, mas apenas à relação entre o pensamento e a realidade, à relação de conhecimento entre o sujeito e o objeto.
Nesta relação, acontecem coisas interessantes do ponto de vista epistemológico:

2.2.5.4.1.1 Partindo do princípio de que o objeto determina o sujeito.

Partindo de um pressuposto filosófico *objetivista*, pode considerar-se que o objeto a conhecer determina o sujeito cognoscente. Os objectos podem ser pensados como algo dado, algo que apresenta uma estrutura totalmente definida; uma estrutura que é reconstruída pela consciência cognoscente.

O facto de o objeto determinar o sujeito deve ser interpretado no sentido de que existe um conhecimento universalmente válido e logicamente necessário, que o sujeito cognoscente apenas tem de interiorizar e repetir para regular as suas actividades quotidianas, relativamente às diferentes possibilidades de realização do espírito humano neste plano terreno: arte, ciência, religião e filosofia.
Por exemplo: na religião assume-se, ou quer-se assumir, que existe apenas um Deus verdadeiro: Jeová, no caso dos seguidores do cristianismo.
Ser determinado, pelo objeto, como sujeito, significa, praticamente, ser dogmatizado. Funciona como uma lavagem ao cérebro. O soldado, que dá a vida pela Pátria, é determinado, como sujeito, pelo objeto, isto é, pela instituição, pela ideia que uma outra racionalidade instituiu e estabeleceu na sua consciência.
Assumir a partir do objetivismo combina muito bem com dar uma opinião sobre a realidade a partir do *dogmatismo* (uma suposição para resolver o problema da possibilidade do conhecimento) e do *racionalismo* (uma suposição para resolver o problema da origem do conhecimento). As três hipóteses acima referidas, embora resolvam problemas de conhecimento diferentes, fazem-no a partir da razão.
Numa relação lógica (discursiva, linguística) de conhecimento, pode-se supor, mas nunca ter a certeza, que o objeto a conhecer (que está na esfera ontológica) determina o sujeito cognoscente (que está na esfera psicológica). Se os objectos são pensados como algo dado, algo totalmente definido, para todo o sempre, não é preciso discutir, apenas memorizar. Por exemplo: 2 + 2 = 4. O todo é maior do que a parte. Na matemática *dedutiva* e na lógica *dedutiva* trabalhamos com *dogmas racionalistas*. A verdade é que estes *dogmas racionais* determinam *objetivamente* os sujeitos porque é necessário que estes estabeleçam a ordem nas suas relações com os outros. Pode ser uma questão de relações comerciais, de relações laborais, etc.
Nada é dito sobre o carácter ontológico do sujeito e do objeto; refere-se apenas à relação de conhecimento entre um sujeito cognoscente e um objeto a ser conhecido.
A partir deste pressuposto filosófico, pensa-se, ou pode conjeturar-se, que o sujeito cognoscente toma sobre si as propriedades do objeto a conhecer, que as reproduz, literalmente falando. Exemplo: pode pensar-se que existe um conceito único e universalmente válido de educação, independentemente do que diferentes sujeitos possam pensar sobre a mesma ideia. Parte-se do princípio de que esse conceito deve ser descoberto pela razão e que, uma vez feito isso, todos os sujeitos devem ser ensinados com a mesma ideia, sem qualquer alteração, de modo a ordenar a realidade educativa. Os objectos são pensados como algo dado, algo que apresenta uma estrutura que é reconstruída pela consciência cognoscente.
É o reino das ideias ou das essências de Platão. Para Platão (dogmático, racionalista e objetivista) as ideias são objectivas. Elas formam uma ordem substantiva. O mundo sensível tem diante de si o mundo suprassensível. E tal como descobrimos os objectos do primeiro, na intuição sensível, na perceção, também descobrimos os objectos do segundo, numa intuição não sensível, a intuição das ideias (Hessen, 2011: 44-46).
Pensar a realidade desta forma dá segurança ao sujeito. Podemos partir do princípio de que Deus existe, de que há uma justiça verdadeira, uma moral universal, etc. A ordem será sempre procurada pela razão, com o objetivo de

regular a paixão e dar segurança às outras almas. É por isso que o pressuposto *objetivista* se dá muito bem com os seus "primos", os pressupostos filosóficos *dogmáticos* e *racionalistas*.

Platão (a partir de pressupostos filosóficos *dogmáticos*, *racionalistas* e *objectivistas*) atribui uma realidade metafísica às essências (*objetivismo*). Ele define as ideias como realidades supra-sensíveis, como entidades metafísicas (Gaarder, 2001: 94-114).

O pressuposto filosófico *objetivista* pode ser utilizado para elaborar discursos (relação lógica) sobre objectos (abstractos ou concretos) com pretensões de verdade, fazendo com que os sujeitos a quem a mensagem é dirigida acreditem que o mundo das ideias (*dogmatismo*, *racionalismo*) tem existência própria e que a realidade (*ceticismo*, *empirismo*) é um mero reflexo dele.

Ser religiosamente objetivado significa assumir que os deuses existem, quer se pense neles ou não. Ser filosoficamente objetivado significa pensar que a realidade existe independentemente dos sujeitos cognoscentes. Ser cientificamente objetivado significa pensar que o conhecimento existe independentemente da mente. Ser objetivado artisticamente significa pensar que a arte existe independentemente dos sujeitos que a podem apreciar.

Antes de continuarmos, recordemos um ditado popular: nada é verdade ou mentira, tudo é da cor do vidro por onde se olha!

2.2.5.4.1.2 Acreditar que o sujeito determina o objeto.

Partindo de um pressuposto filosófico *subjetivista*, pode considerar-se que o *sujeito* cognoscente determina o objeto a ser conhecido. Nada é dito sobre o carácter ontológico do sujeito e do objeto; refere-se apenas à relação de conhecimento entre um *sujeito* cognoscente e um objeto a ser conhecido. Se um investigador partir deste pressuposto para construir o seu objeto de estudo, o que está realmente a fazer é colocar o mundo das ideias, o conjunto de princípios do conhecimento, no sujeito. Ele tenta fundamentar o conhecimento humano no sujeito (Hessen, 2011: 46-47).

Assumir que o *sujeito* determina o objeto, numa relação de conhecimento, leva o investigador educacional a tentar basear o conhecimento no *sujeito cognoscente*. Parte-se do princípio de que o *sujeito cognoscente* determina o objeto a conhecer. O mundo das ideias, o conjunto dos princípios do conhecimento, é colocado no *sujeito cognoscente*. A atenção do investigador mantém-se no *sujeito* que conhece e julga, sem ter em conta o objeto a conhecer.

O facto de o *sujeito cognoscente* determinar o objeto a conhecer significa que o discurso não é neutro, que a ciência é interessada em si própria. Cada sujeito cognoscente, quer o saiba ou não, constrói o seu conhecimento com base nas suas emoções, paixões, sentimentos, ambições, preconceitos, etc. Todas estas qualidades subjectivas contaminam o discurso. Na ciência política, por exemplo, observa-se que o conhecimento que se constrói sobre a realidade económica, política e social de um país como o México varia, dependendo da filiação partidária dos investigadores. É por isso que os discursos do Partido de Ação Nacional (PAN) não são compatíveis com os discursos do Partido da Revolução Democrática (PRD). O primeiro resolve o problema filosófico da essência do conhecimento a partir da razão, o segundo a partir dos sentidos.

Uma das *funções* importantes do *pressuposto filosófico subjetivista* é tentar convencer os outros de que o que cada um sente e pensa sobre a realidade (com base em emoções, sentimentos, paixões e ambições, pessoais e subjectivas) pode ser generalizado a toda a humanidade. Desta forma, é possível objetivar os outros numa ideia particular que, por esse facto, se torna geral.
Do que foi dito pode inferir-se que o pressuposto filosófico subjetivista pode ser utilizado para transformar a realidade ao gosto do investigador e do grupo que ele representa e, se não o for, pelo menos é elaborada uma proposta com esses fins.
Muitos pensadores assumiram, no momento da elaboração do seu conhecimento sobre a realidade, que o sujeito cognoscente determina o objeto a ser conhecido. Muito provavelmente, isso aconteceu sem o conhecimento do investigador.
Um exemplo claro a este respeito é dado por Schopenhauer (1997: 216), segundo o qual *"...a vontade não é apenas livre, mas omnipotente; ela cria não só a sua própria conduta, mas o seu próprio mundo; e tal como ela se determina a si própria nas suas acções e molda a sua mudez, ambas são o conhecimento que a vontade tem de si própria e não outra coisa qualquer; e ao fazê-lo determina as outras duas coisas, pois fora dela nada existe; e a conduta do homem e o próprio mundo são vontade; só nesse pressuposto é que ela é verdadeiramente autónoma".*
O mundo é o que a vontade do sujeito representa. A realidade é uma representação da vontade. O sujeito cognoscente determina o objeto a conhecer. A entidade é como o investigador a quer representar. O conhecimento neutro e essencial não é possível. Todo o conhecimento é da natureza do sujeito que o formula. Todo o conhecimento está contaminado pelas emoções, sentimentos, paixões, emoções e ambições do sujeito. Shopenhauer resolveu o problema pré-metafísico da essência do conhecimento a partir dos sentidos.
O *pressuposto filosófico subjetivista* (a partir do qual se pode resolver o problema da *possibilidade* do conhecimento) está relacionado com o *pressuposto filosófico subjetivista* (a partir do qual se pode resolver o problema da *origem* do conhecimento). Porque ambos resolvem o respetivo problema filosófico a partir dos sentidos.
Considero necessário esclarecer a situação dos dois *pressupostos filosóficos subjectivistas*: o primeiro pertence à esfera *ontológica*, o segundo à esfera *epistemológica*. A partir do primeiro pode-se resolver o problema da *possibilidade* do conhecimento (esfera ontológica), a partir do segundo pode-se resolver o problema da *essência* do conhecimento (esfera epistemológica), ou seja, o modo como se dá a relação de conhecimento entre os dois elementos do conhecimento. O primeiro refere-se à *realidade* (pode assumir-se que cada sujeito constrói a sua própria realidade, cada sujeito elabora o seu conhecimento), o segundo refere-se à *relação* de conhecimento (assume-se que, numa relação de conhecimento, o *sujeito cognoscente* determina o objeto a conhecer; isto é, as paixões, emoções, sentimentos e ambições do *sujeito cognoscente* contaminam o discurso que elabora sobre a realidade). A semelhança mais importante entre os dois pressupostos é o facto de ambos resolverem o respetivo problema do conhecimento a partir dos sentidos.
O *pressuposto filosófico subjetivista* está também relacionado com o *pressuposto filosófico empirista*, a partir do qual o problema da *origem* do conhecimento pode ser resolvido *assumindo* que o conhecimento é adquirido através das *experiências*.

Se assumirmos que o conhecimento é o produto das experiências do sujeito e se todos os sujeitos são irrepetíveis, únicos e diferentes dos outros sujeitos, então o mundo é o que cada sujeito representa dele, tal como Schopenhauer o entende.

2.2.5.4.1.3 Partindo do princípio de que o objeto e o sujeito são mutuamente determinados.

Partindo de um *pressuposto filosófico dialético*, a realidade pode ser analisada considerando os dois extremos da solução pré-metafísica: o Objetivismo e o Subjetivismo.

Porquê dialética, porque afirma que, numa relação de conhecimento, o sujeito cognoscente e o objeto a conhecer se determinam mutuamente, ou seja, tanto o sujeito determina o objeto como o objeto determina o sujeito, numa relação *dialética* infinita. Isto pode ser interpretado no sentido de que nunca acabamos de conhecer a realidade.

Nunca sabemos a essência, mas pelo menos sabemos cada vez melhor. Ou seja, se não tivermos a verdade sobre a essência de qualquer fenómeno, podemos pelo menos ter a melhor explicação no momento.

Pode-se supor, mas nunca se sabe ao certo, que numa relação (lógica) de conhecimento, o investigador em educação e o seu objeto de estudo estão num *diálogo* que nunca termina e que, portanto, o sujeito cognoscente se aproxima gradualmente da compreensão do seu objeto de estudo.

No pressuposto filosófico dialético, o problema pré-metafísico sobre a essência do conhecimento é resolvido a partir das duas qualidades do sujeito cognoscente: a razão e os sentidos.

Podemos deduzir uma caraterística importante do *pressuposto filosófico dialético*: é conciliador dos outros dois extremos (objetivismo e subjetivismo).

Por conseguinte, o *pressuposto filosófico dialético* pode ser utilizado para construir um conhecimento que beneficie tanto os sujeitos (pessoas) como os objectos (instituições).

Mas o objetivo último do *pressuposto filosófico dialético* é a reconciliação dos opostos, tanto a nível epistemológico como ontológico, em busca de um mundo melhor.

Exemplos de pensadores que construíram os seus objectos de estudo desta forma são Aristóteles (na Antiguidade) e Beauchot (hoje). O primeiro, na construção da sua ética; o segundo, na elaboração da sua epistemologia. O primeiro, no plano *ontológico*, o segundo, no plano *epistemológico*:

Parafraseando Aristóteles (1999), a virtude da coragem é um meio-termo entre dois extremos viciosos: a cobardia e a imprudência. Entre o cobarde (subjetivista) e o imprudente (objetivista), encontra-se

o corajoso (dialético) que, como o cobarde, sente medo perante o perigo iminente; mas, como o temerário, domina o seu medo e procura a melhor forma de resolver a situação perigosa.

Beauchot (1995:20), possivelmente com base na teoria aristotélica do meio-termo, estabelece que, face aos extremos do equivocismo (subjetivismo) e do univocismo (objetivismo), se apresenta um modelo analógico (dialético) de interpretação, onde se conjugam a igualdade (objetivismo) e a diversidade (subjetivismo), privilegiando o sujeito em detrimento do objeto; em virtude de, para nos tornarmos o que se quer (objetivo), termos de partir do que somos (subjetivo).

Resolver o problema da essência do conhecimento de forma pré-metafísica, partindo filosoficamente da dialética, para construir objectos de estudo, está relacionado com os pressupostos filosóficos *críticos* (a partir dos quais se pode resolver o problema da possibilidade do conhecimento), *intelectualistas* e *aprioristas* (a partir dos quais se pode resolver o problema da origem do conhecimento).

A partir dos quatro pressupostos filosóficos (criticismo, intelectualismo, apriorismo e dialética), os respectivos problemas do conhecimento (possibilidade, origem e essência) podem ser resolvidos tentando conciliar os extremos opostos (dogmatismo-ceticismo, racionalismo-empirismo e objetivismo-subjetivismo).

Até aqui, no que diz respeito ao problema da *essência* do conhecimento, tratámos dos *pressupostos* correspondentes à *solução pré-metafísica*; isto é, os *pressupostos* a partir dos quais o problema da relação de conhecimento que se estabelece entre o sujeito cognoscente e o objeto a conhecer pode ser, mas não tem necessariamente de ser, resolvido: os *pressupostos filosóficos* objetivista, subjetivista e dialético. A questão que orientou a análise foi: *quem determina quem numa relação de conhecimento: o objeto para o sujeito, o sujeito para o objeto ou ambos se determinam mutuamente*?

É importante esclarecer a nossa posição, tal como esclarecemos os outros dois problemas filosóficos do conhecimento acima referidos: a possibilidade e a origem do conhecimento.

Não é possível estabelecer, com certeza, qual dos *pressupostos filosóficos* acima mencionados (objetivismo, subjetivismo e dialética) é melhor (ou melhor) ou pior (ou pior) para resolver o problema da *essência do conhecimento*. O que se pode afirmar é que o pressuposto filosófico escolhido para resolver o problema sobre a essência do conhecimento depende do investigador e do seu objeto de estudo e, além disso, terá consequências teóricas importantes; como se verá no subcapítulo 2.2.

Uma vez analisada a relação de conhecimento, a próxima secção tratará da segunda solução para o problema da essência do conhecimento: a solução metafísica.

Porquê a metafísica, porque agora vamos colocar-nos fora ou acima da realidade e perguntar-nos se a realidade existe sem a intervenção do sujeito (realismo), se é uma construção subjectiva (idealismo), ou se existe independentemente dos sujeitos, mas, além disso, cada sujeito conhece-a de forma diferente, ou seja, como um fenómeno (fenomenalismo).

2.2.5.4.2 Resolver o problema da essência do conhecimento a partir dos pressupostos filosóficos da solução metafísica:

As *soluções metafísicas* (realismo, idealismo e fenomenalismo) consideram o carácter ontológico do objeto, ou seja, referem-se à existência do sujeito e do objeto.

O problema da existência do sujeito e do objeto pode ser resolvido a partir de três pressupostos: realismo, idealismo e fenomenalismo; que dependem da forma como o sujeito cognoscente resolve os problemas sobre a essência do conhecimento: com a razão, com os sentidos ou com ambas as qualidades do investigador educacional.

2.2.5.4.2.1 Partindo do princípio de que o objeto existe independentemente do sujeito.

O investigador educacional pode resolver o problema da existência ou inexistência do seu objeto de estudo assumindo que a solução metafísica para o problema da essência do conhecimento pode ser estabelecida a partir do *realismo*. Se for assumida filosoficamente a partir *do realismo*, pode-se argumentar que, para além dos objectos ideais, existem objectos reais, independentes do pensamento (realismo) (Hessen, 2011: 47-51). Isto porque o problema metafísico sobre a existência ou inexistência da realidade está a ser resolvido a partir dos sentidos.

Quando um investigador se relaciona com uma realidade, pode resolver o problema da existência do seu objeto de estudo a partir de um *pressuposto filosófico realista* (que enquadra uma solução metafísica para o problema da essência do conhecimento), afirmando que o seu objeto de estudo existe, independentemente da sua consciência.

Uma das teses fundamentais em que se apoia o investigador que constrói o seu objeto de estudo a partir do pressuposto realista filosófico é a de que se presume a existência de objectos reais que actuam sobre os sentidos dos diferentes sujeitos provocando neles percepções. Isto porque o problema metafísico-filosófico da essência do conhecimento está a ser resolvido, como se tem insistido, a partir dos sentidos.

Importantes pensadores, antigos e modernos, construíram o seu conhecimento com base em pressupostos filosóficos realistas: Demócrito, Aristóteles, Galileu, Locke, Gaarder, etc.

Segundo Gaarder (2001: 120), Demócrito parte do princípio de que só existem átomos com propriedades quantitativas (realismo). É de opinião que tudo o que é qualitativo (idealismo) é uma adição dos nossos sentidos (realismo).

Aristóteles parte do princípio de que as propriedades percebidas (empirismo) também se aplicam às coisas (realismo), independentemente da consciência cognoscente (idealismo). O que está na alma (razão) do ser humano são meros reflexos dos objectos da natureza (sentidos). Não há nada na mente (espírito) que não tenha estado anteriormente nos sentidos (empirismo) (intelectualismo) (Hessen, 2011: 47-51).

Galileu defende que a matéria (realismo) tem apenas propriedades espácio-temporais e quantitativas, enquanto todas as outras propriedades devem ser consideradas subjectivas (idealismo).

John Locke (1994: 16) divide as qualidades sensíveis em primárias: aquelas que percebemos por meio dos sentidos, como o tamanho, a forma, o movimento, o espaço, o número; atribui-lhes um carácter objetivo, são propriedades das coisas (realismo). E secundárias: aquelas que percebemos apenas por meio de um sentido; tais como cores, sons, cheiros, gostos, suavidade, dureza, etc.; ele atribui-lhes um carácter subjetivo (idealismo), existem apenas na nossa consciência, embora elementos objectivos correspondentes a elas devam ser supostos nas coisas. O entendimento, tal como o olho, julgando os objectos apenas pela sua própria visão, só pode estar satisfeito com o que descobre e menos arrependido do que lhe escapa, uma vez que lhe é desconhecido.

Gaarder (2001: 126-147) parte do princípio de que nós, sujeitos, temos uma capacidade inata para classificar todas as nossas sensações em diferentes grupos e

classes. É assim que surgem os conceitos. A nossa inteligência (razão) está totalmente vazia antes de sentirmos qualquer coisa (sentidos). As formas são as qualidades das coisas. A realidade é composta por uma série de coisas individuais que constituem um conjunto de matéria e forma. A matéria é o material de que uma coisa é feita e a forma são as qualidades específicas da coisa. Cada mudança é uma transformação da matéria da possibilidade para a realidade. Há sempre uma possibilidade de atingir uma determinada forma. Todas as coisas (realismo) na natureza têm uma possibilidade inerente de realizar ou concluir uma determinada forma (idealismo). Não existem ideias inatas (racionalismo).
Todos os pensadores acima mencionados resolveram o problema metafísico da essência do conhecimento a partir dos sentidos.
Seguindo Hessen (2011: 47-51), a tese fundamental do *realismo* é a de que existem objectos (realismo) independentes da consciência (idealismo). Para chegar a este resultado, ele parte de uma diferença elementar entre percepções (sensações) e representações (ideias). As percepções (experiências) são objectos (realidade) que podem ser percebidos (experiências) por vários sujeitos (idealismo) e os conteúdos das representações (sensações) só são perceptíveis para o sujeito que as possui (idealismo). Existe assim uma independência das percepções (realismo) em relação à vontade (idealismo). Podemos evocar, modificar e fazer desaparecer as representações (ideias) à nossa vontade; por outro lado, o ir e vir, o conteúdo e a vivacidade das percepções (sensações) são independentes da nossa vontade (realismo). As percepções (sensações) são causadas por objectos que existem independentemente do sujeito que as percebe (realismo), ou seja, existem na realidade. Há uma independência dos objectos da perceção (experiências, sensações) em relação às nossas percepções (ideias). Os objectos da perceção continuam a existir (realismo), mesmo que tenhamos retirado os nossos sentidos da sua influência e, consequentemente, já não os percepcionemos. Na perceção, encontramos objectos que existem fora de nós (transcendentes), que possuem um ser real (realismo). A realidade não pode ser provada, apenas experimentada e vivida. Há objectos reais que actuam sobre os diferentes sujeitos, provocando neles percepções. Trata-se de um *realismo volitivo* em que são as experiências da vontade que nos dão a certeza da existência de objectos exteriores à consciência. As coisas (experiências) resistem às nossas volições e desejos (ideias), e nessas resistências experimentamos a realidade das coisas (realismo).
Os pressupostos do *realismo* para resolver o problema da essência do conhecimento através da solução metafísica estão relacionados com os pressupostos filosóficos que podem ser utilizados para resolver os problemas da possibilidade (ceticismo, subjetivismo, relativismo e pragmatismo) e da origem do conhecimento (empirismo).
Em todos os pressupostos acima referidos, os respectivos problemas do conhecimento são resolvidos centrando-se num dos três elementos do conhecimento: o sujeito cognoscente e, consequentemente, o problema metafísico da essência do conhecimento foi resolvido a partir dos sentidos.
É necessário recordar a impossibilidade de conhecer a essência da realidade. Só podemos partir do sujeito (alma), ou do objeto (realidade) e estabelecer uma relação lógica com o objeto de estudo.

Neste caso, o sujeito é o centro da relação de conhecimento. O objeto permanece excluído.
As principais consequências teóricas da escolha deste pressuposto (realismo) são que o discurso a elaborar (a teoria) será cético, subjetivista (em termos ontológicos), relativista, pragmático, empirista, subjetivista (em termos epistemológicos) e realista; como se verá no subcapítulo 2.2, correspondente aos fundamentos teóricos.

2.2.5.4.2.2 Acreditar que sem sujeito não há objeto.

Partindo do *pressuposto filosófico idealista*, o investigador em educação pode resolver o problema metafísico da essência do conhecimento, no que diz respeito à existência da realidade, afirmando que sem sujeito não há objeto; ou seja, parte-se do princípio de que se não existe um sujeito que possa explicar a existência da realidade, a realidade simplesmente não existe; e assim conclui-se que a realidade é ideal, porque é uma construção da mente do sujeito cognoscente (idealismo subjetivo).
De acordo com Hessen (2011: 51-54), ao contrário daqueles que partem do *realismo* e assumem que a realidade existe independentemente da existência ou não de um sujeito que a possa conhecer, aqueles que pensam a realidade a partir do *idealismo* consideram que todos os objectos possuem um ser ideal, mental. Isto significa que quem explica a existência de entes são os sujeitos que fixam a sua atenção em determinadas realidades e, devido a este ato, são transformados de entes em sujeitos cognoscentes; e os entes em que os sujeitos fixaram a sua razão e os seus sentidos, por sua vez, são transformados de entes em objectos a conhecer. Ambos os termos da relação de conhecimento passam da esfera ontológica (realidade) para a esfera epistemológica (conhecimento da realidade).
Em termos *metafísicos*, aqueles que assumem que a realidade tem como pano de fundo forças espirituais, poderes ideais, etc., têm a convicção de que a realidade (o objeto) é construída pelo sujeito. Epistemologicamente, subjetivamente ou psicologicamente, não existem coisas reais, independentes da consciência. Os pretensos objectos reais são apenas objectos da consciência, objectos ideais.
Parte-se do princípio de que não existem coisas reais independentes da consciência. Pode argumentar-se que toda a realidade está encerrada na consciência do sujeito, porque é ideal. Pode argumentar-se que as coisas não são mais do que conteúdos da consciência. Pensa-se que o ser das coisas consiste no facto de serem percebidas por sujeitos cognoscentes, no facto de serem conteúdos da consciência. Diz-se que, assim que as coisas deixam de ser percepcionadas por nós, deixam também de existir. Conjetura-se que os objectos não possuem um ser independente da nossa consciência. Afirma-se que a nossa consciência, com os seus vários conteúdos, é a única coisa real.
No idealismo, o problema metafísico da essência do conhecimento é resolvido pela razão.
Alguns autores que constroem o conhecimento sobre a realidade partindo do pressuposto de que ela é ideal são. Platão, Berkeley, Avemarius, Schuppe, Herman Cohen, Fichte, Schelling, Hegel e Hessen, entre outros.
Platão parte do princípio de que tudo o que podemos tocar e sentir na natureza (realismo) flui, ou seja, muda, move-se. Absolutamente tudo o que pertence ao mundo dos sentidos (realismo) é feito de matéria que se desgasta com o tempo.

Tudo é feito de um molde eterno e imutável (idealismo). O eterno e imutável são os moldes espirituais ou abstractos, à imagem dos quais tudo é modelado. Chamou a estes moldes ideias (Gaarder, 2001:126-147). Platão parte do princípio de que a verdadeira realidade se encontra num plano metafísico, para além deste mundo, no mundo objetivo das ideias. Este tipo de idealismo pode ser chamado de objetivo.
Berkeley parte do princípio de que o ser das coisas consiste em serem percebidas pelos sujeitos (idealismo subjetivo). Trata-se de um *idealismo* epistemológico (porque decorre de uma relação de conhecimento entre o sujeito e o objeto), *subjetivo* ou psicológico, que trabalha preferencialmente com as sensações visuais e tácteis; as coisas materiais. A alma tem uma existência autónoma. As percepções sensíveis são independentes dos nossos desejos e volições. Assume-se que não há nada para além da sensação e que todo o ser é imanente à consciência.
Os autores supracitados resolvem o problema metafísico da essência do conhecimento a partir do ponto de vista da razão.
Se o ser das coisas consiste em serem percebidas por nós, então os conceitos de *sujeito* cognoscente e de *objeto* a conhecer decorrem de uma *relação* de conhecimento: um determinado ente (o ser humano) fixa os seus sentidos e a sua razão num outro ente (material ou imaterial) para o conhecer e, deste modo, torna-se um sujeito cognoscente, uma vez que se relaciona com um outro ente com o objetivo de o conhecer; por sua vez, o ente (material ou imaterial) que é a razão da relação de conhecimento que o sujeito pretende levar a cabo, torna-se um objeto a conhecer, pelo simples facto de um outro ente (o ser humano) ter fixado os seus sentidos e a sua razão nele para estabelecer uma relação de conhecimento.
O que devemos assumir: que a realidade existe independentemente do pensamento ou que é construída pelo sujeito, com base nas sensações (idealismo subjetivo) ou que existe no mundo das ideias (idealismo objetivo)?
Parece que nunca saberemos, talvez não tenhamos nascido para saber o que é a realidade, mas apenas para sobreviver nela, com base na sua concetualização.
Pode-se assumir, ao mesmo tempo, que a realidade existe independentemente do pensamento e que, ao mesmo tempo, é uma construção do sujeito. O fenomenalismo kantiano oferece-nos esta oportunidade.

2.2.5.4.2.3 Partindo do princípio de que o objeto existe independentemente do sujeito, mas que este apenas o percepciona como um "fenómeno".

Partindo de um pressuposto filosófico *fenomenalista*, pode-se afirmar - a partir das duas qualidades do sujeito cognoscente: razão e sentidos - que não conhecemos as coisas como elas são, mas como elas nos aparecem. Fenómeno significa aparência.
Admite-se que o nosso conhecimento da realidade se reduz a puras aparências, que são obtidas de forma diferente por cada sujeito cognoscente, porque cada ser humano sente e pensa de forma diferente.
O investigador em educação pode resolver o problema metafísico sobre a essência do conhecimento (sobre a existência da realidade) partindo do princípio de que a realidade (material e imaterial) existe independentemente do pensamento (realismo) mas, no entanto, cada sujeito conhece-a de forma diferente (idealismo subjetivo), porque sente e pensa de forma diferente dos outros. Se assim for, não percebemos a realidade tal como ela é, mas como ela se apresenta à nossa razão limitada e aos nossos sentidos deficientes.

Parafraseando Hessen (2011: 54-56), a partir de um pressuposto filosófico *fenomenalista*, pode-se assumir que os sujeitos cognoscentes não conhecem as coisas (realidade material ou imaterial) como elas são, em si mesmas, mas como elas nos aparecem. A partir deste pressuposto filosófico, considera-se o fenómeno, a aparência. Os investigadores só podem saber que existem coisas reais (realismo), mas não podem conhecer a sua essência. Do *fenomenalismo* parte-se do princípio de que os seres humanos só podem saber que as coisas são (realismo), mas não o que são. Como foi argumentado ao longo deste estudo.

Uma caraterística importante deste pressuposto filosófico é o facto de concordar com o *realismo* ao admitir coisas reais; mas também concorda com o *idealismo* ao limitar o conhecimento à consciência, ao mundo da aparência; do que decorre imediatamente a incognoscibilidade das coisas em si mesmas. *O realismo crítico* parte do princípio de que as coisas não são constituídas tal como as percepcionamos. As qualidades secundárias: odores, cores, sabores, etc., não pertencem às coisas em si, mas surgem apenas na nossa consciência (idealismo subjetivo).

No fenomenalismo, o problema metafísico sobre a essência da realidade é resolvido a partir das duas qualidades do sujeito cognoscente: a razão e os sentidos. Primeiro trabalhamos com a razão e depois com os sentidos.

Kant é o fundador do *fenomenalismo*. Gaarder (2001: 388-413) supõe que Kant (também fundador do apriorismo) concorda com Hume (empirista) que não podemos saber nada de certo sobre o mundo em si, sobre o que é a realidade em si; que só podemos saber como a coisa (a realidade) é para mim, isto é, para todo e qualquer ser humano, em particular (subjetivismo ontológico). Defende-se que há dois aspectos diferentes da realidade, a coisa em si (a essência da realidade) e a coisa para mim (o fenómeno, tal como a realidade se apresenta à limitação da minha razão e dos meus sentidos). É opinião que nunca podemos saber como as coisas são em si mesmas (a essência da realidade), que só podemos saber como as coisas nos aparecem (a aparência da realidade, devido aos nossos sentidos limitados e à nossa razão deficiente). No entanto, pode-se conjeturar que antes de cada experiência (empirismo) podemos dizer algo sobre como as coisas são percebidas pela razão dos homens (apriorismo). Podemos conjeturar que, antes de sairmos de manhã, não podemos saber nada sobre o que veremos ou percepcionaremos durante o dia (empirismo), mas podemos saber que o que quer que vejamos ou experienciemos, percepcionaremos como um acontecimento no tempo e no espaço (apriorismo). Além disso, podemos ter a certeza de que a lei causal governa, simplesmente porque a trazemos connosco como parte da nossa consciência (apriorismo). Das duas coisas que contribuem para a forma como as pessoas percepcionam o mundo, uma são as condições externas (sensações), das quais nada podemos saber enquanto não as percepcionarmos (empirismo), a que podemos chamar a matéria do conhecimento; a segunda são as condições internas do próprio ser humano (racionalismo), ou seja, o facto de percepcionarmos tudo como acontecimentos no tempo e no espaço e também como processos que seguem uma lei causal inquebrável, a que podemos chamar a forma do conhecimento (apriorismo).

Parafraseando Hessen (2011: 56-58), a hipótese filosófica *do idealismo* não consegue demonstrar que a posição da hipótese filosófica *do realismo* é contraditória e, portanto, impossível. A hipótese filosófica do *realismo* também não consegue derrotar o seu adversário; as suas razões não são logicamente convincentes, mas apenas prováveis.

Partindo do *fenomenalismo*, pode argumentar-se que a realidade existe, independentemente do pensamento (realismo), mas que o pensamento apenas percepciona a realidade como aparência (idealismo).

Que pensar da existência e da cognoscibilidade dos objectos, podemos conhecer a existência e a essência das coisas ou a coisa por si mesma e em si mesma, podemos afirmar qualquer coisa sobre as propriedades subjectivas e objectivas dos objectos ou devemos contentar-nos com a possibilidade de conhecer a existência, mas não a essência das coisas no sentido do *fenomenalismo*?

Hessen acredita resolver o problema da existência de objectos reais pressupondo uma auto-certeza imediata do eu, com base nos processos da vontade estabelecidos por Maine de Biran; e o problema da cognoscibilidade dos objectos reais, com base no pensamento kantiano, entendendo que as sensações representam o puro caos e que toda a ordem procede da consciência. Pensar é suposto significar ordenar.

Em Kant não existem objectos de conhecimento fabricados, mas os objectos de conhecimento são produzidos pela nossa consciência. A consciência cognoscente cria ela própria a ordem objetiva das coisas. O conhecimento é uma função ativa e reprodutiva.

Conclui-se que nenhum dos pressupostos filosóficos acima referidos: realismo, idealismo e fenomenalismo, resolve, de forma definitiva, o problema metafísico sobre a essência do conhecimento, no que diz respeito à sua solução metafísica; ou seja, o problema da existência e essência da realidade. O investigador em educação terá de se contentar em *assumir*, a partir de qualquer um dos três pressupostos filosóficos mencionados, uma tal solução, para construir o seu objeto de estudo. Isto dependerá dos seus interesses como investigador e do próprio objeto de estudo que pretende construir.

Até agora, decompusemos os pressupostos filosóficos que o investigador educacional pode utilizar para resolver o problema da *essência do conhecimento*: a *solução pré-metafísica* (através de três pressupostos filosóficos: objetivismo, subjetivismo e dialética), que se refere à relação de conhecimento entre o sujeito e o objeto, no sentido de dar resposta à seguinte questão: quem determina quem numa relação de conhecimento: o objeto ao sujeito (objetivismo), o sujeito ao objeto (subjetivismo) ou ambos se determinam mutuamente (dialética)? e a *solução metafísica* (através de três pressupostos filosóficos: realismo, idealismo e fenomenalismo), que se refere à existência da realidade (realismo), ao seu conhecimento (idealismo) e a ambos (fenomenalismo); ou seja, aos planos ontológico, epistemológico e lógico. Falta uma terceira solução: a teológica. É assim chamada porque se aplica muito bem à religião; mas também se aplica à ciência, à arte e à filosofia. Vejamos em que consiste.

2.2.5.4.3 Resolver o problema da essência do conhecimento a partir dos pressupostos filosóficos da solução teológica.

A partir dos pressupostos filosóficos da *solução teológica* (dualismo e teísmo e monismo e panteísmo) para o problema da *essência do conhecimento*, o investigador em educação pode argumentar sobre a realidade de duas maneiras: assumindo que a realidade é *dual* ou assumindo que a realidade é *única*. No primeiro caso, está a ser utilizada a hipótese *dualista* (duo = dois) e *teísta* (Teos = Deus), no segundo caso, está a ser utilizada a hipótese *monista* (monos = um) e *panteísta* (Pan = Tudo; Teos = Deus).

2.2.5.4.3.1 Partindo do princípio de que a realidade é dupla.

Partindo de um *pressuposto filosófico dualista* e *teísta*, o investigador em educação pode resolver o problema da essência do conhecimento argumentando, a partir desta solução teológica, que o pensamento e o ser, o bem e o mal, o sujeito e o objeto, a consciência e a realidade, a idealidade e a realidade, o reino ideal e o reino real, são contrários e definitivamente separados.

Algumas caraterísticas importantes do pressuposto filosófico *dualista* e *teísta* são as seguintes:

- Separa o sujeito do objeto.
- Mantém a diversidade metafísica essencial do pensamento e do ser, da consciência e da realidade (Hessen, 2011: 59-60).
- Ele resolve o problema teológico da essência do conhecimento a partir dos sentidos usando pressupostos filosóficos dualistas.

Uma necessidade que pode satisfazer este pressuposto filosófico no investigador educacional é dividir a realidade em dois pólos opostos, contraditórios e irreconciliáveis.

Com que finalidade procurará o investigador em educação apoiar-se neste pressuposto filosófico, dividindo a realidade em duas na construção do seu objeto de estudo?

Resposta possível: manter a desigualdade epistemológica e ontológica da realidade, mudando tudo para que nada mude. Justificar processos de exclusão de pessoas indesejáveis; passar (os que têm "boas" notas) e chumbar (os que têm "más" notas); premiar os "bons" e castigar os "maus"; etc.

Partindo deste pressuposto filosófico, pode acontecer que, na religião, os "bons" vão para o "céu" e os "maus" vão para o "inferno". Na ciência, algumas pessoas "sabem"; outras "ignoram" o conhecimento. Na arte, há pessoas com "talento" e pessoas sem "talento". Em filosofia, há uma desigualdade ontológica e epistemológica da realidade.

Alguns autores importantes, que construíram seu conhecimento a partir do *pressuposto filosófico dualista e teísta*, talvez ignorando as consequências teóricas e práticas do mesmo, são, dentro do teísmo cristão: Platão, Aristóteles, Plotino, Santo Agostinho e São Tomás de Aquino. Na Idade Moderna: Descartes e Leibniz.

Platão (B, 2001: XII) partia do princípio (talvez sem ter plena consciência de que estava apenas a conjeturar) de que o ser humano está dividido em duas partes. Platão acreditava que uma dessas duas partes (o corpo) flui, muda, transforma-se, etc.; porque está ligada aos sentidos. Platão conjecturava que os sentidos estão ligados ao corpo e, portanto, não são fiáveis, porque todos os seres humanos sentem as coisas de forma diferente.

A outra parte do ser humano, presumia Platão, era a alma. Platão admitia que a alma era imortal e imaterial. Portanto, para Platão, a alma era a casa, a morada, a habitação, o templo da razão; porque é imaterial. O material pode transformar-se, mudar de forma; o imaterial é o eterno, o imutável, o perfeito. É por isso que Platão suspeita que a alma pode ver o mundo das ideias.

Platão opõe dois mundos: o mundo empírico, onde as coisas estão em constante mudança, e o mundo supra-empírico (racional), onde as entidades que o constituem são as ideias. As ideias, enquanto tais, são perfeitas, imutáveis, eternas (dogmatismo). Platão parte do princípio de que é graças às ideias que é possível o conhecimento e, portanto, o ensino e a aprendizagem. Platão é de opinião que uma coisa é conhecida quando é ordenada e qualificada por um conceito geral (racionalismo). Supõe-se que qualquer entidade é conhecida quando é ordenada pela palavra que a define, por exemplo: Protágoras; e é qualificada de alguma forma, por exemplo: homem. *Protágoras é um homem*. Aqui a ideia em causa é a ideia de homem. Graças às ideias, é possível a ciência e, consequentemente, a aprendizagem da virtude (objetivismo).

Aristóteles (1993: XLV-XLVI) partiu do princípio de que todos os objectos são constituídos por matéria (realismo) e forma (idealismo). Aristóteles considerava a forma como a essência de cada objeto, capaz de ser conhecida pelo conceito (racionalismo). Aristóteles presumia que a forma é o que faz com que a coisa seja o que é. Aristóteles conjecturou que as essências estão dentro das coisas.

A diferença fundamental entre Aristóteles e Platão é que para Platão não existem dois mundos, como supunha Platão: o mundo das ideias e o mundo das coisas. Aristóteles admitia a existência de um único mundo, constituído por matéria e forma, coisas e ideias.

Descartes (1981: 55-90) parte do princípio de que Deus é uma substância infinita e que o espírito e o corpo são duas substâncias finitas (dualismo e teísmo). Descartes considera que o espírito é o pensamento (consciência) e que o atributo do corpo é a extensão, pois sem ela nenhum corpo é possível. Descartes entende por modos ou acidentes as propriedades das substâncias que pressupõem a existência de atributos. Sentir, querer, desejar, imaginar, julgar, são "modos de pensamento" (ou seja, modificações da consciência), figura, posição, movimentos (do espaço) são, pelo contrário, modos de extensão.

Parece que as tradições, os costumes e as crenças dos mexicanos (na filosofia, na ciência, na religião e na arte), os mitos, os ritos, em suma, toda a cultura, se baseiam neste pressuposto filosófico. Creio que isso se deve ao facto de sermos herdeiros da cultura ocidental, que chegou ao México e a toda a América Latina, para ficar, através da conquista espanhola.

As consequências práticas são óbvias: parece que vemos "a preto e branco", assumindo que estamos separados e que vivemos em eterno conflito com os outros e connosco próprios.

Apesar da observação anterior, não devemos esquecer que se trata apenas de um pressuposto filosófico: somos realmente entidades separadas?

Outro pressuposto filosófico, a partir do qual o problema da essência do conhecimento pode ser resolvido com base numa solução teológica, é o *monismo* e *o panteísmo*.

2.2.5.4.3.2 . Acreditar que a realidade é única.

O monismo e *o panteísmo* é um pressuposto filosófico a partir do qual é possível afirmar que a realidade é única, que é una, um todo.

Parafraseando Hessen (12011: 58-59), a partir do pressuposto filosófico *monista* e *panteísta*, resolve-se o problema da essência do conhecimento, a partir de uma solução teológica, partindo do absoluto, do último princípio da realidade, do absoluto imanente. Pensando que sujeito e objeto estão absorvidos numa unidade, pensamento e ser, consciência e coisas. Conjecturando que são dois aspectos da mesma realidade. Dizer que o empírico vê uma dualidade, que o conhecimento metafísico vê uma unidade, que, ao fazê-lo, chega à essência (Hessen, 1999: 49-50).

Hessen não consegue mostrar como é que, partindo do princípio de que a realidade é um todo, se chega à essência. Porque, precisamente, ele está apenas a supor. As provas que oferece para sustentar a sua afirmação consistem numa espécie de apanhado histórico de como alguns autores construíram o conhecimento a partir do pressuposto *monista* e *panteísta*; entre eles, podemos citar - na antiguidade - Heráclito, os estóicos, Marco Túlio Cícero, Séneca, Silésio - na modernidade - Baruch Spinoza, Schelling, entre outros.

Hessen refere que, para Heráclito, tanto o bem como o mal têm um lugar necessário no todo e que, se não houvesse uma interação constante entre os opostos, o mundo deixaria de existir. Hessen afirma que, para Heráclito, Deus é o dia e a noite, o inverno e o verão, a guerra e a paz, a fome e a saciedade. Hessen diz que, segundo Heráclito, Deus mostra-se precisamente nesta natureza contraditória e em constante mudança. Hessen argumenta que, para Heráclito, Deus deve ser uma espécie de razão universal que dirige tudo o que acontece na natureza; que no meio de todas essas mudanças e contradições que ocorrem na realidade, na natureza (empiria), Heráclito viu uma unidade, um todo; e que a esse algo, que era a base de tudo, Heráclito chamou Deus ou logos (razão).

Hessen sugere que os estóicos, tal como Heráclito, acreditavam que todos os seres humanos faziam parte da mesma razão universal ou logos (racionalismo). Hessen supõe que eles pensavam que cada ser humano é como um mundo em miniatura, como um microcosmo que, por sua vez, é um reflexo do macrocosmo. Hessen conclui que, para os estóicos, existe apenas uma natureza.

Assim, uma caraterística importante do *monismo* e do *panteísmo* é o facto de permitir ao investigador assumir que nós (entidades) somos todos um, que somos todos Deus.

Cícero (1993: IX - XXIII), tenta provar que Deus existe, supondo uma ordem universal e eterna no mundo (racionalismo). Cícero pensava, como os estóicos, que existe uma razão universal e providente que permeia todos os seres e manifestações do cosmos, desde sempre e para sempre. No campo da ciência, Cícero acredita que existe uma Lei Natural (independente dos sujeitos), baseada na razão humana e na razão universal. Para Cícero, a Lei, que é una, única, eterna e imutável, nasce da própria natureza humana. Cícero pressupõe que a natureza do homem é a origem e a substância do Direito. Para Cícero, não existem vários direitos, mas apenas um: o Direito Natural; o conjunto de regras eternas e imutáveis que fluem da própria natureza do homem. Cícero conjetura que não é a vontade do homem que torna algo justo ou injusto, honesto ou desastrado, bom ou mau, mas a natureza racional do homem. Para Cícero, esta natureza dita o que é mau ou bom, justo ou injusto, e os homens não a podem mudar. Cícero pressupõe que o fundamento da lei é a lei natural, eterna, imutável e universal; que desta lei provém o valor da lei positiva individual e social. Cícero conjetura que a lei positiva é a lei natural determinada e sancionada pela vontade humana, mas, em

última análise, natural. Para Cícero, a lei nada mais é do que a igualdade humana determinada pela vontade do legislador para o bem comum.
Pode-se argumentar, com base no ditado de Cícero, que assumir a partir da razão que existe uma ordem eterna, universal e imutável é também assumir que existe apenas uma realidade para todos (monismo e panteísmo).
Séneca (1989: IX-XXXVIII), partia do princípio de que todos os processos naturais, como a doença e a morte, seguem as leis inquebráveis da natureza (racionalismo); que o ser humano tem de se reconciliar com o seu destino; que nada acontece por acaso; que tudo acontece por necessidade e, por isso, de pouco serve queixar-se quando o destino bate à porta; que o luto não serve para nada, porque nascemos para morrer; e que a morte segue o nascimento.
Pode argumentar-se que Séneca parte da razão porque a sua alma procura a segurança que advém de pôr ordem nas coisas. Se tudo está determinado, não há necessidade de se preocupar em refletir sobre a realidade, basta seguir as regras do jogo pré-estabelecidas. Uma realidade para todos, sempre e para sempre, mas qual seria essa realidade? A de Séneca seria suportar as dificuldades, fatalmente, até ao último suspiro.
Spinoza (1990: 7-35) parte do princípio de que não há substâncias criadas nem incriadas; considera que Deus, como ser transcendente, não criou o mundo a partir do nada; presume que o mundo é uma realidade imanente nele; conjetura que todos os seres de que o mundo é constituído estão no mundo e Deus neles; e admite que, pela mesma razão, Deus é a substância em que tudo assenta.
Spinoza assume que Deus e o mundo sempre existiram e que constituem uma unidade radical; considera que Deus é a causa de todos os seres e que vive com eles; presume que nada pode existir fora de Deus; conjetura que Deus está sempre dentro do mundo; atribui que tudo o que existe, existe em Deus, e que nada pode existir ou ser concebido sem Deus; conclui, como Aristóteles, que Deus é a natureza.
Se isto for verdade, não pode haver um Deus pessoal, como no cristianismo. Se Deus é natureza, cada homem é uma manifestação viva do divino. A religião, o ato religioso do homem de entrar em contacto com o seu criador, assume a forma de uma ligação consigo mesmo.
Spinoza parte do princípio de que a substância (Deus, Natureza) tem dois atributos: o pensamento e a extensão, o mundo material e o mundo ideal ou mundo da consciência. Ele considera ambos os atributos como uma coisa só na substância universal, que é Deus ou a Natureza.
Pode partir-se do princípio de que todos os seres vivos são um só ser, que todos nós somos um só e que todos nós somos Deus.
Spinoza parte do princípio de que a vida do homem é condicionada pelas leis da natureza. Por isso, conclui que o ser humano deve libertar-se dos seus sentimentos e afectos, para encontrar a paz e ser feliz. Spinoza atribui que tudo o que existe é a natureza, que Deus é o mundo e que tudo o que existe provém dessa substância. Spinoza admite que os seres humanos conhecem duas das formas ou qualidades da aparência de Deus, atributos de Deus: pensamento e extensão (Descartes); Deus ou a natureza aparece como pensamento, ou como natureza estendida; que tudo no mundo, ou na natureza, é pensamento (ideia) ou extensão (matéria); os dois atributos de Deus. Spinoza pressupõe que Deus ou as leis da natureza são a causa

interna de tudo o que acontece; que Deus dirige o mundo pelas leis da natureza; que Ele é a causa interna de tudo o que acontece; que tudo o que acontece na natureza acontece necessariamente (determinismo).
Assim, no mesmo sentido em que Aristóteles assumiu, também se pode argumentar que Deus é esse equilíbrio que existe na natureza, entre o predador e a presa.
Spinoza parte do princípio de que tudo acontece necessariamente (dogmatismo). Por isso, conclui que nós (seres humanos) não nos devemos deixar
Só vivemos como seres livres quando podemos desenvolver livremente todas as nossas possibilidades. Para Spinoza, só um ser que é plenamente causa de si próprio pode agir em total liberdade; só Deus ou a natureza podem ser tão livres e não casuais na sua atividade. Spinoza atribui às paixões (ambição, desejo, etc.) a causa que impede o ser humano de alcançar a verdadeira felicidade e harmonia.
Conclui-se que o ser humano deve ser mais racional do que emocional para encontrar a harmonia entre si e os outros.
Spinoza admite que se nós, seres humanos, reconhecermos que tudo acontece por necessidade, podemos alcançar um reconhecimento intuitivo da natureza como tal; que podemos chegar a uma coexistência harmoniosa com as outras partes da realidade, porque somos todos um.
Assim, o absoluto (como Schelling corretamente referiu) é a unidade da natureza e do espírito, do objeto e do sujeito.
Assumir que todos nós (seres) somos um só, que todos fazemos parte do mesmo Deus e que esse Deus é o equilíbrio natural entre o pensamento e a extensão, a substância de que tudo é feito, constituiria a base para promover uma sociedade mais racional.

2.2.5.4.3.3 Partindo do princípio de que a realidade é múltipla.

Leibniz (1991: 389-400), parte do princípio de que no todo (realidade) existe uma harmonia pré-estabelecida. Ele acredita que a conexão e a ordem das partes do universo repousam numa harmonia originalmente estabelecida por Deus. Presume que nesta harmonia repousa também a concordância do pensamento e do ser, do sujeito e do objeto.
Apenas pressupõe uma harmonia total em que as partes da realidade estão inter-relacionadas numa ordem originalmente promovida por Deus.
Leibniz defende uma teoria dinâmica do universo. Leibniz parte do princípio de que as substâncias são, na sua essência, força. Por conseguinte, não há duas substâncias, como em Descartes (dualismo), nem uma, como em Spinoza (monismo). O número de substâncias é infinito (*pluralismo metafísico*). A estrutura metafísica de cada substância é uma mónada. Este termo (do grego *monas*) significa unidade. As mónadas são os elementos indivisíveis das coisas. São produzidas por um ato de criação. A mónada não está sujeita a qualquer ação externa; nem ela própria actua sobre qualquer coisa externa.
Se as substâncias fossem forças, e se o número dessas substâncias-força (mónadas) fosse infinito, então um mundo infinito de possibilidades de realização do ser humano abre-se em torno das quatro formas de realização do espírito: filosofia, religião, ciência e arte.
Recorde-se uma máxima da teoria quântica: no início, tudo é possibilidade; mas quando se toma uma decisão, esta torna-se experiência. Este princípio alerta-nos

para termos cuidado ao tomar uma decisão relativamente a qualquer atividade espiritual.

Até aqui, isto corresponde à solução teológica do problema da essência do conhecimento.

Algumas conclusões sobre o problema da *essência* do conhecimento:

O problema da *essência* do conhecimento, ou seja, de saber realmente o que é conhecer, é insolúvel, porque o ser humano, ao que parece, não nasceu para conhecer a essência da realidade (neste caso, não uma realidade qualquer: artística, científica, religiosa),

filosófica). Aqui o problema é duplicado, porque não se trata de saber se conhecemos a realidade (ciência), mas se sabemos como a realidade é conhecida (metaciência). O problema não é metafísico (ciência) mas pré-metafísico (metaciência). O problema é colocado num plano superior: trata-se do conhecimento do conhecimento. A essência do problema da essência do conhecimento, ou seja, o que é o conhecimento em si mesmo, não nos é permitido conhecer. Podemos apenas *supor*, a partir de três soluções diferentes (pré-metafísica, metafísica e teológica), como é que ele é conhecido, mas não o que seria conhecer efetivamente os fenómenos. Conhecer a essência da relação de conhecimento entre sujeito e objeto é impossível.

A) Na solução *pré-metafísica* há três pressupostos filosóficos concorrentes a partir dos quais se pode resolver o problema da relação entre o sujeito e o objeto de conhecimento: o objetivismo, o subjetivismo e a dialética. É preciso lembrar que o sujeito cognoscente tem apenas os seus sentidos e a sua razão para se relacionar com o seu objeto de conhecimento. Pode assumir-se que o problema da relação entre o sujeito e o seu objeto de conhecimento pode ser resolvido localizando-o na razão (objetivismo), nos sentidos (subjetivismo) ou em ambos (dialética).

A1) Se situarmos o problema do ponto de vista da *razão* (objetivismo), só podemos *supor* que o objeto determina o sujeito. Para fazer uma analogia, o objetivo é o instituído, as instituições artísticas, religiosas, científicas e filosóficas.

A2) Se localizarmos o problema a partir dos *sentidos* (subjetivismo), como no pressuposto filosófico objetivista, só podemos *assumir* que o sujeito determina o objeto.

A3) Se situarmos o problema a partir das duas qualidades do sujeito cognoscente (razão e sentidos), como nos pressupostos filosóficos objectivistas e subjectivistas, só podemos *supor* que ambos os elementos do conhecimento se determinam mutuamente.

Apesar do que precede, o investigador em educação pode ter a certeza de dois fenómenos importantes:

Primeiro: ao construir o seu objeto de estudo, deve ser capaz de situar a teoria, com a qual fundamenta a sua investigação, no problema de como se estabelece a relação sujeito-objeto do conhecimento; isto é, qual dos dois elementos da relação de conhecimento determina quem, ou se os dois se determinam mutuamente; e determinar qual é o pressuposto filosófico a partir do qual foi construído o discurso com o qual está a problematizar a realidade.

Segundo: Ele deve ser capaz de discriminar, entre as diferentes hipóteses que visam resolver o problema da relação sujeito-objeto do conhecimento, qual é a melhor para construir o seu próprio objeto de estudo.

A) Na solução *metafísica* há três pressupostos filosóficos concorrentes a partir dos quais se pode resolver o problema da essência e da existência da realidade: o realismo, o idealismo e o fenomenalismo. Pode assumir-se que o problema da essência e da existência da realidade pode ser resolvido a partir dos sentidos (realismo), da razão (idealismo) ou de ambos (fenomenalismo).
A1) Se situarmos o problema da essência e da existência da realidade do ponto de vista da *razão* (idealismo), só podemos *supor* que a realidade é construída pelo sujeito cognoscente.
A2) Se localizarmos o problema da essência e da existência da realidade a partir dos *sentidos* (realismo), como no pressuposto filosófico idealista, só podemos *supor* que a realidade é uma construção do sujeito cognoscente.
A3) Se situarmos o problema a partir das duas qualidades do sujeito cognoscente (razão e sentidos), como nos pressupostos filosóficos idealistas e realistas, só podemos *assumir* que a realidade existe e que só é conhecida pelo sujeito enquanto fenómeno.
No entanto, tal como na solução pré-metafísica do problema da essência do conhecimento, o investigador em educação pode ter a certeza de dois fenómenos importantes:
Primeiro: ao construir o seu objeto de estudo, deve ser capaz de localizar a teoria, com a qual está a basear a sua investigação, no problema sobre a essência e a existência da realidade, e determinar qual é o pressuposto filosófico a partir do qual foi construído o discurso com o qual está a problematizar a realidade.
Segundo: Deve ser capaz de discriminar, entre as diferentes hipóteses, a partir das quais se pode resolver um problema sobre a essência e a existência da realidade, qual é a melhor para construir o seu próprio objeto de estudo.
A) Na solução *teológica* há três pressupostos filosóficos concorrentes a partir dos quais se pode resolver o problema da unidade, do dualismo ou do pluralismo da realidade. Pode-se assumir que o problema do monismo, dualismo ou pluralismo da realidade pode ser resolvido a partir dos sentidos (dualismo), da razão (monismo) ou colocando-se em ambos (pluralismo).
A1) Se situarmos o problema da unidade, dualidade ou pluralidade da realidade do ponto de vista da *razão* (monismo), só podemos *supor* que a realidade é única.
A2) Se localizarmos o problema da unidade, dualidade ou pluralidade da realidade a partir dos *sentidos* (dualismo), como no pressuposto filosófico monista, só podemos *assumir* que a realidade é dual.
A3) Se situarmos o problema da unidade, dualidade ou pluralidade da realidade a partir das duas qualidades do sujeito cognoscente (razão e sentidos), como nos pressupostos filosóficos monistas e dualistas, só podemos *assumir* que a realidade é plural.
No entanto, tal como na solução metafísica do problema do conhecimento, o investigador em educação pode ter a certeza de dois fenómenos importantes:
Primeiro: ao construir o seu objeto de estudo, deve ser capaz de localizar a teoria, com a qual está a fundamentar a sua investigação, no problema da unidade, dualidade ou pluralidade da realidade, e determinar qual é o pressuposto filosófico a partir do qual foi construído o discurso com o qual está a problematizar a realidade.

Segundo: Deve ser capaz de discriminar, entre as diferentes hipóteses, a partir das quais se pode resolver um problema sobre a unidade, a dualidade ou a pluralidade da realidade, qual é a melhor para construir o seu próprio objeto de estudo.

2.2.5.5 *A relação epistemológica entre os pressupostos filosóficos a partir dos quais se pode resolver o problema da origem do conhecimento e os pressupostos filosóficos a partir dos quais se pode resolver o problema da essência do conhecimento.*

Os pressupostos filosóficos a partir dos quais se pode resolver o problema da *essência* do conhecimento (pré-metafísicos, metafísicos e teológicos) podem ser comparados com os pressupostos filosóficos a partir dos quais se pode resolver o problema da *origem* do conhecimento.

Em primeiro lugar, os pressupostos filosóficos a partir dos quais o problema da *essência* do conhecimento pode ser resolvido de forma *pré-metafísica* (objetivismo, subjetivismo e dialética) serão comparados com os pressupostos filosóficos a partir dos quais o problema da *origem do* conhecimento pode ser resolvido (racionalismo, empirismo, intelectualismo e apriorismo).

Um *racionalista* (origem do conhecimento) é também um *objetivista* (solução pré-metafísica do problema da essência do conhecimento). Quem assume que a origem do conhecimento está na razão, imagina que a verdade existe, pode pensar que ela está nas profundezas da alma (Platão) e que o sujeito pode obtê-la por descoberta. O que já existe pode ser descoberto. Tanto para um *racionalista* (origem do conhecimento) como para um *objetivista* (solução pré-metafísica do problema da essência do conhecimento), o objeto determina o sujeito. Os sujeitos cognoscentes imaginam, em ambos os pressupostos, que o conhecimento existe independentemente dos sujeitos.

Um *empirista* (origem do conhecimento) é também um *subjetivista* (solução pré-metafísica para o problema da essência do conhecimento). Em ambos os pressupostos, o sujeito determina o objeto. Ambos imaginam que as paixões, emoções, sentimentos, ambições, traumas, história e projeto de vida, etc. do sujeito cognoscente contaminam o objeto do conhecimento e que, por isso, é impossível assumir um conhecimento (objetivamente) neutro. Todo o conhecimento depende dos interesses ontológicos e epistemológicos do sujeito que o formula.

Um *intelectualista* e/ou *apriorista* (origem do conhecimento) é também *dialético* (solução pré-metafísica para o problema da essência do conhecimento). A partir de ambos os pressupostos, podemos pensar que, numa relação de conhecimento, o sujeito cognoscente e o objeto a conhecer se determinam mutuamente, numa relação interminável que se estabelece através do diálogo entre os dois elementos do conhecimento. A partir de ambos os pressupostos filosóficos, pode estimar-se que nunca acabamos de conhecer a realidade. Já se disse que a única diferença entre o intelectualismo e o apriorismo é que no intelectualismo se pode assumir que primeiro sentimos (empirismo) e depois pensamos (racionalismo); no apriorismo, pelo contrário, assume-se que primeiro pensamos (racionalismo) e depois sentimos (empirismo).

Aqui, o que é verdadeiramente filosófico, se é que se pode falar de uma relação de conhecimento, é supor que existem dois mundos separados um do outro: o das ideias (objetivismo), que são eternas, imutáveis, perfeitas, boas, belas, etc.; e o real (subjetivismo), que é finito, mutável, imperfeito, mau, feio, etc., (racionalismo e

objetivismo) ou móvel (empirismo e subjetivismo),e o real (subjetivismo), que é finito, mutável, imperfeito, mau, feio, etc., (racionalismo e objetivismo) ou móvel (empirismo e subjetivismo); ou uma mistura dos dois (dialética).
Em segundo lugar, os pressupostos filosóficos a partir dos quais o problema da *essência* do conhecimento pode ser resolvido *metafisicamente* (realismo, idealismo e fenomenalismo) serão comparados com os pressupostos filosóficos a partir dos quais o problema da *origem do* conhecimento pode ser resolvido (racionalismo, empirismo, intelectualismo e apriorismo).
Um *racionalista* (origem do conhecimento) é também um *idealista objetivo* (solução metafísica do problema da essência do conhecimento). Quem assume que a origem do conhecimento está na razão, imagina que a verdade existe, pode pensar que ela está no fundo da alma (Platão) e que o sujeito pode obtê-la por descoberta. O que já existe pode ser descoberto. Tanto para um *racionalista* (origem do conhecimento) como para um *idealista objetivo* (solução metafísica do problema da essência do conhecimento), sem sujeito não há objeto. Os sujeitos imaginam, em ambos os pressupostos, que a realidade é descoberta pelo sujeito. Que sem um sujeito cognoscente que descubra a realidade não pode haver objeto, mas que, no entanto, a realidade existe quer haja ou não um sujeito que a possa conhecer.
Um *empirista* (origem do conhecimento) é também um *realista*. Em ambos os pressupostos, a realidade existe independentemente do sujeito que a pode ou não conhecer. Ambos imaginam que existem coisas reais, independentes da consciência cognoscente. As percepções são independentes das representações. Assume-se que existem objectos reais que actuam sobre os sentidos dos diferentes sujeitos, provocando neles percepções; e que, no entanto, cada sujeito representa a realidade de forma diferente.
Um *intelectualista* e/ou *apriorista* (origem do conhecimento) é também um *fenomenólogo* (solução metafísica do problema da essência do conhecimento). De ambos os pressupostos se pode pensar que, numa relação de conhecimento, o sujeito cognoscente não conhece as coisas como elas são, mas como elas lhe aparecem (fenómeno, aparência). De ambos os pressupostos filosóficos se pode considerar que existem coisas reais (realismo) mas que o conhecimento da realidade se limita à consciência (idealismo), ao mundo da aparência, do qual resulta imediatamente a incognoscibilidade da coisa em si.
Aqui, o que é verdadeiramente filosófico, se é que se pode falar de realidade, é a suposição de que a realidade existe em si mesma (realismo), é uma construção da consciência cognoscente (idealismo), ou uma mistura de ambas as suposições (fenomenalismo).
Em terceiro lugar, os pressupostos filosóficos a partir dos quais o problema da *essência* do conhecimento pode ser resolvido *teologicamente* (dualismo e teísmo e monismo e panteísmo) serão comparados com os pressupostos filosóficos a partir dos quais o problema da *origem do* conhecimento pode ser resolvido (racionalismo, empirismo, intelectualismo e apriorismo).
Um *racionalista* (origem do conhecimento) é também um *dualista* e *teísta* (solução teológica para o problema da essência do conhecimento). Quem assume que a origem do conhecimento está na razão, imagina que o pensamento e o ser, o bem e o mal, o sujeito e o objeto, a consciência e a realidade, a idealidade e a realidade, o ideal e o real, são contrários e definitivamente separados. O que já existe pode

ser descoberto. Para um *racionalista* (origem do conhecimento), o mesmo que para um *dualista* e *teísta* (solução teológica do problema da essência do conhecimento). Os sujeitos imaginam, em ambos os pressupostos, que a realidade está dividida em dois pólos opostos, contraditórios e irreconciliáveis. Existe uma desigualdade epistemológica e ontológica entre o sujeito e o objeto.

Um *empirista* (origem do conhecimento) é também *dualista e teísta*. Em ambos os pressupostos, a realidade está dividida em dois pólos opostos, contraditórios e irreconciliáveis. Ambos imaginam que o bem e o mal existem, em si mesmos, independentemente dos sujeitos cognoscentes. O pensamento e o ser, o bem e o mal, o sujeito e o objeto, a consciência e a realidade, a idealidade e a realidade, o ideal e o real, são assumidos como contrários e definitivamente separados.

Um *intelectualista* e/ou *apriorista* (origem do conhecimento) é também um *monista* e *panteísta* (solução teológica para o problema da essência do conhecimento). De ambos os pressupostos se pode pensar que a realidade é una, um todo. De ambos os pressupostos filosóficos se pode considerar que sujeito e objeto, pensamento e ser, consciência e coisas, são dois aspectos da mesma realidade. A substância tem dois atributos: o pensamento e a extensão, o mundo material e o mundo ideal ou da consciência. Ambos os atributos são um só na substância universal (Spinoza).

Aqui, o que é verdadeiramente filosófico, se é que se pode falar de realidade, é supor que a realidade é uma só, que há duas realidades contraditórias, ou que há múltiplas realidades.

Supor que os elementos da relação de conhecimento (sujeito e objeto) estão separados ou unidos; estimar que a realidade existe, por si mesma ou que é uma construção da consciência; e presumir que a realidade é uma só ou que há duas ou mais realidades; têm consequências teóricas muito importantes, que serão analisadas no capítulo correspondente aos fundamentos teóricos.

Até aqui o que foi dito sobre o problema da essência do conhecimento. De seguida, será abordado o quarto problema importante do conhecimento: a sua classificação.

2.2.5.6 *Os pressupostos filosóficos a partir dos quais o problema da classificação do conhecimento pode ser resolvido.*

As comunidades científicas ou as tradições de investigação, consoante a perspetiva, o paradigma ou a orientação epistemológica do programa de investigação ou do modo de produção de conhecimento a que aderem, constroem os seus objectos de estudo de *forma racional*, *intuitiva* ou *mista*, consoante a forma como resolvem os problemas de classificação do conhecimento: a partir da razão, dos sentidos ou de ambas as qualidades do sujeito cognoscente.

Parafraseando Hessen (2011: 60-73), conhecer significa apreender espiritualmente um objeto. Hessen assume que essa apreensão pode ser mediata, discursiva (conhecimento *racional*) ou imediata, intuitiva (conhecimento *intuitivo*). Somos de opinião que, para além das duas formas de conhecimento referidas, podemos falar de dois outros tipos de conhecimento: o conhecimento *misto* (racional-intuitivo) em que tanto a razão como os sentidos são considerados como fontes de conhecimento, mas a primeira é privilegiada em relação à segunda; e o conhecimento *misto* (intuitivo-racional) em que tanto os sentidos como a razão são considerados como fontes de conhecimento, mas a primeira é privilegiada em relação à segunda. Para Hessen, a questão é: para além do conhecimento racional,

pode haver conhecimento intuitivo? A questão que colocamos é: para além do conhecimento racional, pode haver outros: como o conhecimento intuitivo e misto (que concilia o conhecimento racional e o conhecimento intuitivo)?
Para responder à questão da possibilidade do conhecimento *intuitivo*, partindo do princípio de que existe um conhecimento *racional*, tentaremos primeiro explicar a origem do problema da *classificação dos conhecimentos.*
Seguindo o mesmo procedimento que foi efectuado para analisar os três outros *problemas filosóficos do conhecimento*
(possibilidade, origem e essência), temos de nos colocar na relação do conhecimento. Ou seja, entender a definição de conhecimento como um processo e não como um resultado.
No fenómeno do conhecimento, entendido como um processo, estão envolvidos três elementos, como já foi referido: o sujeito cognoscente, que se situa na esfera psicológica (é a alma humana), o objeto a conhecer, estabelecido na esfera ontológica (é a realidade, concreta ou abstrata); e a relação de conhecimento, que só pode ocorrer na esfera lógica (é um discurso sobre a realidade), devido à impossibilidade de o sujeito penetrar na esfera do objeto. Sabe-se que o sujeito não pode apreender o objeto de forma essencial porque ambos os elementos da relação de conhecimento estão em "mundos" diferentes, pertencem a realidades diferentes: o sujeito conhecedor é a alma humana; o objeto a conhecer é a realidade, que pode ser concreta, como uma árvore, ou abstrata, como o conceito "educação".
A relação lógica (discursiva), que o sujeito cognoscente procura estabelecer com o objeto a conhecer, só pode ser realizada recorrendo às duas únicas qualidades que cada pessoa tem para se relacionar com o seu objeto de estudo: a razão e os sentidos. Em termos matemáticos, o sujeito cognoscente tem apenas quatro possibilidades de se relacionar com a realidade: pode usar a razão; fazer uso dos sentidos; ou usar ambos, privilegiando a razão em detrimento dos sentidos; ou, ainda, os sentidos em detrimento da razão.
Se o sujeito cognoscente utiliza apenas a sua razão para se relacionar com o seu objeto de estudo, então só é possível o conhecimento *racional*. Se o investigador em educação utilizar apenas os seus sentidos para se relacionar com a realidade, só é possível o conhecimento *intuitivo*. Se o investigador utilizar ambos, então é possível um conhecimento *misto*: *racional-intuitivo* ou *intuitivo-racional*, consoante seja a razão ou os sentidos que predominam na relação com o fenómeno investigado.
As quatro formas de conhecimento acima mencionadas serão desenvolvidas a seguir.
2.2.5.6.1Prender que o conhecimento é racional.
De acordo com o que foi referido nos parágrafos anteriores, as espécies em que o conhecimento se pode dividir, seguindo John Hessen (2011: 60-73), são duas: *racional* (quando o investigador usa a razão para resolver o problema da classificação do conhecimento) e *intuitiva* (quando usa os sentidos). Nós, como já foi referido, acrescentamos uma terceira e uma quarta forma de conhecimento, considerando tanto a razão como os sentidos (*misto*). Suspeita-se que o conhecimento *racional* assenta no facto de o homem ser exclusiva ou preponderantemente um ser teórico, cuja função principal é o pensamento. O conhecimento *intuitivo* é suposto basear-se no facto de o homem ser emocional e

volitivo. É agora altura de examinar e confrontar as razões em que ambas as suposições se baseiam para fazer tais afirmações, seguindo os autores já discutidos. Se o sujeito cognoscente se situa na base da sua razão para conhecer, ou seja, para resolver o problema da classificação dos conhecimentos, é-lhe possível "supor" que o único conhecimento verdadeiro é o conhecimento *racional*. Porque este tipo de conhecimento pretende ser universalmente válido e logicamente necessário. Já vimos que os juízos da lógica e da matemática pretendem ter estas caraterísticas.
A principal *caraterística* do conhecimento *racional* é a sua imediatez, ou seja, entre a pergunta de investigação e a sua resposta, existe um procedimento metodológico, uma operação intelectual (racional).
É por isso que a definição de conhecimento *racional* é enunciada como a apreensão espiritual de um objeto, como conhecimento mediato, discursivo. É racional porque tem a ver com a razão. Porque o sujeito cognoscente, como já foi dito, resolve o problema da classificação do conhecimento com a sua razão.
O conhecimento racional é discursivo porque é mediado. O investigador em educação tem de elaborar um discurso para explorar, descrever, explicar, interpretar, compreender, etc., a realidade. Para o fazer, utiliza certas operações intelectuais como a adição, a subtração, a multiplicação, a divisão, a análise, a síntese, a indução, a dedução, a comparação, a classificação, a definição, etc. Poder-se-ia dizer que a intuição, enquanto tipo de conhecimento, não se insere, de igual modo, no conhecimento *racional*.
Um exemplo de conhecimento obtido *racionalmente* seria o seguinte:

PERGUNTA	PROCEDIMENTO METODOLÓGICO OU OPERAÇÃO INTELECTUAL	RESPOSTA
Quanto é que é dois mais dois?	SUMA 2+2	4

O subcapítulo 2.3 (operações intelectuais, ou procedimentos metodológicos, para gerar novos conhecimentos) desenvolverá esta análise.
No conhecimento racional, o problema da classificação do conhecimento é resolvido pela razão.
Entre os autores racionalistas, que construíram cono
No caso da suposição de que só pode haver conhecimento *racional*, Platão, Fichte, Santo Agostinho, Descartes, etc., podem ser mencionados de preferência.
Já foi analisado que Platão assume que a origem do conhecimento, a fonte das ideias, se encontra na razão. Platão só aceita o conhecimento *racional*, porque este conhecimento é o produto de uma função do intelecto (uma dedução, por exemplo), de uma atividade teórica (procedimento metodológico), intelectual (uma operação intelectual, como as já referidas). Platão assume que o conhecimento verdadeiro só pode ser obtido pela mediação que a razão estabelece entre a pergunta e a resposta a um problema de investigação.
Fichte (1994: XI-XXXVI) parte do princípio de que só se pode falar de um conhecimento puramente racional (espiritual, intelectual). O eu absoluto conhece-se a si próprio e às suas acções de forma racional.
Nos três problemas do conhecimento discutidos nas secções 2.2.5.1 (a possibilidade do conhecimento), 2.2.5.2 (a origem do conhecimento) e 2.2.5.3 (a

essência do conhecimento) podemos observar pressupostos filosóficos semelhantes ao pressuposto de que só pode existir conhecimento *racional*.
O pressuposto filosófico *dogmático*, a partir do qual se pode resolver o problema da possibilidade do conhecimento afirmando que é possível um contacto real entre sujeito e objeto, está perfeitamente relacionado com a conjetura de que só existe conhecimento racional. Em ambos os casos, tem-se plena confiança na razão humana, tem-se fé que só a razão pode fornecer-nos o conhecimento verdadeiro.
O pressuposto filosófico *racionalista*, a partir do qual se pode resolver o problema da origem do conhecimento afirmando que a única fonte e fundamento do conhecimento humano é a razão, está perfeitamente relacionado com o pressuposto de que só pode existir conhecimento *racional*. Em ambos os casos, pode afirmar-se que, se a fonte do conhecimento humano é a razão, então só o conhecimento *racional* é possível.
O pressuposto filosófico *objetivista*, a partir do qual se pode resolver o problema da essência do conhecimento de uma forma pré-metafísica (afirmando que, numa relação de conhecimento, é o objeto a conhecer que determina o sujeito cognoscente), está perfeitamente relacionado com a estimativa de que só pode existir conhecimento *racional*. Em ambos os casos, pode afirmar-se que, se existe um mundo objetivo de ideias (objectos a conhecer) que determina o conhecimento que os sujeitos cognoscentes podem obter, então os investigadores educacionais só têm de usar a sua razão para encontrar esse conhecimento; pois este só pode ser obtido, segundo Platão, por meios racionais.
O pressuposto filosófico *idealista*, a partir do qual o problema da essência do conhecimento pode ser resolvido metafisicamente (afirmando que a realidade se baseia em forças espirituais, entidades ideais subjectivas ou lógicas), está perfeitamente relacionado com a estimativa de que só pode existir conhecimento *racional*. Em ambos os casos, pode afirmar-se que, se a realidade (o objeto a conhecer) não existe em si mesma (realismo), mas é apenas uma construção dos sujeitos cognoscentes (idealismo subjetivo), então só é possível o conhecimento de tipo racional.
Finalmente, o pressuposto filosófico *monista e panteísta*, a partir do qual se pode resolver teologicamente o problema da essência do conhecimento (afirmando que a realidade é una), está perfeitamente relacionado com a estimativa de que só pode existir conhecimento *racional*. Em ambos os casos, pode afirmar-se que, se a realidade é una, então só é possível o conhecimento racional; porque só a partir da razão se pode falar de unidade.
O pressuposto de que só pode haver conhecimento *racional é um facto*. A suposição de que só pode haver conhecimento *intuitivo* será agora discutida.

2.2.5.6.1 Acreditar que o conhecimento é intuitivo.

Parafraseando Hessen (2011: 60-73), *o conhecimento intuitivo* significa conhecer vendo (sensações). Nele se pressupõe que o sujeito cognoscente apreende imediatamente o objeto a ser conhecido; como é especialmente o caso da visão (sensações). Presume-se que apreendemos imediatamente tudo o que é dado na experiência interna (pensamentos) ou externa (as sensações fornecidas pelos nossos sentidos). Estima-se que percebemos imediatamente o vermelho ou o verde que vemos (sentidos), a dor ou a alegria que experimentamos (memórias de sensações).

O conhecimento *intuitivo* é um pressuposto filosófico a partir do qual podemos afirmar que existe uma espécie de conhecimento imediato. Parte-se do princípio de que conhecemos por "ver". Estima-se que apreendemos imediatamente tudo o que é dado na experiência interna (pensamentos) e externa (sensações).
Uma caraterística importante do pressuposto de que apenas o conhecimento *intuitivo* pode ser dado é o facto de este tipo de conhecimento ser empírico, envolver os sentidos. É a nossa natureza enquanto seres vivos e sensíveis.
É suposto a realidade material ser conhecida, em primeiro lugar, através dos sentidos. Pode conjeturar-se que são as sensações ou sentimentos que experimentamos quando as entidades materiais afectam os nossos sentidos.
Podemos partir do princípio de que a existência das coisas materiais é conhecida através dos sentidos. Se considerarmos que a origem do conhecimento está nos sentidos (empirismo), então podemos presumir que apenas o conhecimento *intuitivo* pode ser dado.
No conhecimento intuitivo, o problema da classificação do conhecimento é resolvido a partir dos sentidos.
No pressuposto filosófico intuitivo, o problema da classificação do conhecimento é resolvido a partir dos sentidos.
Alguns autores que estudaram em profundidade o pressuposto de que só existe conhecimento *intuitivo* são: Schopenhauer, August Messer, etc.
Schopenhauer (1997: IX-XXV) parte do princípio de que a realidade é tal como o sujeito cognoscente a representa, de acordo com a sua vontade. O investigador educacional, com base nas suas preferências, representa a realidade que quer investigar.
Auguste Messer (1999: XVIII-XIX), parte do princípio de que só existe conhecimento *intuitivo*. Ele considera que os juízos de valor surgem dos sentidos. Isto diz respeito tanto aos valores estéticos como aos valores éticos. Assume que estes valores só podem ser conhecidos através da *intuição*. Admite também que o sujeito cognoscente vive e intui imediatamente a existência do eu e a sua liberdade. Conjetura que a verdade pode ser definida como a concordância das nossas ideias com a realidade. Trata-se de uma definição transcendente da verdade, como se verá na secção 2.2.5.8, correspondendo ao problema dos conceitos e critérios de verdade do conhecimento.
Os autores comentados resolvem o problema da classificação do conhecimento a partir dos sentidos.
Tal como foi feito na análise do pressuposto de que só pode existir conhecimento racional, podem observar-se pressupostos filosóficos semelhantes ao pressuposto de que só pode existir conhecimento *intuitivo* nos três problemas do conhecimento discutidos nas secções 2.2.5.1 (a possibilidade do conhecimento), 2.2.5.2 (a origem do conhecimento) e 2.2.5.4 (a essência do conhecimento).
Os pressupostos filosóficos *cépticos*, *subjectivistas*, *relativistas* e *pragmatistas*, a partir dos quais se pode resolver o problema da possibilidade de conhecimento a partir dos sentidos, afirmando que não é possível qualquer contacto real entre o sujeito e o objeto, estão perfeitamente relacionados com a conjetura de que só existe conhecimento *intuitivo*. Em ambos os casos, o sujeito cognoscente situa-se nos sentidos, supõe a partir das sensações e, ao compreender que todo e qualquer ser humano pensa e sente de forma diferente, pode concluir que não é possível

conhecer na essência, porque cada sujeito cognoscente pode pensar e sentir o seu objeto de estudo de forma diferente, porque a verdade se transforma no tempo, no espaço e nas circunstâncias e porque, além disso, todo o conhecimento deve servir os fins práticos do homem e, esses fins, não podem ser necessariamente, nem universalmente válidos, nem logicamente necessários.

O pressuposto filosófico *empirista*, a partir do qual se pode resolver o problema da origem do conhecimento afirmando que a única fonte e base do conhecimento humano está nos sentidos, nas experiências dos sentidos, está perfeitamente relacionado com o pressuposto de que só pode existir conhecimento *intuitivo*. Em ambos os casos, pode afirmar-se que, se a fonte do conhecimento humano está nos sentidos (empirismo), então só é possível o conhecimento *intuitivo*.

O pressuposto filosófico *subjetivista*, a partir do qual se pode resolver o problema pré-metafísico sobre a essência do conhecimento (afirmando que, numa relação de conhecimento, o sujeito cognoscente determina o objeto a conhecer), está perfeitamente relacionado com a estimativa de que só pode existir conhecimento *intuitivo*. Em ambos os casos, pode afirmar-se que, se são as paixões, as emoções, os sentimentos, as ambições, os preconceitos, etc., do sujeito que determinam o conhecimento do objeto a conhecer, então os investigadores em educação só têm de usar os seus sentidos para construir esse conhecimento; porque o conhecimento só pode ser elaborado, segundo John Locke, a partir das sensações dos sentidos.

O pressuposto *realista* filosófico, a partir do qual se pode resolver o problema metafísico sobre a essência do conhecimento (afirmar que a realidade existe, independentemente de um sujeito cognoscente fixar nela a sua razão e os seus sentidos com o objetivo de a conhecer), está perfeitamente relacionado com a estimativa de que só pode existir conhecimento *intuitivo*. Em ambos os casos, pode afirmar-se que, se a realidade (o objeto a conhecer) existe em si e para si (realismo), independentemente do facto de um sujeito cognoscente se relacionar com ela (realismo), então só é possível o conhecimento intuitivo.

Finalmente, o pressuposto filosófico *dualista e teísta*, a partir do qual se pode resolver o problema teológico sobre a essência do conhecimento (afirmando que a realidade é dual), está perfeitamente relacionado com a estimativa de que só pode existir conhecimento *intuitivo*. Em ambos os casos, pode afirmar-se que, se a realidade é dual, então só é possível o conhecimento intuitivo; porque só a partir dos sentidos se pode falar de dualidade.

Em todos e cada um dos pressupostos acima mencionados, o sujeito cognoscente resolve todos e cada um dos respectivos problemas filosóficos do conhecimento colocados pelos sentidos.

Até agora, falámos sobre a hipótese de que só pode haver conhecimento *intuitivo*. De seguida, será discutido o pressuposto de que só pode haver conhecimento *misto* (*racional-intuitivo*). Baseado na ideia kantiana de que primeiro pensamos e depois sentimos.

2.2.5.6.2 Partindo do princípio de que o conhecimento é misto (racional-intuitivo <apriorístico>).

É possível supor que pode haver um tipo de conhecimento que pode ser ao mesmo tempo *racional* e *intuitivo* (misto, apriorístico). Pois pode-se considerar que há dois tipos de apreensão: a espiritual (conhecimento *racional*) e a sensível (conhecimento *intuitivo*). Autores como Pascal colocam ao lado do conhecimento através do intelecto, um conhecimento através do coração, *racional*, *emocional*.

Na hipótese filosófica racional-intuitiva, o problema da classificação do conhecimento é resolvido a partir das duas qualidades do sujeito cognoscente: a razão e os sentidos; mas primeiro funciona a razão e depois os sentidos.

Tal como foi feito na discussão do pressuposto de que só pode existir conhecimento *intuitivo*, os pressupostos filosóficos semelhantes ao pressuposto de que só pode existir conhecimento *misto* (racional-intuitivo) podem ser observados nos três problemas do conhecimento discutidos nas secções 2.2.5.1 (a possibilidade do conhecimento), 2.2.5.2 (a origem do conhecimento) e 2.2.5.4 (a essência do conhecimento).

O pressuposto filosófico *crítico*, a partir do qual o problema da possibilidade do conhecimento pode ser resolvido afirmando que é possível conhecer (dogmatismo), mas não em essência (ceticismo), porque cada sujeito cognoscente sente e pensa de forma diferente dos outros (subjetivismo), porque a verdade muda no tempo, no espaço e nas circunstâncias (relativismo) e porque, além disso, todo o conhecimento deve ser útil para a vida prática dos sujeitos que o elaboram; estão perfeitamente relacionados com a conjetura de que existe apenas um tipo *misto* de conhecimento (racional-intuitivo). Em ambos os casos, o sujeito cognoscente situa-se, primeiro, na razão e, depois, nos sentidos; pressupõe-se a partir de ambas as qualidades do sujeito; e, ao compreender que é possível conhecer (dogmatismo), mas não em essência (ceticismo), porque cada sujeito cognoscente sente e pensa de forma diferente dos outros (subjetivismo), porque a verdade muda no tempo, no espaço e nas circunstâncias (relativismo) e porque, além disso, todo o conhecimento deve ser útil para a vida prática dos sujeitos que o elaboram; pode concluir que o conhecimento não pode ser nem exclusivamente racional, nem exclusivamente intuitivo, mas uma mistura de ambos (misto), com a condição de que primeiro raciocinemos (racional) e depois sintamos (intuitivo).

O pressuposto filosófico *apriorista*, a partir do qual se pode resolver o problema da origem do conhecimento afirmando que a fonte e o fundamento do conhecimento humano está tanto na razão como nos sentidos, está perfeitamente relacionado com o pressuposto de que só pode existir conhecimento *misto* (racional-intuitivo). Em ambos os casos, pode afirmar-se que se a fonte do conhecimento humano está tanto na razão (racionalismo) como nos sentidos (empirismo), com a condição de que primeiro pensamos e depois sentimos, então só é possível um tipo de conhecimento, o conhecimento *misto* (racional-intuitivo).

O pressuposto filosófico *dialético*, a partir do qual o problema pré-metafísico sobre a essência do conhecimento pode ser resolvido (afirmando que, numa relação de conhecimento, tanto o sujeito cognoscente como o objeto a ser conhecido se determinam recíproca e infinitamente), está perfeitamente relacionado com a estimativa de que só pode existir um tipo *misto* (racional-intuitivo) de conhecimento. Em ambos os casos, pode afirmar-se que, se os dois aspectos da relação de conhecimento (o sujeito cognoscente e o objeto a ser conhecido) são determinados recíproca e infinitamente, então os investigadores educacionais têm de usar tanto os seus sentidos como a sua razão para construir esse conhecimento; porque esse conhecimento só pode ser elaborado, de acordo com Aristóteles e Kant, com base nas sensações sensoriais e no pensamento.

O pressuposto filosófico *fenomenológico*, a partir do qual se pode resolver o problema metafísico sobre a essência do conhecimento (afirmar que a realidade existe, mas que o sujeito cognoscente só a percebe como fenómeno), está perfeitamente relacionado com a estimativa de que só pode existir um conhecimento de tipo *misto* (racional-intuitivo). Em ambos os casos, pode afirmar-se que, se a realidade (o objeto a conhecer) existe em si mesma (realismo), mas que cada sujeito cognoscente a percepciona de forma diferente, porque sente e pensa de forma diferente dos outros (idealismo), então só é possível um conhecimento misto (racional-intuitivo).

Finalmente, o pressuposto filosófico *monista e panteísta*, a partir do qual se pode resolver o problema teológico sobre a essência do conhecimento (afirmar que a realidade é única), está perfeitamente relacionado com a estimativa de que só pode existir conhecimento *misto* (racional-intuitivo). Em ambos os casos, pode afirmar-se que, se a realidade é única, então só é possível o conhecimento *misto* (racional-intuitivo); porque a razão e os sentidos são absorvidos pela realidade total, que é única; e só assim se pode falar de unidade.

Em todas e cada uma das hipóteses filosóficas abordadas, o sujeito cognoscente resolve todos e cada um dos respectivos problemas de conhecimento colocados a partir de ambas as qualidades: a razão e os sentidos; com a condição de que a razão funcione primeiro e depois os sentidos.

Até agora, o que foi dito sobre o pressuposto de que só pode haver conhecimento *misto* (racional-intuitivo). De seguida, será discutido o pressuposto de que só pode haver um tipo de conhecimento: o conhecimento misto (racional-intuitivo), baseado na ideia aristotélica de que primeiro sentimos e depois pensamos.

2.2.5.6.3 Conjeturar que o conhecimento é misto (racional-intuitivo<intelectualista>).

É possível supor que deve existir um tipo de conhecimento que pode ser simultaneamente *intuitivo* e *racional* (misto, intelectual). Porque se pode estimar que há dois tipos de apreensão: a sensível (conhecimento *intuitivo*) e a intelectual (conhecimento *racional*). David Hume (empirista) parte do princípio de que a razão é o órgão do conhecimento teórico e *racional* e a fé (apreensão e assentimento *intuitivo* e emotivo) é o órgão do conhecimento prático e irracional. É de opinião que a fé é mais um ato da parte afectiva da nossa natureza do que da parte pensante. Sugere que é através da fé que se alcança a certeza da realidade do mundo exterior.

Podemos assumir que existem dois tipos de *intuição*: a sensível e a intelectual. Por exemplo: quando comparamos duas cores (vermelho e verde), dizemos: "o vermelho e o verde são diferentes". Trata-se de uma intuição espiritual imediata.

No pressuposto filosófico intuitivo-racional, o problema da classificação do conhecimento é resolvido a partir das duas qualidades do

investigador: os sentidos e a razão; mas primeiro trabalham os sentidos e depois a razão.

Tal como foi feito na análise do pressuposto de que só pode existir conhecimento *misto* (racional-intuitivo), nos três problemas do conhecimento discutidos nas secções 2.2.5.1 (a possibilidade do conhecimento), 2.2.5.2 (a origem do conhecimento) e 2.2.5.3 (a essência do conhecimento) podemos observar pressupostos filosóficos semelhantes ao pressuposto de que só pode existir conhecimento *misto* (intuitivo-racional).

Pressuposto filosófico *crítico*, a partir do qual se pode resolver o problema da possibilidade do conhecimento, afirmando que é possível conhecer (dogmatismo), mas não na essência (ceticismo), porque cada sujeito cognoscente sente e pensa de forma diferente dos outros (subjetivismo), porque a verdade muda no tempo, no espaço e nas circunstâncias (relativismo) e porque, além disso, todo o conhecimento deve ser útil para a vida prática dos sujeitos que o elaboram; estão perfeitamente relacionados com a conjetura de que só existe conhecimento *misto* (intuitivo-racional). Em ambos os casos, o sujeito cognoscente localiza-se, primeiro, nos sentidos e, depois, na razão; assume de ambas as qualidades do sujeito; e, ao compreender que é possível conhecer (dogmatismo), mas não em essência (ceticismo), porque cada sujeito cognoscente sente e pensa de forma diferente dos outros (subjetivismo), porque a verdade muda no tempo, no espaço e nas circunstâncias (relativismo) e porque, além disso, todo o conhecimento deve ser útil para a vida prática dos sujeitos que o elaboram; pode concluir que o conhecimento não pode ser nem apenas intuitivo nem apenas racional, mas uma mistura de ambos (misto), com a condição de que primeiro sentimos (intuitivo) e depois pensamos (racional).

O pressuposto filosófico *intelectualista*, a partir do qual se pode resolver o problema da origem do conhecimento afirmando que a fonte e a base do conhecimento humano está tanto nos sentidos como na razão (nesta ordem de aparecimento), está perfeitamente relacionado com o pressuposto de que só pode existir conhecimento *misto* (intuitivo-racional). Em ambos os casos pode afirmar-se que se a fonte do conhecimento humano está tanto nos sentidos (empirismo) como na razão (racionalismo), com a condição de que primeiro sentimos (empirismo) e depois pensamos (racionalismo), então só é possível um tipo de conhecimento, o conhecimento *misto* (intuitivo-racional).

O pressuposto filosófico *dialético*, a partir do qual o problema pré-metafísico sobre a essência do conhecimento pode ser resolvido (afirmando que, numa relação de conhecimento, tanto o sujeito cognoscente como o objeto a ser conhecido se determinam recíproca e infinitamente), está perfeitamente relacionado com a estimativa de que só pode existir um tipo *misto* (racional-intuitivo) de conhecimento. Em ambos os casos, pode afirmar-se que, se os dois aspectos da relação de conhecimento (o sujeito cognoscente e o objeto a ser conhecido) são determinados recíproca e infinitamente, então os investigadores educacionais têm de usar tanto os seus sentidos como a sua razão para construir esse conhecimento; porque esse conhecimento só pode ser elaborado, de acordo com Aristóteles e Kant, com base nas sensações sensoriais e no pensamento.

O pressuposto filosófico *fenomenológico*, a partir do qual se pode resolver o problema metafísico sobre a essência do conhecimento (afirmar que a realidade existe, mas que o sujeito cognoscente só a percepciona como fenómeno), está perfeitamente relacionado com a estimativa de que só pode existir um conhecimento de tipo *misto* (racional-intuitivo). Em ambos os casos, pode afirmar-se que, se a realidade (o objeto a conhecer) existe em si mesma (realismo), mas que cada sujeito cognoscente a percepciona de forma diferente, porque sente e pensa de forma diferente dos outros (idealismo), então só é possível um conhecimento misto (racional-intuitivo).

Finalmente, o pressuposto filosófico *monista e panteísta*, a partir do qual se pode resolver o problema teológico sobre a essência do conhecimento (afirmando que a realidade é única), está perfeitamente relacionado com a estimativa de que só pode existir conhecimento *misto* (racional-intuitivo). Em ambos os casos, pode afirmar-se que, se a realidade é única, então só é possível o conhecimento *misto* (racional-intuitivo); porque a razão e os sentidos são absorvidos pela realidade total, que é única; e só assim se pode falar de unidade.

2.2.5.7 *A relação entre os pressupostos filosóficos a partir dos quais se pode resolver o problema da origem do conhecimento e os pressupostos filosóficos a partir dos quais se pode resolver o problema da classificação do conhecimento.*

Pode concluir-se que a *classificação do conhecimento* proposta neste trabalho se baseia principalmente nos pressupostos filosóficos a partir dos quais se pode resolver o problema da *origem do conhecimento*: racionalismo, empirismo, intelectualismo e apriorismo.

Se partirmos do princípio de que o conhecimento tem origem na razão (racionalismo), então só pode haver conhecimento *racional*. Se assumirmos que o conhecimento tem origem nos sentidos (empirismo), então podemos concluir que só pode haver conhecimento *intuitivo*. Se partirmos do princípio de que o conhecimento tem origem nos sentidos (empirismo) e na razão (racionalismo), mas que primeiro sentimos e depois raciocinamos (intelectualismo), então podemos falar de um tipo de conhecimento *misto* (intuitivo-racional). E, finalmente, se conjecturarmos que o conhecimento provém tanto da razão como dos sentidos, mas que primeiro raciocinamos e depois pensamos (apriorismo), então pode dizer-se que só existe conhecimento *misto* (intuitivo-racional). Além disso, admite-se que, do ponto de vista filosófico, não existem outras opções. Porque, como foi recordado ao longo deste trabalho, o sujeito cognoscente tem apenas a sua razão e os seus sentidos para se relacionar com o seu objeto de conhecimento.

É também necessário recordar que os argumentos anteriores são deduzidos do facto de os sujeitos cognoscentes apenas disporem da sua *razão* e dos seus *sentidos* para conhecer a realidade. Como já foi dito, matematicamente, em todos e cada um dos problemas de conhecimento abordados e a serem abordados neste estudo, só são dadas as quatro possibilidades acima mencionadas.

É o fim do pressuposto de que só pode haver conhecimento *misto* (intuitivo-racional). O quinto e último problema do conhecimento será agora discutido: os conceitos e critérios de verdade do conhecimento.

2.2.5.8 *Os pressupostos filosóficos a partir dos quais se pode resolver o problema do conceito e do critério de verdade do conhecimento.*

As comunidades científicas ou tradições de investigação, consoante a perspetiva, o paradigma ou a orientação epistemológica do programa ou do modo de produção de conhecimento a que aderem, constroem os seus objectos de estudo recorrendo a *conceitos* e *critérios* de verdade *transcendentes* ou *imanentes*; consoante resolvem o problema filosófico do conceito e do critério de verdade: com a razão, com os sentidos ou com ambas as qualidades do sujeito cognoscente.

O quinto e último problema filosófico do conhecimento diz respeito à *verdade* do conhecimento. Parafraseando Hessen (2011: 73), se assumirmos que a *verdade* do conhecimento consiste na concordância da "imagem" com o objeto, não basta que os nossos juízos sejam *verdadeiros*; precisamos da *certeza* de que são verdadeiros. O investigador educacional deve colocar as seguintes questões: qual é o *critério* que nos diz se o conhecimento é *verdadeiro* ou não, qual é o *conceito* de *verdade* a aplicar numa determinada investigação?
Para responder às questões anteriores é necessário recorrer, uma vez mais, à definição de conhecimento entendido como um processo. Já se disse que o conhecimento é um processo sem fim, no qual se relacionam duas entidades (o sujeito cognoscente e o objeto a conhecer). Já se estabeleceu que um ente (apenas o ser humano) se torna sujeito cognoscente quando fixa a sua atenção num outro ente (material, como por exemplo: uma árvore; ou imaterial, como por exemplo: Deus), com o objetivo de o conhecer; e que, por sua vez, o ente sobre o qual o sujeito cognoscente fixou a sua atenção para o conhecer, se torna um objeto a conhecer, pelo simples facto de um outro ente (o sujeito cognoscente) ter fixado a sua atenção nele, para o conhecer.
Os elementos do conhecimento, entendido como um processo, são: o sujeito cognoscente, que está na esfera psicológica; o objeto a conhecer, que está na esfera ontológica; e a relação, que está na esfera lógica. Porquê esfera lógica? Porque a única coisa que o sujeito cognoscente pode estabelecer como relação com o objeto a conhecer é um discurso sobre ele. A realidade, em si mesma, é incognoscível. O sujeito terá de se contentar em discutir como é o objeto, para que serve, como funciona, como pode ser classificado, para que serve, etc. O sujeito nunca poderá saber o que o objeto é em si mesmo, porque não pode penetrar nele, conhecê-lo na sua essência. O sujeito não poderá penetrar na esfera do objeto, para se tornar uno com ele, para se fundir com ele, para o conhecer em essência; porque ambos os elementos do conhecimento estão em esferas diferentes, que não podem ser unidas.
Uma vez estabelecida a relação de conhecimento entre o sujeito cognoscente e o objeto a conhecer, constata-se que a sua realização não é simples, que é muito complexa; porque os dois pólos entre os quais se pretende estabelecer a ligação de discernimento se encontram em planos diferentes, a referida ligação de conhecimento tem de se realizar entre entidades pertencentes a realidades diferentes, a correspondência entre as duas partes do processo de conhecimento será difícil porque estas se encontram em situações diferentes: o sujeito é a alma humana que, ao procurar estabelecer a relação de conhecimento com o objeto a conhecer, passou da esfera ontológica (ontos=ser) para a esfera psicológica (psique=alma); o objeto, por seu lado, permanece na esfera otológica (ontos=ser). Quando um ente (o ser humano) procura conhecer outro ente (qualquer realidade material ou imaterial), tem de sair da sua esfera (ontos=ser), tem de passar da esfera ontológica (como realidade material ou imaterial que é o ser humano) para a esfera psicológica (como alma, psique, razão, pensamento, espírito, etc.), ou seja, fica numa realidade diferente da do objeto a conhecer (realidade material ou imaterial).
O sujeito cognoscente e o objeto a conhecer, devido à relação de conhecimento que o primeiro pretende estabelecer com o segundo, permanecem em "mundos" diferentes. O problema fundamental do conhecimento consiste no facto de o sujeito cognoscente e o objeto a conhecer nunca poderem ser misturados,

aproximados, unidos, etc., porque pertencem a "mundos", "esferas", "realidades", etc. diferentes e contraditórios.
O sujeito cognoscente (que se encontra na esfera psicológica), separado do objeto a conhecer (que permanece na esfera ontológica), ao tentar estabelecer uma relação de conhecimento com este, vê-se impossibilitado de penetrar na esfera da realidade (material ou imaterial) do objeto que tenta elucidar. Os dois são como água e óleo, não podem ser misturados, unidos, aproximados, etc.
Como se pode, então, *estabelecer a relação de conhecimento entre o sujeito cognoscente e o objeto a ser conhecido*? Já foi dito que a ligação entre a alma humana e a realidade só pode ser estabelecida logicamente; que a ligação entre a razão humana e os fenómenos se reduz a um mero discurso que a mente elabora sobre os factos que estuda.
Se assim é, *como se estabelece a correspondência entre o espírito e os factos que investiga*? Resposta: o sujeito cognoscente, o ser humano individual, como entidade que pode ser tanto material como espiritual, tem duas qualidades que lhe permitem estabelecer a relação do conhecimento com o seu objeto de estudo: os seus sentidos (visão, tato, olfato, paladar, audição) e a sua razão (alma, espírito, mente, ou o que se queira chamar a esta "coisa" com que nós, seres humanos, raciocinamos).
Para conhecer a realidade, o investigador em educação pode utilizar os seus sentidos e a sua razão. Se usar os seus sentidos, o sujeito cognoscente pode explorar, descrever, explicar, interpretar, compreender a realidade material. Se usar a sua razão, o investigador pode explorar, descrever, explicar, interpretar, compreender, a realidade espiritual. Se usar os sentidos e a razão, o investigador pode explorar, descrever, explicar, interpretar, compreender, tanto a realidade material como a espiritual. E usando tanto a razão como os sentidos, o investigador pode explorar, descrever, explicar, interpretar, compreender, tanto a realidade espiritual como a material.
Um dos principais problemas do conhecimento é o facto de a razão e os sentidos dos seres humanos não serem perfeitos. É por isso que as funções dos sentidos tiveram de ser alargadas através de dispositivos artificiais, como é o caso do telescópio para a visão. As funções da razão também foram alargadas com a utilização de computadores.
Mas o problema mais importante da relação de conhecimento entre um sujeito cognoscente e o seu objeto de estudo é o problema filosófico: é possível saber, de onde vem o conhecimento, quem determina quem numa relação de conhecimento: o objeto para o sujeito, o sujeito para o objeto, ou ambos se determinam mutuamente, quantos tipos de conhecimento podem existir, quais são os conceitos e critérios de verdade do conhecimento, etc.?
Já foi referido que estes problemas não têm uma resposta única, que a solução proposta para eles depende do que o investigador assume. Porque é que o sujeito cognoscente tem de assumir qual é o conceito de verdade que deve aplicar no conhecimento do seu objeto de estudo? Resposta: porque o investigador está condenado a ignorar a verdade sobre o conceito de verdade que deve considerar na realidade que estuda, devido ao facto de o fenómeno em estudo se situar numa esfera diferente da sua; e, portanto, só pode supor, estabelecendo assim a relação lógica do conhecimento. Poderia supor a partir dos sentidos, da razão, de ambos,

primeiro os sentidos e depois a razão; e de ambos, primeiro a razão e depois os sentidos.
No caso em apreço, os conceitos e critérios de verdade que o investigador assume dependerão das suas inclinações pessoais e profissionais e do seu objeto de estudo.
Relativamente ao conceito de verdade:
Se o sujeito cognoscente dispõe apenas dos seus sentidos e da sua razão para se relacionar com o seu objeto de estudo, em termos matemáticos, tem apenas quatro soluções possíveis para o problema do conceito de verdade:
PRIMEIRO: Ele pode supor, mas nunca ter a certeza, ao situar-se nos sentidos, que apenas um conceito transcendente de verdade pode ser elaborado: a concordância do pensamento com o objeto pensado.
SEGUNDO: Pode supor, mas nunca ter a certeza, estando situada na razão, que só pode elaborar um conceito imanente de verdade: a concordância do pensamento consigo mesmo.
TERCEIRO: Pode supor, mas nunca ter a certeza, estando localizado tanto nos sentidos como na razão, que só pode ser elaborado um conceito misto de verdade: a concordância do pensamento com o objeto pensado (primeiro) e consigo mesmo (depois).
QUARTO: Pode supor, mas nunca ter a certeza, situando-se tanto na razão como nos sentidos, que só pode ser elaborado um conceito misto de verdade: a concordância do pensamento consigo mesmo (primeiro) e com o objeto pensado (depois).
No caso em apreço, os conceitos e critérios de verdade que o investigador assume dependerão das suas inclinações pessoais e profissionais e do seu objeto de estudo.
Relativamente ao critério da verdade:
Se o sujeito cognoscente dispõe apenas dos seus sentidos e da sua razão para se relacionar com o seu objeto de estudo, em termos matemáticos, tem apenas quatro soluções possíveis para o problema do critério de verdade:
PRIMEIRO: Ele pode assumir, mas nunca ter a certeza, ao localizar-se nos sentidos, que apenas um critério transcendente de verdade pode ser elaborado: que o sujeito cognoscente é confrontado com objectos reais, que se supõe existirem independentemente do seu pensamento e estarem fora da sua mente.
SEGUNDO: Pode assumir, mas nunca ter a certeza, ao colocar-se na razão, que apenas um critério imanente de verdade pode ser elaborado: que o sujeito cognoscente é confrontado com entidades ideais, mentais, que não têm existência na realidade e que se encontram no interior da mente.
TERCEIRO: Pode supor, mas nunca ter a certeza, estando localizado tanto nos sentidos como na razão, que apenas um critério misto de verdade pode ser elaborado: que o sujeito cognoscente é confrontado tanto com entidades reais como ideais.
QUARTO: Pode supor, mas nunca ter a certeza, situando-se tanto na razão como nos sentidos, que apenas um critério misto de verdade pode ser elaborado: que o sujeito cognoscente é confrontado tanto com objectos ideais como reais.
Eis a introdução ao tema. De seguida, analisam-se os pressupostos filosóficos a partir dos quais se pode resolver o problema do conceito de verdade do conhecimento. Como já foi referido, o sujeito cognoscente pode partir dos sentidos, da razão, dos sentidos (primeiro) e da razão (depois) e da razão (primeiro)

e dos sentidos (depois) para resolver o problema da verdade (do conceito de verdade). Com a "pequena desilusão" de estar apenas a presumir a solução, porque, aparentemente, não nasceu para conhecer a realidade na sua essência e, por isso, só lhe resta estimar que ela é de um certo modo.

2.2.5.8.1 Os pressupostos filosóficos a partir dos quais se pode resolver o problema do conceito de verdade do conhecimento.

Nunca se terá a certeza do conhecimento essencial da realidade. Para conhecer a realidade de forma essencial, o sujeito cognoscente teria de a penetrar e fundir-se com ela (literalmente), transformando ambos (sujeito e objeto) numa única realidade, e isso é impossível, porque o sujeito cognoscente e o objeto a conhecer estão em "mundos" diferentes: o sujeito é a alma, o espírito; o objeto é a realidade (concreta ou abstrata). Digamos, por exemplo, que gostaríamos de saber o que é uma árvore, em essência. Neste caso, trata-se de uma entidade concreta, tangível, que podemos apreciar, mas não conhecer, com os sentidos. Saber o que é uma árvore é impossível, porque, para o fazer, teríamos de entrar (literalmente) na sua seiva, folhas, raízes, tronco, ramos, etc., e ser um com ela. Então saberíamos o que é uma árvore, mas, talvez, deixaríamos de ser nós próprios e transformar-nos-íamos numa outra entidade, sabe-se lá que tipo de entidade seríamos então. No caso de entidades abstractas (Deus), a relação de conhecimento torna-se mais complicada: onde está Deus, como podemos estabelecer uma relação de conhecimento com Deus como objeto?

Para estabelecer a relação lógica com o objeto de estudo, que neste caso é o conceito de verdade (uma entidade abstrata) e que, por isso, torna a relação mais difícil, o sujeito cognoscente pode estabelecer as seguintes conjecturas

Como sujeitos cognoscentes, podemos resolver o problema do conceito de verdade do conhecimento assumindo-o a partir dos sentidos (conceito transcendente de verdade), da razão (conceito imanente de verdade), ou de ambos (conceito misto de verdade), em dois sentidos diferentes: começando pelos sentidos e acabando na razão ou vice-versa.

2.2.5.8.1.1 Resolver de forma transcendente o problema do conceito de verdade do conhecimento.

Parafraseando John Hessen (2011: 73-75), a verdade pode ser assumida como consistindo na concordância do pensamento com o objeto pensado. Os objectos de conhecimento são considerados como estando fora da mente do sujeito cognoscente. Presume-se que tais objectos transcendem a mente do sujeito cognoscente. É por isso que Hessen chama a este conceito de verdade: conceito transcendente de verdade. A transcendência é entendida como significando que algo (o objeto) está fora de algo (o sujeito), ou seja, o objeto de estudo (a realidade concreta) transcende o sujeito cognoscente, porque está fora da sua mente, no ambiente, na realidade material, que pode ser vista, cheirada, tocada, ouvida, provada.

Os objectos de conhecimento que se encontram fora do espírito, do sujeito cognoscente, são estudados pelas ciências naturais. O pensamento relaciona-se com as entidades (dos reinos mineral, vegetal e animal) que estão à frente do pensamento; são entidades materiais que transcendem o pensamento.

No pressuposto filosófico transcendente, o problema do conceito de verdade do conhecimento é resolvido a partir dos sentidos.

Nos quatro problemas do conhecimento discutidos nas secções 2.2.5.1 (a possibilidade do conhecimento), 2.2.5.2 (a origem do conhecimento), 2.2.5.3 (a essência do conhecimento) e 2.2.5.4 (a classificação do conhecimento) podemos observar pressupostos filosóficos semelhantes à suposição de que só pode haver um critério transcendente de verdade.

Os pressupostos filosóficos do *ceticismo*, *subjetivismo*, *relativismo* e *pragmatismo*, a partir dos quais se pode resolver o problema da possibilidade do conhecimento afirmando que não é possível qualquer contacto real entre sujeito e objeto, estão perfeitamente relacionados com a conjetura de que só existe um conceito transcendente de verdade. Em ambos os casos o sujeito cognoscente situa-se nos sentidos, supõe a partir das sensações e, compreendendo que a realidade existe, independentemente da mente, pode concluir que só se deve falar de um conceito transcendente de verdade.

O pressuposto filosófico *empirista*, a partir do qual se pode resolver o problema da origem do conhecimento afirmando que a única fonte e base do conhecimento humano está nos sentidos, nas experiências dos sentidos, está perfeitamente relacionado com o pressuposto de que só pode existir um conceito transcendente de verdade. Em ambos os casos, pode afirmar-se que, se a fonte do conhecimento humano está nos sentidos (empirismo), então só é possível um conceito transcendente de verdade.

O pressuposto filosófico *subjetivista*, a partir do qual se pode resolver o problema pré-metafísico sobre a essência do conhecimento (afirmando que, numa relação de conhecimento, o sujeito cognoscente determina o objeto a conhecer), está perfeitamente relacionado com a estimativa de que só pode haver um conceito transcendente de verdade. Em ambos os casos, pode afirmar-se que, se são as paixões, as emoções, os sentimentos, as ambições, os preconceitos, etc., do sujeito que determinam o conhecimento do objeto a conhecer, então os investigadores em educação só têm de usar os seus sentidos para construir esse conhecimento; porque o conhecimento só pode ser elaborado, segundo John Locke, a partir das sensações dos sentidos.

O pressuposto *realista* filosófico, a partir do qual se pode resolver o problema metafísico da essência do conhecimento (afirmando que a realidade existe independentemente do facto de um sujeito cognoscente fixar nela a sua razão e os seus sentidos com o objetivo de a conhecer), está perfeitamente relacionado com a estimativa de que só pode existir um conceito transcendente de verdade. Em ambos os casos, pode afirmar-se que, se a realidade (o objeto a ser conhecido) existe em si mesma (realismo), independentemente das relações de um sujeito cognoscente com ela (realismo), então só é possível um conceito transcendente de verdade.

Finalmente, o pressuposto filosófico *dualista e teísta*, a partir do qual se pode resolver o problema teológico sobre a essência do conhecimento (afirmando que a realidade é dual), está perfeitamente relacionado com a estimativa de que só pode existir um conceito transcendente de verdade. Em ambos os casos, pode afirmar-se que, se a realidade é dual, então só é possível um conceito transcendente de verdade; porque só a partir dos sentidos se pode falar de dualidade.

Em resumo, o conceito transcendente de verdade pode ser definido como "a concordância do pensamento (sujeito cognoscente) com o objeto (a ser conhecido)".
Por conseguinte, todos os juízos que se baseiam numa presença ou realidade imediata do objeto pensado são verdadeiros. Por exemplo: "o céu é azul".
No realismo, assume-se que a realidade existe independentemente do sujeito cognoscente.
Até agora, o que foi dito sobre o pressuposto de que só pode haver um conceito transcendente de verdade. Agora será discutido o pressuposto de que só pode haver um conceito imanente de verdade.

2.2.5.8.1.2 . Resolvendo de imediato o problema do conceito de verdade do conhecimento.

Parafraseando Hessen (20011: 73-75), se partirmos da razão, podemos concluir que a essência da verdade reside no acordo do pensamento consigo mesmo, com algo que reside no próprio pensamento. Um juízo é considerado verdadeiro quando é formado de acordo com as leis e normas do próprio pensamento. Assim, presume-se que a verdade significa algo puramente formal; coincide com a correção lógica do pensamento.
No pressuposto filosófico imanente, o problema do conceito de verdade do conhecimento é resolvido pela razão.
Tal como foi feito na discussão do pressuposto de que só pode haver um conceito transcendente de verdade, os pressupostos filosóficos semelhantes ao pressuposto de que só pode haver um conceito imanente de verdade podem ser observados nos quatro problemas do conhecimento discutidos nas secções 2.2.5.1 (a possibilidade do conhecimento), 2.2.5.2 (a origem do conhecimento), 2.2.5.4 (a essência do conhecimento) e 2.2.5.6 (a classificação do conhecimento).
O pressuposto filosófico *dogmático*, a partir do qual o problema da possibilidade do conhecimento pode ser resolvido afirmando que o contacto real entre sujeito e objeto é possível, está perfeitamente relacionado com a conjetura de que existe apenas um conceito imanente de verdade. Em ambos os casos, tem-se plena confiança na razão humana, tem-se fé que só a razão pode fornecer-nos o conhecimento verdadeiro.
O pressuposto filosófico *racionalista*, a partir do qual se pode resolver o problema da origem do conhecimento afirmando que a única fonte e fundamento do conhecimento humano é a razão, está perfeitamente relacionado com o pressuposto de que só pode existir um conceito imanente de verdade. Em ambos os casos, pode afirmar-se que, se a fonte do conhecimento humano é a razão, então só é possível um conceito imanente de verdade.
O pressuposto filosófico *objetivista*, a partir do qual se pode resolver o problema pré-metafísico sobre a essência do conhecimento (afirmando que, numa relação de conhecimento, é o objeto a conhecer que determina o sujeito cognoscente), está perfeitamente relacionado com a estimativa de que só pode haver um conceito imanente de verdade. Em ambos os casos, pode afirmar-se que, se há um mundo objetivo de ideias (objectos a conhecer) que determina o conhecimento que os sujeitos cognoscentes podem obter, então os investigadores educacionais só têm de usar a sua razão para encontrar esse conhecimento; pois este só pode ser obtido, segundo Platão, por meios racionais.

O pressuposto filosófico *idealista*, a partir do qual se pode resolver o problema metafísico da essência do conhecimento (afirmando que a realidade tem como pano de fundo forças espirituais, entidades ideais subjectivas ou lógicas), está perfeitamente relacionado com a estimativa de que só pode existir um conceito imanente de verdade. Em ambos os casos, pode afirmar-se que, se a realidade (o objeto a ser conhecido) não existe em si mesma (realismo), mas é apenas uma construção dos sujeitos cognoscentes (idealismo), então só é possível um conceito imanente de verdade.

Finalmente, o pressuposto filosófico *monista e panteísta*, a partir do qual se pode resolver o problema teológico sobre a essência do conhecimento (afirmar que a realidade é una), está perfeitamente relacionado com a estimativa de que só pode existir um conceito imanente de verdade. Em ambos os casos, pode afirmar-se que, se a realidade é una, então só é possível um conceito imanente de verdade; pois só a partir da razão se pode falar de um tal conceito como verdade.

Em suma, o conceito imanente de verdade pode ser afirmado como "o acordo do pensamento consigo mesmo".

Um juízo é verdadeiro quando é formado de acordo com as regras do pensamento.

A verdade é algo formal, coincide com a correção do pensamento. Por exemplo: a educação é a arte pela qual as gerações adultas transmitem a cultura às gerações mais jovens para a sua preservação, recreação e aperfeiçoamento.

O idealismo parte do princípio de que a realidade é construída pelo sujeito.

Até agora, o que foi dito sobre o pressuposto de que só pode haver um conceito imanente de verdade. Analisar-se-ão agora os pressupostos filosóficos a partir dos quais se pode resolver o problema dos critérios de verdade do conhecimento.

2.2.5.8.1.3 Os pressupostos filosóficos a partir dos quais se pode resolver o problema do critério de verdade do conhecimento.

A questão do conceito de verdade está intimamente ligada à questão do critério de verdade.

Como sujeitos cognoscentes, podemos resolver o problema do critério de verdade do conhecimento partindo dos sentidos (critério de verdade transcendente), da razão (critério de verdade imanente), ou de ambos (critério de verdade misto), em dois sentidos diferentes: começando pelos sentidos e acabando na razão ou vice-versa.

1.1.1.1 .2.1 Resolver de forma transcendente o problema do critério de verdade do conhecimento.

Seguindo Hessen (2011: 75-79), se por verdade entendermos a concordância do pensamento com o objeto pensado (conceito transcendente de verdade), então diremos que todos os juízos que assentam numa presença ou realidade imediata do objeto pensado são verdadeiros.

Trata-se de objectos reais que são depois transformados em objectos de consciência, dados de consciência. Parte-se do princípio de que possuímos uma certeza imediata sobre o vermelho que vemos ou a dor que sentimos, porque são reais; existem independentemente da mente. Considera-se que *o critério de verdade* consiste na presença imediata ou na realidade de um objeto (realismo).

Em suma, o critério transcendente da verdade consiste no facto de os objectos estarem fora da consciência dos sujeitos. São objectos reais. Nos dados da consciência possuímos uma certeza imediata da sua existência. A perceção fornece-nos a evidência imediata. Por exemplo: as folhas da árvore são verdes. Parte-se do princípio, no realismo, que a realidade existe, independentemente do sujeito cognoscente.

1.1.1.2 .2.2 Resolução imediata do problema do critério de verdade do conhecimento.

Seguindo Hessen (2011: 75-79), se por verdade entendermos o acordo do pensamento consigo mesmo, diremos que um juízo é verdadeiro quando é formado de acordo com as leis e regras do pensamento. A verdade é suposta ser algo formal que coincide com a correção do pensamento. Esta seria uma conceção que *o idealismo lógico* faz sua. A verdade é considerada como a concordância do pensamento consigo mesmo. Podemos conhecer esta concordância na ausência de contradição. O nosso pensamento concorda consigo mesmo quando está livre de contradições e só então. A conceção imanente ou idealista implica necessariamente considerar a ausência de contradição como critério de verdade.

Em suma, o critério imanente da verdade significa que os objectos estão dentro da consciência do sujeito. O pensamento encontra objectos mentais, ideais. A lógica e a matemática são ciências formais ou ideais. São juízos próprios da lógica e da matemática. Exemplo: "2 + 2 = 4", "o todo é maior que a parte", "todos os corpos são grandes". Parte-se do princípio, a partir do idealismo, que a realidade é construída pela mente.

Amanera de síntese geral sobre o subcapítulo acabado de analisar, o problema sobre os conceitos e critérios de verdade do conhecimento são irresolúveis, de forma definitiva; devido às razões já consideradas. Só podemos supor, a partir dos sentidos, da razão ou de ambos, que eles podem ser resolvidos de forma transcendente, imanente ou mista.

2.2.5.9 *A relação epistemológica entre os pressupostos filosóficos a partir dos quais se pode resolver o problema da classificação do conhecimento e os pressupostos filosóficos a partir dos quais se pode resolver o problema do conceito e do critério de verdade do conhecimento.*

Pode concluir-se que os conceitos e critérios de verdade propostos neste trabalho se baseiam nos pressupostos filosóficos a partir dos quais os problemas do conhecimento discutidos nos subcapítulos anteriores (possibilidade, origem, essência e classificação do conhecimento) podem ser resolvidos. De seguida, os pressupostos filosóficos a partir dos quais os problemas sobre *o conceito* e *o critério de* verdade do conhecimento podem ser resolvidos serão comparados com os pressupostos a partir dos quais os problemas sobre a origem e a classificação do conhecimento podem ser resolvidos.

Se assumirmos que o conhecimento tem origem na razão (racionalismo), então só pode haver conhecimento *racional*; e se só for possível o conhecimento racional, então o conceito e o critério de verdade deste tipo de conhecimento (racional) será *imanente*. Se se assume que o conhecimento nasce dos sentidos (empirismo), então pode concluir-se que só existe conhecimento *intuitivo*; e se só existe conhecimento intuitivo, então o critério de verdade deste tipo de conhecimento (intuitivo) será *transcendente*. Se se pressupõe que o conhecimento nasce tanto nos sentidos (empirismo) como na razão (racionalismo), mas que primeiro sentimos e depois raciocinamos (intelectualismo), então pode falar-se de um tipo de conhecimento *misto* (intuitivo-racional); e se só é possível um conhecimento deste tipo (misto: racional-intuitivo), então o conceito e o critério de verdade deste tipo de conhecimento (misto: E, finalmente, se conjecturarmos que o conhecimento nasce tanto da razão como dos sentidos, mas que primeiro raciocinamos e depois pensamos (apriorismo), então pode dizer-se que só existe conhecimento *misto* (racional-intuitivo); e se só o conhecimento misto (racional-intuitivo) é possível, então o conceito e o critério de verdade deste tipo de conhecimento (misto: racional-intuitivo) também serão mistos (imanente-transcendente). Além disso, admite-se que, filosoficamente, não existem outras opções.

É também necessário recordar que os argumentos anteriores são deduzidos do facto de os sujeitos cognoscentes apenas disporem da sua *razão* e dos seus *sentidos* para conhecer a realidade. Como já foi dito, matematicamente, em todos e cada um dos problemas de conhecimento abordados e a serem abordados neste estudo, só são dadas as quatro possibilidades acima mencionadas.

2.2.5.10 *Resumo do subcapítulo.*

As hipóteses filosóficas, quer o sujeito cognoscente o saiba ou não, são estimativas que o sujeito cognoscente faz utilizando a sua razão, os seus sentidos, ou ambos, para resolver todos e cada um dos cinco grandes problemas filosóficos do conhecimento, na exploração, descrição, explicação, interpretação, etc., do seu objeto de estudo.

As principais caraterísticas, funções e objectivos dos pressupostos filosóficos são os seguintes

- A principal caraterística de uma hipótese filosófica é, precisamente, o facto de ser uma conjetura que o sujeito cognoscente elabora a partir da sua razão, dos seus sentidos ou de ambas as qualidades para resolver um problema filosófico de conhecimento.
- A função de qualquer hipótese filosófica, de acordo com o acima exposto, é localizar o sujeito cognoscente numa das suas qualidades (razão, sentidos ou ambas) para resolver algum problema filosófico de conhecimento, relacionado com o seu objeto de estudo.
- O objetivo de todas e cada uma das hipóteses filosóficas estudadas é resolver todos e cada um dos cinco principais problemas do conhecimento.

Os problemas de conhecimento podem ser classificados a partir da razão, dos sentidos ou de ambas as qualidades do sujeito cognoscente.

Pode concluir-se que os grandes problemas filosóficos do conhecimento (possibilidade, origem, essência, classificação e critérios de verdade) são essencialmente insolúveis. Que o investigador em educação terá de escolher os pressupostos filosóficos para resolver todos e cada um dos cinco problemas do conhecimento mencionados. E que isso dependerá da qualidade que ele utiliza para se relacionar com o seu objeto de estudo: a razão, os sentidos ou ambos.

A título de síntese, o quadro seguinte apresenta os cinco principais problemas filosóficos do conhecimento e os principais *pressupostos filosóficos* a partir dos quais cada um deles pode ser resolvido:

PROBL	**POSSI**	SUPOSI ÇÕES	
			DOGMATISMO: O sujeito apreende realmente o objeto.
			ESCEPTICISMO: O sujeito não pode realmente apreender o objeto.
			RELATIVISMO: Só existem verdades em relação a uma determinada humanidade.

CONHECIMENTO FILOSÓFICO				**SUBJECTIVISMO**: A verdade é limitada ao sujeito que conhece e julga.
				PRAGMATISMO: Verdadeiro significa útil, valioso, que dá vida.
				CRITICISMO: É possível saber, é preciso examinar todas as afirmações da razão e não aceitar nada descuidadamente.
	ORIGEM	ASSUNTOS		**RACIONALISMO**: A principal fonte do conhecimento humano está na razão, no pensamento.
				EMPIRISMO: A única fonte de conhecimento humano é a experiência.
				INTELECTUALISMO: A fonte e a base do conhecimento são a experiência (primeira) e a razão (segunda).
				APRIORISMO: A experiência (depois) e o pensamento (primeiro) são as fontes do conhecimento.
	ESSÊNCIA	SOLUÇÕES PRÉ-METAFÍSICA	**ASSUNTOS**	OBJECTIVISMO: O objeto determina o sujeito.
				SUBJECTIVISMO: O sujeito determina o objeto.
		SOLUÇÕES METAFÍSICA	**ASSUNTOS**	REALISMO: Para além dos objectos ideais, existem objectos reais, independentes do pensamento.
				IDEALISMO: Todos os objectos possuem um ser ideal, mental.
				FENOMENALISMO: Conhecemos as coisas não como elas são, mas como elas nos aparecem.
		SOLUÇÕES TEOLÓGICAS	**ASSUNTOS**	DUALISMO E TEÍSMO: A divindade é a fonte comum do pensamento e do ser. O absoluto transcendente
				MONISMO E PANTEÍSMO: O absoluto imanente. Absorção do sujeito e do objeto numa unidade.
	TIPOS DE CONHECIMENTO		ASSUNTOS	CONHECIMENTO **RACIONAL**: mediado, discursivo
				CONHECIMENTO **INTUITIVO**: Imediato. Conhecer vendo
	CRITÉRIOS		ASSUNTOS	**TRASCENDENTE**: Concordância do pensamento com o objeto.
				IMANENTE: Concordância do pensamento consigo mesmo.

2.3 FUNDAMENTOS TEÓRICOS, PARA PROBLEMATIZAR OS OBJECTOS DE ESTUDO DAS CIÊNCIAS DA EDUCAÇÃO.

O "mapeamento concetual" será utilizado para a análise deste subcapítulo. O "mapeamento concetual" é um *conceito* desenvolvido por Tobón (2010) que, em termos gerais, pode ser entendido como uma estratégia para formar e avaliar conceitos académicos chave, através de oito eixos ou questões essenciais. As questões essenciais referem-se a:

1. Noção (o que é?). É dada uma noção ou definição do conceito ou da teoria.
2. Categorização (a que classe geral pertence?). É descrita a classe principal em que se insere o conceito ou a teoria.

3. Caraterísticas (como é que é?). Descrevem-se e explicam-se os aspectos fundamentais que conferem identidade e particularidade ao conceito ou teoria, tendo em conta a classe em que se insere.
4. Diferenças (de que outros conceitos próximos difere). Os conceitos da mesma classe com os quais o conceito ou teoria pode ser confundido são indicados e explicados.
5. Subdivisão (em que classes se divide?). Os tipos ou classes do conceito ou da teoria são descritos e explicados. Cada tipo ou classe deve satisfazer as caraterísticas acima referidas. É o oposto da categorização.
6. Relação (com que categorias e processos sociais, económicos e históricos se relaciona?) São descritas e explicadas abordagens, teorias, abordagens e metodologias de outras áreas ou contextos que ajudam a compreender e a aplicar melhor o conceito ou a teoria.
7. Metodologia (quais são os elementos-chave da metodologia?). São descritos e explicados os aspectos mínimos a ter em conta na aplicação do conceito ou da teoria. Os elementos da metodologia podem estar em diferentes ordens.
8. Exemplificação (o que pode ser um exemplo?). É apresentado um exemplo do conceito ou da teoria.

Porque é que é necessário construir o conceito de "teoria" neste documento? Porque *as orientações epistemológicas* são compostas, como já foi referido, por pressupostos filosóficos, para observar a realidade;

Fundamentos teóricos, para problematizar os objectos de estudo; procedimentos metodológicos, para gerar novos conhecimentos; estratégias técnicas, para conhecer os fenómenos; e instrumentos, para recolher a informação a analisar tecnicamente.

Já foi referido que a diferença entre *ciência* e *filosofia* é a mesma que a diferença entre os *pressupostos filosóficos* e *os fundamentos teóricos* das orientações epistemológicas; a ciência surge da filosofia, tal como os fundamentos teóricos surgem dos pressupostos filosóficos.

A *teoria* ou *teorias* que o investigador educacional utiliza para problematizar o seu objeto de estudo dependerá do(s) *pressuposto*(s) filosófico(s) a partir do(s) qual(is) resolveu os cinco grandes problemas do conhecimento (possibilidade, origem, essência, classificação e conceitos e critérios de verdade).

Este subcapítulo procura relacionar os *pressupostos filosóficos* das *perspectivas epistemológicas*, *paradigmas* ou *orientações* com os seus *fundamentos teóricos*, ou seja, determinar de que forma o nível *filosófico* influencia o *nível teórico* na construção de um objeto de estudo.

Pensar a realidade a partir de pressupostos filosóficos *dogmáticos* ou *cépticos*, *pragmáticos*, *subjectivistas*, *relativistas*, *críticos*, etc., (no que diz respeito à *possibilidade de conhecer*); observá-la, vistoriá-la, vivenciá-la ou documentá-la - tecnicamente - como um todo compacto ou como dividida em partes; como se estivesse parada ou em movimento; como se fosse estável ou instável; como se fosse única ou múltipla; como se fosse fixa ou móvel; como se fosse regular ou irregular; etc., traz consequências importantes na produção de conhecimento. Se partirmos do princípio de que a realidade é fixa, por

exemplo, estamos a pensá-la de forma *dogmática*; como se fosse dada e bastasse apreendermos o objeto absolutamente tal como nos é dado. Por outro lado, se reflectirmos sobre os fenómenos de uma forma *cética*, *subjectiva*, *relativa*, *pragmática*, etc., começamos a duvidar da sua apreensão, universalidade, validade, limites, utilidade, razões, etc.
O mesmo se aplica - e, de facto, relaciona-se com - os problemas do conhecimento relativamente à sua origem, essência, tipos e critérios de verdade. Compreender os fenómenos em *termos objectivos*, por exemplo, é examiná-los como se estivessem parados, como se não mudassem no tempo, no espaço e nas condições, como se fossem dados para sempre, os mesmos, etc. Ver os factos *subjetivamente*, por outro lado, é vê-los como se estivessem em movimento, em constante mudança, diferenciados, em conflito, relacionados, etc. Analisar as coisas de uma forma *idealista* leva-nos a observá-las, pesquisá-las, documentá-las, vivenciá-las, etc., de uma forma *dogmática*, ou seja, pensando no que deve ser e negligenciando o que é. Por outro lado, estudar as condutas ou os comportamentos de forma *realista* significa conhecê-los de forma *cética*, *subjetivista*, *relativista*, *pragmática*, *crítica*, etc.; isto é, considerar os seres de forma a observar, inquirir, experimentar, documentar, etc., como se eles se movessem, mudassem, se modificassem, etc. Finalmente, pensar a realidade em termos monistas implica pensá-la em si mesma, como um todo fixo, imóvel, eterno, imutável, etc. Pelo contrário, se a pensarmos de forma dualista, podemos analisá-la em relação a outras realidades em conflito, conciliação, etc.

2.3.1 *A definição de "teoria".*

O conceito de "*teoria*" pode ser definido, em termos etimológicos, como "observar" ou "contemplar" (do grego *Theorein*, observar ou contemplar). A partir da sua origem epistemológica, pode assumir-se que aquele que "observa" ou "contempla" é o sujeito cognoscente e o que é "observado" ou "contemplado" deve ser o objeto a conhecer. De que elementos dispõe o sujeito cognoscente para "observar" ou "contemplar" o objeto de estudo? Resposta: a sua razão e os seus sentidos. O investigador em educação só pode usar a sua razão e os seus sentidos para estabelecer a relação do conhecimento com o fenómeno a investigar.
Parafraseando Cortés Morato, Jordi e Martínez Riu, Antoni (1996), Platão e Aristóteles deram o sentido etimológico ao termo "*teoria*", entendido como contemplação das ideias ou como conhecimento contemplativo e atividade intelectual superior do homem, respetivamente.
Platão assume, a partir do *objetivismo*, que a razão pode recordar *as ideias*, porque considera que elas existem independentemente do sujeito cognoscente; Aristóteles, por outro lado, assume que *a teoria* é o produto da atividade intelectual do homem; isto é, o ser humano "observa" ou "contempla" a natureza, com os seus sentidos, e dá um significado a "*aquilo*" que observa, usando a sua razão (intelectualismo).
Para Popper (1980: 57) "*As teorias são redes que lançamos para apreender aquilo a que chamamos "mundo": para o racionalizar, explicar e dominar...*".
O investigador em educação tenta apreender a realidade, segundo este autor, para a racionalizar, explicar e dominar.

Partindo de um pressuposto racionalista crítico, Popper tenta explicar a realidade e ordená-la através da sua racionalização, a fim de a dominar e explorar.

De acordo com Sautú, Ruth (2003: 155) *"entendemos teoria como conceptualizações, afirmações ou proposições que postulam explicações"*. Partindo de um pressuposto pragmático, afirma-se que uma *teoria* é um *conceito* ou *proposição* que explica algum fenómeno. Um *juízo*, expresso como uma *proposição*, pode ser considerado uma *teoria*.

Os autores acima referidos concordam que a ideia de *teoria* se refere a *conceitos*, *afirmações* ou *proposições* dentro de um *domínio*. Para Gutiérrez (2005: 128) "... *a diferença entre ideia e juízo é que a primeira não afirma nem nega nada; e, por outro lado, a essência do juízo está na afirmação ou negação de algo*". Parafraseando Gutiérrez (2005: 128), *o juízo* é psicológico porque é um ato de julgar que um sujeito cognoscente (a alma humana) realiza sobre um objeto a conhecer (a realidade). Um juízo (enquanto processo) é uma operação mental através da qual um sujeito cognoscente afirma ou nega uma ideia em relação a outra ideia.

O juízo, como processo, está na esfera lógica, é pensamento, discurso. O juízo, como produto, é a afirmação (já realizada) da relação entre duas ideias. A proposição é a expressão externa do juízo. Os juízos são expressos por meio de proposições.

O sujeito cognoscente, que está na esfera psicológica (é a alma humana, a sua mente, a sua razão), tendo em conta que não pode apreender a essência do objeto a conhecer, porque está na esfera ontológica (é a realidade concreta ou abstrata), e as duas esferas representam mundos diferentes, usando a sua razão e/ou os seus sentidos, elabora um discurso (explorações, descrições, explicações, interpretações, compreensões, etc.) sobre o seu objeto de estudo. Não é a realidade, é apenas um discurso sobre a realidade. É por isso que o termo "caneta" nada tem a ver com "essa coisa" com que escrevemos.

Deve ficar claro que este discurso, esta teoria, que o sujeito cognoscente elabora sobre o seu objeto a conhecer, é construído com base na forma como o sujeito cognoscente, quer o saiba ou não, resolve os cinco principais problemas filosóficos do conhecimento (possibilidade, origem, essência, classificação e conceito e critério de verdade do conhecimento). Os problemas filosóficos do conhecimento são resolvidos consoante o sujeito se situa na sua razão (racionalismo), nos seus sentidos (empirismo), em ambos: sentidos e razão (intelectualismo) ou em ambos: razão e sentidos (apriorismo).

Dependendo do que o sujeito cognoscente assume, se resolve os problemas do conhecimento com a sua razão ou com os seus sentidos, elaborará o seu discurso sobre o objeto a conhecer. A partir de um pressuposto, elabora-se uma teoria; a partir do seu oposto, elabora-se uma teoria diferente. É por isso que existem tantos conhecimentos contraditórios sobre o mesmo objeto de conhecimento. Porque esse conhecimento é elaborado por sujeitos diferentes, a partir de pressupostos filosóficos diferentes.

As teorias são desenvolvidas num domínio. Por domínio deve entender-se o campo do conhecimento. As ciências podem ser classificadas, segundo Bunge

(1999), em dois grandes ramos: as ciências factuais (Ciências Naturais e Ciências Sociais) e as ciências formais (Lógica e Matemática). As ciências factuais e as ciências formais ou ideais seriam os dois primeiros grandes campos da ciência, em geral. A partir destes dois grandes domínios da ciência existem inúmeras divisões e subdivisões, até à educação, que se insere no domínio das ciências sociais.

Pode assumir-se que a teoria é uma série de juízos, através dos quais afirmamos ou negamos uma ideia (ou conceito) em relação a outra ideia (ou conceito), dentro de um campo de conhecimento. Propõe-se que a teoria (enquanto produto) seja entendida como uma série de proposições que um sujeito cognoscente elabora acerca de um objeto a ser conhecido, dentro de um campo de conhecimento, com base em determinados pressupostos filosóficos.

As afirmações ou negações que um sujeito cognoscente elabora sobre um objeto a conhecer dependerão do que o sujeito assume sobre a realidade que analisa. A teoria depende da filosofia.

2.3.2 *As caraterísticas da teoria*.

Uma caraterística importante da teoria é o facto de ter de enquadrar ou localizar um aspeto da realidade, que pode ser natural ou social. "Isto significa que as teorias ganham significado e força quando são parte integrante de uma estrutura concetual dentro de um campo geral da ciência identificado como um domínio, como as ciências sociais ou as ciências naturais, onde existe um sistema concetual básico acordado pela comunidade científica.

As teorias são explorações, descrições, explicações, interpretações, compreensões da realidade natural ou social.

De acordo com Sautú, Ruth (2003: 34), as teorias são delimitadas pelo seu âmbito, disciplinas e áreas de conhecimento. *"As teorias fornecem o quadro através do qual definimos a realidade e a estudamos"*.

As teorias são desenvolvidas com base em determinados pressupostos filosóficos. É por isso que as explorações, descrições, explicações, interpretações, compreensões, etc. que diferentes sujeitos constroem sobre o mesmo objeto de estudo são diferentes em termos de conteúdo.

2.3.3 *Os elementos da teoria*.

As teorias são compostas por determinados elementos, que podem ser epistemológicos e lógicos.

2.3.3.1 *Os elementos epistemológicos das teorias*.

Os elementos epistemológicos das teorias são os pressupostos filosóficos, a partir dos quais se resolvem os problemas filosóficos do conhecimento; as operações intelectuais ou procedimentos metodológicos, com os quais se constroem as teorias; as estratégias técnicas, que o sujeito cognoscente utiliza para conhecer a realidade; e os instrumentos, com os quais se recupera a informação para analisar os fenómenos. A teoria como processo é aqui analisada.

Os elementos epistemológicos das teorias são analisados mais pormenorizadamente no segundo capítulo do presente documento.

2.3.3.2 *Os elementos lógicos das teorias.*

Os elementos lógicos das teorias são as ideias ou conceitos, o juízo lógico e o raciocínio lógico.

Os elementos lógicos das teorias são analisados mais pormenorizadamente no subcapítulo 2.5 do presente documento.

2.3.3.2.1 Ideias ou conceitos.

Numa *teoria, os conceitos* são os elementos mais simples. "*A palavra conceito vem do latim conceptus, de concipere, conceber; na tradição filosófica latina, aquilo que é concebido pela mente. Em sentido lato, equivale a ideia geral ou ideia abstrata. Tal como é entendido pela filosofia tradicional, é o resultado do processo de abstração*" (Cortés, Jordi et al., 1996: 76).

Parafraseando Gutiérrez (2005: 61-69), uma *ideia* é a representação mental de um objeto, sem afirmar ou negar nada sobre ele. Esta representação mental é obtida por meio de uma operação intelectual chamada simples apreensão ou abstração. Como produto desta operação intelectual, obtém-se uma *ideia* ou *conceito* (pensamento). A *ideia* ou o conceito (pensamento) exprime-se por meio de um *termo* ou *de uma palavra*. Exemplo: árvore.

É necessário esclarecer que o *termo* "árvore" não é nada parecido com a "coisa" a que se refere. É apenas um discurso lógico, uma "convenção" que o sujeito cognoscente elabora sobre o seu objeto de conhecimento; com o objetivo de se fazer entender por outras pessoas. "*Um conceito é um conteúdo figurativo designado por um termo concreto*" (Mayntz, Renate, 1975: 13).

Os conceitos podem ser decompostos nas suas partes constituintes: definição, caraterísticas, função ou causas, objetivo ou consequências, classificação, etc. Dentro de uma teoria, *os conceitos* são como os elementos de uma construção. São elementos conhecidos da comunidade científica ou da tradição de investigação que servem para construir explicações mais completas: *as proposições*, que são a expressão de *juízos de valor*.

2.3.3.2.2 Os ensaios.

Um *juízo* é a afirmação ou a negação de uma ideia em relação a outra ideia. Esta afirmação ou negação é obtida por meio de uma operação intelectual chamada *juízo* psicológico. Como produto desta operação intelectual, obtém-se um *juízo* lógico (pensamento). O *juízo* lógico (pensamento) exprime-se através de uma *proposição* ou *de um enunciado*. Exemplo: a árvore está seca. É necessário esclarecer que o *juízo* lógico "a árvore está seca" nada tem a ver com "essa coisa" que o sujeito está a julgar. É apenas um discurso lógico, uma "convenção" que o sujeito cognoscente elabora sobre o seu objeto de conhecimento; com o objetivo de se fazer entender por outras pessoas.

2.3.3.2.3 Justificação.

A raciocinação é a obtenção de novos conhecimentos a partir de conhecimentos já estabelecidos. Este novo conhecimento é obtido através de uma operação intelectual chamada *raciocínio* psicológico. Como produto desta operação intelectual, obtém-se um *raciocínio* lógico (pensamento). *O raciocínio* lógico (pensamento) exprime-se através da *argumentação*. Exemplo: "A árvore está seca porque não tem água". Um argumento é constituído por duas ou mais proposições. Neste caso, "a árvore está seca" e "a árvore não tem água". Existem duas proposições. Na primeira proposição, a ideia "seca" da ideia "árvore" é afirmada; na segunda proposição, a ideia "água" da ideia "árvore" é negada. Em conjunto, constituem um argumento, derivado de um raciocínio.

É necessário esclarecer que o *raciocínio* lógico "a árvore está seca porque lhe faltou água" nada tem a ver com "essa coisa" sobre a qual o sujeito está a *argumentar*. É apenas um discurso lógico, uma "convenção" que o sujeito cognoscente elabora sobre o seu objeto de conhecimento, com o objetivo de se fazer compreender pelos outros.

2.3.4 *O objetivo da teoria*.

O *objetivo* da teoria depende da orientação epistemológica do investigador. Para Cohen (1968: 238) "*todas as teorias envolvem um processo de abstração de questões concretas*". Pode argumentar-se que todo o conhecimento desenvolvido pelos seres humanos é teórico, porque envolve uma explicação abstrata da realidade.

Os principais *objectivos* da teoria podem ser explorar, descrever, explicar, interpretar e compreender a realidade.

Para Cortés J. et al. (1996), *as proposições "provêm do latim propositio, uma frase assertiva, que afirma ou nega algo sobre algo e é suscetível de ser verdadeira ou falsa*". Cortés *assume* que a principal *caraterística* das *proposições* é a possibilidade de serem qualificadas como falsas ou verdadeiras e, ao estimar a falsidade ou veracidade de uma proposição, revela os *pressupostos* a partir dos quais resolve todos e cada um dos cinco *problemas* filosóficos do conhecimento: *dogmatismo*, quanto à possibilidade de conhecer; *racionalismo*, quanto à origem do conhecimento; *objetivismo*, quanto à solução pré-metafísica do problema da essência do conhecimento; *idealismo*, quanto à solução metafísica do problema da essência do conhecimento; *dualismo* e teísmo, quanto à solução teológica do problema da essência do conhecimento; conhecimento *racional*, quanto à classificação do conhecimento; e conceito *imanente* e critérios de verdade.

Aquilo sobre o qual se afirma algo chama-se sujeito; e aquilo que se afirma sobre o sujeito chama-se predicado. *As proposições* são frases completas, com sujeito e predicado. *As proposições* são mais explicativas do que os conceitos, embora normalmente os incluam.

Para Padilla, G. (2000: 19) "*...o resultado da atividade do cientista toma a forma de proposições....* ". *As proposições* são construções linguísticas que explicam de forma concreta um determinado facto ou fenómeno. Por exemplo: "a aprendizagem é uma mudança de comportamento". Quando uma série de *proposições*, como as acima referidas, podem ser analisadas para determinar se são verdadeiras ou falsas, tornam-se *princípios* ou *postulados* que podem formar um sistema lógico e constituir *ciência*. "*Para que haja ciência, é necessário que as nossas proposições formem um sistema lógico, ou seja, que haja uma relação entre elas...*" (Cohen, Morris e Nagel, Ernest; 1968: 154).

Para R. A. E. (2003) um *princípio* ou *postulado* refere-se a "*.cada uma das primeiras proposições ou verdades fundamentais pelas quais se começa a estudar as ciências ou as artes* - também explicado como a - *base, origem,* *razão fundamental sobre a qual se procede no discurso em qualquer assunto*". A partir da certeza (apenas dos pressupostos acima referidos) de que "a aprendizagem é uma mudança de comportamento", Skinner explicou, na altura, como é que os seres humanos aprendem. Este *princípio* ou *postulado* permitiu a Skinner elaborar uma série de explicações sobre o que é a aprendizagem, como se aprende, etc.

Os *princípios* ou *postulados* constituem os elementos a partir dos quais as teorias enunciam os seus fundamentos, questões e hipóteses.

As teorias serão analisadas a seguir, com base nos pressupostos a partir dos quais resolvem cada um dos cinco principais problemas filosóficos do conhecimento, consoante o sujeito cognoscente utilize a sua razão, os seus sentidos ou ambas as qualidades.

2.3.5 *A classificação das teorias*.

Qualquer *classificação* é arbitrária e segue os interesses da investigação. Neste caso, o segundo elemento de uma orientação epistemológica é a *teoria*. Para efeitos do presente estudo,

As teorias são *classificadas* - com base nos *pressupostos* a partir dos quais resolvem cada um dos *problemas* filosóficos do conhecimento - em três grandes *ramos*: teorias gerais do conhecimento, teorias particulares das ciências sociais e teorias específicas das ciências da educação. A razão pela qual lhes foi atribuído este nome será explicada oportunamente.

Os *fundamentos teóricos* das perspectivas epistemológicas, paradigmas ou orientações, de acordo com critérios de extensão e compreensão, como já foi indicado, podem ser classificados como gerais, particulares e específicos do domínio das ciências da educação.

A classificação proposta baseia-se igualmente em critérios de extensão e de compreensão, numa ordem decrescente, começando pelos maiores, os que incluem mais fenómenos, e terminando nos mais pequenos, os mais específicos.

2.3.5.1 *Teorias gerais do conhecimento*.

Para a análise das *teorias gerais do conhecimento* e das *teorias particulares das ciências sociais*, consideraremos principalmente a obra de Gabriel Gutiérrez Pantoja (1999), intitulada: *Metodologia das ciências sociais I*, especificamente, o capítulo III, cujo título é: "alternativas de vinculação entre pensamento e realidade". O título do referido capítulo sugere que existem muitas possibilidades ou formas de relação entre o sujeito cognoscente e o objeto a conhecer, em qualquer processo de conhecimento. Quais são essas alternativas de ligação (relação) entre o pensamento (sujeito cognoscente) e a realidade (objeto a conhecer)? Gutiérrez (2009: 147 - 232) denomina-as *visões metodológicas do mundo* e desenvolve três: o matematicismo, o mecanicismo e o organicismo.

Para Gutiérrez (1999: 153-154), *a metodologia* é o estudo dos métodos, e por *método* entende a forma de atingir um objetivo. Esta é uma explicação com a qual concordamos. Mas, sem mais explicações, o autor passa a discutir o que chama de *cosmovisões metodológicas* (matematicismo, mecanicismo e organicismo). Este é um tema com o qual não concordamos. Para efeitos da presente análise, estas "mundividências metodológicas" serão designadas por

"*teorias gerais do conhecimento objetivo*". No decurso da análise das referidas teorias, tornar-se-á claro o motivo pelo qual são assim designadas. O que precisa de ser esclarecido, por enquanto, é que o que para o autor acima mencionado é um método será considerado como uma teoria neste trabalho.
O matematicismo, o mecanicismo, o organicismo, o caos, o conflito, a complexidade, e quaisquer outras *teorias gerais do conhecimento* que possam existir, são assim chamadas porque exploram, descrevem, explicam, interpretam, compreendem, etc. factos, fenómenos, acontecimentos, etc., tanto factuais (no âmbito das ciências naturais e sociais) como formais (lógica e matemática).
As teorias gerais do conhecimento, consoante os *pressupostos* filosóficos a partir dos quais resolvem cada um dos problemas do conhecimento, podem ser classificadas como dogmáticas, cépticas - incluindo as pragmáticas, subjectivas, relativas - ou críticas (se o problema da possibilidade do conhecimento for tomado como critério de classificação); racionais, empíricas ou intelectuais e apriorísticas (se o problema da origem do conhecimento for tomado como critério de classificação); objectivas, subjectivas ou dialécticas (se o problema da origem do conhecimento for tomado como critério de classificação); racional, empírico ou intelectual e apriorístico (se o problema da origem do conhecimento for tomado como critério de classificação); objetivo, subjetivo ou dialético (se a solução pré-metafísica do problema da essência do conhecimento for tomada como critério de classificação); idealista, realista ou fenomenalista (se a solução metafísica do problema da essência do conhecimento for tomada como critério de classificação); dualista e teísta, monista e panteísta ou misto (se a solução teológica do problema da essência do conhecimento for tomada como critério de classificação); racional, intuitivo ou misto (se o problema da classificação do conhecimento for tomado como critério de classificação); e transcendente, imanente ou misto (se o problema dos critérios de verdade do conhecimento for tomado como critério de classificação).
As teorias gerais do conhecimento podem ser classificadas de acordo com o critério acima referido como dogmáticas, racionais, objectivas, ideais, dualistas e teístas, racionalistas e transcendentais (em primeiro lugar) se partirem dos *pressupostos* filosóficos acima referidos; cépticas, subjectivistas, relativistas, pragmáticas, empiristas, subjectivistas, realistas, monistas e panteístas, intuitivas e imanentes (em segundo lugar), se os seus *pressupostos* filosóficos forem os referidos; ou críticas, intelectualistas e aprioristas, dialécticas, fenomenalistas e mistas (em terceiro lugar), se os seus *pressupostos* filosóficos forem os referidos.
Para efeitos da presente secção, *as teorias gerais do conhecimento* serão *classificadas*, de acordo com os *pressupostos* filosóficos da solução *pré-meta-física* do problema da *essência* do conhecimento, em teorias gerais do conhecimento objetivo, teorias gerais do conhecimento subjetivo e teorias gerais do conhecimento dialético.

2.3.5.1.1 Teorias gerais do conhecimento objetivo.

Segundo Gabriel Gutiérrez Pantoja (1984: 147-232), os métodos são alternativas de ligação entre o pensamento e a realidade. Neste estudo, o que

Pantoja chama de método será chamado de teoria. O matematicismo, o mecanicismo e o organicismo não serão tratados como métodos, mas como teorias, como *teorias gerais do conhecimento objetivo*, como será explicado ao longo da análise desta secção. Algumas formas de *relação* entre os níveis *filosófico* e *teórico* (a exploração, descrição, explicação e/ou compreensão ou interpretação da realidade, a partir de alguma orientação epistemológica), de *forma objetiva* são: *o matematicismo* (metodologia derivada da matemática), o *mecanicismo* (metodologia como função mecânica) e *o organicismo* (metodologia como desenvolvimento orgânico), entre outros.

A análise, num primeiro momento, será realizada tendo em conta a definição, caraterísticas, função, finalidade, classificação, autores e obras de cada *teoria geral do conhecimento objetivo*; e, num segundo momento, serão tidos em conta os *pressupostos* filosóficos a partir dos quais se resolvem todos e cada um dos cinco principais *problemas* do conhecimento: possibilidade, origem, essência, classificação e conceitos e critérios de verdade do conhecimento.

2.3.5.1.1.1 Matemática

O matematicismo é uma *teoria geral do conhecimento objetivo* que compara a realidade com um ideal lógico matemático. Esta realidade pode ser factual (os fenómenos ou factos estudados pelas ciências naturais e sociais) ou formal (os símbolos da lógica e da matemática).

Para efeitos desta investigação, *a matemática* é entendida como uma *teoria* porque explora, descreve, explica, interpreta, compreende, etc., a realidade em geral; é explorada como uma teoria *geral* do conhecimento, porque a lógica e a matemática permitem descrever, explicar, interpretar, compreender, etc., todos os tipos de realidades: tanto factuais (ciências naturais e ciências sociais) como formais (lógica e matemática, em si mesmas); finalmente, é descrita como uma *teoria geral* do conhecimento objetivo, porque nesta teoria são descritos todos os tipos de realidades, todos os tipos de realidades: tanto factuais (ciências naturais e ciências sociais) como formais (lógica e matemática, em si mesmas); finalmente, é descrita como uma teoria geral do conhecimento *objetivo*, porque nesta teoria o problema da essência do conhecimento é resolvido com base numa solução pré-metafísica assumindo, a partir da razão, que o objeto do conhecimento determina o sujeito cognoscente.

Que a realidade, em geral, é *comparada* a um ideal, a uma ideia que não tem existência própria na realidade, a uma entidade sugerida pela razão porque a razão quer pôr ordem no caos da realidade (por exemplo: "2"); significa que a única possibilidade de o ser humano gerar novos conhecimentos é utilizar algumas das *operações intelectuais* ou *procedimentos metodológicos* (capacidades com que vem equipado para sobreviver neste mundo), como a adição, a subtração, a multiplicação, a divisão, a análise, a síntese, a indução, a dedução, a *comparação*, a classificação, a definição, etc.

Sabe-se, pelo senso comum, que os seres humanos começaram por contar com os dedos das mãos e dos pés, de forma pictográfica; mas quando estes já não eram suficientes, tiveram de recorrer ao *símbolo*; uma invenção da *razão*, para pôr ordem na realidade, uma "convenção", que lhes permitiu "regular" as suas transacções comerciais.

É certo que na *lógica* e *na matemática*, tal como nas ciências factuais (naturais e sociais), todas e cada uma das *operações intelectuais* ou *procedimentos metodológicos* ("chips" com que os seres humanos estão equipados para sobreviver neste planeta) são utilizados para gerar novos conhecimentos; dependendo do subcampo do conhecimento: aritmética (números), geometria (figuras), etc. Mas, no caso do nome da teoria matemática, a *comparação* aplica-se muito bem, porque na lógica e na matemática, para gerar novos conhecimentos, a realidade, em geral, deve ser comparada com um *ideal objetivo*. Trata-se de um "dever ser", não de um "ser". Dois e dois devem ser quatro; nem mais nem menos; porque é conveniente. É por isso que se trata de uma "convenção".
O facto de, na lógica e na matemática, a realidade ser geralmente comparada a um *ideal* lógico ou matemático significa que o objeto de estudo destas ciências é uma entidade abstrata, um ser criado pela razão para pôr ordem na realidade, que nada tem a ver com a própria realidade. Os entes da lógica e da matemática não têm existência na realidade, apenas existem na mente do seu criador (o ser humano que inventou o símbolo), num primeiro momento; e, num segundo momento, nos sujeitos que os apreendem para fins práticos. Por exemplo: na realidade não existe um triângulo equilátero, tal símbolo, se lhe chamarmos propriamente, só existe na mente do seu criador (Euclides), num primeiro momento; e, num segundo momento, nos sujeitos que o interiorizam para fins práticos.
Na *lógica* e na *matemática*, ao comparar a realidade com ideias, com símbolos que não têm existência real na realidade, o problema da *possibilidade* de conhecimento é resolvido com base num pressuposto *dogmático*.
Na *lógica* e na *matemática,* há necessidade de inventar símbolos, para concordar nas nossas relações interpessoais quotidianas, que permitam a construção de juízos para que a realidade não se mova. A realidade deve permanecer sempre a mesma, fixa, sem qualquer mudança. Um juízo como "o todo é maior que a parte" deve ser eterno, para sempre; é um juízo feito a partir da *razão*, não dos sentidos. Um juízo como "2 + 2 = 4" também deve ser eterno, imutável.
Na *lógica* e na *matemática*, é preciso que a realidade não se mova, para que as "convenções" que elaboramos, para as quais concordamos nas nossas transacções diárias, não mudem. Estes juízos devem ser universalmente válidos e logicamente necessários. É logicamente necessário e universalmente válido, por exemplo, que três mais três é seis, não pode ser outra coisa; porque a realidade mudaria e haveria problemas de compreensão entre os seres humanos. É logicamente necessário e universalmente válido, por exemplo, que "todo o corpo é extenso", tal juízo, elaborado a partir da razão, deve ser eterno e imutável, sempre o mesmo em todo o lado e em todos os momentos; como se tivesse uma existência própria, independente dos assuntos para os quais o utilizamos.
Na *lógica* e na *matemática*, parte-se do princípio, a partir da *razão*, que existem juízos verdadeiros e juízos falsos: "5 + 5 = 10", cinco mais cinco não pode ser oito, porque seria um juízo falso.

Os juízos da *lógica* e da *matemática* são juízos logicamente necessários e universalmente válidos, porque é *a razão* que está a pôr ordem na realidade, para fins práticos. O problema da *origem* do conhecimento é resolvido a partir de um *pressuposto racional.*

Na *lógica* e na *matemática,* o objeto a conhecer determina o sujeito cognoscente. As crianças aprendem a somar, a subtrair, a multiplicar e a dividir para terem elementos que lhes permitam efetuar as suas futuras transacções com outras pessoas. Se perguntarmos a uma pessoa quanto é dois mais dois, sem pensar muito, ela responderá: quatro. Isto significa que o sujeito cognoscente (esse alguém) foi determinado pelo objeto a conhecer (a soma). Funciona como uma "lavagem cerebral". O problema da *essência* do conhecimento é resolvido, de uma forma *pré-metafísica,* a partir de um *pressuposto objetivista.*

Na *lógica* e na *matemática supõe-se,* ou *supõe-se,* por necessidades práticas, que os símbolos inventados por certas *racionalidades* têm uma existência própria, independente tanto dos sujeitos que os construíram como dos sujeitos cognoscentes.

Na *lógica* e na *matemática,* o problema da *essência* do conhecimento é resolvido *metafisicamente,* com base num *pressuposto idealista.* Parte-se *do princípio* de que a realidade existe independentemente das disciplinas que a podem explicar.

Na lógica e na matemática, a realidade pode ser assumida como única, dupla ou múltipla.

A partir da teoria *matemática,* há três maneiras diferentes de pensar a realidade: a primeira segundo a *diversidade* (ela é considerada por si mesma, são os sujeitos, cada um dos quais se refere apenas a si mesmo; por exemplo, o direito, a educação, etc.; ela é pensada separadamente, e não em relação a outras coisas; tal é a determinação da identidade consigo mesma ou independência), a segunda segundo a *contraposição* (uma é determinada como simplesmente oposta à outra; tal é a determinação da identidade consigo mesma ou independência).É pensada separadamente, e não em relação a outras coisas; esta é a determinação da identidade consigo mesma ou independência), a segunda segundo a *contraposição* (uma é determinada como simplesmente oposta à outra, por exemplo, bom, mau, justo e injusto, piedoso e ímpio, quietude e movimento, etc.), e a terceira segundo a *oposição* (uma é determinada como simplesmente oposta à outra, por exemplo, bom, mau, justo e injusto, piedoso e ímpio, quietude e movimento, etc.).) e o terceiro segundo a *relação* (determinação do objeto pela posição que ocupa em relação a outro, como direita ou esquerda, em cima ou em baixo, duplo ou metade, etc.; um só se entende a partir do outro, pois não se pode representar a esquerda sem imaginar a direita) (Gutiérrez, 1999:163 - 164).

A diferença entre *relação* e *contraposição* reside no facto de que na *contraposição* o aparecimento de uma coisa pressupõe o desaparecimento da outra, e vice-versa. Assim, quando o movimento desaparece, surge a quietude e, inversamente, quando surge o movimento, termina a quietude. Por outro lado, quando se trata de uma *relação,* ambas as coisas surgem e terminam ao mesmo tempo: se algo é suprimido à direita, é também suprimido à esquerda; o duplo desaparece quando a metade é destruída.

Na *lógica* e na *matemática*, o problema da essência do conhecimento é resolvido teologicamente, assumindo que a realidade pode ser única, dupla ou múltipla.

O conhecimento de tipo *lógico* e *matemático* é *racional*, porque é construído a partir da *razão*.

Os conceitos e *os critérios* de *verdade* da *lógica* e *da matemática* são *imanentes*. Um juízo *lógico* ou *matemático* é verdadeiro quando está em conformidade com as regras, com as leis do entendimento humano, mesmo que não tenha nada a ver com a realidade concreta. O conceito de verdade, na lógica e na matemática, é o seguinte: "o acordo do pensamento consigo mesmo".

Na *lógica* e na *matemática*, o sujeito cognoscente é confrontado com objectos *ideais*, mentais, *idealistas*, a conhecer. São "convenções", "acordos", "invenções", ideias criadas por outras racionalidades, que nada têm a ver com a realidade.

O quadro seguinte mostra os *pressupostos* filosóficos a partir dos quais cada um dos cinco principais *problemas* filosóficos do conhecimento é resolvido na construção da *teoria geral do conhecimento objetivo* matemático:

TEORIA GERAL DE	**PROBLEMAS FILOSÓFICOS DO CONHECIMENTO**						
CONHECIMENTO OBJECTIVO							
	POSSIBILIDADE DE CONOCÇÃO	ORIGEM DO CONHECIMENTO	ESSÊNCIA DO CONHECIMENTO			TIPO DE CONHECIMENTO	CONCEITO E CRITÉRIO DE VERDADE DO CONHECIMENTO
			SOLUÇÕES				
			SOLUÇÃO PRÉ-METAFÍSICA	SOLUÇÃO METAFÍSICA	SOLUÇÃO TEOLÓGICA		
	PRESSUPOSTOS COM BASE NOS QUAIS É POSSÍVEL RESOLVER OS PROBLEMAS DA CONHECIMENTO						
MATE-MATI-GOSIC	DOGMATISMO	RACIONALISMO	OBJECTIVISMO	IDEALISMO	DUALISMO	RACIONAL	IMANENTE

2.3.5.5.1.1.1.2 Mecanismo.

O mecanicismo pode ser *definido*, a partir da razão, como uma teoria geral do conhecimento objetivo em que a realidade, em geral, é comparada a uma máquina.

O mecanicismo é uma *teoria* porque explora, descreve, explica, interpreta, compreende, etc., os fenómenos vitais (ciências naturais) e sociais, partindo do princípio de que existem leis na natureza e na sociedade que podem ser descobertas através da reflexão.

O mecanicismo é uma teoria *geral* porque explora, descreve, explica, interpreta, compreende, etc., a realidade natural e social.

O mecanicismo é uma teoria geral do conhecimento *objetivo* porque explora, descreve, explica, interpreta, compreende, etc., a realidade (fática e formal) a partir da *razão* do sujeito que constrói a teoria, pressupondo que o *objeto* determina o *sujeito*.

O facto de, no *mecanicismo*, a realidade (factual e formal) ser *comparada* a uma máquina significa que, de todas as capacidades de que o sujeito dispõe para gerar novos conhecimentos (adição, subtração, multiplicação, divisão, análise, síntese, indução, dedução, *comparação*, classificação, definição, etc.), *a comparação* é utilizada, de preferência, para ordenar a realidade.

O facto de, na teoria geral *mecanicista* do conhecimento objetivo, tanto natural como social, a realidade a explorar, descrever, explicar, interpretar, compreender, etc., ser comparada a uma máquina, significa que a razão, que é a qualidade do sujeito que serve para explicar a realidade, assume, ou quer assumir para ordenar os fenómenos, que não deve mover-se, que deve permanecer para sempre e sempre fixa, eternamente imóvel (dogmatismo).

Uma caraterística da visão (teoria) *mecanicista* da realidade é que procura explorar, descrever, explicar, interpretar, compreender, etc., os fenómenos, tanto vitais como sociais ou formais, através das leis da *mecânica*; isto é, baseia-se no *pressuposto* da existência do movimento e do equilíbrio das forças, das leis gerais do movimento e do repouso no espaço (*física clássica*).

Todo o movimento só pode ser entendido em relação ao repouso no espaço; ou seja, entender que um corpo está em movimento só pode ser feito em relação a outro corpo que está em repouso, em relação ao espaço que os contém. Pensar desta forma pressupõe um *determinismo ontológico* do espaço, do movimento e do repouso dos corpos.

Este *determinismo* ontológico permite assumir, com base na *razão*, que na realidade, seja ela factual (natural e/ou social) ou formal, existe uma *ordem* estabelecida (racionalismo) (por Deus, pela razão ou pela história dos povos), que *a razão* humana descobre através da reflexão. Supõe-se, ou quer-se supor, porque convém a certos interesses, que na realidade, em geral, há uma *ordem*, regras de jogo pré-estabelecidas, leis de movimento e de repouso no espaço; que são eternas e imutáveis, dadas desde sempre e para sempre (dogmatismo).

Assim, Nicolau Copérnico, *comparando* o sistema planetário solar a um relógio (máquina), estimou que as suas *partes* componentes (o Sol, os planetas, as luas, etc.) estão em eterno movimento (dogmatismo), talvez impulsionadas pela mão de Deus; e que assim permanecerão, para todo o sempre, executando o mesmo movimento (as luas girando em torno dos seus planetas).) estão em *eterno* movimento (dogmatismo), talvez impulsionados pela mão de Deus; e que assim permanecerão, para todo o sempre, executando o mesmo movimento (as luas girando em torno dos seus planetas, os planetas girando em torno do sol, o sol girando em torno de outro corpo maior), no mesmo tempo; sem nunca mudar os seus tempos, porque aconteceria uma catástrofe (racionalismo). Mecânica significa máquina.

A ciência que Copérnico estava a criar era nada mais nada menos do que a *física mecânica*. Na física mecânica, as partes que compõem o todo devem estar a desempenhar a mesma função, para todo o sempre, da mesma maneira e ao mesmo tempo, totalmente sincronizadas (dogmatismo). Atualmente, sabe-se que as coisas não se passam assim, que o universo é o produto de uma explosão e que não sabemos onde vamos parar (o que é pressuposto na teoria do caos).

Na *física clássica*, investigam-se as leis gerais do movimento e do repouso no espaço. Desta forma, *a filosofia* é inicialmente entendida como um sistema unitário, baseado na exatidão da *matemática*, do qual as outras ciências derivam a sua certeza e fundamento. O todo é igual à soma das suas partes e as partes existem apenas para o todo. Desta forma, é possível analisar e sintetizar regularidades observáveis e previsíveis (racionalismo) e regularidades previsíveis (dogmatismo), porque o todo e as partes não se modificam, apenas interagem e se complementam.

John Kepler aplica a teoria matemática ao processo mecânico do movimento planetário, assumindo que o movimento planetário em torno do sol mantém a sua rotação num tempo específico (imutável e eterno) que é proporcional ao seu tamanho (dogmatismo).

Galileu Galilei partiu do princípio de que, para *dominar* a natureza, é necessário conhecer as *leis* (dogmatismo) das quais derivam todos os *princípios* da *mecânica* clássica. Acreditava que existia uma *ordem* geral, eterna e imutável na natureza (dogmatismo). *A mecânica* clássica foi pensada para permitir a *análise* e *a síntese* (*método* analítico-sintético para gerar novos conhecimentos) de *regularidades* (leis físicas) e até de *regularidades previsíveis*, uma vez que qualquer *mecanismo*, real (natureza) ou instituído (sociedade), pode ser desintegrado e integrado de novo.

Para o mecanismo, o todo é indispensável (dogmatismo), mas esse todo existe pela soma das suas partes, e só a integração total dessas partes o pode formar (dogmatismo). O todo é igual à soma das suas partes, e as partes só existem para o todo (leis da natureza). Mas o todo e as partes não se modificam, interagem, complementam-se (dogmatismo). Para que *o mecanicismo* funcione, cada parte precisa de estar no sítio certo e de complementar as outras para continuar a desempenhar a mesma função. O impulso, ou a falta dele, determinará o movimento ou a passividade do mecanismo, mas esse movimento ou passividade será determinado em relação a outro objeto em condição oposta.

O objetivo do *mecanicismo* ou do *mecanismo* é a descoberta de leis simples e inalteráveis, que devem explicar um conjunto de elementos simples e inalteráveis.

Para Issac Newton, todos os *princípios* da *mecânica clássica* decorrem de três *leis*:

1. Todo o corpo continua no seu estado de repouso ou de movimento retilíneo uniforme, a menos que seja forçado a mudar o seu estado de movimento por forças que actuam sobre ele.
2. A mudança de movimento é proporcional à força motriz que actua e opera na direção da linha reta em que actua.
3. A toda ação opõe-se sempre uma reação igual (Gutiérrez, 1984: 169-170).

A relação entre dois fenómenos que actuam, um (variável independente) sobre o outro (variável dependente), é demonstrada através de uma hipótese. A hipótese, em termos lógicos, é a forma de provar um argumento dedutivo.

Pode argumentar-se que o *método* utilizado por um *mecanicista* para gerar novos conhecimentos é *dedutivo* e, consequentemente, um *mecanicista* (teoria) é também um *racionalista* (filosofia) porque a principal operação intelectual para gerar novos conhecimentos, a partir de um *pressuposto racionalista*, é o *método dedutivo*. O método dedutivo é explicado mais adiante, na secção 2.6 (os procedimentos metodológicos ou operações intelectuais para gerar novos conhecimentos).
A metodologia mecanicista (dedução) foi alargada às ciências sociais, surgindo a física e a mecânica social, para interpretar o comportamento do indivíduo e da sociedade, respetivamente.
O século XVIII viu nascer a *física social* e *a mecânica social*, cujo objetivo era interpretar o comportamento do indivíduo em sociedade (Gutiérrez, 1984:170). Augusto Comte, seguindo os passos de Galileu, comparou a realidade social a uma máquina e fundou a física social ou sociologia.
A física social (ou sociologia) baseia-se no pressuposto de que o ser humano é um objeto *físico*, uma espécie de *máquina* complexa cujas acções e processos psíquicos podem ser analisados com base nas leis (dogmas) da *mecânica*. O seu comportamento responde à atividade do seu cérebro, que actua com base em estímulos gerados pela sociedade. Assim, o indivíduo é composto por elementos integrados e a sua individualidade é um elemento da sociedade, da *mecânica social*.
Na *mecânica social*, o funcionamento da sociedade é concebido como um sistema astronómico constituído pela totalidade dos indivíduos. Estes estão intimamente ligados entre si e fazem parte de uma *engrenagem social*. A sociedade é constituída pelo átomo humano, que se une a alguns átomos por atração mútua e se separa de outros por repulsão, de modo que as sociedades ou os Estados são sistemas de oposição em equilíbrio (Gutiérrez: 171).
Thomas Hobbes partiu do princípio de que o comportamento dos indivíduos pode ser *deduzido* (através de hipóteses) pela razão e verificado pela observação (e experimentação), pois o ser humano pode ser concebido como uma *máquina*, uma vez que funciona como uma máquina.
Partindo das supostas *leis* da natureza descobertas pelos seus antecessores, Hobbes (2003: 578) estima uma *lei* social: "*...Às leis da natureza apresentadas no capítulo XV devo acrescentar o seguinte: Que todo o homem é obrigado pela natureza, na medida em que isso depende dele, a proteger na guerra a autoridade que o protege em tempo de paz...*".
Na *teoria geral mecanicista do conhecimento objetivo* - aplicada à exploração, descrição, explicação, interpretação, compreensão, etc., do comportamento humano em sociedade - o *objeto* (a ideia, o instituído, as instituições, etc., construídos por certos sujeitos, assumindo, a partir da razão, que a realidade não se move) determina o *sujeito*. Assume-se, ou quer-se assumir, a partir da razão. Resposta: uma razão, de uma pessoa ou de várias pessoas ao mesmo tempo. O que se supõe ou se quer supor? Resposta: que o *objeto* determina o *sujeito*. O que significa que o *objeto* determina o sujeito? Resposta: numa relação de conhecimento (nível epistemológico), algo como o seguinte: que o mundo das ideias existe independentemente do mundo material. Por exemplo: considerar que para além deste mundo material, onde a educação é imperfeita,

num plano metafísico, está a verdadeira educação, o bom ensino, a instrução perfeita, etc., e que o ser humano pode descobri-la através da reflexão.
No plano *ontológico*, a interpretação da realidade social, a partir da *teoria geral do conhecimento objetivo mecanicista*, significa, mais ou menos, o seguinte: *Assume-se*, ou quer-se *assumir* (a partir de certas racionalidades), porque convém a certos interesses, que o *sujeito* é devido ao *objeto*; que o importante é o todo e não a parte; que as partes são devidas ao todo; que a razão de ser das partes é a conservação, preservação e valorização do todo; que o que deve ser preservado são as *instituições* (ideias) e não os *sujeitos*.
Exemplo: quando os monárquicos prenderam o pai de Vicente Guerrero, durante a luta pela independência do México, estes abordaram o herói da independência mexicana, mais ou menos nos seguintes termos: "se não depuseres as armas, fuzilaremos o teu pai, por ser um traidor". Guerrero respondeu-lhes, da mesma forma, mais ou menos nos seguintes termos: "A pátria está em primeiro lugar". Uma *ideia* (a pátria) era mais importante do que a vida do seu pai.
Algo semelhante aconteceu com os pilotos suicidas japoneses, durante a Segunda Guerra Mundial, quando se lançavam com tudo e com o seu avião, para não falharem o alvo inimigo; diziam, mais ou menos, o seguinte: "pelo meu imperador"; não se consideravam sujeitos, só dentro da *instituição* (objeto) é que as suas vidas faziam sentido. A palavra *alvo* é ontológica e epistemologicamente derivada da palavra objeto de conhecimento.
Outro fenómeno importante que poderia ser analisado, *partindo* do princípio, pela *razão*, de que o *objeto* determina o *sujeito*, são os fundamentalistas islâmicos. Eles oferecem as suas vidas a "Deus".
Na *teoria geral mecanicista do conhecimento objetivo*, as explorações, descrições, explicações, interpretações, compreensões, etc. sobre o comportamento humano em sociedade são construídas através da resolução do problema *metafísico* a partir da razão, utilizando *pressupostos* filosóficos *idealistas*. Parte-se *do princípio* de que a realidade estudada (o *objeto* a conhecer) existe independentemente da existência de um *sujeito cognoscente* interessado em conhecê-la ou não.
Por exemplo, se uma pessoa não conhece a verdadeira *definição* da palavra "educação", *supõe-se*, a partir da *razão*, que a causa disso é que ela não a *descobriu* no mundo *objetivo* das *ideias* (através da *reflexão* da sua *razão*); porque a definição "verdadeira", "eterna" e "imutável" de "educação" existe (no mundo das ideias) independentemente de haver ou não um sujeito cognoscente que fixe a sua razão nela para conhecer a sua essência.
Na *teoria geral mecanicista do conhecimento objetivo*, as explorações, descrições, explicações, interpretações, compreensões, etc. sobre o comportamento humano em sociedade são construídas através da resolução do problema *teológico da essência do conhecimento a partir da razão*, utilizando *pressupostos* filosóficos *dualistas*. Parte-se *do princípio de que* a realidade em estudo (o *objeto* a conhecer) está dividida em dois pólos opostos e irreconciliáveis: o bom e o mau, o certo e o errado, o válido e o inválido, o belo e o feio, o decente e o indecente, o normal e o anormal, o sábio e o ignorante, Deus e o Diabo, o civilizado e o incivilizado, etc.

O *epistemológico* tem muito a ver com o *ontológico*. Por exemplo, nos séculos passados, os europeus expressavam-se sobre os outros povos de África, da Ásia e da América mais ou menos da seguinte forma: os americanos são incivilizados, vamos civilizá-los! Com o passar do tempo, esta afirmação revelou-se falsa. Os europeus utilizaram-na para justificar perante a comunidade internacional a sua pilhagem das riquezas desses povos.

Assumir que a realidade está dividida em dois pólos opostos e irreconciliáveis é muito cómodo para justificar exclusões e atrocidades que podem ser cometidas contra os outros.

O tipo de conhecimento que é construído na *teoria geral do conhecimento objetivo mecanicista* é *racional*. Assume-se, com base na *razão*, que o único conhecimento *verdadeiro* é aquele que nasce da reflexão da *alma* humana.

Na *teoria geral mecanicista do conhecimento objetivo*, o problema da classificação do conhecimento é resolvido pela razão, utilizando pressupostos filosóficos racionais.

Os conceitos e critérios de verdade do conhecimento que são construídos na teoria geral do conhecimento objetivo mecanicista são imanentes. Assume-se, a partir da razão, que a verdade é a concordância do pensamento consigo mesmo, não com a realidade. Os sujeitos cognoscentes são confrontados com objectos de conhecimento ideais, mentais, entidades criadas por determinadas racionalidades, que não têm existência, propriamente dita, na realidade material.

O quadro seguinte mostra os *pressupostos* filosóficos a partir dos quais cada um dos cinco principais *problemas* filosóficos do conhecimento é resolvido na construção da *teoria geral mecanicista do conhecimento objetivo*:

TEORIA GERAL DO CONHECIMENTO OBJECTIVO	**PROBLEMAS FILOSÓFICOS DO CONHECIMENTO**						
	POSSIBILIDADE DE CONHECIMENTO	ORIGEM DO CONHECIMENTO	ESSÊNCIA DO CONHECIMENTO			TIPO DE CONHECIMENTO	CONCEITO E CRITÉRIO DE VERDADE DO CONHECIMENTO
			SOLUÇÕES				
			SOLUÇÃO PRÉ-METAFÍSICA	SOLUÇÃO METAFÍSICA	SOLUÇÃO TEOLÓGICA		
	PRESSUPOSTOS A PARTIR DOS QUAIS SE PODEM RESOLVER PROBLEMAS DE CONHECIMENTO						
MECANISMO	DOGMATISMO	RACIONALISMO	OBJECTIVISMO	IDEALISMO	DUALISMO	RACIONAL	IMANENTE

Na teoria geral mecanicista do conhecimento objetivo, todos e cada um dos cinco principais problemas filosóficos do conhecimento são resolvidos pela razão.

2.3.5.5.1.1.1.3 Organicismo

O organicismo pode ser corretamente *definido* como uma teoria geral do conhecimento objetivo em que a realidade social é comparada a um organismo vivo. O conglomerado social é entendido e interpretado como se fosse um organismo vivo. Esta analogia permite analisar um corpo social como se este tivesse um processo em constante evolução, no qual se pode falar tanto de seleção natural como de sobrevivência dos mais aptos.

Para gerar novos conhecimentos nas *ciências sociais*, aplicam-se os métodos das *ciências naturais*. Um exemplo da aplicação de operações intelectuais ou procedimentos metodológicos para gerar novos conhecimentos nas ciências do espírito é o monismo metodológico de Popper, que será discutido no subcapítulo correspondente.

O organicismo é uma *teoria* porque explora, descreve, explica, interpreta, compreende, etc., a realidade social.

O organicismo é uma teoria *geral* da sociedade porque explora, descreve, explica, interpreta, compreende, etc., qualquer realidade social.

A *visão de mundo organicista*, ou *modelo orgânico*, baseia-se na ideia de que todos os seres vivos têm uma evolução no seu organismo e que todos os seres vivos devem ser explicados dentro deste quadro. É também conhecida por *evolucionismo* ou *darwinismo*, em honra de Charles Robert Darwin, o seu criador.

Enquanto *a matemática* e *o mecanicismo* se desenvolvem na matemática e na física, *o evolucionismo* desenvolve-se na biologia.

É preciso ter em conta que a primeira ciência inventada pelo homem é a matemática, que a matemática tornou possível o nascimento da física e que, por sua vez, a física ajuda na construção da biologia.

Nas ciências sociais, o conglomerado é entendido como um organismo vivo, como um corpo social com um processo em constante *evolução*, no qual têm lugar tanto a seleção natural como a sobrevivência dos mais aptos. Há uma semelhança entre os princípios gerais do *evolucionismo* e os grupos sociais, como a dependência mútua entre o todo e as partes que o constituem; a diferença em relação ao *mecanicismo* é que as partes integradas são constituídas por múltiplas particularidades que, inter-relacionadas, conseguem a evolução do todo.

Desta forma, a relação sujeito-objeto, no problema da essência do conhecimento, é colocada em termos de um monismo e panteísmo epistemológicos; o que difere do estatismo provocado pelo dualismo das visões *matemáticas* e *mecanicistas* do mundo.

A sociedade é um organismo e, tal como o todo orgânico cresce, também a sociedade cresce. Todos nasceram da evolução em algum momento, tanto os corpos vivos como as sociedades mostram no seu desenvolvimento um aumento de massa. As sociedades, tal como os organismos, crescem ao longo da sua vida, até se dividirem ou entrarem em colapso. Todo o organismo vivo, ao mesmo tempo que aumenta de tamanho, aumenta de estrutura, à medida que as suas partes se multiplicam e se diferenciam; o mesmo acontece com as sociedades, à medida que as suas populações aumentam, as divisões e subdivisões aumentam a sua estrutura (Gutiérrez, 1984:170-174).

Algumas propostas de compreensão do indivíduo e da sociedade numa perspetiva *organicista*, por exemplo, são as de Charles Robert Darwin e Herbert Spencer.

Carlos Roberto Darwin (2002) entende e interpreta o conglomerado social como um organismo vivo, como um corpo social que tem à sua disposição um processo em constante evolução, que envolve tanto a seleção natural como a sobrevivência dos mais aptos.

Herbert Spencer expôs a semelhança entre os princípios mais gerais do evolucionismo darwiniano e os grupos sociais: a dependência mútua entre o todo e as partes que o constituem. O todo é a unidade orgânica de um determinado objeto que é composto por múltiplas particularidades que, interagindo entre si, provocam a sua evolução. Toda a sociedade é um *organismo*, e como o todo *orgânico* cresce, a sociedade também cresce. Todos nasceram por evolução em algum momento, tanto os corpos vivos como as sociedades apresentam no seu desenvolvimento um minúsculo mas constante aumento da sua massa, que é outro dos princípios mais gerais do *organicismo*. No caso dos *organismos*, muitos crescem ao longo de toda a vida, e outros apenas em determinados momentos de dinâmica; no caso das sociedades, crescem de forma constante até se dividirem ou colapsarem.

Todos os *organismos* vivos, à medida que aumentam de tamanho, aumentam de estrutura, à medida que as suas partes se multiplicam e se diferenciam, o mesmo acontece com as sociedades, à medida que as populações aumentam, as divisões e subdivisões aumentam a estrutura.

À medida que as sociedades se multiplicam, as estruturas adquirem maior complexidade, necessária à sua *organização* (Gutiérrez, 1984: 173-174).

Nos *organismos* vivos, para além das mudanças na sua estrutura, há também mudanças nas suas funções, uma vez que cada estrutura tem uma correlação direta com as funções que desempenha (Gutiérrez, 1984: 175).

O organicismo é uma teoria geral do conhecimento *objetivo* porque explora, descreve, explica, interpreta, compreende, etc., a realidade social a partir da *razão* do sujeito que constrói a teoria, partindo do princípio de que o *objeto* determina o *sujeito*.

O facto de *o organicismo comparar* a realidade social com um organismo vivo significa que, de todas as capacidades que o sujeito tem para gerar novos conhecimentos (adição, subtração, multiplicação, divisão, análise, síntese, indução, dedução, *comparação*, classificação, definição, etc.), *a comparação* é utilizada, de preferência, para ordenar a realidade.

O facto de, na teoria geral do conhecimento objetivo, *organicista*, a realidade social a explorar, descrever, explicar, interpretar, compreender, etc., ser comparada a um organismo vivo, significa que a razão, que é a qualidade do sujeito que serve para explicar a realidade, assume, ou quer assumir para ordenar os fenómenos, que não deve mover-se, que deve permanecer para sempre e sempre fixa, eternamente imóvel (dogmatismo).

Uma *caraterística* da visão *organicista* da sociedade é que procura explicar os fenómenos sociais através das leis da *natureza*. Os factos sociais são compreendidos e interpretados por analogia com um organismo vivo, como se fossem fenómenos naturais. Parte-se do princípio de que um corpo social, tal como um organismo vivo, tem um processo evolutivo em que se verificam tanto a seleção natural como a sobrevivência dos mais aptos.

Este *determinismo* ontológico permite assumir, com base na *razão*, que existe uma *ordem* estabelecida (racionalismo) na realidade social (por Deus, pela razão ou pela história dos povos), que *a razão* humana descobre através da reflexão. Supõe-se, ou quer-se supor, porque convém a certos interesses, que na realidade social, em geral, há uma *ordem*, regras de jogo pré-estabelecidas; que são eternas e imutáveis, dadas desde sempre e para sempre (dogmatismo).

O organicismo só *funciona* quando cada parte está integrada no sítio certo e complementa as outras para continuar a desempenhar a mesma função (racionalismo).
O objetivo do *organicismo* é a descoberta de leis simples e inalteráveis, que devem explicar um conjunto de elementos simples e inalteráveis (dogmatismo).
Na *teoria geral organicista do conhecimento objetivo* - aplicada à exploração, descrição, explicação, interpretação, compreensão, etc., do comportamento humano em sociedade - o *objeto* (a ideia, o instituído, as instituições, etc., construídos por determinados sujeitos, assumindo, a partir da razão, que a realidade não se move) determina o *sujeito*. Assume-se, ou quer-se assumir, a partir da razão. Resposta: uma razão, de uma pessoa ou de várias pessoas ao mesmo tempo. O que se supõe ou se quer supor? Resposta: que o *objeto* determina o *sujeito*. O que significa que o *objeto* determina o sujeito? Resposta: numa relação de conhecimento (nível epistemológico), algo como o seguinte: que o mundo das ideias existe independentemente do mundo material. Por exemplo: considerar que para além deste mundo material, onde a educação é imperfeita, num plano metafísico, está a verdadeira educação, o bom ensino, a instrução perfeita, etc., e que o ser humano pode descobri-la através da reflexão (racionalismo).
No plano *ontológico*, a interpretação da realidade social a partir da *teoria geral do conhecimento objetivo organicista* significa, mais ou menos, o seguinte: *Assume-se*, ou quer-se *assumir* (a partir de certas racionalidades), porque convém a certos interesses, que o *sujeito* é devido ao *objeto*; que o importante é o todo, não a parte; que as partes são devidas ao todo; que a razão de ser das partes é a conservação, preservação e valorização do todo; que o que deve ser preservado são as *instituições* (ideias) e não os *sujeitos*.
Exemplo: Analisar o subsistema de ensino público (do Estado do México) comparando-o, por analogia, a um organismo vivo. Numa escola (instituição) (digamos, uma escola primária), os alunos são "como células vivas", que constituem um tecido: o dos alunos. Os professores são "como células vivas" que constituem outro tecido: o dos professores. O secretário da escola, o vice-diretor e o diretor, se os houver, são igualmente "como células vivas" que constituem um outro tecido: o da direção. As pessoas encarregadas da limpeza são "como células vivas" que constituem um outro tecido: o do pessoal de limpeza. Os vigilantes são "como células vivas" que fazem parte de um outro tecido: o do pessoal de vigilância. As estenógrafas são "como células vivas" que fazem parte de um outro tecido: o do pessoal administrativo. A união de todos estes "tecidos" constitui o "órgão" escolar denominado: Escuela Primaria Estatal "Miguel Hidalgo y Costilla", Turno da Manhã, pertencente à Zona Escolar nº 2, do Departamento de Educação Primária, da Subdirección de Educación Básica, da Dirección General de Educación Básica y Normal, da Subsecretaría de Educación de Educación Normal y Desarrollo Docente, da Secretaría de Educación del Gobierno del Estado de México. A união de todas as instituições de ensino primário são como "órgãos vivos" que constituem o "aparelho" educativo do Estado. O aparelho educativo estatal

une-se ao aparelho educativo federal e, juntamente com o individual, constituem o "sistema" educativo nacional.
"Todos por um e um por todos". O mesmo acontece com as células que não cumprem a sua função como deveriam: são excluídas, separadas do todo, exterminadas. As células cancerosas, por exemplo, são eliminadas. Os alunos que não "fazem o que é suposto fazerem" são reprovados.
Como *sujeitos*, em si mesmos, não são considerados, apenas no seio *da instituição* (objeto) as suas vidas faziam sentido. A palavra *objetivo* é desvinculada, em termos ontológicos e epistemológicos, da palavra objeto de conhecimento.
Outro fenómeno importante que poderia ser analisado, *partindo* do princípio de que o *objeto* determina o *sujeito*, é a situação dos trabalhadores nas empresas.
Na *teoria geral organicista do conhecimento objetivo*, as explorações, descrições, explicações, interpretações, compreensões, etc. sobre o comportamento humano em sociedade são construídas através da resolução do problema metafísico da essência do conhecimento, utilizando *pressupostos* filosóficos *idealistas*. Parte-se *do princípio* de que a realidade em estudo (o *objeto* a conhecer) existe independentemente da existência de um *sujeito cognoscente* interessado em conhecê-la ou não.
Por exemplo, se uma pessoa não conhece a definição "verdadeira" da palavra "aprender", *supõe-se*, a partir da *razão*, que a causa disso é que ela não a *descobriu* no mundo *objetivo* das *ideias* (através da *reflexão* da sua *razão*); porque a definição "verdadeira", "eterna" e "imutável" de "aprender" existe (no mundo das ideias) quer haja ou não um sujeito cognoscente que fixe a sua razão nela para conhecer a sua essência.
Na *teoria geral organicista do conhecimento objetivo*, as explorações, descrições, explicações, interpretações, compreensões, etc., sobre o comportamento humano em sociedade são construídas através da resolução do problema teológico da essência do conhecimento, utilizando pressupostos filosóficos *dualistas*. Parte-se *do princípio de que* a realidade em estudo (o *objeto* a conhecer) está dividida em dois pólos opostos e irreconciliáveis: alunos aprovados e reprovados, bons e maus professores, pontuais e não pontuais, etc.
A *epistemologia* tem muito a ver com a *ontologia*. Por exemplo, se um professor parte do princípio de que um aluno não sabe, reprova-o. Reprovar uma pessoa indica que esse sujeito é uma nulidade, que não serve para nada. Reprovar uma pessoa indica que esse sujeito é uma nulidade, que não serve para nada. A principal consequência é a expulsão do aluno em causa do sistema educativo.
Assumir que a realidade está dividida em dois pólos opostos e irreconciliáveis é muito conveniente para justificar exclusões e atrocidades que podem ser cometidas contra os outros.

O *tipo* de conhecimento que é construído na *teoria geral do conhecimento organicista objetivo* é racional. Assume-se, com base na razão, que o único conhecimento *verdadeiro* é aquele que nasce da reflexão da alma humana.

Os conceitos e *critérios* de verdade do conhecimento que são construídos na *teoria geral do conhecimento organicista objetivo* são imanentes. Assume-se, a partir da razão, que a verdade é a concordância do pensamento consigo mesmo, não com a realidade. Os sujeitos cognoscentes são confrontados com objectos de conhecimento ideais, mentais, entidades criadas por determinadas racionalidades, que não têm existência, propriamente dita, na realidade material.

A teoria geral objetiva do conhecimento organicista pode servir para fins como os seguintes: fazer com que os membros de um grupo social sintam que este deve funcionar e evoluir como se fosse um organismo vivo, independentemente das diferenças (económicas, políticas, sociais, etc.) entre as partes que o constituem.

O quadro seguinte mostra os *pressupostos* filosóficos a partir dos quais cada um dos cinco principais *problemas* filosóficos do conhecimento é resolvido na construção da *teoria geral do conhecimento organicista objetivo*:

TEORIA GERAL DO CONHECIMENTO OBJECTIVO	**PROBLEMAS FILOSÓFICOS DO CONHECIMENTO**						
	POSSIBILIDADE DE CONHECIMENTO	ORIGEM DO CONHECIMENTO	ESSÊNCIA DO CONHECIMENTO			TIPO DE CONHECIMENTO	CONCEITO E CRITÉRIO DE VERDADE DO CONHECIMENTO
			SOLUÇÕES				
			SOLUÇÃO PRÉ-METAFÍSICA	SOLUÇÃO METAFÍSICA	SOLUÇÃO TEOLÓGICA		
	PRESSUPOSTOS A PARTIR DOS QUAIS OS PROBLEMAS DE CONHECIMENTO PODEM SER RESOLVIDOS						
ORGANISMO	DOGMATISMO	RACIONALISMO	OBJECTIVISMO	IDEALISMO	DUALISMO	RACIONAL	IMANENTE

2.3.5.1.1.2 Teorias gerais do conhecimento subjetivo.

As teorias gerais do conhecimento subjetivo derivam de *pressupostos filosóficos* cépticos, subjectivistas, relativistas e pragmatistas (resolvendo assim o problema da possibilidade do conhecimento); empiristas (resolvendo assim o problema da origem do conhecimento); empiristas (resolvendo assim o problema da origem do conhecimento); subjectivistas, realistas e dualistas (resolvendo assim o problema da essência do conhecimento no que respeita às soluções pré-metafísica, metafísica e teológica, respetivamente); intuicionistas (resolvendo assim o problema da classificação do conhecimento); e transcendentalistas (resolvendo assim o problema dos conceitos e critérios de verdade do conhecimento).

Nas teorias gerais do conhecimento subjetivo, todos e cada um dos cinco principais problemas filosóficos do conhecimento são resolvidos a partir dos sentidos do sujeito cognoscente.

Algumas *teorias gerais do conhecimento subjetivo* que resolvem cada um dos cinco grandes problemas filosóficos do conhecimento a partir dos pressupostos acima referidos são as teorias *do caos* e *do conflito*.

Assim como foram trabalhadas as *teorias gerais do conhecimento objetivo* (matematicismo, mecanicismo e organicismo), a análise das *teorias gerais do conhecimento subjetivo* (caos e conflito), num primeiro momento, será realizada considerando a definição, as caraterísticas, a função, a finalidade, a classificação, os autores e as obras de cada *teoria geral do conhecimento subjetivo*; e, num segundo momento, serão levados em conta os *pressupostos* filosóficos a partir dos quais se resolve cada um dos cinco principais *problemas* filosóficos do conhecimento: Possibilidade, Origem, Essência, Classificação, e Conceitos e Critérios de Verdade do Conhecimento.

É necessário recordar, para efeitos da presente análise, que a *classificação* e *os nomes* atribuídos a cada uma das *teorias gerais do conhecimento* abordadas nesta secção;

Elas devem-se ao modo como é resolvido um dos cinco principais *problemas* filosóficos do conhecimento: o problema da *essência* do conhecimento. Foi escolhido este problema filosófico do conhecimento (a essência) e nenhum outro, porque esta dificuldade do conhecimento se refere à *relação* de conhecimento que se estabelece entre o *sujeito* cognoscente e o *objeto* a conhecer.

Já foi esclarecido que, dos diferentes *pressupostos* filosóficos a partir dos quais se pode resolver o problema da *essência* do conhecimento e que podem ser encontrados em três *soluções* diferentes (pré-metafísica, metafísica e teológica), escolhemos a solução *pré-metafísica*, porque esta solução aborda o problema da seguinte questão: *quem determina quem numa relação de conhecimento: o objeto para o sujeito, o sujeito para o objeto, ou os dois determinam-se mutuamente*?

Se *a filosofia* determina a *teoria*, então *a teoria* depende da *filosofia*. Se *assumirmos*, a partir da razão, que, numa relação de conhecimento, o objeto determina o sujeito, então podemos falar de teorias *objectivas*. Pelo contrário, se assumirmos, a partir dos sentidos, que, numa relação de conhecimento, o sujeito determina o objeto, então podemos falar de teorias *subjectivas*. Finalmente, se assumirmos, a partir das duas qualidades do sujeito cognoscente, que, numa relação de conhecimento, ambos os elementos do conhecimento se determinam mutuamente, então podemos falar de teorias *dialécticas*.

Até agora, analisámos as teorias gerais do conhecimento objetivo (matematicismo, mecanicismo e organicismo). Nesta secção, analisaremos o segundo grupo de teorias gerais do conhecimento: as *teorias gerais do conhecimento subjetivo* (teorias *do caos* e *do conflito*). Posteriormente, será analisada uma das teorias gerais do conhecimento dialético: a teoria do pensamento complexo.

Já foi dito que as teorias *objectivas* são construídas a partir da razão (objetivista), as *subjectivas* a partir dos sentidos (subjetivista) e as *dialécticas* a partir de ambas as qualidades do sujeito cognoscente: da razão e dos sentidos; podendo partir primeiro da razão e depois dos sentidos; ou vice-versa (dialética).

2.3.5.5.1.2.2.1 Caos.

O caos é uma *teoria geral do conhecimento subjetivo* que explora, descreve, explica, interpreta, compreende, etc., a realidade, os fenómenos, os factos, as coisas, etc. em termos de *caos* permanente (relativismo), de perturbações (movimento) que se repercutem no todo. Tudo é relativo (a realidade move-

se). Aceita-se a desordem (irregularidades), as irregularidades, a imprevisibilidade (incerteza), o caos.
O caos é uma *teoria* porque explica, interpreta, compreende, etc., a realidade, os fenómenos, os factos, as coisas, etc.
O caos é uma *teoria geral do conhecimento* porque explica, interpreta, compreende, etc., qualquer realidade, fenómeno, facto, coisa, etc.; tanto natural como social.
O caos é uma *teoria geral do conhecimento subjetivo* porque explica, interpreta, compreende, etc., qualquer realidade, fenómeno, acontecimento, coisa, etc., tanto natural como social, de forma *subjectiva*. As explorações, descrições, explicações, interpretações, compreensões, etc., que, sobre a realidade, fenómenos, acontecimentos, coisas, etc., se realizam na teoria *do caos*, fazem-se resolvendo os grandes *problemas* do conhecimento (possibilidade, origem, essência, classificação e conceitos e critérios de verdade) a partir dos sentidos, com base em *pressupostos* filosóficos cépticos, subjectivistas, relativistas, pragmáticos, *empiristas, subjectivistas*, realistas, monistas, intuitivos, transcendentes, respetivamente.
A teoria do caos, a partir dos *sentidos*, permite-nos analisar a turbulência, a desorganização, o relativismo e o inesperado, ou seja, a aleatoriedade (relativismo).
Com a *teoria do caos*, a partir dos sentidos, dos pressupostos filosóficos *subjectivistas*, é possível observar a realidade em constante movimento. A natureza não é linear (racional), como querem fazer crer as teorias baseadas em pressupostos filosóficos objectivistas; nada é simples; a aleatoriedade, a imprevisibilidade; o movimento e as suas flutuações predominam sobre as estruturas, as organizações e as permanências (matemática, mecanicismo e organicismo). A dinâmica não é linear, ela dá acesso a fenómenos menos aparentemente ordenados.
Diz-se que a realidade oscila entre estados de regularidade e de caos, pelo que as questões de investigação são mais ou menos as seguintes: como é que uma organização pode emergir do *caos*, como é que volta a emergir da ordem e a escapar aos constrangimentos (dogmas) que define?
Na ciência racional (baseada em pressupostos filosóficos objectivistas de teorias matemáticas, mecanicistas e organicistas), as respostas são submetidas ao teste da verificação e da revisão contínua; os grandes mitos das sociedades de tradição dão uma explicação total, afirmam e dizem o que é e o que deve ser (objetivismo). Na ciência empírica - a partir de pressupostos filosóficos *subjectivistas* como os utilizados na teoria *do caos* - não se tenta chegar a uma explicação totalmente definitiva do mundo, a visão produzida é parcial e provisória; esta ciência é confrontada com uma realidade incerta, com fronteiras imprecisas ou móveis; estuda o jogo das possibilidades; explora o complexo, o imprevisível, o inédito; já não é obcecada pela harmonia; dá lugar à entropia e à desordem, descobrindo os seus próprios limites (subjectivos).
Há sistemas em que pequenas perturbações podem amplificar-se dramaticamente ao longo do tempo (Poncairé, 1980).
Os mitos de *origem* (engendrados pelas teorias gerais do conhecimento objetivo matemático, mecanicista e organicista) exprimem uma *ordem*

primordial a partir do *caos*; os ritos trabalham para a ordem e, deste modo, a tradição trabalha astuciosamente com o movimento; isto é, o ser deve ser transformado, modificado, devido à sua imperfeição (objetivismo).

Na evolução da ciência, na história das formas de dialogar com a natureza, a passagem de um mundo definido pela harmonia para um mundo em movimento, livre a uma turbulência incessante (proclamada por teorias baseadas em pressupostos filosóficos subjectivistas) leva-nos a privilegiar *a desordem* em detrimento da *ordem*; isto é, o ser não deve ser transformado, nem modificado, em direção a um ideal egoísta que se pretende universal, mas interpretado e compreendido.

O que se pode afirmar sobre a realidade será sempre relativo, porque o mundo é caótico e dificilmente o podemos ordenar no e com o nosso pensamento (Balandier, 2003: 9-13).

Na teoria *do caos*, todos e cada um dos cinco principais problemas do conhecimento são resolvidos a partir dos sentidos.

Os pressupostos filosóficos a partir dos quais todos e cada um dos cinco principais problemas filosóficos do conhecimento (possibilidade, origem, essência, classificação e conceito e critério de verdade do conhecimento) são resolvidos na teoria *do caos* são os seguintes

Na *teoria geral do conhecimento subjetivo do caos*, *assume-se*, a partir dos sentidos, que *a realidade* é muito complexa e muito difícil de compreender, devido ao *caos* permanente (mudança) em que se encontra. O problema da *possibilidade* de conhecimento é resolvido com base em *pressupostos* filosóficos cépticos, subjectivistas, relativistas e pragmáticos.

O que prevalece na *realidade* é a desordem, as irregularidades, a imprevisibilidade. No caso da psicologia comportamental, afirmava-se que o comportamento humano dependia de certas regularidades e era explicado por meio de modelos explicativos. Atualmente, sabe-se que o comportamento humano é *caótico*, pelo que não se pode estabelecer um modelo explicativo, mas que cada caso dependerá da compreensão que se possa ter dos aspectos mais fundamentais que são percebidos; excluindo a possibilidade de prever o comportamento humano.

As supostas "regularidades" que algumas pessoas tentaram "descobrir" nos fenómenos a partir da razão (usando pressupostos filosóficos dogmáticos), para tentar explicá-los, levaram-nas a formar uma ideia do mundo que não corresponde à *realidade*, mas, pelo contrário, à conformação de um mundo ideal, e a partir daí pensam que esse é o mundo *real*.

Na *teoria geral do conhecimento subjetivo do caos*, *assume-se*, a partir dos sentidos, que a origem do conhecimento se encontra nas sensações. Acredita-se que os seres humanos (cada um em particular) percebem a realidade de forma diferente dos outros. Cada ser humano experimenta as mesmas sensações de forma diferente. Distingue-se entre perceção (que é universal) e representação (que é particular). O *problema* da origem do conhecimento é resolvido com base em *pressupostos* filosóficos *empíricos*.

Na *teoria geral do caos subjetivista do conhecimento*, *assume-se*, a partir dos *sentidos*, que (numa relação de conhecimento) o *sujeito* cognoscente determina o *objeto* a ser conhecido. Presume-se que se dois *sujeitos* cognoscentes *se relacionarem* com o mesmo *objeto* de conhecimento, ambos apreenderão o seu objeto a conhecer de forma totalmente diferente; porque a sua história de vida, sentimentos, emoções, paixões, complexos, ambições, etc. "contaminam" o objeto de estudo. "contaminam" o objeto de estudo. A ciência não é neutra, ela obedece a pressupostos filosóficos e a interesses ontológicos. O problema pré-metafísico sobre a essência do conhecimento é resolvido a partir de pressupostos filosóficos subjectivistas.

Por exemplo: na Câmara dos Deputados do Congresso da União, o discurso dos partidários do Partido Revolucionário Institucional (PRI) - sobre a situação económica, política e social do México - pode ser totalmente diferente do discurso dos partidários do Partido da Revolução Democrática (PRD); porque ambas as facções resolvem todos e cada um dos cinco principais problemas filosóficos do conhecimento (possibilidade, origem, essência, classificação e conceitos e critérios de verdade) a partir de *pressupostos* diferentes. Os primeiros são *objectivistas*; os segundos são *subjectivistas*. Os primeiros, a partir da *razão*; os segundos, a partir dos *sentidos*. Os primeiros querem que a realidade se mova (ceticismo, subjetivismo, relativismo, pragmatismo); os segundos querem que permaneça estática (dogmatismo). Os primeiros situam-se no que deve ser; os segundos, no que é.

Na *teoria geral do caos subjetivista do conhecimento*, *assume-se*, com base nos *sentidos*, que *a realidade* existe independentemente de ser ou não apreendida pelos sujeitos cognoscentes. Acredita-se que as impressões dos objectos que nos rodeiam têm impacto nos nossos sentidos e produzem sensações que diferentes sujeitos percepcionam, mas que representam de forma diferente. O problema metafísico sobre a *essência* do conhecimento é resolvido com base em *pressupostos* filosóficos *realistas*.

Na *teoria geral do caos subjetivista do conhecimento*, *assume-se*, a partir dos *sentidos*, que a realidade está dividida em dois pólos opostos e contraditórios: ordem - desordem, regularidades - irregularidades, certeza - incerteza, etc. O problema teológico da *essência* do conhecimento é resolvido com base em *pressupostos* filosóficos *dualistas*.

Na *teoria geral do caos subjetivista do conhecimento*, *assume-se*, a partir dos *sentidos*, que o único *tipo* de conhecimento que um sujeito cognoscente pode obter de um objeto a conhecer é o *intuitivo*. Tudo o que sabemos sobre a realidade é considerado como tendo sido obtido por meio dos sentidos. O problema da *classificação* do conhecimento é resolvido com base em pressupostos filosóficos *intuitivos*.

Na *teoria geral do conhecimento subjetivo do caos*, *assume-se*, a partir dos *sentidos*, que os *conceitos* e *critérios* de verdade do conhecimento são *transcendentes*. A verdade é considerada como a concordância do pensamento com o objeto pensado. Porque se pressupõe que o sujeito cognoscente é confrontado com objectos que têm existência própria na *realidade*. O problema dos *conceitos* e *critérios* de verdade é resolvido com base em *pressupostos* filosóficos *transcendentes*.

O quadro seguinte mostra os *pressupostos* filosóficos a partir dos quais cada um dos cinco principais *problemas* filosóficos do conhecimento é resolvido na construção da *teoria geral do conhecimento subjetivo do caos*:

TEORIA GERAL DO CONHECIMENTO SUBJECTIVO	**PROBLEMAS FILOSÓFICOS DO CONHECIMENTO**						
	POSSIBILIDADE DE CONHECIMENTO	ORIGEM DO CONHECIMENTO	ESSÊNCIA DO CONHECIMENTO			TIPO DE CONHECIMENTO	CONCEITO E CRITÉRIO DE VERDADE DO CONHECIMENTO
			SOLUÇÕES				
			SOLUCION PRE OBJECTIVO FÍSICA	SOLUÇÃO OBJECTIVO FÍSICA	SOLUÇÃO TEOLÓGICA		
	PRESSUPOSTOS A PARTIR DOS QUAIS OS PROBLEMAS DO CONHECIMENTO PODEM SER RESOLVIDOS.						
CHAOS	CEPTICISMO, SUBJECTIVISMO E PRAGMATISMO	EMPIRISMO	SUBJECTIVISMO	REALISMO	DUALISMO	INTUITIVO	TRASCENDENTE

3.2.5.1.2.2.2 Conflito.

O conflito é uma *teoria geral do conhecimento subjetivo* que explora, descreve, explica, interpreta, compreende, etc., a realidade, os fenómenos, os factos, as coisas, etc., em termos de combate, de luta, de conflito.

O conflito é uma *teoria* porque explica, interpreta, compreende, etc. a realidade, os fenómenos, os factos, as coisas, etc.

O conflito é uma *teoria geral do conhecimento* porque explica, interpreta, compreende, etc., qualquer realidade, fenómeno, facto, coisa, etc.; tanto natural como social.

O conflito é uma *teoria geral do conhecimento subjetivo* porque explica, interpreta, compreende, etc., qualquer realidade, fenómeno, acontecimento, coisa, etc., tanto natural como social, de forma *subjectiva.* As explorações, descrições, explicações, interpretações, compreensões, etc., que, sobre a realidade, fenómenos, acontecimentos, coisas, etc., se realizam na teoria do *conflito*, fazem-se resolvendo os grandes *problemas* do conhecimento (possibilidade, origem, essência, classificação e conceitos e critérios de verdade) através dos sentidos, a partir de *pressupostos* filosóficos cépticos, subjectivistas, relativistas, pragmáticos, *empiristas*, *subjectivistas*, realistas, monistas, intuitivos, transcendentes, respetivamente.

Na *teoria geral do conhecimento subjetivo do conflito,* assume-se, a partir dos *sentidos,* que a realidade se move. Os fenómenos são problematizados em termos de combate, de luta, de antagonismo, de pugnacidade, de oposição, de angústia, de predicamento, etc. Por outras palavras, privilegiando o *subjetivo*, *a realidade* e o *dualismo* sujeito-objeto (ver a realidade em termos de opostos). É possível analisar três abordagens na evolução da teoria:

Na abordagem tradicional (objetiva), do ponto de vista da *razão*, todo o *conflito* é considerado mau, sinónimo de violência, destruição e

A irracionalidade e que, por isso, deve ser evitada, porque afecta negativamente os indivíduos, os grupos e as organizações. Para a resolver ou evitar, basta atacar as suas causas, que, segundo esta abordagem, são a má

comunicação, a falta de franqueza e de confiança, etc. O problema pré-metafísico sobre a *essência* do conhecimento é resolvido com base em *pressupostos* filosóficos *objectivistas*.
Na abordagem das relações humanas (subjectiva), *assume-se*, a partir dos *sentidos*, que a presença de *conflitos* nas relações humanas é um processo natural e que, por isso, é inevitável e deve ser aceite como tal. Diz-se também que nem sempre é mau ou negativo e que pode ser benéfico para o desempenho dos indivíduos e dos grupos.
A abordagem interactiva (dialógica) aceita o conflito como algo natural, que deve ser encorajado, porque um grupo harmonioso, pacífico, calmo e cooperativo tende a ser estático, apático e a não responder às necessidades de mudança e inovação. Diz-se que o conflito deve ser encorajado a um nível controlável que estimule a criatividade, a reflexão, a tomada de decisões mais eficientes, o trabalho em equipa, a vontade de mudar e a definição de objectivos ambiciosos e realizáveis, contribuindo para um sentimento de realização.

Os princípios da teoria do conflito são: que não é positivo nem negativo, pode simplesmente ser gerado; que faz parte da vida; que nos afecta a todos; e, finalmente, que a sua compreensão e análise ajuda a resolvê-lo de forma eficaz e produtiva.
Um elemento-chave para compreender porque é que as coisas acontecem é saber porque é que as pessoas tomam decisões da forma como o fazem. Para tal, é necessário conhecer os protagonistas do conflito, a sua cultura, os paradigmas dominantes, as causas que conduziram ao conflito, os problemas de comunicação subjacentes, as emoções, as percepções das partes, os valores e os princípios, as formas de reagir, a influência dos factores externos e, sobretudo, as posições, os interesses e as necessidades dos protagonistas.
Os *pressupostos* filosóficos a partir dos quais todos e cada um dos cinco principais *problemas* filosóficos do conhecimento (possibilidade, origem, essência, classificação e conceito e critério de verdade do conhecimento) são resolvidos na teoria geral subjetivista *conflitual* do conhecimento são os seguintes
Na *teoria geral do conhecimento subjetivo do conflito*, *assume-se*, a partir dos sentidos, que *a realidade* é muito complexa e muito difícil de compreender, devido ao permanente *conflito* (luta, debate, combate) em que se encontram os elementos que a constituem. O problema da *possibilidade* do conhecimento é resolvido com base em *pressupostos* filosóficos cépticos, subjectivistas, relativistas e pragmáticos.
Na *teoria geral do conhecimento subjetivo conflitual*, parte-se do *princípio*, a partir dos sentidos, de que a origem do conhecimento se encontra nas sensações. Acredita-se que os seres humanos (cada um em particular) percepcionam a realidade de forma diferente dos outros. Cada ser humano experimenta as mesmas sensações de forma diferente. Distingue-se entre perceção (que é universal) e representação (que é particular). O *problema* da origem do conhecimento é resolvido com base em *pressupostos* filosóficos *empíricos*.

Na *teoria geral do caos subjetivista do conhecimento*, assume-se, a partir dos *sentidos*, que (numa relação de conhecimento) o *sujeito* cognoscente determina o *objeto* a ser conhecido. Presume-se que se dois *sujeitos* cognoscentes *se relacionarem* com o mesmo *objeto* de conhecimento, ambos apreenderão o seu objeto a conhecer de forma totalmente diferente; porque a sua história de vida, sentimentos, emoções, paixões, complexos, ambições, etc. "contaminam" o objeto de estudo. "contaminam" o objeto de estudo. A ciência não é neutra, ela obedece a pressupostos filosóficos e a interesses ontológicos. O problema pré-metafísico sobre a essência do conhecimento é resolvido a partir de pressupostos filosóficos subjectivistas.

Nas quatro possibilidades de realização do espírito humano (filosofia, ciência, arte e religião) há uma luta constante entre as várias *comunidades* ou *tradições científicas de investigação* (empírico-analítica; fenomenológica, hermenêutica e linguística; e dialética ou crítico-hermenêutica) pela prevalência, sobre as outras, das respectivas explorações, descrições, explicações, interpretações, compreensões da realidade, das coisas, dos fenómenos, etc., elaboradas a partir de pressupostos filosóficos diferentes e, por isso, contraditórios e inconciliáveis entre si.Estas são elaboradas com base em pressupostos filosóficos diferentes e são, portanto, contraditórias e irreconciliáveis entre si.

Na *teoria geral do conflito subjetivista do conhecimento, assume-se*, com base nos *sentidos*, que *a realidade* existe independentemente de ser ou não apreendida pelos sujeitos cognoscentes. Acredita-se que as impressões dos objectos que nos rodeiam têm impacto nos nossos sentidos e produzem sensações que diferentes sujeitos percepcionam, mas que representam de forma diferente. O problema metafísico sobre a *essência* do conhecimento é resolvido com base em *pressupostos* filosóficos *realistas*.

Na *teoria geral subjetivista conflitual do conhecimento*, *assume-se*, a partir dos *sentidos*, que a realidade se divide em dois pólos opostos e mutuamente contraditórios: ordem - desordem, regularidades - irregularidades, certeza - incerteza, etc. O problema teológico da *essência* do conhecimento é resolvido com base em *pressupostos* filosóficos *dualistas*.

Na *teoria geral do conhecimento subjetivista conflitual*, *assume-se*, a partir dos *sentidos*, que o único *tipo* de conhecimento que um sujeito cognoscente pode obter de um objeto a conhecer é o *intuitivo*. Tudo o que sabemos sobre a realidade é considerado como tendo sido obtido por meio dos sentidos. O problema da *classificação* do conhecimento é resolvido com base em pressupostos filosóficos *intuitivos*.

Na *teoria geral do conhecimento subjetivo conflitual*, *assume-se*, a partir dos *sentidos*, que os *conceitos* e *critérios* de verdade do conhecimento são *transcendentes*. A verdade é considerada como a concordância do pensamento com o objeto pensado. Porque se pressupõe que o sujeito cognoscente é confrontado com objectos que têm existência própria na *realidade*. O problema dos *conceitos* e *critérios* de verdade é resolvido com base em *pressupostos* filosóficos *transcendentes*.

A tabela seguinte mostra os *pressupostos* filosóficos a partir dos quais cada um dos cinco principais *problemas* filosóficos do conhecimento é resolvido com base nos sentidos na construção da *teoria geral do conhecimento subjetivo do conflito*:

TEORIA GERAL DO CONHECIMENTO SUBJECTIVO	**PROBLEMAS FILOSÓFICOS DO CONHECIMENTO**						
	POSSIBILIDADE DE CONHECIMENTO	ORIGEM DO CONHECIMENTO	ESSÊNCIA DO CONHECIMENTO			TIPO DE CONHECIMENTO	CONCEITO E CRITÉRIO DE VERDADE DO CONHECIMENTO
			SOLUÇÕES				
			SOLUÇÃO PRÉ-METAFÍSICA	SOLUÇÃO METAFÍSICA	SOLUÇÃO TEOLÓGICA		
	PRESSUPOSTOS A PARTIR DOS QUAIS SE PODEM RESOLVER PROBLEMAS DE CONHECIMENTO						
CONFLITO	CEPTICISMO, SUBJECTIVISMO E PRAGMATISMO	EMPIRISMO	SUBJECTIVISMO	REALISMO	DUALISMO	INTUITIVO	TRASCENDENTE

2.3.5.1.3 As teorias gerais do conhecimento dialético.

As teorias gerais do conhecimento dialético derivam de *pressupostos filosóficos críticos* (resolvendo assim o problema da possibilidade do conhecimento); *intelectualistas* e *aprioristas* (resolvendo assim o problema da origem do conhecimento); *dialécticos*, *fenomenológicos* e *monistas* (resolvendo assim o problema da essência do conhecimento, relativamente às soluções pré-metafísicas, metafísicas e teológicas, respetivamente); *mista* - o conhecimento é simultaneamente racional e intuitivo - (resolvendo assim o problema da classificação do conhecimento); e *mista* - os conceitos e critérios de verdade devem ser simultaneamente transcendentes e imanentes - (resolvendo assim o problema dos conceitos e critérios de verdade do conhecimento).

Nas teorias gerais do conhecimento dialético, todos e cada um dos cinco principais problemas filosóficos do conhecimento são resolvidos a partir das duas qualidades do sujeito cognoscente: a razão e os sentidos.

Duas das *teorias gerais do conhecimento dialético* que resolvem todos e cada um dos cinco grandes problemas filosóficos do conhecimento a partir dos pressupostos acima referidos são as teorias analógica e da complexidade.

Assim como foram trabalhadas as *teorias gerais do conhecimento subjetivo* (caos e conflito), a análise das *teorias gerais do conhecimento dialético* (analogia e complexidade), num primeiro momento, será realizada considerando a definição, as caraterísticas, a função, a finalidade, a classificação, os autores e as obras de cada *teoria geral do conhecimento dialético*; e, num segundo momento, serão levados em conta os *pressupostos* filosóficos a partir dos quais se resolve cada um dos cinco principais *problemas* filosóficos do conhecimento: Possibilidade, Origem, Essência, Classificação e Conceitos e Critérios de Verdade do Conhecimento.

É necessário recordar, para efeitos da presente análise, que a *classificação* e as *designações* atribuídas a todas e a cada uma das *teorias gerais do conhecimento* analisadas nesta secção obedecem ao modo como se resolve um dos cinco principais *problemas* filosóficos do conhecimento: o problema da *essência* do conhecimento. Foi escolhido este problema filosófico do conhecimento (a essência) e nenhum outro, porque esta dificuldade do conhecimento se refere à *relação* de conhecimento que se estabelece entre o *sujeito* cognoscente e o *objeto* a conhecer.

Já foi esclarecido que, dos diferentes *pressupostos* filosóficos a partir dos quais se pode resolver o problema da *essência* do conhecimento e que podem ser encontrados em três *soluções* diferentes (pré-metafísica, metafísica e teológica), escolhemos a solução *pré-metafísica*, porque esta solução aborda o problema da seguinte questão: *quem determina quem numa relação de conhecimento: o objeto para o sujeito, o sujeito para o objeto, ou os dois determinam-se mutuamente*?

Se *a filosofia* determina a *teoria*, então *a teoria* depende da *filosofia*. Se *assumirmos* que, numa relação de conhecimento, o objeto determina o sujeito, então podemos falar de teorias *objectivas*. Pelo contrário, se supusermos que, numa relação de conhecimento, o sujeito determina o objeto, então podemos falar de teorias *subjectivas*. Finalmente, nos casos seguintes, se assumirmos que, numa relação de conhecimento, ambos os elementos do conhecimento se determinam mutuamente, então podemos falar de teorias *dialécticas*.

Até agora, analisámos as teorias gerais do conhecimento objetivo (matemática, mecanicismo e organicismo) e do conhecimento subjetivo (caos e conflito). Nesta secção, analisaremos o terceiro grupo de teorias gerais do conhecimento: as *teorias gerais do conhecimento dialético* (analogia e complexidade).

Já foi dito que as teorias *objectivas* são construídas a partir da razão (objetivismo), as *subjectivas* a partir dos sentidos (subjetivismo) e as *dialécticas* a partir de ambas as qualidades do sujeito cognoscente: da razão e dos sentidos; podendo partir primeiro da razão e depois dos sentidos (apriorismo); ou vice-versa (intelectualismo).

Uma das *teorias gerais do conhecimento*, que parte de pressupostos filosóficos *críticos* (possibilidade de conhecer); *intelectualistas* e/ou *aprioristas* (origem do conhecimento); *dialécticos*, e *monistas* e panteístas (soluções pré-metafísica, metafísica e teológica, respetivamente, para o problema da essência do conhecimento); *intuitivo-racionais* (tipo de conhecimento); e *transcendente-imanente* (critérios de verdade), é a *teoria analógica* de Mauricio Beachot (Robles, 2000: 11-18).

2.3.5.1.3.1 Analogia.

A analogia é uma *teoria geral do conhecimento dialético* que explora, descreve, explica, interpreta, compreende, etc., a realidade, os fenómenos, os factos, as coisas, etc., em termos analógicos.

A analogia é uma *teoria* porque explica, interpreta, compreende, etc., a realidade, os fenómenos, os factos, as coisas, etc.

A analogia é uma *teoria geral do conhecimento* porque explica, interpreta, compreende, etc., qualquer realidade, fenómeno, facto, coisa, etc.; tanto natural como social.

A analogia é uma *teoria geral do conhecimento dialético* porque explica, interpreta, compreende, etc., qualquer realidade, fenómeno, facto, coisa, etc., tanto natural como social, de forma dialética.

As explorações, descrições, explicações, interpretações, compreensões, etc., que, sobre a realidade, os fenómenos, os acontecimentos, as coisas, etc, são feitas na teoria *analógica*, são feitas resolvendo os grandes *problemas* do conhecimento (possibilidade, origem, essência, classificação e conceitos e critérios de verdade) a partir de ambas as qualidades do sujeito cognoscente: a razão e os sentidos (mas primeiro funcionam os sentidos e depois a razão), a partir de *pressupostos* filosóficos críticos; intelectualista e/ou apriorista; dialético, fenomenalista e monista; misto <intuitivo - racional>; e misto <transcendente - imanente>; respetivamente.

Na *teoria geral dialética analógica do conhecimento*, *assume-se*, a partir dos sentidos e da razão (intelectualismo aristotélico), que o conhecimento é possível (dogmatismo), mas não na sua essência (ceticismo), porque cada sujeito cognoscente sente e pensa de forma diferente dos outros (subjetivismo), porque a verdade muda no tempo, no espaço e nas circunstâncias (relativismo), e porque qualquer discurso que se desenvolva sobre um determinado objeto de conhecimento deve ser útil à humanidade (pragmatismo). O problema da *possibilidade* do conhecimento é resolvido com base em *pressupostos* filosóficos críticos.

Parafraseando Beauchot (Gutiérrez, 2000: 11-13), a hermenêutica analógica, a interpretação da realidade por semelhança, a compreensão por semelhança, semelhança, afinidade, tenta conciliar, mediar, equilibrar o univocismo (dogmatismo) e o equivocismo (ceticismo, subjetivismo, relativismo, pré-agmatismo), de forma proporcional, mas predominando o segundo (univocismo) sobre o primeiro (equivocismo). Por univocismo entendemos o cientificismo e o positivismo da pós-modernidade. O cientismo e o positivismo resolvem o problema da possibilidade do conhecimento com base em pressupostos dogmáticos. Por equívoco entende-se o pensamento pós-moderno (predomínio do subjetivo sobre o objetivo). Os pós-modernos (equivocistas) resolvem o problema da possibilidade do conhecimento com base em pressupostos filosóficos cépticos, subjectivistas, relativistas e pragmáticos. Beauchot propõe uma mediação entre o dogmatismo e o ceticismo: resolver o problema da possibilidade do conhecimento de forma crítica. É algo como a aplicação do meio-termo aristotélico.

Na *teoria geral dialética analógica do conhecimento*, parte-se dos sentidos e da razão (primeiro os sentidos e depois a razão), para *afirmar* que a origem do conhecimento se encontra tanto nos sentidos como na razão do sujeito cognoscente. O *problema* da origem do conhecimento é resolvido com base em *pressupostos* filosóficos intelectualistas (primeiro pensamos e depois sentimos).

Segundo Beauchot (Gutiérrez, 2000: 13), "*...só se pode compreender se acreditarmos em algo, e só se compreendermos algo é que podemos acreditar mais...*". A crença está relacionada com o dogmatismo e a compreensão com o ceticismo (incluindo o subjetivismo, o relativismo e o pragmatismo); juntos, dão-nos a crítica intelectualista: a origem do conhecimento está localizada tanto na razão como na experiência, apenas que pensamos primeiro e depois sentimos (intelectualismo).

Na *teoria geral do conhecimento dialético da hermenêutica analógica*, parte-se do pressuposto, a partir dos *sentidos e da razão*, de que, numa relação de conhecimento, o *sujeito* cognoscente determina o *objeto* a conhecer e, por sua vez, o objeto a conhecer determina o sujeito cognoscente. Esta relação dialética entre o sujeito cognoscente e o objeto a ser conhecido determina que o problema pré-metafísico da essência do conhecimento seja resolvido com base em pressupostos filosóficos dialécticos.

Parafraseando Beauchot (Gutiérrez, 2000: 13), a realidade é percebida (subjetivismo) e compreendida (objetivismo). Primeiro percebemos a realidade e depois compreendemo-la.

Na *teoria geral dialética analógica do conhecimento*, *assume-se*, a partir dos *sentidos e da razão*, que *a realidade* existe (realismo), mas que os sujeitos a apreendem de forma diferente (idealismo subjetivo), tal como se apresenta às limitações dos nossos sentidos e da nossa razão; ou seja, o objeto a conhecer apresenta-se aos diferentes sujeitos cognoscentes como um fenómeno, como uma aparência. Acredita-se que as impressões dos objectos que nos rodeiam se repercutem nos nossos sentidos e produzem sensações que os diferentes sujeitos percepcionam, mas que os representam de forma diferente e, além disso, como fantasmas, como fenómenos, no tempo e no espaço. *O problema metafísico* sobre a *essência* do conhecimento é resolvido com base em *pressupostos* filosóficos *fenomenalistas*.

Parafraseando Beauchot (Gutiérrez, 2000: 16), na compreensão dos fenómenos, o sujeito cognoscente deve evitar o realismo extremo (equivocalismo) e o idealismo extremo (univocismo); é preciso lutar contra o fenomenalismo.

Na *teoria geral dialógica analógica do conhecimento*, parte-se do princípio, a partir dos *sentidos* e da *razão*, de que a realidade é única. O problema da *essência* do conhecimento é resolvido com base em *pressupostos* filosóficos *monistas* através de uma solução *teológica*.

Se a realidade é única, não existe essa separação entre o sujeito cognoscente e o objeto a conhecer; também não se separam a explicação (objetivista) e a compreensão (subjetivista)"... *a hermenêutica analógica tenta fundir a explicação com a compreensão, mas ao considerar as coisas e as actividades como textos, encontra a necessidade de explicar contextualmente e não apenas causalmente*" (Alcalá, 2000: 20).

Na *teoria geral dialética analógica do conhecimento*, *assume-se*, a partir dos *sentidos* e da *razão*, que o *tipo* de conhecimento que um sujeito cognoscente pode obter de um objeto a conhecer é *misto* (intuitivo-racional). Considera-se que tudo o que sabemos sobre a realidade foi obtido por meio dos sentidos (primeiro) e da razão (depois). O problema da *classificação* do conhecimento é resolvido com base em pressupostos filosóficos *mistos* (intuitivo-racionais). Parafraseando Beauchot (2000: 01), *a analogia* tenta encontrar o que é atingível de semelhança (racional) nas coisas sem esquecer que o diferente predomina (intuitivo), a diversidade (intuitivo), respeitando a diferença (intuitivo) sem renunciar à semelhança (racional) que permite atingir uma certa universalização (racional).

Na *teoria geral dialética analógica do conhecimento*, *assume-se*, a partir dos *sentidos* e da *razão*, que os *conceitos* e *critérios* de verdade do conhecimento são *mistos* (transcendentes e imanentes). A verdade do conhecimento é considerada como a concordância do pensamento com o objeto pensado e do pensamento consigo mesmo. Porque se supõe que o sujeito cognoscente é confrontado tanto com objectos que têm a sua própria existência na *realidade* como com objectos ideais, que existem apenas na mente do sujeito cognoscente. O problema dos *conceitos* e dos *critérios* de verdade é resolvido com base em *pressupostos* filosóficos mistos (transcendente e imanente).

O quadro seguinte mostra os *pressupostos* filosóficos a partir dos quais se resolve cada um dos cinco principais *problemas* filosóficos do conhecimento, a partir dos sentidos e da razão, na construção da *teoria geral do conhecimento dialético da analogia*:

TEORIA GERAL DO CONHECIMENTO DIALÉCTICO	**PROBLEMAS FILOSÓFICOS DO CONHECIMENTO**						
	POSSIBILIDADE DE CONHECIMENTO	ORIGEM DO CONHECIMENTO	ESSÊNCIA DO CONHECIMENTO			TIPO DE CONHECIMENTO	CONCEITO E CRITÉRIO DE VERDADE DO CONHECIMENTO
			SOLUÇÕES				
			SOLUÇÃO PRÉ-METAFÍSICA	SOLUÇÃO METAFÍSICA	SOLUÇÃO TEOLÓGICA		
	PRESSUPOSTOS A PARTIR DOS QUAIS OS PROBLEMAS DO CONHECIMENTO PODEM SER RESOLVIDOS.						
ANALOGIA	CRÍTICA	INTELECTUALISMO	DIALÉTICA	FENOMENALISMO	MONISMO	MISTO: (INTUITIVO-RACIONAL)	MISTO: (TRANSCENDENTE-IMANENTE)

2.3.5.1.3.2 Complexidade.

Outra das *teorias gerais do conhecimento*, que parte de pressupostos filosóficos *críticos* (possibilidade de conhecer); *intelectualistas* e/ou *aprioristas* (origem do conhecimento); *dialécticos*, *fenomenalistas* e monistas e panteístas (soluções pré-metafísica, metafísica e teológica, respetivamente, para o problema da essência do conhecimento); *intuitivo-racionais* (tipo de conhecimento); e *transcendente-imanente* (critérios de verdade), é a *teoria da complexidade* de Edgar Morin (2001).

O pensamento complexo é uma *teoria geral do conhecimento dialético* que explora, descreve, explica, interpreta, compreende, etc., a realidade, os fenómenos, os factos, as coisas, etc., em termos dialécticos.

O pensamento complexo é uma *teoria* porque explica, interpreta, compreende, etc., a realidade, os fenómenos, os factos, as coisas, etc.

O pensamento complexo é uma *teoria geral do conhecimento* porque explica, interpreta, compreende, etc., qualquer realidade, fenómeno, facto, coisa, etc.; tanto natural como social.

O pensamento complexo é uma *teoria geral do conhecimento dialético* porque explica, interpreta, compreende, etc., qualquer realidade, fenómeno, facto, coisa, etc., tanto natural como social, de uma forma dialética.

As explorações, descrições, explicações, interpretações, compreensões, etc., sobre a realidade, os fenómenos, os acontecimentos, as coisas, etc, são feitas na teoria da *complexidade*, são feitas resolvendo os grandes *problemas* do conhecimento (possibilidade, origem, essência, classificação e conceitos e critérios de verdade) a partir de *pressupostos* filosóficos críticos; intelectualistas e/ou aprioristas; dialécticos, fenomenalistas, e monistas; mistos <intuitivo - racional>; e mistos <transcendente - imanente>; respetivamente.

Na complexidade, todos e cada um dos cinco principais problemas filosóficos do conhecimento são resolvidos a partir das duas qualidades do sujeito cognoscente: a razão e os sentidos (só que, ao contrário da analogia, a razão funciona primeiro e depois os sentidos).

Na *teoria geral do conhecimento dialético complexo*, *assume-se*, a partir da razão e dos sentidos (apriorismo kantiano), que o conhecimento é possível (dogmatismo), mas não em essência (ceticismo), porque cada sujeito cognoscente sente e pensa de forma diferente dos outros (subjetivismo), porque a verdade muda no tempo, no espaço e nas circunstâncias (relativismo), e porque qualquer discurso que se desenvolva sobre um determinado objeto de conhecimento deve ser útil à humanidade (pragmatismo). O problema da *possibilidade* do conhecimento é resolvido com base em *pressupostos* filosóficos críticos.

Segundo a *teoria do pensamento complexo*, o sujeito cognoscente, perante os movimentos, as mudanças e a instabilidade da realidade, deve tentar ordenar (dogmatismo) e clarificar a realidade (racionalismo) para descobrir as leis que a regem. A complexidade significa perturbação, confusão e incapacidade da alma humana para apreender o objeto do conhecimento de forma simples e clara.

Na *teoria geral do conhecimento dialética complexa*, parte-se da razão e dos sentidos (primeiro a razão e depois os sentidos), para *afirmar* que a origem do conhecimento se encontra tanto na razão como nos sentidos do sujeito cognoscente. O *problema* da origem do conhecimento é resolvido com base em *pressupostos* filosóficos apriorísticos (primeiro pensamos e depois sentimos).

Enquanto as teorias que resolvem o problema da origem do conhecimento a partir de pressupostos filosóficos racionalistas (matematicismo, mecanicismo e organicismo) e empiristas (caos e conflito) afirmam que a *missão da ciência é* eliminar a complexidade dos fenómenos e descobrir a ordem a que eles obedecem (explicação) ou a sua interpretação (compreensão), respetivamente;

a *teoria da complexidade*, baseada em pressupostos filosóficos dialécticos, procura explicá-los e compreendê-los ao mesmo tempo.

Na *teoria geral dialética complexa do conhecimento*, parte-se do pressuposto, a partir da razão e dos sentidos, que numa relação de conhecimento, o *sujeito* cognoscente determina o *objeto* a conhecer e, por sua vez, o objeto a conhecer determina o sujeito cognoscente. Esta relação dialética entre o sujeito cognoscente e o objeto a ser conhecido determina que o problema pré-metafísico sobre a essência do conhecimento seja resolvido a partir da razão e dos sentidos, com base em pressupostos filosóficos dialécticos.

A questão que se coloca é, de acordo com o exposto, como abordar a complexidade de uma forma não simplificadora, como apreender os fenómenos de uma forma que não é nem objetiva nem subjectiva, mas dialética?

O termo *complexidade*, como diz Morín (2001), implica confusão, incerteza, desordem, etc. A definição de complexidade não pode ser reduzida a uma única palavra, referida a uma única lei ou reduzida a uma simples ideia. A complexidade não pode ser resumida ao termo complexidade, reduzida a uma lei da complexidade, reduzida à ideia de complexidade. A complexidade não pode ser definida de uma forma simples para tomar o lugar da simplicidade; porque é uma palavra-problema e não uma palavra-solução. A complexidade do termo "complexidade" é a razão pela qual nunca se chegará a um verdadeiro conhecimento do que ele significa, porque através da dialética do sujeito e do objeto só se podem conseguir aproximações ao conceito no tempo e no espaço. Nunca haverá um conceito definitivo do termo "complexidade". No entanto, resta a esperança de que, se não tivermos um conhecimento "verdadeiro", pelo menos, cada aproximação ao conceito, no tempo e no espaço, nos fornecerá a melhor explicação do momento.

Na *teoria geral do conhecimento dialético complexo*, *assume-se*, a partir da razão e dos sentidos, que *a realidade* existe (realismo), mas que os sujeitos a apreendem de forma diferente (idealismo subjetivo), tal como se apresenta às limitações dos nossos sentidos e da nossa razão; ou seja, o objeto a conhecer apresenta-se aos diferentes sujeitos cognoscentes, como um fenómeno, como uma aparência. Acredita-se que as impressões dos objectos que nos rodeiam incidem sobre os nossos sentidos e produzem sensações que os diferentes sujeitos percepcionam, mas que os representam de forma diferente e, além disso, como fantasmas, como fenómenos, no tempo e no espaço. *O problema metafísico* sobre a *essência* do conhecimento é resolvido com base em *pressupostos* filosóficos *fenomenalistas.*

Em vez de tentar explicar a realidade, de a controlar e dominar (de acordo com o pensamento simples das teorias baseadas em pressupostos filosóficos idealistas) para resolver o problema metafísico da essência do conhecimento, ou para compreender os fenómenos particulares (como se pensa nas teorias que partem de pressupostos filosóficos realistas), o sujeito cognoscente deve reconciliar-se, negociar com a realidade a conhecer (como propõe a *teoria da complexidade*, ao resolver o problema metafísico sobre a essência do conhecimento, a partir de pressupostos filosóficos fenomenológicos).

Na *complexa teoria geral dialética do conhecimento*, parte-se *do princípio*, com base na razão e nos sentidos, de que a realidade é única. O problema teológico da *essência* do conhecimento é resolvido com base *em pressupostos* filosóficos *monistas*.

O pensamento *simplificador* das teorias baseadas em pressupostos filosóficos dualistas (matematização, mecanicismo, organicismo, caos e conflito) afasta o sujeito cognoscente do pensamento *complexo*, porque a realidade está dividida em dois pólos opostos e irreconciliáveis: o sujeito cognoscente e o objeto a conhecer. Em contrapartida, o pensamento complexo permite a reconciliação entre sujeito-objeto visto como uma unidade, como um todo complexo.

Na *teoria geral do conhecimento dialético complexo*, *assume-se*, a partir da razão e dos sentidos, que o *tipo* de conhecimento que um sujeito cognoscente pode obter de um objeto a conhecer é *misto* (racional-intuitivo). Considera-se que tudo o que sabemos sobre a realidade, obtivemos por meio da razão (primeiro) e dos sentidos (depois). O problema da *classificação* do conhecimento é resolvido com base em pressupostos filosóficos *mistos* (racional-intuitivo).

A complexidade surge quando o pensamento *simplificador* das teorias baseadas em pressupostos filosóficos objectivistas (matemática, mecanicismo e organicismo) e subjectivistas (caos e conflito) não consegue explorar, descrever, explicar, compreender, analisar, etc., a realidade. A teoria da complexidade integra tudo o que traz ordem, clareza, distinção, precisão, etc., ao conhecimento dos fenómenos.

Na *teoria geral do conhecimento dialético complexo*, *assume-se*, a partir da razão e dos sentidos, que os *conceitos* e *critérios* de verdade do conhecimento são *mistos* (imanentes/transcendentes). A verdade do conhecimento é considerada como a concordância do pensamento com o objeto pensado e do pensamento consigo mesmo. Porque se assume que o sujeito cognoscente é confrontado tanto com objectos que têm a sua própria existência na *realidade* como com objectos ideais, que existem apenas na mente do sujeito cognoscente. O problema dos *conceitos* e dos *critérios* de verdade é resolvido com base em *pressupostos* filosóficos mistos (imanente-transcendente).

Teorias gerais do conhecimento que assumem que o conhecimento é racional (matemática, mecanicismo, organicismo) ou intuitivo (caos e conflito), porque resolvem o problema da classificação da ciência a partir da razão (teorias gerais do conhecimento objetivo) ou dos sentidos (teorias gerais do conhecimento subjetivo), apenas; constroem um conhecimento simplificador; porque resolvem o referido problema a partir de pressupostos filosóficos racionais ou intuitivos, apenas; desintegrando a complexidade do real, que pode ser apreendida assumindo, a partir da razão e dos sentidos (ao mesmo tempo), pressupostos filosóficos *mistos* (racional-intuitivo).

O pensamento complexo tenta dar conta das articulações entre os diferentes domínios disciplinares da ciência que o pensamento simplificador quebrou. O pensamento simplista isola, separa, etc., o sujeito do objeto, escondendo assim tudo o que se liga, interage ou interfere. O pensamento complexo constrói conhecimento multidimensional e multirreferencial, compreendendo, ao mesmo tempo, que o conhecimento total do complexo é impossível para o sujeito cognoscente.

O pensamento complexo parte do princípio da incompletude e da incerteza do conhecimento. As totalizações não são verdadeiras, não existem, são impossíveis. Mas são reconhecidas as ligações entre os objectos de conhecimento que a alma humana deve distinguir, mas não isolar, uns dos outros.

Para a teoria geral do conhecimento dialética complexa, ao contrário das teorias gerais do conhecimento objetiva (matematicismo, mecanicismo e organicismo) e subjectiva (caos e conflito), que constroem o conhecimento a partir da razão ou dos sentidos apenas, com base em pressupostos filosóficos objectivos e subjectivos, respetivamente, todos os fenómenos são regidos pela lei de causa e efeito: todas as coisas são causadas e causadoras, auxiliadas e auxiliadoras, mediatas e imediatas; e, no entanto, todas as coisas subsistem unidas por um laço natural e insensível que une as mais remotas e as mais diferentes. Na teoria geral dialética da complexidade, por outro lado, podemos observar uma tensão permanente entre um conhecimento totalizante e a incompletude e incompletude de todo o conhecimento; porque parte de pressupostos filosóficos monistas, resolvendo de forma teológica o problema da essência do conhecimento. Para construir o conhecimento, utilizando a teoria da complexidade, o sujeito cognoscente deve utilizar tanto a sua razão (primeira) como os seus sentidos (segundos) (Morín, 2001:21-24).

O quadro seguinte mostra os *pressupostos* filosóficos a partir dos quais cada um dos cinco principais *problemas* filosóficos do conhecimento é resolvido na construção da *teoria geral do conhecimento dialético da complexidade*:

TEORIA GERAL DO CONHECIMENTO DIALÉCTICO	**PROBLEMAS FILOSÓFICOS DO CONHECIMENTO**						
	POSSIBILIDADE DE CONHECIMENTO	ORIGEM DO CONHECIMENTO	ESSÊNCIA DO CONHECIMENTO			TIPO DE CONHECIMENTO	CONCEITO E CRITÉRIO DE VERDADE DO CONHECIMENTO
			SOLUÇÕES				
			SOLUÇÃO PRÉ-METAFÍSICA	SOLUÇÃO METAFÍSICA	SOLUÇÃO TEOLÓGICA		
	PRESSUPOSTOS A PARTIR DOS QUAIS SE PODEM RESOLVER PROBLEMAS DE CONHECIMENTO						
COMPLEXIDADE	CRÍTICA	APRIORISMO	DIALÉTICA	NOLOGIA DO FENÔMENO	MONISMO	MISTO: (RACIONALINTUITIVO)	MISTO: IMMANENTETRASCENDENTE)

Até aqui, tudo se resume à teoria geral do conhecimento dialético complexo.

O quadro sinóptico seguinte apresenta as principais *teorias gerais do conhecimento* objetivo, subjetivo e dialético, respetivamente, e os respectivos pressupostos filosóficos a partir dos quais foram criadas:

TEORIA GERAL DO	**PROBLEMAS FILOSÓFICOS DO CONHECIMENTO**				
	POSSIBILIDADE DE		ESSÊNCIA DO CONHECIMENTO **SOLUÇÕES**		CONCEITO E CRITÉRIO

CONHECIMENTO	CONHECIMENTO	ORIGEM DO CONHECIMENTO	SOLUÇÃO PRÉ-METAFÍSICA	SOLUÇÃO METAFÍSICA	SOLUÇÃO TEOLÓGICA	TIPO DE CONHECIMENTO	DE VERDADE DO CONHECIMENTO
	PRESSUPOSTOS A PARTIR DOS QUAIS OS PROBLEMAS DE CONHECIMENTO PODEM SER RESOLVIDOS						
MATEMATICISMO	DOGMATISMO	RACIONALISMO	OBJECTIVISMO	IDEALISMO	DUALISMO	RACIONAL	IMANENTE
MECANICISMO	DOGMATISMO	RACIONALISMO	OBJECTIVISMO	IDEALISMO	DUALISMO	RACIONAL	IMANENTE
ORGA-NICISMO	DOGMATISMO	RACIONALISMO	OBJECTIVISMO	IDEALISMO	DUALISMO	RACIONAL	IMANENTE
CHAOS	**CEPTICISMO, SUBJECTIVISMO E PRAGMATISMO**	**EMPIRISMO**	**SUBJECTIVISMO**	**REALISMO**	**DUALIS-MO**	**INTUITIVO**	**TRASCENDENTE**
CONFLITO	**CEPTICISMO, SUBJECTIVISMO E PRAGMATISMO**	**EMPIRISMO**	**SUBJECTIVISMO**	**REALISMO**	**DUALISMO**	**INTUITIVO**	**TRASCENDENTE**
ANALOGIA	CRÍTICA	INTELECTUALISMO	DIA LEITURA	FENO MENOLOGIA	MONISMO	MISTURADO	MISTURADO
COMPLEXIDADE	CRÍTICA	APIORISMO	DIALÉTICA	FENOMENOLOGIA	MONISMO	MISTURADO	MISTURADO

As teorias gerais do conhecimento que acabam de ser analisadas constituem a base teórica geral para problematizar os objectos de estudo das teorias particulares das ciências sociais que procuram explorar, descrever, explicar, interpretar, etc., a realidade social.

2.3.5.1.3.3 *As teorias particulares das ciências sociais.*

As teorias particulares das ciências sociais exploram, descrevem, explicam, interpretam, etc., fenómenos, factos, acontecimentos, etc., exclusivamente sociais. As ciências da educação são ciências sociais, porque o seu objeto de estudo é o ser humano social.

A classificação das ciências proposta neste documento vai do geral para o particular: teorias gerais do conhecimento (já discutidas), *teorias particulares das ciências sociais* (descritas nesta secção) e teorias específicas da educação (a discutir mais tarde).

O critério de classificação das *teorias particulares das ciências sociais* será o mesmo que o adotado para classificar as teorias gerais do conhecimento: em primeiro lugar, serão analisadas as teorias que exploram, descrevem, explicam, interpretam, etc. Em primeiro lugar, serão analisadas as teorias que exploram, descrevem, explicam, interpretam, etc., a realidade social, a partir da *razão*, e que resolvem, do mesmo modo, todos e cada um dos cinco problemas filosóficos do conhecimento, a partir dos pressupostos *dogmáticos* (possibilidade do conhecimento), *racionais* (origem do conhecimento), *objectivistas*, *idealistas* e *dualistas* (soluções pré-metafísica, metafísica e teológica, respetivamente, para o problema da essência do conhecimento), *racionais* (tipos de conhecimento) e *imanentes* (conceitos e critérios de verdade do conhecimento). Chamaremos a estas teorias *teorias particulares das ciências sociais objectivas*; em atenção ao critério de classificação convencionado, a forma como resolvem a seguinte questão: quem determina quem numa relação de conhecimento: o objeto ao sujeito, o sujeito ao objeto, ou ambos se determinam mutuamente?

Posteriormente, serão analisadas as *teorias particulares das ciências sociais* que exploram, descrevem, explicam, interpretam, etc, a realidade social, a partir dos *sentidos*, e que, do mesmo modo, resolvem todos e cada um dos cinco principais problemas filosóficos do conhecimento, a partir de pressupostos *cépticos*, *subjectivistas*, *relativistas* e *pragmáticos* (possibilidade do conhecimento), *empiristas* (origem do conhecimento), *subjectivistas*, *realistas* e *dualistas* (soluções pré-metafísicas, metafísicas e teológicas, respetivamente, para os problemas da essência do conhecimento), *intuitivos* (tipos de conhecimento) e *transcendentes* (conceitos e critérios de verdade do conhecimento). Chamaremos a estas teorias *teorias particulares das ciências sociais subjectivas*, de acordo com o critério de classificação já indicado.

Finalmente, analisaremos as *teorias particulares das ciências sociais* que exploram, descrevem, explicam, interpretam, etc., do ponto de vista da razão e dos sentidos, a realidade social, a partir da *razão* e dos *sentidos*, e que, do mesmo modo, resolvem todos e cada um dos cinco problemas filosóficos do conhecimento a partir de pressupostos *críticos* (possibilidade do conhecimento), *intelectualistas* e/ou *aprioristas* (origem do conhecimento), *dialécticos*, *fenomenológicos* e *monistas* (soluções pré-metafísica, metafísica e teológica, respetivamente, para o problema da essência do conhecimento), *mistos* (tipos de conhecimento) e *mistos* (conceitos e critérios de verdade do conhecimento). Chamaremos a estas teorias *teorias particulares de ciências sociais dialécticas*; pela mesma razão de classificação já mencionada.

2.3.5.2.1 As teorias particulares das ciências sociais objectivas.

As *teorias particulares das ciências sociais objectivas* exploram, descrevem, explicam, interpretam, etc., a realidade social do ponto de vista da *razão*. Por conseguinte, os pressupostos filosóficos a partir dos quais resolvem todos e cada um dos cinco principais problemas do conhecimento são *o dogmatismo* (possibilidade do conhecimento), o *racionalismo* (origem do conhecimento), *o objetivismo*, o *idealismo* e *o dualismo* (soluções pré-metafísicas, metafísicas e teológicas, respetivamente, para o problema da essência do conhecimento), o *racional* (tipo de conhecimento) e o *imanente* (conceitos e critérios de verdade do conhecimento).

As *teorias particulares das ciências sociais objectivas* exploram, descrevem, explicam, interpretam, etc., a realidade social, comparando-a com um ideal lógico-matemático, com uma máquina, com um organismo vivo, com uma estrutura, com um sistema cibernético, etc. Os objectos sociais de estudo são construídos com recurso à *razão* e, portanto, com base nos pressupostos filosóficos acima referidos.

As *teorias particulares das ciências sociais objectivas* assemelham-se às teorias gerais do conhecimento objetivo. *Os pressupostos* filosóficos a partir

dos quais ambas as teorias resolvem cada um dos cinco principais *problemas* do conhecimento são os mesmos.
A única diferença que se pode observar entre as duas classificações de teoria é de grau. As teorias gerais do conhecimento objetivo exploram, descrevem, explicam, interpretam, etc., qualquer fenómeno, seja ele factual (natural ou social) ou formal (lógico-matemático); as teorias particulares das ciências sociais objectivas tratam apenas dos fenómenos sociais.
A análise, à semelhança do que foi feito com as teorias gerais do conhecimento objetivo, será realizada, num primeiro momento, tendo em conta a definição, caraterísticas, função, finalidade, classificação, autores e obras de cada *teoria particular das ciências sociais objectivas*; e, num segundo momento, serão tidos em conta os *pressupostos* filosóficos a partir dos quais se resolve cada um dos cinco principais *problemas* do conhecimento: possibilidade, origem, essência, classificação e conceitos e critérios de verdade do conhecimento.
Algumas das *teorias específicas das ciências sociais objectivas* abordadas nesta secção são: positivismo, funcionalismo, estruturalismo e teoria dos sistemas.

2.3.5.2.1.1 Positivismo.

O positivismo pode ser corretamente *definido como uma teoria particular da ciência social objetiva* em que a realidade social é *comparada* com um *ideal*. Os grupos sociais são explorados, descritos, explicados, interpretados, etc., com base no *dever ser* (ideia). Por exemplo: os estudantes em formação de professores têm de estudar muito para se licenciarem em educação. A ideia "Licenciados em Educação" é um ideal (dever ser) a ser alcançado pelos estudantes (ser).
O positivismo é uma *teoria* porque explora, descreve, explica, interpreta, compreende, etc., a realidade social.
O positivismo é uma *teoria particular das ciências sociais* porque explora, descreve, explica, interpreta, compreende, etc., apenas a realidade social.
O positivismo é uma *teoria particular das ciências sociais objectivas* porque explora, descreve, explica, interpreta, compreende, etc., a realidade social a partir da *razão* do sujeito que constrói a teoria; *partindo do princípio* de que, numa relação de conhecimento, o objeto a conhecer determina o sujeito cognoscente (objetivismo).
O facto de *o positivismo* comparar a realidade social com um ideal significa que, de todas as capacidades de que o sujeito dispõe para gerar novos conhecimentos (adição, subtração, multiplicação, divisão, análise, síntese, indução, dedução, *comparação*, classificação, definição, etc.), *a comparação* é preferencialmente utilizada para ordenar a realidade.
O facto de, na *teoria particular das ciências sociais objectivas positivistas,* a realidade social a explorar, a descrever, a explicar, a interpretar, a compreender, etc., ser *comparada* a um ideal, significa que *a razão*, que é a qualidade do sujeito que serve para explicar a realidade, *assume*, ou quer assumir para ordenar os fenómenos, que não deve mover-se, que deve permanecer para sempre e sempre fixa, eternamente imóvel (dogmatismo).
Um *traço caraterístico* da visão *positivista* da realidade *social* é o facto de procurar explicar os fenómenos sociais através das leis da *natureza*. Os factos

sociais são compreendidos e interpretados por analogia com um ideal, como se fossem fenómenos naturais. Assume-se, com base na razão, que o único conhecimento autêntico é o conhecimento científico (dogmatismo), e que este só pode surgir da afirmação positiva de teorias através do método científico. Este *determinismo* ontológico permite assumir, com base na *razão*, que existe uma *ordem* estabelecida (racionalismo) na realidade social (por Deus, pela razão ou pela história dos povos), que *a razão* humana descobre através da reflexão. Supõe-se, ou quer-se supor, porque convém a certos interesses, que na realidade social, em geral, há uma *ordem*, regras de jogo pré-estabelecidas; que são eternas e imutáveis, dadas desde sempre e para sempre (dogmatismo). Comte (1997) assume, a partir da razão, ter descoberto a lei fundamental do progresso e do desenvolvimento do espírito humano (dogmatismo). Segundo Comte (1997), esta lei (dogma) é constituída por três etapas pelas quais a humanidade passou:

1 O primeiro deles (o estado teológico) corresponde à infância da humanidade, quando esta se interroga sobre o quê de todas as coisas. Nesta fase, há três momentos: o fetichismo, em que se personificam as coisas e se lhes atribui um poder mágico ou divino; o politeísmo, em que as coisas materiais são substituídas por seres divinos e os processos naturais ficam dependentes da vontade dos deuses; e o monoteísmo, em que a pluralidade de deuses é substituída por uma divindade única, singular e omnipotente que, com as suas leis (dogmas), rege todo o universo.

2 A segunda das três etapas pelas quais, segundo Augusto Comte (1997), a humanidade passou, é a etapa metafísica. É uma modificação do estádio teológico e é indispensável para o desenvolvimento da humanidade e igualmente transitório e imperfeito. Em vez de descobrir causas, o objetivo é conhecer essências; substituindo entidades naturais por abstracções, tais como as ideias de princípio, substância, essência, causa, etc.

3 A terceira e perfeita etapa é a etapa *positiva*. O desenvolvimento do espírito humano. Esta etapa é atingida quando já não se aspira a um conhecimento absoluto que explique a origem e o sentido do universo, quando se deixa de procurar o porquê de todas as coisas e o homem se limita a observar os factos da experiência, a descrevê-los e a descobrir as leis (dogmatismo) que regem o seu comportamento, ou seja, as relações constantes (racionalismo) que existem entre os fenómenos observados.

O positivismo, tal como as teorias gerais do conhecimento objetivo (matematicismo, mecanicismo e organicismo), só *funciona* quando cada parte está integrada no lugar certo e complementa as outras para continuar a cumprir a mesma função (racionalismo).

A *função* do *positivismo*, tal como a das teorias gerais do conhecimento objetivo (matematicismo, mecanicismo e organicismo) é a descoberta de leis simples e inalteráveis, que devem explicar um conjunto de elementos simples e inalteráveis (dogmatismo).

De acordo com a teoria positivista, só podemos saber o que a ciência nos permite saber; e o único método de conhecimento é o das ciências naturais.

Na *teoria particular da ciência social objetiva positivista* - aplicada à exploração, descrição, explicação, interpretação, compreensão, etc., do comportamento humano em sociedade - o *objeto* (a ideia, o instituído, as instituições, etc., construídos por determinados sujeitos, assumindo, a partir da razão, que a realidade não se move) determina o *sujeito*. *Assume-se*, ou quer-se assumir, a partir da *razão* que, numa relação de conhecimento, o objeto determina o sujeito. Que os seres humanos, enquanto *sujeitos* em si mesmos, são menos importantes do que as instituições, que só dentro da *instituição* (objeto) é que as suas vidas fazem sentido. A palavra *objetivo* deriva, em termos ontológicos e epistemológicos, da palavra objeto de conhecimento.

A interpretação da realidade social, a partir da *teoria particular da ciência social objetiva positivista*, como nas teorias gerais do conhecimento objetivo (matematicismo, mecanicismo e organicismo), *assume*, ou quer *assumir* (a partir de certas racionalidades e porque convém a certos interesses), que o *sujeito* é devido ao *objeto*; que o importante é o todo e não a parte; que as partes são devedoras do todo; que a razão da existência das partes é a conservação, preservação e valorização do todo; que o que deve ser preservado são as *instituições* (ideias) a que os *sujeitos* são devedores.

O método da ciência natural (descoberta das leis causais e do seu controlo sobre os factos) aplica-se não só ao estudo da natureza, mas também ao estudo da sociedade (monismo epistemológico).

Na *teoria particular da ciência social objetiva positivista*, as explorações, descrições, explicações, interpretações, compreensões, etc. sobre o comportamento humano em sociedade são construídas através da resolução do problema pré-metafísico da essência do conhecimento, utilizando *pressupostos* filosóficos *idealistas*. Parte-se *do princípio* de que a realidade estudada (o *objeto* a conhecer) existe independentemente da existência de um *sujeito cognoscente* interessado em conhecê-la ou não.

É por isso que a sociologia, entendida como a ciência dos factos sociais, constituída pelas relações humanas, é o resultado caraterístico do programa positivista.

Na *teoria particular das ciências sociais positivistas*, as explorações, descrições, explicações, interpretações, compreensões, etc. sobre o comportamento humano em sociedade são construídas através da resolução do problema teológico da essência do conhecimento, recorrendo a pressupostos filosóficos *dualistas*. Parte-se *do princípio de* que a realidade em estudo (o *objeto* a conhecer) está dividida em dois pólos opostos e irreconciliáveis: alunos aprovados e reprovados, bons e maus professores, alunos pontuais e não pontuais, etc.

O monismo metodológico, baseado no método científico *positivista*, seria a solução para todos os problemas sociais da humanidade: conhecer para controlar.

O *tipo* de conhecimento que se constrói, na *teoria particular da ciência social positivista*, é *racional*. Assume-se, com base na *razão*, que o único conhecimento *verdadeiro* é aquele que nasce da reflexão da *alma* humana.

O positivismo confere à humanidade um otimismo baseado na certeza (racionalismo) de um processo imparável (ora concebido como resultado do engenho e do trabalho humanos, ora como algo necessário e automático) que avança para condições de bem-estar generalizado, numa sociedade pacífica e solidária entre os homens (idealismo).

Os conceitos e *critérios* de verdade do conhecimento que são construídos na *teoria particular da ciência social positivista* são *imanentes*. Assume-se, a partir da razão, que a verdade é a concordância do pensamento consigo mesmo, não com a realidade. Os sujeitos cognoscentes são confrontados com objectos de conhecimento ideais, mentais, entidades criadas por determinadas racionalidades, que não têm existência, propriamente dita, na realidade material.

Trata-se de conhecer para controlar e controlar para dominar, tanto a natureza como a sociedade.

A *teoria particular da sociedade-alvo positivista* pode servir para fins como os seguintes: concretizar os "ideais" de certas racionalidades de determinados sujeitos ou grupos, independentemente das diferenças (económicas, políticas, sociais, etc.) entre as partes constituintes.

De acordo com a *teoria particular das ciências sociais objectivas*, denominada *positivismo*, as ciências podem ser classificadas em: astronomia, física, química, fisiologia e física social ou sociologia.

Para estudar a realidade social, é preciso partir de *pressupostos filosóficos* que implicam ordem, harmonia, quietude, etc. (dogmáticos, racionalistas, objectivistas, idealistas, etc.).

Os fundamentos teóricos matemáticos, mecanicistas e organicistas são muito úteis para reforçar a problematização dos objectos de estudo através da teoria particular da ciência social objetiva positiva.

O quadro seguinte mostra os *pressupostos* filosóficos a partir dos quais cada um dos cinco principais *problemas* filosóficos do conhecimento é resolvido na construção da *teoria particular da ciência social objetiva positivista*:

TEORIA PARTICULAR DAS CIÊNCIAS SOCIAIS OBJECTIVAS	**PROBLEMAS FILOSÓFICOS DO CONHECIMENTO**						
	POSSIBILIDADE DE CONHECIMENTO	ORIGEM DO CONHECIMENTO	ESSÊNCIA DO CONHECIMENTO			TIPO DE CONHECIMENTO	CONCEITO E CRITÉRIOS VERDADEIRAMENTE DO CONHECIMENTO
			SOLUÇÕES				
			SOLUÇÃO PREMETAFISCA	SOLUÇÃO METAFÍSICA	SOLUÇÃO TEOLOGIA		
	PRESSUPOSTOS A PARTIR DOS QUAIS SE PODEM RESOLVER PROBLEMAS DE CONHECIMENTO						
POSITIVISMO	DOGMATISMO	RACIONALISMO	OBJECTIVISMO	IDEALISMO	DUALISMO	RACIONAL	IMANENTE

2.3.5.2.2.1.2 Funcionalismo

O funcionalismo pode ser *definido*, a partir da razão, como uma *teoria particular das ciências sociais objectivas* em que a realidade social é *comparada* a uma *função orgânica vital*, a ser explorada, descrita, explicada, interpretada, compreendida, etc., como um sistema de movimentos vitais e as necessidades correspondentes do organismo: função digestiva, respiratória, etc.

Durkheim (1999) entende a *função* como a satisfação de uma necessidade de um organismo vivo. Por exemplo: a *função* respiratória, a *função* digestiva,

etc., num organismo vivo. Esta ideia de *função*, que é construída nas ciências naturais - nomeadamente na biologia - é aplicada às ciências sociais, por *analogia*.
Parte-se *do princípio* de que, tal como os organismos vivos têm necessidades de validade, integração, etc., que são satisfeitas pelas *funções* digestiva, respiratória, etc., também as sociedades têm necessidades de harmonia, ordem, integração, validade, etc., que são satisfeitas pelas funções digestiva, respiratória, etc.
O problema é resolvido através de associações e combinações, agregações, penetrações e fusões de indivíduos.
O funcionalismo é uma teoria porque explora, descreve, explica, interpreta, compreende, etc., a realidade social.
O funcionalismo é uma teoria particular das ciências sociais porque explora, descreve, explica, interpreta, compreende, etc., apenas a realidade social.
O funcionalismo é uma teoria particular das ciências sociais objectivas porque explora, descreve, explica, interpreta, compreende, etc., a realidade social a partir da razão do sujeito que constrói a teoria; partindo do princípio de que, numa relação de conhecimento, o objeto a conhecer determina o sujeito cognoscente (objetivismo).
O facto de *o funcionalismo* comparar a realidade social com as funções orgânicas vitais de um ser vivo significa que, de todas as capacidades que o sujeito tem para gerar novos conhecimentos (adição, subtração, multiplicação, divisão, análise, síntese, indução, dedução, *comparação*, classificação, definição, etc.), *a comparação* é utilizada, de preferência, para ordenar a realidade.
O facto de, na teoria particular das ciências sociais *funcionalistas* objectivas, a realidade social a explorar, a descrever, a explicar, a interpretar, a compreender, etc., ser comparada às funções orgânicas vitais, significa que a razão, que é a qualidade do sujeito que serve para explicar a realidade, assume, ou quer assumir, para ordenar os fenómenos, que não deve mover-se, que deve permanecer para sempre e sempre fixa, eternamente imóvel (dogmatismo).
Algumas caraterísticas da visão *funcionalista* da realidade *social* são as seguintes:
1 O objetivo é explicar os fenómenos sociais através de analogias com os fenómenos naturais. Quando o conjunto social em estudo só pode ser compreendido como uma unidade.
2 Esta unidade é considerada como sendo constituída por componentes que adquirem significado e sentido na sua relação com o todo.
3 Presume-se que o corpo social mantém um estado de equilíbrio relativo quando cada parte está no seu lugar e desempenha a sua função no conjunto.
4 Face a qualquer perturbação que desorganize o sistema, este defende-se para restabelecer o equilíbrio ameaçado.
5 A forma correta de manter o equilíbrio é através da normalização do comportamento humano para aceitar os valores e padrões do estatuto e do papel social que se espera que desempenhe no funcionamento do sistema.
6 . O funcionalismo tem como objetivo explicar e fundamentar o equilíbrio social, o que significa a preservação das estruturas sociais estabelecidas.

Este *determinismo* ontológico permite supor, com base na *razão*, como nas teorias gerais do conhecimento objetivo (matematicismo, mecanicismo e organicismo) e na teoria particular das ciências sociais objectivas (positivismo) que acabámos de analisar, que na realidade social existe uma *ordem* estabelecida (racionalismo) (por Deus, pela razão ou pela história dos povos), que *a razão* humana descobre através da reflexão. Assume-se, ou quer-se assumir, porque convém a certos interesses, que na realidade social, em geral, há uma *ordem*, regras de jogo pré-estabelecidas; que são eternas e imutáveis, dadas desde sempre e para sempre (dogmatismo).
Os que acreditam na ordem explicam a sociedade dogmaticamente, racionalmente, objetivamente, idealmente, dualisticamente, etc., em termos de integrar (*relacionar*) o separado, o *oposto*, envolvendo associações, combinações, agregações, penetrações, fusões, etc. de indivíduos.
A ordem é entendida como um facto social que regula as acções individuais, tendo em vista a integração das partes no todo.
O facto social é toda a forma de tomada de consciência social e uma ação social implica um conjunto de comportamentos individuais regulados pela coerção.
Um exemplo, a partir do *funcionalismo*, qualquer sociedade é comparável a uma função vital, na qual é necessário exercer uma certa coerção (conjunto de comportamentos individuais) face a uma *disfunção* social; satisfazer - isto é - estabelecer a harmonia geral, a ordem social, a necessidade de validade e de integração da sociedade; através da agregação, penetração, fusão, etc. dos indivíduos; ordená-los, isto é, fazer de modo a que as acções individuais sejam reguladas, tendo em vista um fim geral.
No *funcionalismo*, tal como as teorias gerais do conhecimento objetivo (matematicismo, mecanicismo e organicismo) e a teoria particular da ciência social objetivista positiva, só *funciona* quando cada parte está integrada no lugar certo e complementa as outras para continuar a cumprir a mesma função (racionalismo).
A *função* do *funcionalismo*, tal como a das teorias gerais do conhecimento objetivo (matematicismo, mecanicismo e organicismo) e da teoria particular da ciência social positivista, é a descoberta de leis simples e inalteráveis, que devem explicar um conjunto de elementos simples e inalteráveis (dogmatismo).
O objetivo é explicar e sustentar o equilíbrio social, a fim de preservar as estruturas estabelecidas.
As "células" que compõem o "tecido" social devem desempenhar a sua função para que este "tecido", juntamente com outros "tecidos" sociais, forme certos "órgãos" vitais que, por sua vez, em ligação com outros "órgãos" fundamentais, formam aparelhos e sistemas vitais que, em conjunto, satisfazem as necessidades do "todo". Os objectivos do "todo" devem ser alcançados.
A sociedade é entendida como um organismo no qual existe uma dependência mútua entre o todo e as partes e entre as próprias partes.
Segundo a teoria *funcionalista*, só podemos saber o que a ciência nos permite saber; e o único método de conhecimento é o das ciências naturais.

Na teoria particular da ciência social *funcionalista* objetiva (tal como nas teorias gerais do conhecimento objetivo matemático, mecanicista e organicista; e na teoria particular da ciência social positiva) - aplicada à exploração, descrição, explicação, interpretação, compreensão, etc., do comportamento humano em sociedade - o *objeto* (a ideia, o instituído, as instituições, etc., construídos por determinados sujeitos, assumindo, a partir da razão, que a realidade não se move) determina o *sujeito*. *Assume-se*, ou quer-se assumir, a partir da *razão* que, numa relação de conhecimento, o objeto determina o sujeito. Que os seres humanos, enquanto *sujeitos* em si mesmos, são menos importantes do que as instituições, que só dentro da *instituição* (objeto) é que as suas vidas fazem sentido. A palavra *objetivo* deriva, em termos ontológicos e epistemológicos, da palavra objeto de conhecimento.

O funcionalismo é idealista porque explora, descreve, explica, interpreta, compreende, etc. a realidade social comparando-a com o que ela não é na realidade: uma função orgânica.

A interpretação da realidade social, desde a *teoria particular da ciência social objetiva funcionalista*, como nas teorias gerais do conhecimento objetivo (matematicismo, mecanicismo e organicismo) e na teoria particular da ciência social objetiva positiva, *assume*, ou quer *assumir* (a partir de certas racionalidades e porque convém a certos interesses), que o *sujeito* é devido ao *objeto*; que o importante é o todo e não a parte; que as partes são devedoras do todo; que a razão de ser das partes é a conservação, a preservação e a valorização do todo; que o que deve ser preservado são as *instituições* (ideias) às quais os *sujeitos* são devedores.

O método da ciência natural (descoberta das leis causais e do seu controlo sobre os factos) não se aplica apenas ao estudo da natureza, mas também ao estudo da sociedade (monismo epistemológico).

O monismo metodológico, baseado no método científico *positivista* e *funcionalista*, é suposto ser a solução para todos os problemas sociais da humanidade: conhecer para controlar.

Na teoria particular da ciência social *funcionalista* objetiva, tal como nas teorias gerais do conhecimento objetivo (matematicismo, mecanicismo e organicismo) e na teoria particular da ciência social objetiva positiva, as explorações, descrições, explicações, interpretações, compreensões, etc., sobre o comportamento humano em sociedade são construídas através da resolução do problema metafísico da essência do conhecimento, utilizando *pressupostos* filosóficos *idealistas*. Parte-se *do princípio* de que a realidade estudada (o *objeto* a conhecer) existe independentemente da existência de um *sujeito cognoscente* interessado em conhecê-la ou não.

É por isso que a sociologia, entendida como a ciência dos factos sociais, constituída pelas relações humanas, é o resultado caraterístico dos programas positivista e *funcionalista*.

Na teoria particular da ciência social *funcionalista*, tal como no positivismo, as explorações, descrições, explicações, interpretações, compreensões, etc. sobre o comportamento humano em sociedade são construídas através da resolução do problema teológico da essência do conhecimento, recorrendo a *pressupostos* filosóficos *dualistas*. Parte-se *do princípio* de que a realidade em estudo (o *objeto* a conhecer) está dividida em dois pólos opostos e irreconciliáveis: alunos aprovados e reprovados, bons e maus professores, pontuais e não pontuais, etc.

O tipo de conhecimento que se constrói, na teoria particular da ciência social *funcionalista*, tal como na ciência social positivista, é racional. Assume-se, com base na razão, que o único conhecimento verdadeiro é aquele que nasce da reflexão da alma humana.

O funcionalismo, tal como o positivismo, confere otimismo à humanidade com base na certeza (racionalismo) de um processo imparável (ora concebido como resultado do engenho e do trabalho humano, ora como algo necessário e automático) que avança para condições de bem-estar generalizado, numa sociedade pacífica e solidária entre os homens (idealismo).

Os conceitos e critérios de verdade do conhecimento que são construídos na teoria particular da ciência social *funcionalista* objetiva, como no positivismo, são *imanentes*. Assume-se, a partir da razão, que a verdade é a concordância do pensamento consigo mesmo, não com a realidade. Os sujeitos cognitivos são confrontados com objectos de conhecimento ideais, mentais, entidades criadas por determinadas racionalidades, que não têm existência, propriamente dita, na realidade material.

O funcionalismo é uma teoria particular da ciência social objetiva porque os grupos sociais não são organismos vivos, essa ideia está apenas na mente do criador da teoria. Durkheim construiu o conceito de função social em termos analógicos com o organismo biológico. Ele entende que tanto os sistemas sociais quanto os organismos vivos têm certas necessidades a serem satisfeitas. Ele diz que assim como no organismo vivo a satisfação fisiológica é o que mantém a validade de uma corporeidade, também a existência do organismo, no caso de uma sociedade, sua validade, sua integração, depende do estabelecimento de uma harmonia geral, de uma ordem.

A teoria particular da sociedade *funcionalista* objetiva, tal como a positivista, pode servir para fins como os seguintes: realizar os "ideais" de certas racionalidades de determinados sujeitos ou grupos, independentemente das diferenças (económicas, políticas, sociais, etc.) entre as partes constituintes.

No *funcionalismo*, tal como no positivismo, o objetivo é explicar e fundamentar o equilíbrio social, a fim de preservar as estruturas sociais estabelecidas.

Para estudar a realidade social a partir do *funcionalismo*, como na teoria positivista, é preciso partir de pressupostos filosóficos que implicam ordem, harmonia, quietude, etc. (dogmáticos, racionalistas, objectivistas, idealistas, etc.).

Tal como no positivismo, trata-se de conhecer para controlar e controlar para dominar, tanto a natureza como a sociedade.

Os fundamentos teóricos gerais do conhecimento (matemáticos, mecanicistas, mecanicistas, organicistas) e particulares das ciências sociais objectivistas-positivistas são muito úteis para reforçar a problematização dos objectos de estudo através da teoria particular da ciência social objetiva-funcionalista.

As categorias que, para explicar a sociedade, foram elaboradas a partir desta teoria particular das ciências sociais objectivas, evoluíram e aumentaram ao longo do tempo, a partir de autores como o antropólogo inglês Radcliffe Brown, Bronislaw Malinowsky, Max Weber, Talcot Parsons, Robert Merton, etc. (Gutiérrez, 1984).

O quadro seguinte mostra os *pressupostos* filosóficos a partir dos quais cada um dos cinco principais *problemas* filosóficos do conhecimento é resolvido na construção da *teoria particular da ciência social funcionalista objetiva*:

TEORIA PARTICULAR DA CIÊNCIA SOCIAL OBJECTIVA	**PROBLEMAS FILOSÓFICOS DO CONHECIMENTO**						
	POSSIBILIDADE DE CONHECIMENTO	ORIGEM DO CONHECIMENTO	ESSÊNCIA DO CONHECIMENTO			TIPO DE CONHECIMENTO	CONCEITO E CRITÉRIO DE VERDADE DO CONHECIMENTO
			SOLUÇÕES				
			SOLUÇÃO PREMETAFISICA	SOLUÇÃO METAFÍSICA	SOLUÇÃO TEOLÓGICA		
	PRESSUPOSTOS COM BASE NOS QUAIS OS PROBLEMAS DE CONHECIMENTO PODEM SER RESOLVIDOS						
FUNCIONALISMO	DOGMATISMO	RACIONALISMO	OBJECTIVISMO	IDEALISMO	DUALISMO	RACIONAL	IMANENTE

2.3.5.2.2.1.3 Estruturalismo.

O estruturalismo pode ser *definido*, a partir da razão, como uma *teoria particular da ciência social objetiva* em que a realidade social é *comparada* a uma estrutura (constructo), a fim de ser explorada, descrita, explicada, interpretada, compreendida, etc., como um todo estruturado, unido, em conjunto, em estrutura.

O estruturalismo é uma teoria porque explora, descreve, explica, interpreta, compreende, etc., a realidade social.

O estruturalismo é uma teoria particular das ciências sociais porque explora, descreve, explica, interpreta, compreende, etc., apenas a realidade social.

O estruturalismo é uma teoria particular das ciências sociais objectivas porque explora, descreve, explica, interpreta, compreende, etc., a realidade social a partir da razão do sujeito que constrói a realidade social.

teoria do conhecimento; pressupondo que, numa relação de conhecimento, o objeto a conhecer determina o sujeito cognoscente (objetivismo).

O facto de *o estruturalismo* comparar a realidade social com uma construção significa que, de todas as capacidades de que o sujeito dispõe para gerar novos conhecimentos (adição, subtração, multiplicação, divisão, análise, síntese, indução, dedução, *comparação*, classificação, definição, etc.), *a comparação* é preferencialmente utilizada para ordenar a realidade.

O facto de, na teoria particular da ciência social *estruturalista* objetiva, a realidade social a explorar, a descrever, a explicar, a interpretar, a compreender, etc., ser comparada a uma estrutura, significa que a razão, que é a qualidade do sujeito que serve para explicar a realidade, assume, ou quer assumir, para ordenar os fenómenos, que esta não deve mover-se, que deve permanecer para sempre e sempre fixa, eternamente imóvel (dogmatismo).

O pressuposto filosófico a partir do qual a teoria particular da ciência social *estruturalista* objetiva resolve o problema da possibilidade de conhecimento, de preferência através da razão, é o dogmatismo.

Algumas caraterísticas gerais da teoria particular da ciência social estruturalista são as seguintes:

1. A realidade é um todo estruturado.
2. A realidade é transformada.
3. A realidade é auto-reguladora.

Este *determinismo* ontológico permite assumir, com base na *razão*, que existe uma *ordem* estabelecida (racionalismo) na realidade social (por Deus, pela razão ou pela história dos povos), que *a razão* humana descobre através da reflexão. Supõe-se, ou quer-se supor, porque convém a certos interesses, que na realidade social, em geral, há uma *ordem*, regras de jogo pré-estabelecidas; que são eternas e imutáveis, dadas desde sempre e para sempre (dogmatismo).

Na teoria particular da ciência social estruturalista, o problema filosófico da origem do conhecimento é resolvido com base em pressupostos racionalistas.

Os que acreditam na ordem explicam a sociedade dogmaticamente, racionalmente, objetivamente, idealmente, dualisticamente, etc., em termos de integrar (*relacionar*) o separado, o *oposto*, envolvendo associações, combinações, agregações, penetrações, fusões, etc. de indivíduos.

O estruturalismo, tal como as teorias gerais do conhecimento objetivo (matematicismo, mecanicismo e organicismo) e as teorias particulares das ciências sociais objectivistas positivas e objectivistas funcionais, só *funciona* quando cada parte está integrada no lugar certo e complementa as outras para continuar a cumprir a mesma função (racionalismo).

A *função do* estruturalismo, tal como a das teorias gerais do conhecimento objetivo (matematicismo, mecanicismo e organicismo) e das teorias particulares das ciências sociais positivistas e funcionalistas, é a descoberta de leis simples e inalteráveis, que devem explicar um conjunto de elementos simples e inalteráveis (dogmatismo).

O objetivo é explicar e sustentar o equilíbrio social, a fim de preservar as estruturas estabelecidas.

Na teoria particular da ciência social *estruturalista* objetiva (tal como nas teorias gerais do conhecimento objetivo matemático, mecanicista e organicista; e nas teorias particulares da ciência social positiva e funcional) - aplicada à exploração, descrição, explicação, interpretação, compreensão, etc., do comportamento humano em sociedade - o *objeto* (a ideia, o instituído, as instituições, etc., construídos por determinados sujeitos, assumindo, a partir da razão, que a realidade não se move) determina o *sujeito. Assume-se*, ou quer-se assumir, a partir da *razão* que, numa relação de conhecimento, o objeto determina o sujeito. Que os seres humanos, enquanto *sujeitos* em si mesmos, são menos importantes do que as instituições, que só dentro da *instituição* (objeto) é que as suas vidas fazem sentido. A palavra *objetivo* deriva, em termos ontológicos e epistemológicos, da palavra objeto de conhecimento.

No *estruturalismo*, partindo da razão, o problema da essência do conhecimento é resolvido a partir de uma solução pré-metafísica, recorrendo a pressupostos filosóficos objectivistas.

A função do *estruturalismo*, a necessidade que satisfaz, é descobrir as leis que regem a estrutura.

A interpretação da realidade social, desde a *teoria particular da ciência social objetiva estruturalista*, como nas teorias gerais do conhecimento objetivo (matematicismo, mecanicismo e organicismo) e nas teorias particulares das ciências sociais objectivas positivas e funcionais, *assume*, ou quer *assumir* (a partir de certas racionalidades e porque convém a certos interesses), que o *sujeito* é devido ao *objeto*; que o importante é o todo e não a parte; que as partes são devedoras do todo; que a razão da existência das partes é a conservação, preservação e valorização do todo; que o que deve ser preservado são as *instituições* (ideias) a que os *sujeitos* são devedores.

Na teoria particular da ciência social objetiva *estruturalista*, tal como nas teorias gerais do conhecimento objetivo (matematicismo, mecanicismo e organicismo) e nas teorias particulares da ciência social objetiva positiva e funcional, as explorações, descrições, explicações, interpretações, compreensões, etc. do comportamento humano em sociedade são construídas através da resolução do problema metafísico da essência do conhecimento com base em pressupostos filosóficos *idealistas*. Parte-se do princípio de que a realidade estudada (o *objeto* a conhecer) existe independentemente da existência ou não de um *sujeito cognoscente* interessado em conhecê-la.

Na teoria particular das ciências sociais *estruturalistas*, tal como no positivismo e no funcionalismo, as explorações, descrições, explicações, interpretações, compreensões, etc. do comportamento humano em sociedade são construídas a partir da razão, resolvendo-se o problema teológico da essência do conhecimento através de pressupostos filosóficos *dualistas*. Parte-se *do princípio* de que a realidade em estudo (o *objeto* a conhecer) está dividida em dois pólos opostos e irreconciliáveis: os alunos que passam e os que chumbam, os bons e os maus professores, os que são pontuais e os que não são, etc.

O objetivo do *estruturalismo* é manter o estado de coisas, que a estrutura social permaneça estável, independentemente das desigualdades estruturais.

O tipo de conhecimento que se constrói, na teoria particular da ciência social *estruturalista*, como na ciência social positivista e funcionalista, é racional. Assume-se, com base na razão, que o único conhecimento verdadeiro é aquele que nasce da reflexão da alma humana.

O estruturalismo resolve o problema da classificação do conhecimento, do ponto de vista da razão, com base em pressupostos filosóficos racionalistas.

O estruturalismo, tal como o positivismo e o funcionalismo, confere otimismo à humanidade com base na certeza (racionalismo) de um processo imparável (ora concebido como resultado do engenho e do trabalho humano, ora como algo necessário e automático) que avança para condições de bem-estar generalizado, numa sociedade pacífica e solidária entre os homens (idealismo).

Os conceitos e critérios de verdade do conhecimento que são construídos na teoria particular da ciência social *estruturalista* objetiva, como no positivismo e no funcionalismo, são *imanentes*. Assume-se, a partir da razão, que a verdade é a concordância do pensamento consigo mesmo, não com a realidade. Os sujeitos cognitivos são confrontados com objectos de conhecimento ideais, mentais, entidades criadas por determinadas racionalidades, que não têm existência, propriamente dita, na realidade material.
No *estruturalismo*, o problema filosófico do conceito e do critério de verdade do conhecimento é resolvido pela razão, recorrendo a pressupostos imanentes.
O estruturalismo é uma teoria particular da ciência social objetiva porque os grupos sociais não são estruturas, edifícios. Essa ideia está apenas na mente do criador da teoria. Claude Levi Straus partiu do princípio de que o pensamento humano pode descobrir e explicar a estrutura dos objectos de conhecimento.
A teoria particular da sociedade objetiva *estruturalista*, tal como a positivista e a funcionalista, pode servir propósitos como os seguintes: realizar os "ideais" de certas racionalidades de sujeitos ou grupos particulares, independentemente das diferenças (económicas, políticas, sociais, etc.) entre as partes constituintes.
No *estruturalismo*, tal como no positivismo e no funcionalismo, procura-se explicar e fundamentar o equilíbrio social de modo a preservar as estruturas sociais estabelecidas.
Para estudar a realidade social no *estruturalismo*, tal como nas teorias positivistas e funcionalistas, é preciso partir de pressupostos filosóficos que implicam ordem, harmonia, quietude, etc. (dogmáticos, racionalistas, objectivistas, idealistas, etc.).
Trata-se, tal como no positivismo e no funcionalismo, de conhecer para controlar e controlar para dominar, tanto a natureza como a sociedade.
As bases teóricas gerais do conhecimento (matemáticas, mecanicistas, mecanicistas, organicistas) e as ciências sociais objectivas particulares (positivistas e funcionalistas) são muito úteis para reforçar a problematização dos objectos de estudo através da teoria particular da ciência social objetiva *estruturalista*.
As categorias explicativas da sociedade que foram elaboradas a partir desta teoria particular das ciências sociais objectivas evoluíram e aumentaram ao longo do tempo, a partir de autores como Claude Levi Straus, Piaget, Jacques Lacan, Althusser, Schaff, etc.
O estruturalismo, cujo conceito (oriundo da química, passando daí para a linguagem e outras ciências) significa "construir", segundo Schaff, e de acordo com Matallman, Ferdinand de Saussure, Levi Strauss, Piaget, Althusser, etc., distingue-se do *funcionalismo, principalmente, porque* o objeto, como algo exposto, dado em si mesmo, só tem significado no momento em que o pensamento pode descobrir e explicar a sua estrutura (fenomenalismo), difere do funcionalismo, principalmente porque o objeto, como algo exposto, dado em si mesmo, só tem significado no momento em que o pensamento pode descobrir e explicar a sua estrutura (fenomenalismo), que é imanente ao

objeto, mas não manifesta, só apreendemos o fenómeno tal como ele nos aparece, não em si mesmo (fenomenalismo), como pretende ingenuamente o funcionalismo.

De acordo com esta teoria, o objeto é construído, iniciando-se assim a explicação. A realidade é empiricamente observável, mas os objectos que se apresentam são dados de forma primitiva, grosseira e simples aos nossos sentidos; assim, o nosso pensamento deve, numa segunda instância, elaborar um modelo (dogmatismo) da realidade para tentar encontrar a estrutura (racionalismo) que se encontra nesses objectos; uma estrutura que, sendo imanente a eles, é própria desses objectos. O pensamento não tem de intervir (objetivismo), pois, caso contrário, destruiria a ordem que existe nos fenómenos perceptíveis.

Procura a unidade, a conjunção, a estrutura, a ordem. A realidade é vista (de forma dogmática, racionalista, objetiva, idealista, dualista) como relacionada com o todo. O diverso, o heterogéneo, não se enquadra nesta corrente (Gutiérrez, 1984:195-207).

O estruturalismo, juntamente com o marxismo, faz a ponte entre o objetivo e o subjetivo na construção dos seus objectos de estudo.

O quadro seguinte mostra os *pressupostos* filosóficos a partir dos quais cada um dos cinco principais *problemas* filosóficos do conhecimento é resolvido na construção da *teoria particular da ciência social objetiva estruturalista*:

<table>
<tr><td rowspan="5">TEORIA PARTICULAR DA CIÊNCIA SOCIAL OBJECTIVA</td><td colspan="7">PROBLEMAS FILOSÓFICOS DO CONHECIMENTO</td></tr>
<tr><td rowspan="3">POSSIBILIDADE DE CONHECIMENTO</td><td rowspan="3">ORIGEM DO CONHECIMENTO</td><td colspan="3">ESSÊNCIA DO CONHECIMENTO</td><td rowspan="3">TIPO DE CONHECIMENTO</td><td rowspan="3">CONCEITO E CRITÉRIO DE VERDADE DO CONHECIMENTO</td></tr>
<tr><td colspan="3">SOLUÇÕES</td></tr>
<tr><td>SOLUÇÃO PRÉ-METAFÍSICA</td><td>SOLUÇÃO METAFÍSICA</td><td>SOLUÇÃO TEOLÓGICA</td></tr>
<tr><td colspan="7">PRESSUPOSTOS A PARTIR DOS QUAIS SE PODEM RESOLVER PROBLEMAS DE CONHECIMENTO</td></tr>
<tr><td>ESTRUTURALISMO</td><td>DOGMATISMO</td><td>RACIONALISMO</td><td>OBJECTIVISMO</td><td>IDEALISMO</td><td>DUALISMO</td><td>RACIONAL</td><td>IMANENTE</td></tr>
</table>

2.3.5.2.2.1.4 Sistemas.

Os sistemas podem ser definidos, a partir da razão, como uma teoria particular das ciências sociais objectivas em que a realidade social é comparada a um todo, a uma totalidade que pode ser uma máquina, um organismo vivo, uma estrutura (concreta ou abstrata), etc., a fim de explorar, descrever, explicar, interpretar, compreender, etc., como um todo sistémico, ideal, mecânico, orgânico, positivo, funcional, estruturado, etc.

O *sistema* é uma teoria porque explora, descreve, explica, interpreta, compreende, etc., a realidade social.

O *sistema* é uma teoria particular das ciências sociais porque explora, descreve, explica, interpreta, compreende, etc., apenas a realidade social.

O sistema é uma teoria particular das ciências sociais objectivas porque explora, descreve, explica, interpreta, compreende, etc., a realidade social a partir da razão do sujeito que constrói a teoria; partindo do princípio de que,

numa relação de conhecimento, o objeto a conhecer determina o sujeito cognoscente (objetivismo).
O facto de, num *sistema,* a realidade social ser comparada a um todo, a uma totalidade que pode ser uma máquina, um organismo vivo, uma estrutura (concreta ou abstrata), etc., significa que, de todas as capacidades de que o sujeito dispõe para gerar novos conhecimentos (adição, subtração, multiplicação, divisão, análise, síntese, indução, dedução, *comparação*, classificação, definição, etc.), *a comparação* é utilizada, de preferência, para ordenar a realidade.
Um *sistema* deve ser considerado como uma entidade ou fenómeno integrado que engloba todos os aspectos e níveis que o compõem, caracterizados pela sua inter-relação mútua (Gutiérrez, 1984: 220). Um exemplo disso pode ser desde uma célula a um ser vivo, de uma simples máquina mecânica a um computador autorregulador, de um grupo social ao contexto social internacional; ou seja, qualquer entidade ou fenómeno de qualquer tipo ou classe que se identifique como uma totalidade (Gutiérrez, 1984: 221). (Gutiérrez, 1984: 221).
Que na teoria particular da ciência social *sistémica* objetiva, a realidade social a explorar, descrever, explicar, interpretar, compreender, etc., é comparada a um todo, a uma totalidade, que pode ser uma máquina, um organismo vivo, uma estrutura (concreta ou abstrata, etc.), com um todo, com uma totalidade, que pode ser uma máquina, um organismo vivo, uma estrutura (concreta ou abstrata), etc.; significa que a razão, que é a qualidade do sujeito que se utiliza para explicar a realidade, assume, ou quer assumir, para ordenar os fenómenos; que não deve mover-se, que deve permanecer para sempre e sempre fixa, eternamente imóvel (dogmatismo).
O pressuposto filosófico a partir do qual a teoria particular da ciência social objetiva *sistémica* resolve o problema da possibilidade de conhecimento, de preferência através da razão, é o dogmatismo.
A teoria geral dos sistemas, a partir de autores como o biólogo vienense Bertalanffy, o economista Kennet E. Boulding, o biomatemático Anatol Rapoport, o fisiologista Ralph Gerard, etc., aplica a matemática ao conhecimento da sociedade, utilizando modelos teóricos biológicos e conceptuais, mecanicistas e organicistas. Pretende a explicação total (dogmatismo) de qualquer sistema matemático, biológico, mecanicista ou social (Gutiérrez, 1984: 219-232).
A caraterística mais importante da teoria particular da ciência social *sistémica* é o facto de compreender a possibilidade de abraçar os sistemas como inteiros e totalidades.
Este *determinismo* ontológico permite assumir, com base na *razão*, que existe uma *ordem* estabelecida (racionalismo) na realidade social (por Deus, pela razão ou pela história dos povos), que *a razão* humana descobre através da reflexão. Supõe-se, ou quer-se supor, porque convém a certos interesses, que na realidade social, em geral, há uma *ordem*, regras de jogo pré-estabelecidas; que são eternas e imutáveis, dadas desde sempre e para sempre (dogmatismo).

Na teoria particular da ciência social objetiva sistémica, o problema filosófico da origem do conhecimento é resolvido com base em pressupostos racionalistas.
Os que acreditam na ordem explicam a sociedade dogmaticamente, racionalmente, objetivamente, idealmente, dualisticamente, etc., em termos de integrar (*relacionar*) o separado, o *oposto*, envolvendo associações, combinações, agregações, penetrações, fusões, etc. de indivíduos.
Os sistemas, tal como as teorias gerais do conhecimento objetivo (matematicismo, mecanicismo e organicismo) e as teorias particulares das ciências sociais objectivistas positivas, funcionais e estruturalistas, só *funcionam* quando cada parte está integrada no lugar certo e complementa as outras para continuar a cumprir a mesma função (racionalismo).
A função dos *sistemas*, tal como a das teorias gerais do conhecimento objetivo (matematicismo, mecanicismo e organicismo) e das teorias particulares das ciências sociais positivistas, funcionalistas e estruturalistas, é a descoberta de leis simples e inalteráveis, que devem explicar um conjunto de elementos simples e inalteráveis (dogmatismo). Procura dar uma explicação científica de tudo e das totalidades.
A função da ordem sistémica, a necessidade que ela satisfaz, é descobrir as leis que regem o sistema.
O objetivo é explicar e sustentar o equilíbrio social, a fim de preservar as estruturas estabelecidas.
Na teoria particular da ciência social objetiva *sistémica* (tal como nas teorias gerais do conhecimento objetivo (matemáticas, mecanicistas e organicistas) e nas teorias particulares da ciência social (positivas, funcionais e estruturais) - aplicadas à exploração, descrição, explicação, interpretação, compreensão, etc., do comportamento humano em sociedade - o objeto (a ideia, o instituído, as instituições, etc., construídos por determinados sujeitos, assumindo, a partir da razão, que a realidade não se move) determina o sujeito. Assume-se, ou quer-se assumir, a partir da razão que, numa relação de conhecimento, o objeto determina o sujeito. Que os seres humanos, enquanto sujeitos em si mesmos, são menos importantes do que as instituições, que só dentro da instituição (objeto) é que as suas vidas fazem sentido. A palavra objetivo deriva, em termos ontológicos e epistemológicos, da palavra objeto de conhecimento.
Na ordem *sistémica*, o problema pré-metafísico sobre a essência do conhecimento é resolvido, com base na razão, utilizando pressupostos filosóficos objectivistas.
A interpretação da realidade social, a partir da teoria particular da ciência social objetiva *sistémica*, como nas teorias gerais do conhecimento objetivo (matematicismo, mecanicismo e organicismo) e nas teorias particulares das ciências sociais objectivas (positivismo, funcionalismo e estruturalismo), assume, ou quer assumir (a partir de certas racionalidades e porque convém a certos interesses), que o sujeito é devido ao objeto; que o importante é o todo e não a parte; que as partes são devedoras do todo; que a razão de ser das partes é a conservação, preservação e valorização do todo; que o que deve ser preservado são as instituições (ideias) a que os sujeitos são devedores.

Na teoria particular da ciência social objetiva sistémica, tal como nas teorias gerais do conhecimento objetivo (matematicismo, mecanicismo e organicismo) e nas teorias particulares da ciência social objetiva (positivas, funcionais e estruturais), as explorações, descrições, explicações, interpretações, compreensões, etc. sobre o comportamento humano em sociedade são construídas através da resolução do problema metafísico da essência do conhecimento a partir da razão, utilizando pressupostos filosóficos idealistas. Parte-se do princípio de que a realidade estudada (o objeto a conhecer) existe independentemente da existência de um sujeito cognoscente interessado em conhecê-la ou não.

Na teoria particular da ciência social *sistémica*, tal como no positivismo, no funcionalismo e no estruturalismo, as explorações, descrições, explicações, interpretações, compreensões, etc., sobre o comportamento humano em sociedade são construídas através da resolução do problema teológico da essência do conhecimento a partir da razão, recorrendo a pressupostos filosóficos dualistas. Parte-se *do princípio* de que a realidade em estudo (o *objeto* a conhecer) está dividida em dois pólos opostos e irreconciliáveis: os alunos que passam e os que chumbam, os bons e os maus professores, os que são pontuais e os que não são, etc.

O objetivo do *sistema* é manter o estado das coisas, para que a estrutura social permaneça estável, independentemente das desigualdades sistémicas.

O tipo de conhecimento que é construído, na teoria particular da ciência social sistémica, como na teoria positivista, funcionalista e estruturalista, é racional. Assume-se, com base na razão, que o único conhecimento verdadeiro é aquele que nasce da reflexão da alma humana.

O sistema resolve o problema da classificação do conhecimento, a partir da razão, com base em pressupostos filosóficos racionalistas.

O sistema, tal como o positivismo, o funcionalismo e o estruturalismo, confere otimismo à humanidade com base na certeza (racionalismo) de um processo imparável (ora concebido como resultado do engenho e do trabalho humanos, ora como necessário e automático) que avança para condições de bem-estar generalizado, numa sociedade pacífica e solidária entre os homens (idealismo).

Os conceitos e critérios de verdade do conhecimento que são construídos na teoria particular da ciência social objetiva *sistémica*, como no positivismo, no funcionalismo e no estruturalismo, são *imanentes*. Assume-se, a partir da razão, que a verdade é a concordância do pensamento consigo mesmo, não com a realidade. Os sujeitos cognitivos são confrontados com objectos de conhecimento ideais, mentais, entidades criadas por certas racionalidades, que não têm existência, propriamente dita, na realidade material.

No *sistema*, o problema filosófico do conceito e do critério de verdade do conhecimento é resolvido pela razão, utilizando pressupostos imanentes.

O *sistema* é uma teoria particular das ciências sociais objectivas porque os grupos sociais não são *sistemas*, não são um todo sistémico, ideal, mecânico, orgânico, positivo, funcional, estruturado, etc. Essa ideia está apenas na mente do criador da teoria. Para explicar o processo de formação de teorias,

Bertalanffy () considerou necessário identificar, para a sua investigação em biologia, os modelos concetual-teórico, mecanicista e organicista.
A teoria particular da sociedade alvo *sistémica*, tal como as teorias positivistas, funcionalistas e estruturalistas, pode servir propósitos como os seguintes: realizar os "ideais" de certas racionalidades de determinados sujeitos ou grupos, independentemente das diferenças (económicas, políticas, sociais, etc.) entre as partes constituintes.
O sistema, tal como o positivismo, o funcionalismo e o estruturalismo, tenta explicar e fundamentar o equilíbrio social, a fim de preservar as estruturas sociais estabelecidas.

Para estudar a realidade social a partir do *sistema*, como nas teorias positivistas, funcionalistas e estruturalistas, é preciso partir de pressupostos filosóficos que implicam ordem, harmonia, quietude, etc. (dogmáticos, racionalistas, objectivistas, idealistas, etc.).
Tal como no positivismo, no funcionalismo e no estruturalismo, trata-se de conhecer para controlar e controlar para dominar a sociedade.
As bases teóricas gerais do conhecimento (matemáticas, mecanicistas, mecanicistas, organicistas) e as ciências sociais objectivas particulares (positivistas, funcionalistas e estruturalistas) são muito úteis para reforçar a problematização dos objectos de estudo através da teoria particular da ciência social objetivo-sistémica.
As categorias explicativas da sociedade que foram elaboradas a partir desta teoria particular das ciências sociais objectivas evoluíram e aumentaram ao longo do tempo, começando por autores como Berthalanffy, John Von Neuman, Oran R. Young, Merton D. Davism, D. J. White, etc.

Na *teoria geral dos sistemas*, procura-se a unidade, a conjunção, a estrutura e a ordem. A realidade é vista (de forma dogmática, racionalista, objetiva, idealista, dualista) como relacionada com o todo. O diverso, o heterogéneo, não se enquadra nesta corrente (Gutiérrez, 1984:195-207).

O quadro seguinte mostra os pressupostos filosóficos a partir dos quais cada um dos cinco principais *problemas* filosóficos do conhecimento é resolvido na construção da teoria particular da ciência social objetiva *sistémica*:

<table>
<tr><td rowspan="5">TEORIA PARTICULAR DAS CIÊNCIAS SOCIAIS OBJECTIVAS</td><td colspan="7">PROBLEMAS FILOSÓFICOS DO CONHECIMENTO</td></tr>
<tr><td rowspan="3">POSSIBILIDADE DE CONHECIMENTO</td><td rowspan="3">ORIGEM DO CONHECIMENTO</td><td colspan="3">ESSÊNCIA DO CONHECIMENTO</td><td rowspan="3">TIPO DE CONHECIMENTO</td><td rowspan="3">CONCEITO E CRITÉRIO DE VERDADE DO CONHECIMENTO</td></tr>
<tr><td colspan="3">SOLUÇÕES</td></tr>
<tr><td>SOLUÇÃO PRÉ-METAFÍSICA</td><td>SOLUÇÃO METAFÍSICA</td><td>SOLUÇÃO TEOLÓGICA</td></tr>
<tr><td colspan="7">PRESSUPOSTOS A PARTIR DOS QUAIS SE PODEM RESOLVER PROBLEMAS DE CONHECIMENTO</td></tr>
<tr><td>TEORIA GERAL DOS SISTEMAS</td><td>DOGMATISMO</td><td>RACIONALISMO</td><td>OBJECTIVISMO</td><td>IDEALISMO</td><td>DUALISMO</td><td>RACIONAL</td><td>IMANENTE</td></tr>
</table>

2.3.5.2.2 As teorias particulares das ciências sociais subjectivas.

As teorias particulares do conhecimento subjetivo derivam, tal como as teorias gerais do conhecimento subjetivo, de pressupostos filosóficos cépticos, subjectivistas, relativistas e pragmáticos (resolvendo assim o problema da possibilidade do conhecimento); empiristas (resolvendo assim o problema da origem do conhecimento); empiristas (resolvendo assim o problema da origem do conhecimento); subjectivistas, realistas e dualistas (resolvendo assim o problema da essência do conhecimento no que respeita às soluções pré-metafísica, metafísica e teológica, respetivamente); intuicionistas (resolvendo assim o problema da classificação do conhecimento); e transcendentalistas (resolvendo assim o problema dos conceitos e critérios de verdade do conhecimento).

As teorias particulares das ciências sociais subjectivas que resolvem cada um dos cinco grandes problemas filosóficos do conhecimento a partir dos pressupostos acima referidos são o historicismo e o materialismo histórico dialético.

Assim como foram trabalhadas as *teorias particulares das ciências sociais objetivas* (matematicismo, mecanicismo e organicismo), a análise das *teorias particulares das ciências sociais subjetivas* (historicismo e materialismo histórico-dialético), num primeiro momento, será realizada considerando a definição, caraterísticas, função, finalidade, classificação, autores e obras de cada *teoria particular das ciências sociais subjetivas*; e, num segundo momento, serão levados em conta os pressupostos filosóficos a partir dos quais se resolve cada um dos cinco principais problemas filosóficos do conhecimento: Possibilidade, Origem, Essência, Classificação, e Conceitos e Critérios de Verdade.

É necessário recordar, para efeitos desta análise, que a *classificação* e os *nomes* atribuídos a cada uma das *teorias particulares das ciências sociais subjectivas* analisadas nesta secção obedecem ao modo como se resolve um dos cinco principais problemas filosóficos do conhecimento: o problema da essência do conhecimento. Foi escolhido este problema filosófico do conhecimento (a essência) e nenhum outro, porque esta dificuldade do conhecimento se refere à *relação* de conhecimento que se estabelece entre o sujeito cognoscente e o objeto a conhecer.

Já foi esclarecido que, dos diferentes pressupostos filosóficos a partir dos quais se pode resolver o problema da *essência* do conhecimento e que podem ser encontrados em três soluções diferentes (pré-metafísica, metafísica e teológica), escolhemos a solução pré-metafísica, porque esta solução aborda o problema da seguinte questão: *quem determina quem numa relação de conhecimento: o objeto para o sujeito, o sujeito para o objeto, ou os dois determinam-se mutuamente*?

Se a filosofia determina a teoria, então a teoria depende da filosofia. Se assumirmos que, numa relação de conhecimento, o objeto determina o sujeito, então podemos falar de teorias objectivas. Pelo contrário, se supusermos que, numa relação de conhecimento, o sujeito determina o objeto, então podemos falar de teorias *subjectivas*. Finalmente, se assumirmos que, numa relação de

conhecimento, ambos os elementos do conhecimento se determinam mutuamente, então podemos falar de teorias dialécticas.
Até agora, analisámos as teorias particulares da ciência social objetiva (positivismo, funcionalismo, estruturalismo e teoria geral dos sistemas). Nesta secção, analisaremos o segundo grupo de teorias particulares das ciências sociais: as *teorias particulares das ciências sociais subjectivas* (historicismo e materialismo histórico-dialético). Posteriormente, serão analisadas duas das teorias particulares dialécticas das ciências sociais: a fenomenologia e a dialética crítica.
Já foi dito que as teorias objectivas são construídas a partir da razão (objetivista), as *subjectivas* a partir dos sentidos (subjetivista) e as dialécticas a partir de ambas as qualidades do sujeito cognoscente: da razão e dos sentidos; podendo partir primeiro da razão e depois dos sentidos; ou vice-versa.

2.3.5.2.2.1 Historicismo.

O historicismo é uma teoria particular das ciências sociais subjectivas que explora, descreve, explica, interpreta, compreende, etc., a realidade, os fenómenos, os factos, as coisas, etc., em termos históricos (relativismo).
O Historicismo surgiu na Alemanha, no final do século XIX, a partir da obra de W. Dilthey (), que distinguiu entre as ciências da natureza (explicação) e as ciências do espírito (compreensão); baseando-se na distinção ontológica entre o mundo natural e o mundo histórico, que considerou ser o resultado da ação única e irrepetível do ser humano (subjetivismo ontológico). Segundo Dilthey, os factos, a que essa ação dá origem, estão ligados ao contexto em que ocorrem e à relação entre o passado e o presente (relativismo), únicos elementos que podem permitir a sua compreensão.
Outros pensadores alemães que promoveram *o historicismo* no mundo foram W. Windelband, H. Rickert, G. Simmel e O. Spengler. O mesmo foi feito em Itália por B. Croce e A. Gramcsi.
O historicismo influenciou o desenvolvimento de outras teorias próprias das ciências sociais, como o existencialismo, a fenomenologia e a hermenêutica.
O estruturalismo e o neo-positivismo rejeitam *o historicismo*. As razões epistemológicas para tal são compreensíveis: estas teorias particulares da ciência social objetiva resolvem cada um dos cinco principais problemas filosóficos do conhecimento com base em pressupostos diferentes e contraditórios dos utilizados pelo *historicismo.*
O Historicismo é uma *teoria* porque explica, interpreta, compreende, etc., a realidade, os fenómenos, os factos, as coisas, etc.
O historicismo é uma *teoria particular das ciências sociais* porque explica, interpreta, compreende, etc., a realidade social.
O historicismo é uma teoria particular das ciências sociais subjectivas porque explica, interpreta, compreende, etc., a realidade subjetivamente. As explorações, descrições, explicações, interpretações, compreensões, etc., da realidade, dos fenómenos, dos acontecimentos, das coisas, etc., que se realizam na teoria *historicista*, fazem-se resolvendo os grandes problemas do conhecimento (possibilidade, origem, essência, classificação e conceitos e critérios de verdade) a partir da razão, utilizando pressupostos filosóficos

cépticos, subjectivistas, relativistas, pragmáticos, empiristas, subjectivistas, realistas, monistas, intuitivos, transcendentes, respetivamente.

Com a teoria do *historicismo*, a partir de pressupostos filosóficos subjectivistas, é possível observar a realidade em constante movimento.

Os pressupostos filosóficos a partir dos quais todos e cada um dos cinco principais problemas filosóficos do conhecimento (possibilidade, origem, essência, classificação e conceito e critério de verdade do conhecimento) são resolvidos no *historicismo* são os seguintes

Na teoria particular das ciências sociais *historicistas*, tal como na teoria geral do conhecimento subjetivo do caos e do conflito, assume-se, a partir dos sentidos, que a realidade é muito complexa e muito difícil de compreender, devido à permanente mudança em que se encontra. O problema da possibilidade do conhecimento é resolvido com base em pressupostos filosóficos cépticos, subjectivistas, relativistas e pragmáticos.

Segundo Dilthey (1978), *o historicismo* considera a realidade como o produto do devir histórico (relativismo); o ser é essencialmente um acontecimento, um processo temporal, que não pode ser apreendido pela razão; trata-se de experiências, factos concretos, conclusões, fruto de experiências; funciona a um nível transcendental; é experiência vivida, pessoal e intransmissível (empirismo).

Na teoria particular das ciências sociais subjectivas *historicistas*, parte-se do princípio, tal como nas teorias gerais do conhecimento do caos e do conflito, que a origem do conhecimento se encontra nas sensações. Acredita-se que os seres humanos (cada um em particular) percepcionam a realidade de forma diferente dos outros. Cada ser humano experimenta as mesmas sensações de forma diferente. Distingue-se entre perceção (que é universal) e representação (que é particular). O problema da origem do conhecimento é resolvido com base em pressupostos filosóficos empíricos.

O Historicismo considera o homem e a realidade como história (relativismo) e, por extensão, todo o conhecimento como histórico (Heideger, 1993).

Na teoria particular das ciências sociais subjectivas *historicistas*, assume-se, a partir dos sentidos, tal como nas teorias gerais do conhecimento subjetivo (caos e conflito), que (numa relação de conhecimento) o sujeito cognoscente determina o objeto a conhecer. Presume-se que se dois sujeitos cognoscentes se relacionarem com o mesmo objeto de conhecimento, ambos apreenderão o seu objeto a conhecer de forma totalmente diferente; porque a sua história de vida, sentimentos, emoções, paixões, complexos, ambições, etc. "contaminam" o objeto de estudo. "contaminam" o objeto de estudo. A ciência não é neutra, ela obedece a pressupostos filosóficos e a interesses ontológicos. O problema pré-metafísico sobre a essência do conhecimento é resolvido a partir de pressupostos filosóficos subjectivistas.

O conhecimento histórico não é objetivo, não é exato, depende do sujeito historiador (subjetivismo); a visão subjectiva da história não permite o estabelecimento de leis históricas; o conhecimento histórico é relativo, porque o acontecimento histórico é único e intransmissível.

Na teoria particular das ciências sociais subjectivas *historicistas*, *assume-se*, a partir dos sentidos, tal como nas teorias subjectivistas gerais do conhecimento (caos e conflito), que a realidade existe independentemente de ser ou não apreendida pelos sujeitos cognoscentes. Acredita-se que as impressões dos objectos que nos rodeiam têm impacto nos nossos sentidos e produzem sensações que diferentes sujeitos percepcionam, mas que representam de forma diferente. O problema metafísico da *essência* do conhecimento é resolvido com base em pressupostos filosóficos realistas.

Dilthey (1978) opõe-se às concepções de história dos idealistas. Para ele, as verdades e os valores são relativos a cada época. Não acredita em manifestações do absoluto ou em qualquer outra essência universal. Nega qualquer finalidade última e transcendente da história.

Na teoria particular das ciências sociais subjectivas *historicistas*, *assume-se*, a partir dos sentidos, tal como nas teorias gerais do conhecimento subjetivo (caos e conflito), que a realidade está dividida em dois pólos opostos e contraditórios: ordem - desordem, regularidades - irregularidades, certeza - incerteza, etc. O problema teológico sobre a essência do conhecimento é resolvido com base em pressupostos filosóficos dualistas.

A teoria do *historicismo*, a partir dos sentidos, permite-nos analisar os fenómenos no tempo e no espaço (relativismo).

Na teoria particular das ciências sociais subjectivas *historicistas*, assume-se, a partir dos sentidos, tal como nas teorias gerais do conhecimento subjetivo do caos e do conflito, que o único tipo de conhecimento que um sujeito cognoscente pode obter de um objeto a conhecer é o intuitivo. Tudo o que sabemos sobre a realidade é considerado como tendo sido obtido por meio dos sentidos. O problema da classificação do conhecimento é resolvido com base em pressupostos filosóficos intuitivos.

O historicismo engloba um conjunto de correntes diversas que coincidem em sublinhar o carácter histórico do homem; neste sentido, tudo o que o homem é, experimenta através da história.

Na teoria particular das ciências sociais subjectivas historicistas, assume-se, a partir dos sentidos, tal como nas teorias gerais do conhecimento subjetivo do caos e do conflito, que os conceitos e critérios de verdade do conhecimento são transcendentes. A verdade é considerada como a concordância do pensamento com o objeto pensado. Porque se pressupõe que o sujeito cognoscente é confrontado com objectos que têm a sua própria existência na realidade. O problema dos conceitos e critérios de verdade é resolvido com base em pressupostos filosóficos transcendentes.

O quadro seguinte mostra os pressupostos filosóficos a partir dos quais cada um dos cinco principais problemas filosóficos do conhecimento é resolvido na construção da teoria particular das ciências sociais subjectivas *historicistas*:

TEORIA GERAL DO CONHECIMENTO SUBJECTIVO	**PROBLEMAS FILOSÓFICOS DO CONHECIMENTO**						
	POSSIBILIDADE DE CONHECIMENTO	ORIGEM DO CONHECIMENTO	ESSÊNCIA DO CONHECIMENTO			TIPO DE CONHECIMENTO	CONCEPTO E CRITÉRIOS DA VERDADE DO CONHECIMENTO
			SOLUÇÕES				
			SOLUÇÃO PRÉ-METAFÍSICA	SOLUÇÃO METAFÍSICA	SOLUÇÃO TEOLOGIA		

	PRESSUPOSTOS A PARTIR DOS QUAIS SE PODEM RESOLVER PROBLEMAS DE CONHECIMENTO						
HISTORICISMO	CEPTICISMO, SUBJECTIVISMO E PRAGMATISMO	EMPIRISMO	SUBJECTIVISMO	REALISMO	DUALISMO	INTUITIVO	TRASCENDENTE

2.3.5.2.2.2 Materialismo histórico dialético.

O materialismo histórico dialético é uma teoria particular das ciências sociais subjectivas que, tal como as teorias gerais do conhecimento subjetivo (caos e conflito), explora, descreve, explica, interpreta, compreende, etc., a realidade, os fenómenos, os factos, as coisas, etc., a partir dos sentidos, em termos de combate, de luta, de conflito. A realidade social é analisada em termos de luta de opostos: classes sociais.

O materialismo histórico é um termo construído por Georgi Plekhanov e refere-se aos pressupostos filosóficos a partir dos quais Karl Marx e Fiedrich Engels resolveram cada um dos cinco principais problemas do conhecimento nas suas explorações, descrições, explicações, interpretações e compreensões da história humana.

O materialismo histórico dialético é uma teoria porque explica, interpreta, compreende, etc., a realidade, os fenómenos, os factos, as coisas, etc.

O materialismo histórico dialético é uma *teoria particular das ciências sociais* porque explica, interpreta, compreende, etc. qualquer realidade social, fenómeno, facto, coisa, etc.

O materialismo histórico dialético é uma *teoria particular das ciências sociais subjectivas* porque explica, interpreta, compreende, etc., qualquer realidade social, fenómeno, acontecimento, coisa, etc., de uma forma subjectiva. As explorações, descrições, explicações, interpretações, compreensões, etc., que, sobre a realidade, fenómenos, acontecimentos, coisa, etc., se realizam no *materialismo histórico dialético*, fazem-se resolvendo os grandes *problemas* do conhecimento (possibilidade, origem, essência, classificação e conceitos e critérios de verdade) a partir dos sentidos, utilizando pressupostos filosóficos cépticos, subjectivistas, relativistas, pragmáticos, empiristas, subjectivistas, realistas, monistas, intuitivos, transcendentes, respetivamente.

Na *teoria particular das ciências sociais materialistas históricas dialécticas,* assume-se, a partir dos sentidos, que a realidade se move. Os fenómenos são problematizados em termos de combate, de luta, de antagonismo, de pugnacidade, de oposição, de angústia, de predicamento, etc. Ou seja, privilegiando o *subjetivo*, a realidade e o dualismo sujeito-objeto (ver a realidade em termos de opostos).

Os pressupostos a partir dos quais todos e cada um dos cinco principais problemas filosóficos do conhecimento (possibilidade, origem, essência, classificação e conceito e critério de verdade do conhecimento) são resolvidos na teoria particular das ciências sociais materialistas históricas dialécticas são os seguintes:

Na *teoria particular das ciências sociais materialistas históricas dialécticas*, assume-se, tal como nas teorias gerais do conhecimento do caos e do conflito,

a partir dos sentidos, que *a realidade* é muito complexa e muito difícil de compreender, devido ao permanente conflito (luta, debate, combate) em que se encontram os elementos que a constituem. O problema da possibilidade do conhecimento é resolvido com base em pressupostos filosóficos cépticos, subjectivistas, relativistas e pragmáticos.
Por exemplo, em Marx (n/d: 182) pode ler-se que *"...na produção social da sua vida, os homens estabelecem certas relações necessárias e independentes da sua vontade, relações de produção, que correspondem a um determinado estádio de desenvolvimento das suas forças produtivas materiais. A totalidade destas relações de produção forma a estrutura económica da sociedade, a base sobre a qual se ergue a superestrutura jurídica e política e à qual correspondem determinadas formas de consciência social. O modo de produção da vida material condiciona o processo da vida social política e espiritual em geral. Não é a consciência do homem que determina o seu ser, mas, pelo contrário, é o seu ser social que determina a sua consciência"*.
Este discurso foi construído com base no pressuposto de que cada sujeito pode explorar, descrever, explicar, interpretar, compreender, etc., a sua própria realidade (em função das suas relações com outros sujeitos cognoscentes).
Na *teoria particular das ciências sociais subjectivas materialistas históricas dialécticas*, parte-se, tal como nas teorias gerais do conhecimento subjetivo (caos e conflito), dos sentidos, que a origem do conhecimento se encontra nas sensações. Acredita-se que os seres humanos (cada um em particular) percepcionam a realidade de forma diferente dos outros. Cada ser humano experimenta as mesmas sensações de forma diferente. Distingue-se entre perceção (que é universal) e representação (que é particular). O *problema* da origem do conhecimento é resolvido com base em *pressupostos* filosóficos *empíricos*.
Também em Marx (n/d: 182) se observa que *"...tanto as relações jurídicas como as formas de Estado não podem ser compreendidas em si mesmas ou pela chamada evolução geral do espírito humano, mas residem, pelo contrário, nas condições materiais de vida cujo conjunto Hegel resume, seguindo o precedente dos ingleses e franceses do século XVIII, sob o nome de <sociedade civil>, e que a anatomia da sociedade civil deve ser procurada na Economia Política.... "*.
Este discurso foi construído com base no pressuposto de que a origem do conhecimento se encontra nas experiências dos sujeitos cognoscentes (as condições materiais de vida na sociedade civil).
Na *teoria particular das ciências sociais subjectivistas materialistas históricas dialécticas*, assume-se, tal como nas teorias gerais do conhecimento subjetivo (caos e conflito), a partir dos sentidos, que (numa relação de conhecimento) o sujeito cognoscente determina o objeto a conhecer. Presume-se que se dois sujeitos cognoscentes se relacionam com o mesmo objeto de conhecimento, ambos apreenderão o seu objeto a conhecer de uma forma totalmente diferente; porque a sua história de vida, sentimentos, emoções, paixões, complexos, ambições, etc. "contaminam" o objeto de estudo. "contaminam" o objeto de estudo. A ciência não é neutra, ela obedece a pressupostos filosóficos e a interesses ontológicos. O problema pré-metafísico

sobre a essência do conhecimento é resolvido a partir de pressupostos filosóficos subjectivistas.

O materialismo histórico dialético investiga a sociedade humana, tentando fazê-lo sem pressupostos ideológicos, partindo dos indivíduos empíricos e das relações que estabelecem entre si "*... as premissas de que partimos não são arbitrárias, não são dogmas, mas premissas reais, das quais só é possível abstrair na imaginação. São os indivíduos reais, a sua ação e as suas condições materiais de vida, tanto as que já encontraram como as que foram engendradas pela sua própria ação. Estas premissas podem, portanto, ser verificadas de forma puramente empírica...*" (Karl Marx e Friedrich Engels (1886). *A Ideologia Alemã*).

Este discurso foi construído com base no pressuposto de que, numa relação de conhecimento, o sujeito cognoscente (o indivíduo real) determina o objeto a conhecer (a sociedade humana). Cada indivíduo sente e pensa de forma diferente, consoante as suas experiências. A classe social (sujeito cognoscente) determina o tipo de discurso aceitável sobre a sociedade (objeto a conhecer).

Na *teoria particular das ciências sociais subjectivas materialistas históricas dialécticas*, assume-se, tal como nas teorias gerais do conhecimento do caos e do conflito, a partir dos sentidos, que a realidade existe independentemente de ser ou não apreendida pelos sujeitos cognoscentes. Acredita-se que as impressões dos objectos que nos rodeiam têm impacto nos nossos sentidos e produzem sensações que diferentes sujeitos percepcionam, mas que representam de forma diferente. O problema metafísico sobre a *essência* do conhecimento é resolvido com base em pressupostos filosóficos realistas.

Parte-se do princípio de que o sujeito pode reproduzir o real concreto, a realidade existente, através da sua perceção, através dos seus sentidos; e esta reprodução é a constituição de, a formação de categorias.

A definição da história, entendida como "luta de classes" e dividida em modos de produção (comunismo primitivo, escravatura, feudalismo, capitalismo, socialismo e comunismo científico) (Brom, 1975: 54-100), é construída a partir da realidade, dos sentidos.

Na *teoria particular das ciências sociais subjectivistas materialistas históricas dialécticas*, assume-se, tal como nas teorias gerais do conhecimento subjetivo (caos e conflito), a partir dos sentidos, que a realidade está dividida em dois pólos opostos e mutuamente contraditórios: mestre e escravo, senhor e veado, patrão e trabalhador, etc. O problema teológico da *essência* do conhecimento é resolvido com base em *pressupostos* filosóficos *dualistas*.

Na teoria particular das ciências sociais subjectivas materialistas históricas dialécticas, os factos sociais são estudados como se fossem reais (realismo), com caraterísticas particulares (subjetivismo) mas não absolutas. O facto histórico é momentâneo, transitório e contraditório (relativismo). Os factos estão em constante movimento, em contínua transformação. A realidade social é dialética. O raciocínio deve ser adaptado à realidade (subjetivismo) e não a realidade ao raciocínio (objetivismo).

Na *teoria particular das ciências sociais subjectivistas materialistas históricas dialécticas*, assume-se, tal como nas teorias gerais do conhecimento do caos e do conflito, a partir dos sentidos, que o único tipo de conhecimento que um sujeito cognoscente pode obter de um objeto a conhecer é o intuitivo. Considera-se que tudo o que sabemos sobre a realidade foi obtido por meio dos sentidos. O problema da *classificação* do conhecimento é resolvido com base em pressupostos filosóficos intuitivos.

O conhecimento é construído a partir do objeto. A totalidade e a concretude são a estruturação e a reprodução que podemos fazer intelectualmente, visando a concetualização e a categorização da realidade. Mas isso não se consegue pela simples perceção, faz parte de um processo de interação contínua entre o sujeito e o objeto.

Na *teoria particular das ciências sociais subjectivistas materialistas históricas dialécticas*, assume-se, tal como nas teorias gerais do conhecimento subjetivo (caos e conflito), a partir dos sentidos, que os *conceitos* e *critérios* de verdade do conhecimento são transcendentes. A verdade é considerada como a concordância do pensamento com o objeto pensado. Porque se pressupõe que o sujeito cognoscente é confrontado com objectos que têm existência própria na realidade. O problema dos conceitos e critérios de verdade do conhecimento é resolvido com base em pressupostos filosóficos transcendentes.

Na teoria particular das ciências sociais subjectivistas *materialistas históricas dialécticas*, a conceção materialista da realidade, a particularidade do momento histórico e a dinamicidade do movimento dialético estão unidas.

O quadro seguinte mostra os pressupostos a partir dos quais cada um dos cinco principais problemas filosóficos do conhecimento é resolvido na construção da teoria particular das ciências sociais subjectivas *materialistas históricas dialécticas*:

TEORIA GERAL DO CONHECIMENTO SUBJECTIVO	**PROBLEMAS FILOSÓFICOS DO CONHECIMENTO**						
	POSSIBILIDADE DE CONHECIMENTO	ORIGEM DO CONHECIMENTO	ESSÊNCIA DO CONHECIMENTO **SOLUÇÕES**			TIPO DE CONHECIMENTO	CONCEITO E CRITÉRIO DE VERDADE DO CONHECIMENTO
			SOLUÇÃO PRÉ-METAFÍSICA	SOLUÇÃO METAFÍSICA	SOLUÇÃO TEOLÓGICA		
	PRESSUPOSTOS A PARTIR DOS QUAIS OS PROBLEMAS DE CONHECIMENTO PODEM SER RESOLVIDOS						
MATERIALISMO HISTÓRICO - DIALÉCTICO	ESCEP-TICIS-MO, SUBJECTIVISMO, RELATIVISMO E PRAGMATISMO	EMPIRISMO	SUBJECTIVISMO	REALISMO	DUALISMO	INTUITIVO	TRASCENDENTE

Os *fundamentos teóricos gerais* para a problematização dos seus objectos de estudo são sobretudo as *teorias gerais do conhecimento* objetivo, *do* caos e *do* conflito.

2.3.5.2.3 As teorias particulares das ciências sociais dialécticas.

As *teorias particulares das ciências sociais dialécticas* derivam, tal como as teorias gerais do conhecimento dialético analógico e complexo, de

pressupostos filosóficos críticos (resolvendo assim o problema da possibilidade do conhecimento); *intelectualistas* e *aprioristas* (resolvendo assim o problema da origem do conhecimento); dialécticos, fenomenológicos e monistas (resolvendo assim o problema da essência do conhecimento no que diz respeito às soluções pré-metafísicas, metafísicas e teológicas, respetivamente); mistos - no que diz respeito às soluções pré-metafísicas, metafísicas e teológicas; *dialética*, *fenomenológica* e *monista* (resolvendo assim o problema sobre a essência do conhecimento, no que diz respeito às soluções pré-metafísica, metafísica e teológica, respetivamente); *mista* - o conhecimento é simultaneamente racional e intuitivo - (resolvendo assim o problema sobre a classificação do conhecimento); e *mista* - os conceitos e critérios de verdade devem ser simultaneamente transcendentes e imanentes - (resolvendo assim o problema sobre os conceitos e critérios de verdade do conhecimento).
Duas das *teorias dialécticas específicas das ciências sociais* que resolvem cada um dos cinco grandes problemas filosóficos do conhecimento com base nos pressupostos acima referidos são as teorias *fenomenológica* e *hermenêutica* crítica.
Assim como foram trabalhadas as *teorias gerais do conhecimento dialético* (analogia e complexidade), a análise das *teorias particulares das ciências sociais dialéticas* (fenomenologia e hermenêutica crítica), num primeiro momento, será realizada considerando a definição, as caraterísticas, a função, a finalidade, a classificação, os autores e as obras de cada *teoria particular das ciências sociais dialéticas*; e, num segundo momento, serão levados em conta os *pressupostos* filosóficos a partir dos quais se resolve cada um dos cinco principais *problemas* filosóficos do conhecimento: possibilidade, origem, essência, classificação, e conceitos e critérios de verdade do conhecimento.
É necessário recordar novamente, para efeitos desta análise, que a *classificação* e os *nomes* atribuídos a cada uma das *teorias particulares das ciências sociais* analisadas nesta secção obedecem à forma como se resolve um dos cinco principais *problemas* filosóficos do conhecimento: o problema da *essência* do conhecimento. Foi escolhido este problema filosófico do conhecimento (a essência) e nenhum outro, porque esta dificuldade do conhecimento se refere à *relação* de conhecimento que se estabelece entre o *sujeito* cognoscente e o *objeto* a conhecer.
Já foi esclarecido que, dos diferentes *pressupostos* filosóficos a partir dos quais se pode resolver o problema da *essência* do conhecimento e que podem ser encontrados em três *soluções* diferentes (pré-metafísica, metafísica e teológica), escolhemos a solução *pré-metafísica*, porque esta solução aborda o problema da seguinte questão: *quem determina quem numa relação de conhecimento: o objeto para o sujeito, o sujeito para o objeto, ou os dois determinam-se mutuamente*?
Se *a filosofia* determina a *teoria*, então *a teoria* depende da *filosofia*. Se *assumirmos* que, numa relação de conhecimento, o objeto determina o sujeito, então podemos falar de teorias *objectivas*. Pelo contrário, se supusermos que, numa relação de conhecimento, o sujeito determina o objeto, então podemos

falar de teorias *subjectivas*. Finalmente, nos casos seguintes, se assumirmos que, numa relação de conhecimento, ambos os elementos do conhecimento se determinam mutuamente, então podemos falar de teorias *dialécticas*.

Até agora, analisámos as teorias particulares das ciências sociais subjectivas (historicismo e materialismo histórico dialético). Nesta secção, analisaremos o terceiro grupo de teorias particulares das ciências sociais: as *teorias particulares das ciências sociais dialécticas* (fenomenologia e hermenêutica crítica).

Já foi dito que as teorias *objectivas* são construídas a partir da razão (objetivismo), as *subjectivas* a partir dos sentidos (subjetivismo) e as *dialécticas* a partir de ambas as qualidades do sujeito cognoscente: da razão e dos sentidos; podendo partir primeiro da razão e depois dos sentidos (apriorismo); ou vice-versa (intelectualismo).

Uma das *teorias particulares das ciências sociais*, que parte de pressupostos filosóficos *críticos* (possibilidade de conhecer); *intelectualistas* e/ou *aprioristas* (origem do conhecimento); *dialécticos*, e *monistas* e panteístas (soluções pré-metafísica, metafísica e teológica, respetivamente, para o problema da essência do conhecimento); *intuitivo-racionais* (tipo de conhecimento); e *transcendente-imanente* (critérios de verdade), é a *teoria fenomenológica.*

2.3.5.2.3.1 Fenomenologia.

A fenomenologia é uma teoria particular das ciências sociais dialécticas que explora, descreve, explica, interpreta, compreende, etc., a realidade, os fenómenos, os factos, as coisas, etc.; resolvendo todos e cada um dos cinco principais problemas filosóficos do conhecimento a partir de pressupostos críticos (possibilidade do conhecimento), intelectualistas e/ou aprioristas (origem do conhecimento), dialécticos, fenomenológicos e monistas (soluções pré-metafísicas, metafísicas e teológicas, respetivamente, para os problemas da essência do conhecimento), mistos (racionais intuitivos) (classificação do conhecimento) e mistos (transcendentes-imanentes) (conceito e critério de verdade do conhecimento).

A fenomenologia é uma teoria porque explica, interpreta, compreende, etc., a realidade, os fenómenos, os factos, as coisas, etc.

A fenomenologia é uma teoria particular das ciências sociais porque explora, descreve, explica, interpreta, compreende, etc., qualquer realidade social, fenómeno, facto, coisa, etc., nas ciências sociais.

A fenomenologia é uma teoria geral do conhecimento dialético porque explica, interpreta, compreende, etc., qualquer realidade social, fenómeno, facto, coisa, etc., a partir de pressupostos dialécticos.

O termo "fenomenologia" atribuído como nome à teoria deve-se ao pressuposto filosófico que lhe dá origem: o fenomenalismo kantiano. Outro grande desenvolvedor da teoria é Edmund Gustav Albrecht Husserl.

As explorações, descrições, explicações, interpretações, compreensões, etc., que, sobre a realidade, os fenómenos, os acontecimentos, as coisas, etc, são feitas na teoria *fenomenológica*, são feitas, como já foi referido, resolvendo os grandes problemas filosóficos do conhecimento (possibilidade, origem, essência, classificação e conceitos e critérios de verdade) a partir de

pressupostos críticos; intelectualistas e/ou aprioristas; dialécticos, fenomenalistas e monistas; mistos <intuitivos - racionais>; e mistos <transcendentes - imanentes>; respetivamente.
Na *teoria particular das ciências sociais dialécticas fenomenológicas*, assume-se, a partir da razão e dos sentidos (apriorismo kantiano), que o conhecimento é possível (dogmatismo), mas não na sua essência (ceticismo), porque cada sujeito cognoscente sente e pensa de forma diferente dos outros (subjetivismo), porque a verdade muda no tempo, no espaço e nas circunstâncias (relativismo), e porque qualquer discurso que se desenvolva sobre um determinado objeto de conhecimento deve ser útil à humanidade (pragmatismo). O problema da *possibilidade* do conhecimento é resolvido com base em *pressupostos* filosóficos críticos.
A fenomenologia descreve os diferentes tipos de experiências, os seus géneros e espécies, e as relações essenciais entre elas. A consciência não se limita ao conhecimento: a perceção, a memória, a imaginação, o pensamento, o amor, o ódio, o desejo, a vontade, etc. são diferentes formas de vivência da consciência (criticidade).
Na *teoria particular das ciências sociais fenomenológicas dialécticas*, pressupõe-se, a partir das duas qualidades do sujeito cognoscente: razão e sentidos (primeiro a razão e depois os sentidos), que a origem do conhecimento se encontra tanto nos sentidos como na razão do sujeito cognoscente. *O problema* da origem do conhecimento é resolvido com base em pressupostos filosóficos apriorísticos (primeiro pensamos e depois sentimos).
Ao contrário das correntes empiristas, a fenomenologia não se limita ao mundo percetivo, mas também à razão. As estruturas mentais precedem a experiência. As estruturas mentais filtram a experiência. Se duas pessoas têm estruturas diferentes, então as suas experiências serão diferentes.
Na *teoria particular das ciências sociais fenomenológicas dialécticas*, assume-se, a partir da razão e dos sentidos, que numa relação de conhecimento, o *sujeito* cognoscente determina o *objeto* a conhecer e, por sua vez, o objeto a conhecer determina o sujeito cognoscente. Esta relação dialética entre o sujeito cognoscente e o objeto a ser conhecido determina que o problema pré-metafísico da essência do conhecimento seja resolvido com base em pressupostos filosóficos dialécticos.
A teoria fenomenológica (da aparência) visa estudar os fenómenos lançados na consciência, ou seja, as essências das coisas. Estuda a relação entre os factos (fenómenos) e a esfera em que eles se tornam presentes (psique, consciência). É o estudo das diferentes maneiras pelas quais as coisas aparecem ou se manifestam na consciência.
Na *teoria particular das ciências sociais fenomenológicas dialécticas*, assume-se, a partir da razão e dos sentidos, que a realidade existe (realismo), mas que os sujeitos a apreendem de forma diferente (idealismo subjetivo), tal como se apresenta às limitações da nossa razão e dos nossos sentidos; isto é, o objeto a conhecer apresenta-se aos diferentes sujeitos cognoscentes, como um fenómeno, como uma aparência. Acredita-se que as impressões dos objectos que nos rodeiam têm impacto nos nossos sentidos e produzem

sensações que os diferentes sujeitos percepcionam, mas que os representam de forma diferente e, além disso, como fantasmas, como fenómenos, no tempo e no espaço. *O problema* metafísico sobre a *essência* do conhecimento é resolvido com base em *pressupostos* filosóficos *fenomenalistas*.

O objeto do conhecimento não existe fora da consciência do sujeito; o objeto é descoberto e recriado em resultado da intencionalidade da intuição que lhe é dirigida. Não há objeto sem sujeito, ou seja, a consciência é intencional (Husserl, 1995).

Na *teoria particular das ciências sociais fenomenológicas dialécticas*, assume-se, com base na razão e nos sentidos, que a realidade é única. O problema teológico da essência do conhecimento é resolvido com base em pressupostos filosóficos monistas.

A realidade é única mas complexa, a sua essência não pode ser conhecida; a única coisa que o sujeito cognoscente pode fazer é explorá-la, descrevê-la, explicá-la, interpretá-la, compreendê-la, etc., através da sua razão e dos seus sentidos.

Na *teoria particular das ciências sociais fenomenológicas dialécticas*, assume-se, a partir da razão e dos sentidos, que o tipo de conhecimento que um sujeito cognoscente pode obter de um objeto a conhecer é *misto* (racional-intuitivo). Considera-se que tudo o que sabemos sobre a realidade foi obtido através da razão (primeiro) e dos sentidos (depois). O problema da *classificação* do conhecimento é resolvido com base em pressupostos filosóficos *mistos* (racional-intuitivo).

A consciência é o domínio onde a realidade, o fenómeno, se torna presente ou se mostra (a medida em que a realidade se torna presente ou se mostra na consciência). A medida em que a realidade se torna presente na nossa consciência é deliberada, intencional.

Na *teoria particular das ciências sociais fenomenológicas dialécticas*, assume-se, com base na razão e nos sentidos, que os *conceitos* e *critérios* de verdade do conhecimento são *mistos* (imanente-transcendente). A verdade do conhecimento é considerada como a concordância do pensamento com o objeto pensado e do pensamento consigo mesmo. Porque se assume que o sujeito cognoscente é confrontado tanto com objectos que têm a sua própria existência na realidade como com objectos ideais, que existem apenas na mente do sujeito cognoscente. O problema dos conceitos e dos critérios de verdade é resolvido com base em pressupostos filosóficos mistos (imanente-transcendente).

O quadro seguinte mostra os *pressupostos* filosóficos a partir dos quais cada um dos cinco principais problemas filosóficos do conhecimento é resolvido na construção da *teoria particular das ciências sociais dialécticas fenomenológicas*:

TEORIA	**PROBLEMAS FILOSÓFICOS DO CONHECIMENTO**				
GERAL DO CONHECIME	POSSIBILID ADE DE		ESSÊNCIA DO CONHECIMENTO **SOLUÇÕES**		CONCEITO E CRITÉRIO

NTO DIALÉCTICO	CONHECIM ENTO	ORIGEM DO CONHECIM ENTO	SOLUÇÃ O PRÉ-METAFÍS ICA	SOLUÇÃO METAFÍSICA	SOLUÇÃ O TEOLÓG ICA	TIPO DE CONHECIM ENTO	DE VERDADE DO CONHECIM ENTO
	PRESSUPOSTOS A PARTIR DOS QUAIS SE PODEM RESOLVER PROBLEMAS DE CONHECIMENTO						
FENOMENOL OGIA	CRÍTICA	APRIORISM O	DIALÉTI CA	FENOMENAL ISMO	MONISM O	MISTURAD O	MISTURAD O

As teorias gerais do conhecimento dialético (analogia e complexidade) podem servir de fundamentos teóricos na construção dos objectos de estudo da *teoria particular das ciências sociais dialécticas fenomenológicas*, porque partem dos mesmos pressupostos filosóficos para resolver todos e cada um dos cinco problemas principais do conhecimento.

2.3.5.2.3.1 A hermenêutica crítica.

Outra teoria particular da ciência social dialética, que, tal como a fenomenologia, parte de pressupostos filosóficos críticos (possibilidade de conhecer); intelectualistas (origem do conhecimento); dialécticos, fenomenalistas e monistas e panteístas (soluções pré-metafísica, metafísica e teológica, respetivamente, para o problema da essência do conhecimento); intuitivo-racionais (tipo de conhecimento); e transcendente-imanente (conceitos e critérios de verdade do conhecimento), é a *hermenêutica crítica.*

A diferença filosófica entre a fenomenologia e *a hermenêutica crítica* é de ordem: enquanto na fenomenologia primeiro pensamos e depois sentimos (apriorismo kantiano), na *hermenêutica crítica* primeiro sentimos e depois pensamos (intelectualismo aristotélico).

Os principais defensores da hermenêutica crítica são os alemães Jurgen Habermas e Karl Otto Apel.

A hermenêutica crítica é uma teoria porque explica, interpreta, compreende, etc., a realidade, os fenómenos, os factos, as coisas, etc.

A hermenêutica crítica é uma teoria particular das ciências sociais porque explica, interpreta, compreende, etc., qualquer realidade social, fenómeno, facto, coisa, etc., de tipo social.

A hermenêutica crítica é uma teoria particular das ciências sociais dialécticas porque explica, interpreta, compreende, etc., qualquer realidade social, fenómeno, facto, coisa, etc., a partir de pressupostos filosóficos dialécticos.

As explorações, descrições, explicações, interpretações, compreensões, etc., que, sobre a realidade, os fenómenos, os acontecimentos, as coisas, etc, se realizam na *hermenêutica* crítica, fazem-se resolvendo os grandes problemas do conhecimento (possibilidade, origem, essência, classificação e conceitos e critérios de verdade) a partir de ambas as qualidades do sujeito cognoscente: a razão e os sentidos (primeiro funcionam os sentidos e depois a razão), utilizando pressupostos filosóficos críticos; intelectualistas; dialécticos, fenomenológicos e monistas; mistos <intuitivos - racionais>; e mistos <transcendentes - imanentes>; respetivamente.

Na *hermenêutica crítica*, assume-se, a partir dos sentidos e da razão (intelectualismo aristotélico), como no fenomenalismo, que o conhecimento é possível (dogmatismo), mas não em essência (ceticismo), porque cada sujeito cognoscente sente e pensa de forma diferente dos outros (subjetivismo), porque a verdade muda no tempo, no espaço e nas circunstâncias (relativismo), e porque qualquer discurso que se desenvolva sobre um determinado objeto de conhecimento deve ser útil à humanidade (pragmatismo). O problema da possibilidade do conhecimento é resolvido com base em pressupostos filosóficos críticos.

Na *hermenêutica crítica*, a partir dos sentidos e da razão (primeiro os sentidos e depois a razão), parte-se do princípio de que a origem do conhecimento se encontra tanto nos sentidos como na razão do sujeito cognoscente. O problema da origem do conhecimento é resolvido com base em pressupostos filosóficos intelectualistas (primeiro sentimos e depois pesamos).

Na *hermenêutica crítica*, parte-se do pressuposto, a partir dos sentidos e da razão, de que, numa relação de conhecimento, o sujeito cognoscente determina o objeto a conhecer e, por sua vez, o objeto a conhecer determina o sujeito cognoscente. Esta relação dialética entre o sujeito cognoscente e o objeto a ser conhecido determina que o problema pré-metafísico da essência do conhecimento seja resolvido com base em pressupostos filosóficos dialécticos.

Na *hermenêutica crítica*, assume-se, a partir dos sentidos e da razão, que a realidade existe (realismo), mas que os sujeitos a apreendem de forma diferente (idealismo subjetivo), tal como ela se nos apresenta dentro das limitações dos nossos sentidos e da nossa razão; ou seja, o objeto a conhecer apresenta-se aos diferentes sujeitos cognoscentes como um fenómeno, como uma aparência. Acredita-se que as impressões dos objectos que nos rodeiam têm impacto nos nossos sentidos e produzem sensações que os diferentes sujeitos percepcionam, mas que os representam de forma diferente e, além disso, como fantasmas, como fenómenos, no tempo e no espaço. O problema metafísico sobre a *essência* do conhecimento é resolvido com base em pressupostos filosóficos fenomenalistas.

Na *hermenêutica crítica*, parte-se do princípio, com base nos sentidos e na razão, de que a realidade é única. O problema teológico da *essência* do conhecimento é resolvido com base em pressupostos filosóficos monistas.

Na *hermenêutica crítica*, assume-se, a partir dos sentidos e da razão, que o tipo de conhecimento que um sujeito cognoscente pode obter de um objeto a conhecer é misto (intuitivo-racional). Considera-se que tudo o que sabemos sobre a realidade, obtivemos por meio dos sentidos (primeiro) e da razão (depois). O problema da classificação do conhecimento é resolvido com base em pressupostos filosóficos mistos (intuitivo-racionais).

Na *hermenêutica crítica*, assume-se, com base nos sentidos e na razão, que os conceitos e critérios de verdade do conhecimento são *mistos* (transcendente-imanente). A verdade do conhecimento é considerada como a concordância do pensamento com o objeto pensado e do pensamento consigo próprio. Porque se assume que o sujeito cognoscente é confrontado tanto com objectos que têm a sua própria existência na realidade como com objectos ideais, que existem apenas na mente do sujeito cognoscente. O problema dos conceitos e critérios de verdade do conhecimento é resolvido com base em pressupostos filosóficos mistos (transcendente-imanente).

O quadro seguinte mostra os pressupostos a partir dos quais cada um dos cinco principais problemas filosóficos do conhecimento é resolvido na construção da *hermenêutica crítica*:

TEORIA GERAL DO CONHECIMENTO DIALÉCTICO	**PROBLEMAS FILOSÓFICOS DO CONHECIMENTO**						
	POSIBILIDAD DO CONHECIMENTO	ORIGEM DO CONHECIMENTO	ESSÊNCIA DO CONHECIMENTO			TIPO DE CONHECIMENTO	CONCEPTO Y CRIARRIO DE VERDADE DO CONHECIMENTO TO
			SOLUÇÕES				
			SOLU-CION PRE META-FISCA	SOLU CION TARG ET FÍSICA	SOLU CION TEO LÓGICA		
	PRESSUPOSTOS A PARTIR DOS QUAIS OS PROBLEMAS DE CONHECIMENTO PODEM SER RESOLVIDOS						
HERMENÊUTICA CRÍTICA	CRÍTICA	INTELEC-TUALISMO	DIALÉTICA	FENOMENALISMO	MONISMO	MISTURADO	MISTURADO

Lá se *vai a hermenêutica crítica.*

O quadro sinóptico seguinte mostra algumas das principais *teorias particulares das ciências sociais objectivas, subjectivas* e *dialécticas*, respetivamente, que foram analisadas filosoficamente e os respectivos pressupostos a partir dos quais resolvem cada um dos cinco principais problemas do conhecimento:

TEORIA PARTICULAR DAS CIÊNCIAS SOCIAIS	**PROBLEMAS FILOSÓFICOS DO CONHECIMENTO**						
	POSSIBILIDADE DE CONHECIMENTO	ORIGEM DO CONHECIMENTO	ESSÊNCIA DO CONHECIMENTO			TIPO DE CONHECIMENTO	CONCEITO E CRITÉRIO DE VERDADE DO CONHECIMENTO
			SOLUÇÕES				
			SOL PRÉ-METAFÍSICO	SOLUÇÃO METAFÍSICA	SOLUÇÃO TEOLÓGICA		
	PRESSUPOSTOS COM BASE NOS QUAIS OS PROBLEMAS DE CONHECIMENTO PODEM SER RESOLVIDOS						
POSITIVISMO	**DOGMATISMO**	**RACIONALISMO**	**OBJECTIVISMO**	**IDEALISMO**	**DUALISMO**	**RACIONAL**	**IMANENTE**
FUNCIONALISMO	**DOGMATISMO**	**RACIONALISMO**	**OBJECTIVISMO**	**IDEALISMO**	**DUALISMO**	**RACIONAL**	**IMANENTE**
ESTRUTURALISMO	**DOGMATISMO**	**RACIONALISMO**	**OBJECTIVISMO**	**IDEALISMO**	**DUALISMO**	**RACIONAL**	**IMANENTE**
SISTEMAS	**DOGMATISMO**	**RACIONALISMO**	**OBJECTIVISMO**	**IDEALISMO**	**DUALISMO**	**RACIONAL**	**IMANENTE**
HISTORICISMO	CEPTICISMO, SUBJECTIVISMO E PRAGMATISMO	EMPIRISMO	SUBJECTIVISMO	REALISMO	DUALISMO	INTUITIVO	TRACENDY
MATERIALISMO	CEPTICISMO,	EMPIRISMO	SUBJECTIVISMO	REALISMO	DUALISMO	INTUITIVO	TRACENDY

HISTÓRICODIALÉCTICO	SUBJECTIVISMO E PRAGMATISMO						
FENOMENOLOGIA	**CRÍTICA**	**APIORISMO**	**DIALÉTICA**	**FENOMENOLOGIA**	**MONISMO**	**MISTURADO**	**MISTURADO**
HERMENÊUTICA CRÍTICA	**CRÍTICA**	**INTELECTUALISMO**	**DIALÉTICA**	**FENOMENOLOGIA**	**MONISMO**	**MISTURADO**	**MISTURADO**

As *teorias particulares das ciências sociais objectivas, subjectivas e dialécticas* que acabam de ser analisadas constituem o fundamento teórico particular para problematizar os objectos de estudo das teorias específicas das ciências da educação que procuram explorar, descrever, explicar, interpretar, compreender, etc., a realidade educativa.

2.3.5.3 *A relação filosófica entre as teorias gerais do conhecimento e as teorias particulares das ciências sociais.*

É possível estabelecer certas semelhanças e diferenças entre as teorias gerais do conhecimento e as teorias particulares das ciências sociais.

2.3.5.3.1 diferenças filosóficas entre as teorias gerais do conhecimento e as teorias particulares das ciências sociais:

- As teorias gerais do conhecimento tentam explorar, descrever, explicar, interpretar, compreender, etc., qualquer facto, fenómeno, acontecimento, coisa, ocorrência, etc., seja ele natural, social ou ideal. Por outro lado, as teorias particulares das ciências sociais, como o seu nome indica, tratam apenas de problemas sociais.
- As teorias gerais do conhecimento podem servir de base teórica para a construção dos objectos de estudo das teorias particulares das ciências sociais.
- As teorias particulares das ciências sociais derivam das teorias gerais do conhecimento porque resolvem cada um dos cinco principais problemas do conhecimento a partir dos mesmos pressupostos filosóficos.

2.3.5.3.3.2 As semelhanças filosóficas entre as teorias gerais do conhecimento e as teorias particulares das ciências sociais.

-Ambos os tipos de teorias têm de resolver cada um dos cinco principais problemas do conhecimento com base em determinados pressupostos filosóficos.

-Os pressupostos filosóficos a partir dos quais os dois tipos de teorias resolvem cada um dos cinco grandes problemas do conhecimento permitem classificá-las como objectivas, subjectivas e mistas.

-As teorias gerais do conhecimento objectivas, subjectivas e dialécticas e as teorias particulares das ciências sociais objectivas, subjectivas e dialécticas, respetivamente, partem dos mesmos pressupostos filosóficos para construir os seus objectos de estudo.

O quadro seguinte mostra esquematicamente a relação entre as teorias gerais do conhecimento e as teorias particulares das ciências sociais:

TEORIAS GERAIS DO CONHECIMENTO			TEORIAS ESPECÍFICAS DAS CIÊNCIAS SOCIAIS		
OBJECTIVOS	MATEMATICISMO	O OBJECTO DETERMINA AO ASSUNTO	OBJECTIVOS	POSITIVISMO	O OBJECTO DETERMINA O SUJEITO
				FUNCIONALISMO	
	MECANISMO			ESTRUTURALIS	

	ORGANISMO			SISTEMAS MO	
SUBJECTIVOS	**CHAOS** **CONFLITO**	**O SUJEITO DETERMINA O OBJECTO**	**SUBJECTIVOS**	**HISTORICISMO** **MATERIALISMO HISTÓRICO-DIALÉCTICO**	**O SUJEITO DETERMINA O OBJECTO**
DIALÉTICA	ANALOGIA COMPLEXIDADE	AMBOS OS ELEMENTOS DA RELAÇÃO DE CONHECIMENTO SE DETERMINAM MUTUAMENTE	DIALECTICAS	FENOMENOLOGIA HERMENÊUTICA CRÍTICA	AMBOS OS ELEMENTOS DA RELAÇÃO DE CONHECIMENTO SE DETERMINAM MUTUAMENTE

2.3.5.4 *As teorias específicas das ciências da educação.*

As *teorias particulares das ciências sociais*, que acabam de ser descritas, constituem o fundamento para problematizar os objectos de estudo das *teorias específicas das ciências da educação* que procuram explorar, descrever, explicar, compreender, interpretar, etc., a realidade educativa.

As *teorias específicas das ciências da educação*, em função dos fundamentos teóricos gerais e particulares das ciências sociais, a partir dos quais começam a problematizar os seus objectos de estudo, estudam os fenómenos educativos com base em pressupostos filosóficos objectivos, subjectivos ou dialécticos.

As *teorias particulares das ciências sociais* exploram, descrevem, explicam, interpretam, etc., fenómenos sociais, factos, acontecimentos, etc., de natureza social. As ciências da educação são ciências sociais porque o seu objeto de estudo é o ser humano social.

Como já foi dito, a classificação das ciências proposta neste documento vai do geral para o particular: teorias gerais do conhecimento, teorias particulares das ciências sociais (já discutidas) e *teorias específicas das ciências da educação* (a serem discutidas nesta secção).

O critério de classificação das *teorias específicas das ciências da educação* será o mesmo que o adotado para classificar as teorias gerais do conhecimento e as teorias particulares das ciências sociais: serão analisadas em primeiro lugar as teorias que exploram, descrevem, explicam, interpretam, etc. a realidade social do ponto de vista da razão e que, portanto, resolvem todos e cada um dos cinco grandes problemas filosóficos do conhecimento a partir de pressupostos dogmáticos.

(possibilidade do conhecimento), racional (origem do conhecimento), objetivista, idealista e dualista (soluções pré-metafísica, metafísica e teológica, respetivamente, para o problema da essência do conhecimento), racional (tipos de conhecimento) e imanente (conceitos e critérios de verdade do conhecimento). Chamaremos a estas teorias *teorias específicas das ciências objectivas da educação*; em atenção ao critério de classificação convencionado, a forma como resolvem a seguinte questão: quem determina quem numa relação de conhecimento: o objeto para o sujeito, o sujeito para o objeto, ou ambos se determinam mutuamente?

Em seguida, serão analisadas as *teorias específicas das ciências objectivas da educação* que exploram, descrevem, explicam, interpretam, etc, a realidade social, a partir dos sentidos, e que, da mesma forma, resolvem todos e cada um dos cinco principais problemas filosóficos do conhecimento, a partir de pressupostos *cépticos*, *subjectivistas*, *relativistas* e *pragmáticos* (possibilidade do conhecimento), *empiristas* (origem do conhecimento), *subjectivistas*, *realistas* e *dualistas* (soluções pré-metafísicas, metafísicas e teológicas, respetivamente, para os problemas da essência do conhecimento), *intuitivos* (tipos de conhecimento) e *transcendentais* (conceitos e critérios de verdade do conhecimento). Chamaremos a estas teorias *teorias específicas das ciências subjectivas da educação*, de acordo com o critério de classificação já indicado.

Por último, serão analisadas as *teorias específicas das ciências da educação* que exploram, descrevem, explicam, interpretam, etc, a realidade social, a partir da *razão* e dos *sentidos*, e que, do mesmo modo, resolvem todos e cada um dos cinco principais problemas filosóficos do conhecimento a partir de pressupostos *críticos* (possibilidade do conhecimento), *intelectualistas* e/ou *aprioristas* (origem do conhecimento), *dialécticos*, *fenomenológicos* e *monistas* (soluções pré-metafísicas, metafísicas e teológicas, respetivamente, para o problema da essência do conhecimento), *mistos* (tipos de conhecimento) e *mistos* (conceitos e critérios de verdade do conhecimento). Chamaremos a estas teorias *teorias específicas das ciências dialécticas da educação*; pela mesma razão de classificação já referida.

A análise, tal como foi feita com as teorias gerais do conhecimento objetivo e com as teorias particulares das ciências sociais objectivas, será realizada, num primeiro momento, tendo em conta a definição, caraterísticas, função, finalidade, classificação, autores e obras de cada *teoria particular das ciências sociais objectivas*; num segundo momento, serão tidos em conta os *pressupostos* filosóficos a partir dos quais se resolve cada um dos cinco *problemas* principais do conhecimento: possibilidade, origem, essência, classificação, e conceitos e critérios de verdade do conhecimento; e, finalmente, serão analisados os seguintes problemas: objectivos da educação, conceito de aprendizagem, papel do professor, conceito de aluno, motivação, metodologia de ensino e avaliação.

2.3.5.4.1 As teorias específicas das ciências objectivas da educação.

As *teorias específicas das ciências objectivas da educação* exploram, descrevem, explicam, interpretam, compreendem, etc., a realidade educativa a partir da *razão*. Por isso, os pressupostos filosóficos a partir dos quais resolvem todos e cada um dos cinco principais problemas do conhecimento são *o dogmatismo* (possibilidade do conhecimento), o *racionalismo* (origem do conhecimento), *o objetivismo*, o *idealismo* e *o dualismo* (soluções pré-metafísicas, metafísicas e teológicas, respetivamente, para o problema da essência do conhecimento), o *racional* (tipo de conhecimento) e o *imanente* (conceitos e critérios de verdade do conhecimento).

As *teorias específicas das ciências objectivas da educação* exploram, descrevem, explicam, interpretam, compreendem, etc., a realidade educativa, comparando-a com um ideal lógico-matemático, com uma máquina, com um organismo vivo, com uma estrutura, com um sistema cibernético, etc. Os objectos de estudo da educação são construídos a partir da *razão* e, portanto, dos pressupostos filosóficos acima referidos.

As *teorias específicas das ciências objectivas da educação* assemelham-se às teorias gerais do conhecimento objetivo (matematicismo, mecanicismo e organicismo) e às teorias particulares das ciências sociais objectivas (positivismo, funcionalismo, estruturalismo e sistemas). Os *pressupostos* filosóficos a partir dos quais ambas as teorias resolvem cada um dos cinco principais *problemas* do conhecimento são os mesmos.

A única diferença que se pode observar entre as três classificações de teoria é de grau. As teorias gerais do conhecimento objetivo exploram, descrevem, explicam, interpretam, etc., qualquer fenómeno, seja ele factual (natural ou social) ou formal (lógico-matemático); as teorias particulares das ciências sociais objectivas tratam apenas dos fenómenos sociais; e as teorias específicas das ciências objectivas da educação, dos fenómenos sociais educativos.

Uma *teoria específica das ciências objectivas da educação* que é analisada nesta secção é: *o behaviorismo*.

2.3.5.4.1.1 Comportamentalismo.

O behaviorismo pode ser *definido*, a partir da razão, como uma *teoria específica das ciências objectivas da educação* em que a realidade educativa é comparada a um ideal lógico matemático, a uma máquina, a um organismo vivo, a uma estrutura, a um sistema cibernético, etc. Os fenómenos educativos são explorados, descritos, explicados, interpretados, compreendidos, etc., do ponto de vista de um *dever ser* (ideia).

Como já foi dito em páginas anteriores, a teoria matemática (das ciências formais: lógica e matemática), juntamente com o mecanicismo (das ciências factuais: física e química) e o organicismo (das ciências factuais: biologia), segundo a classificação de Mario Bunge (1977), são transplantados para as ciências sociais. Ou seja, para o seu estudo, a realidade social terá de ser comparada com um ideal matemático, com uma máquina ou com um organismo vivo; por outras palavras, os objectos de estudo social terão de ser construídos a partir de pressupostos filosóficos dogmáticos (possibilidade de conhecer); racionalistas (origem do conhecimento); objectivistas, idealistas e dualistas e teístas (soluções pré-metafísica, metafísica e teológica, respetivamente, para o problema da essência do conhecimento); racionais (tipos de conhecimento); e imanentes (critérios de verdade do conhecimento).

Por sua vez, as teorias particulares das ciências sociais (positivistas, funcionalistas, estruturalistas, sistémicas, entre outras), serviram de base para o desenvolvimento de teorias específicas no campo da psicologia, que foram aplicadas para explorar, descrever, explicar, interpretar, compreender, etc., o fenómeno educativo. Uma delas é o *behaviorismo*.

O behaviorismo parte do princípio de que *o comportamento* humano pode ser estudado de forma objetiva, longe de especulações e ambiguidades subjectivas (Guzmán, Jesús Carlos e Gerardo Hernández Rojas; 1993: 13).

O Behaviorismo é uma *teoria* porque explora, descreve, explica, interpreta, compreende, etc., *o comportamento*.

O comportamento deve ser observável para que possa ser medido, quantificado e eventualmente reproduzido em condições controladas.

O behaviorismo é uma *teoria específica das ciências da educação* porque, embora tenha origem na psicologia, pode ser utilizada para explorar, descrever, explicar, interpretar, compreender, etc., *o comportamento* educativo. A psicologia é uma das ciências que mais influenciou a educação.

O behaviorismo parte do princípio de que as interações entre o *comportamento* dos indivíduos e os acontecimentos ambientais podem ser identificadas de uma forma funcional: quando um elemento muda, o outro também muda. A causa de tudo é o ambiente.

O behaviorismo é uma *teoria específica das ciências objectivas da educação* porque pode ser utilizada para explorar, descrever, explicar, interpretar, compreender, etc., a realidade educativa a partir da razão do sujeito que constrói a teoria; partindo do princípio de que, numa relação de conhecimento, o objeto a conhecer determina o sujeito cognoscente (objetivismo).

Na teoria *comportamental*, parte-se do princípio de que o comportamento humano está sujeito a leis (dogmatismo). Parte-se do princípio de que estes dogmas podem ser descobertos através da razão (racionalismo). Acredita-se que, utilizando o mesmo método das ciências naturais: o método científico (indutivo-dedutivo), se podem descobrir as leis ou dogmas que regulam *o comportamento* humano. Parte-se do princípio de que, se as leis do *comportamento* puderem ser conhecidas, então o comportamento pode ser previsto e controlado.

O facto de, no *behaviorismo*, a realidade educativa ser comparada com um ideal significa que, de todas as capacidades de que o sujeito dispõe para gerar novos conhecimentos (adição, subtração, multiplicação, divisão, análise, síntese, indução, dedução, comparação, classificação, definição, etc.), a comparação é utilizada, de preferência, para ordenar a realidade.

O facto de, no *behaviorismo*, a realidade educativa a explorar, a descrever, a explicar, a interpretar, a compreender, etc., ser comparada a um ideal, significa que a razão, que é a qualidade do sujeito que serve para explicar a realidade, assume, ou quer assumir para ordenar os fenómenos, que não deve mover-se, que deve permanecer para sempre fixa, eternamente imóvel (dogmatismo).

No *behaviorismo*, tal como nas teorias gerais do conhecimento objetivo (matematicismo, mecanicismo e organicismo) e nas teorias particulares das ciências sociais objectivas (positivismo, funcionalismo, estruturalismo, teoria dos sistemas, etc.), o problema filosófico da possibilidade do conhecimento é resolvido pela razão, através de pressupostos dogmáticos. Acredita-se que se existem leis gerais e universais que regulam o comportamento e se estes dogmas podem ser descobertos pela razão, então é possível conhecer o comportamento humano para o prever e controlar.

Uma caraterística da visão *behaviorista* da realidade educativa é a de procurar explicar os fenómenos sociais através das leis da natureza. Os factos sociais (e com eles os factos educativos) são compreendidos e interpretados por analogia com um ideal, como se fossem fenómenos naturais. Assume-se, a partir da razão, que o único conhecimento autêntico é o conhecimento científico (dogmatismo), e que este só pode surgir da afirmação positiva de teorias, através do método científico.

Este determinismo ontológico permite supor, com base na razão, que na realidade social (e portanto também na educação) existe uma ordem estabelecida (racionalismo) (por Deus, pela razão ou pela história dos povos), que a razão humana descobre através da reflexão. Supõe-se, ou quer-se supor, porque convém a certos interesses, que na realidade social (educativa), em geral, há uma ordem, regras de jogo pré-estabelecidas; que são eternas e imutáveis, dadas desde sempre e para sempre (dogmatismo).

O behaviorismo, tal como as teorias gerais do conhecimento objetivo (matematicismo, mecanicismo e organicismo) e as teorias particulares das ciências sociais objectivas (positivismo, funcionalismo, estruturalismo, teoria dos sistemas, etc.), só *funciona* quando cada parte está integrada no lugar certo e complementa as outras para continuar a cumprir a mesma função (racionalismo).
A função do *behaviorismo*, tal como a das teorias gerais do conhecimento objetivo (matematicismo, mecanicismo e organicismo) e das teorias particulares das ciências sociais objectivas (positivismo, funcionalismo, estruturalismo, teoria dos sistemas, etc.) é a descoberta de leis simples e inalteráveis, que devem explicar um conjunto de elementos simples e inalteráveis (dogmatismo).
De acordo com a teoria *comportamentalista*, os objectivos da educação são: controlar o comportamento humano, transmitir padrões culturais e a inovação desses padrões e desenvolver o potencial do organismo humano o mais possível (racionalismo).
Segundo a teoria *behaviorista,* só podemos saber o que a ciência nos permite saber; e o único método de conhecimento é o das ciências naturais (indutivo-dedutivo).
A aprendizagem é explicada como a modificação relativamente permanente do comportamento observável dos organismos em resultado da experiência. O dever ser (razão) põe ordem no ser (paixão). No *behaviorismo*, o problema da origem do conhecimento é resolvido com base em pressupostos filosóficos racionalistas.
Na teoria *behaviorista* - aplicada à exploração, descrição, explicação, interpretação, compreensão, etc., do comportamento humano em sociedade e, portanto, da educação - o objeto (a ideia, o instituído, as instituições, etc., construídos por determinados sujeitos, assumindo, a partir da razão, que a realidade não se move) determina o sujeito. Assume-se, ou quer-se assumir, a partir da razão que, numa relação de conhecimento, o objeto determina o sujeito. Que os seres humanos, enquanto sujeitos em si mesmos, são menos importantes do que as instituições, que só dentro da instituição (objeto) é que as suas vidas fazem sentido. A palavra objetivo deriva, em termos ontológicos e epistemológicos, da palavra objeto de conhecimento.
O aluno é o "objeto" do ato educativo. É como um "jarro vazio" a ser "enchido" com as "águas da sabedoria" do professor. É o objeto (os conteúdos educativos) determinado ao sujeito (o aluno). No *behaviorismo*, o problema pré-metafísico sobre a essência do conhecimento é resolvido a partir de pressupostos filosóficos objectivistas.
Na interpretação da realidade social (e, portanto, também educativa), a partir da *teoria behaviorista*, bem como nas teorias gerais do conhecimento objetivo (matematicismo, mecanicismo e organicismo) e nas teorias particulares das ciências sociais objectivas (positivismo, funcionalismo, estruturalismo, teoria dos sistemas, etc.), assume-se, ou quer-se assumir (a partir de certas racionalidades e porque pode ser conveniente para certos interesses), que o sujeito é devido ao objeto; que o importante é o todo, não a parte; que as partes são devidas ao objeto.), assume-se, ou supõe-se (a partir de certas racionalidades e porque pode convir a certos interesses), que o sujeito é devedor do objeto; que o importante é o todo, não a parte; que as partes são devedoras do todo; que a razão de ser das partes é a conservação, preservação e valorização do todo; que o que deve ser preservado são as *instituições* (ideias) a que os *sujeitos* são devedores.

O método da ciência natural (descoberta das leis causais e do seu controlo sobre os factos) não se aplica apenas ao estudo da natureza, mas também ao estudo da sociedade (monismo epistemológico).
Na teoria *behaviorista*, as explorações, descrições, explicações, interpretações, compreensões, etc. sobre o comportamento humano em sociedade são construídas através da resolução do problema metafísico da essência do conhecimento, utilizando pressupostos filosóficos *idealistas*. Parte-se *do princípio* de que a realidade estudada (o *objeto* a conhecer) existe independentemente da existência de um *sujeito cognoscente* interessado em conhecê-la ou não.
É por isso que a metodologia de ensino proposta pelo behaviorismo contém principalmente as seguintes tarefas
- O professor desenvolve objectivos de ensino.
- As tarefas são analisadas.
- As pré-correntes são identificadas.
- São concebidos e/ou selecionados materiais e técnicas de ensino.
- As novas respostas são ensinadas através de instruções verbais, moldagem, demonstração ou descoberta (aprender fazendo).

No *behaviorismo*, o problema metafísico da essência do conhecimento é resolvido com base em pressupostos filosóficos idealistas. A parte metafísica significa que nos colocamos acima da realidade e assumimos que a realidade existe independentemente do sujeito cognoscente.
Na teoria *behaviorista*, as explorações, descrições, explicações, interpretações, compreensões, etc. sobre o *comportamento* humano em sociedade são construídas através da resolução do problema teológico sobre a essência do conhecimento, utilizando pressupostos filosóficos dualistas. Considera-se que a realidade em estudo (o *objeto* a conhecer) está dividida em dois pólos opostos e irreconciliáveis: os alunos que passam e os que chumbam, os bons e os maus professores, os que são pontuais e os que não são, etc.
O papel do professor é ser um "tecnólogo da educação", um diretor e controlador do processo de aprendizagem, um engenheiro comportamental. O professor é aquele que "sabe" e o aluno é aquele que "não sabe".
O tipo de conhecimento que se constrói, na teoria *behaviorista*, é racional. Assume-se, a partir da razão, que o único conhecimento verdadeiro é aquele que nasce da reflexão da alma humana.
Quando o "ser" quer influenciar o "vir a ser", são dados incentivos e recompensas (materiais ou sociais). É por isso que a motivação comportamental é extrínseca: o objetivo é que os alunos assimilem as "boas notícias" do sistema. É a razão a pôr ordem na paixão.
No *behaviorismo*, o problema da classificação do conhecimento é resolvido, a partir da razão, utilizando pressupostos filosóficos racionalistas.
Os conceitos e critérios de verdade do conhecimento que são construídos na teoria *behaviorista* são imanentes. Assume-se, a partir da razão, que a verdade é a concordância do pensamento consigo mesmo, não com a realidade. Os sujeitos cognitivos são confrontados com objectos de conhecimento ideais, mentais, entidades criadas por determinadas racionalidades, que não têm existência, propriamente dita, na realidade material.

Trata-se de conhecer para controlar e controlar para dominar, tanto a natureza como a sociedade.
É por isso que a avaliação proposta no behaviorismo se baseia na aplicação de instrumentos objectivos. O objetivo é que os sujeitos assimilem os objectos de conhecimento dados.
No behaviorismo, o problema do conceito e do critério de verdade do conhecimento é resolvido, a partir da razão, com base em pressupostos filosóficos imanentes.
A teoria *comportamentalista* pode servir propósitos como os seguintes: concretizar os "ideais" de certas racionalidades de determinados sujeitos ou grupos, independentemente das diferenças (económicas, políticas, sociais, etc.) entre as partes constituintes.
Para estudar a realidade educativa, é preciso partir de *pressupostos filosóficos* que implicam ordem, harmonia, quietude, etc. (dogmáticos, racionalistas, objectivistas, idealistas, etc.).
Os fundamentos teóricos gerais do conhecimento (matemáticos, mecanicistas e organicistas) e os específicos das ciências sociais (positivismo, funcionalismo, estruturalismo, teoria dos sistemas, etc.) são muito úteis para reforçar a problematização dos objectos de estudo realizada com a teoria *behaviorista*.
O quadro seguinte mostra os pressupostos filosóficos a partir dos quais cada um dos cinco grandes problemas do conhecimento é resolvido na construção da teoria *behaviorista*:

TEORIA ESPECÍFICA DAS CIÊNCIAS DA EDUCAÇÃO	**PROBLEMAS FILOSÓFICOS DO CONHECIMENTO**						
	POSSIBILIDADE DE CONHECIMENTO	ORIGEM DO CONHECIMENTO	ESSÊNCIA DE CONHECIMENTO			TIPO DE CONHECIMENTO	CONCEITO E CRITÉRIO DE VERDADE DO CONHECIMENTO
			SOLUÇÕES				
			SOLUÇÃO PRÉ-METAFÍSICA	SOLUÇÃO METAFÍSICA	SOLUÇÃO TEOLÓGICA		
	PRESSUPOSTOS A PARTIR DOS QUAIS SE PODEM RESOLVER OS PROBLEMAS DA CONHECIMENTO						
CONDUCTISMO	DOGMATISMO	RACIONALISMO	OBJECTIVISMO	IDEALISMO	DUALISMO	RACIONAL	IMANENTE

2.3.5.4.4.2 Teorias específicas das ciências subjectivas da educação.
As *teorias específicas das ciências subjectivas da educação* derivam, tal como as teorias gerais do conhecimento subjetivo (caos, conflito, etc.) e as teorias particulares das ciências sociais subjectivas (historicismo, materialismo histórico-dialético, etc.), de pressupostos filosóficos cépticos, subjectivistas, relativistas e pragmáticos (resolvendo assim o problema da possibilidade do conhecimento); empiristas (resolvendo assim o problema da origem do conhecimento).), de pressupostos filosóficos cépticos, subjectivistas, relativistas e pragmáticos (resolvendo assim o problema da possibilidade do conhecimento); empiristas (resolvendo assim o problema da origem do conhecimento); subjectivistas, realistas e dualistas (resolvendo assim o problema da essência do conhecimento no que respeita às soluções pré-metafísica, metafísica e teológica, respetivamente); intuicionistas (resolvendo assim o problema da classificação do conhecimento); e

transcendentalistas (resolvendo assim o problema dos conceitos e critérios de verdade do conhecimento).

Algumas *teorias específicas das ciências subjectivas da educação* que resolvem cada um dos cinco grandes problemas filosóficos do conhecimento dos sentidos com base nos pressupostos acima referidos são a psicanálise, o humanismo e o cognoscitivismo.

Tal como foi trabalhada a *teoria behaviorista,* a análise das *teorias específicas das ciências subjectivas da educação* (psicanálise, humanismo e cognoscitivismo), será realizada, num primeiro momento, considerando a definição, caraterísticas, função, finalidade, classificação, autores e obras de cada *teoria específica das ciências subjectivas da educação*; num segundo momento, serão tidos em conta os pressupostos filosóficos a partir dos quais se resolve cada um dos cinco principais problemas filosóficos do conhecimento: possibilidade, origem, essência, classificação e conceitos e critérios de verdade do conhecimento; e, finalmente, serão analisados os seguintes problemas: objectivos da educação, conceito de aprendizagem, papel do professor, conceito de aluno, motivação, metodologia de ensino e avaliação.

É necessário recordar, para efeitos desta análise, que a *classificação* e os *nomes* atribuídos a cada uma das *teorias específicas das ciências subjectivas da educação* que são analisadas nesta secção, obedecem à forma como se resolve um dos cinco principais problemas filosóficos do conhecimento: o problema da essência do conhecimento. Foi escolhido este problema filosófico do conhecimento (a essência) e nenhum outro, porque esta dificuldade do conhecimento se refere à *relação* de conhecimento que se estabelece entre o sujeito cognoscente e o objeto a conhecer.

Já foi esclarecido que, dos diferentes pressupostos filosóficos a partir dos quais se pode resolver o problema da *essência* do conhecimento e que podem ser encontrados em três soluções diferentes (pré-metafísica, metafísica e teológica), escolhemos a solução pré-metafísica, porque esta solução aborda o problema da seguinte questão: *quem determina quem numa relação de conhecimento: o objeto para o sujeito, o sujeito para o objeto, ou os dois determinam-se mutuamente*?

Se a filosofia determina a teoria, então a teoria depende da filosofia. Se assumirmos que, numa relação de conhecimento, o objeto determina o sujeito, então podemos falar de teorias objectivas. Pelo contrário, se supusermos que, numa relação de conhecimento, o sujeito determina o objeto, então podemos falar de teorias *subjectivas*. Finalmente, se assumirmos que, numa relação de conhecimento, ambos os elementos do conhecimento se determinam mutuamente, então podemos falar de teorias dialécticas.

Até agora, analisámos uma das teorias específicas das ciências objectivas da educação (o behaviorismo). Nesta secção, analisaremos o segundo grupo de teorias específicas das ciências da educação: *as teorias específicas das ciências subjectivas da educação* (psicanálise, humanismo e cognitivismo). Posteriormente, serão analisadas duas das teorias específicas das ciências dialécticas da educação: a teoria genética (Piaget) e a teoria sociocultural.

Já foi dito que as teorias objectivas são construídas a partir da razão (objetivista), as *subjectivas* a partir dos sentidos (subjetivista) e as dialécticas a partir de ambas as qualidades do sujeito cognoscente: da razão e dos sentidos; podendo partir primeiro da razão e depois dos sentidos; ou vice-versa.

2.3.5.4.4.2.1 A psicanálise.

A psicanálise é uma teoria específica das ciências subjectivas da educação que explora, descreve, explica, interpreta, compreende, etc., a partir dos sentidos, a realidade pedagógica, os fenómenos educativos, os factos escolares, a coisa formativa, etc. a partir dos sentidos, através de pressupostos filosóficos subjectivistas (possibilidade de conhecimento), empiristas (origem do conhecimento), subjectivistas (solução pré-metafísica do problema da essência do conhecimento), realistas (solução metafísica do problema da essência do conhecimento), dualistas (solução teológica do problema da essência do conhecimento), intuitivos (tipo de conhecimento) e transcendentes (conceito e critério de verdade do conhecimento).

A psicanálise é "*... simultaneamente uma técnica de psicoterapia e uma teoria da personalidade criada por Sigmund Freud na tentativa de resolver os problemas apresentados pelo comportamento psicopatológico...*" (Guzmán, Jesús Carlos e Gerardo Hernández Rojas; 1993: 59).

No domínio da educação, Freud influenciou A. S. Neill (criador da escola de Sumerhill, em Inglaterra), precursor da "escola ativa", que visa educar para a liberdade, o amor, o respeito e a não coerção dos alunos. A autonomia e a independência do aluno são encorajadas. Os alunos são autónomos e independentes para entrar ou não nas aulas, para aprender ou não aprender, para frequentar ou não frequentar a escola, etc. Tudo isto tentando evitar cair na devassidão. Todos devem respeitar as regras e os regulamentos e acatar as decisões tomadas democraticamente pela comunidade estudantil nas assembleias.

A psicanálise é uma teoria, porque explora, descreve, explica, interpreta, compreende, etc., a realidade, os fenómenos, os factos, as coisas, etc.

A psicanálise é uma teoria específica das ciências da educação; porque, embora surja no domínio da educação, não é uma teoria específica das ciências da educação.

A psicologia, pode ser utilizada para explorar, descrever, explicar, interpretar, compreender, etc., a realidade educativa.

A psicanálise é uma teoria específica das ciências subjectivas da educação porque pode ser utilizada para explorar, descrever, explicar, interpretar, compreender, etc., a realidade educativa de uma forma subjectiva. As explorações, descrições, explicações, interpretações, compreensões, etc., sobre a realidade educativa, os fenómenos de ensino, os acontecimentos escolares, a coisa formativa, etc., que se realizam tendo como base teórica a base teórica da realidade educativa, que se realizam tendo como base teórica a psicanálise, são feitas resolvendo os grandes problemas do conhecimento (possibilidade, origem, essência, classificação e conceitos e critérios de verdade) a partir dos sentidos, através de pressupostos filosóficos cépticos, subjectivistas, relativistas, pragmáticos, empiristas, subjectivistas, realistas, monistas, intuitivos, transcendentes, respetivamente.

Com a teoria da *psicanálise* como fundamento teórico, a partir de pressupostos filosóficos subjectivistas, é possível explorar, descrever, explicar, interpretar, compreender, etc. a realidade educativa, privilegiando o sujeito cognoscente em detrimento do objeto a conhecer.

Os pressupostos filosóficos a partir dos quais se resolvem todos e cada um dos cinco grandes problemas filosóficos do conhecimento (possibilidade, origem, essência, classificação e conceito e critério de verdade do conhecimento), utilizando os sentidos, em *psicanálise*, são os seguintes

- Na teoria *psicanalítica*, tal como nas teorias gerais do conhecimento subjetivo (caos, conflito, etc.) e nas teorias particulares das ciências sociais subjectivas (historicismo, materialismo histórico-dialético, etc.) assume-se, a partir dos sentidos, que a realidade é muito complexa e muito difícil de compreender, devido à permanente mudança em que se encontra. O problema da possibilidade do conhecimento é resolvido com base em pressupostos filosóficos cépticos, subjectivistas, relativistas e pragmáticos.

Quando *a psicanálise* é utilizada como base teórica para explorar, descrever, explicar, interpretar, compreender, etc., pressupõe-se, a partir dos sentidos, que a motivação dos alunos é regida por factores externos (sociais) e internos (autossatisfação), pelo que se deve procurar a satisfação das necessidades afectivas, de segurança e de realização dos alunos.

- Na teoria *psicanalítica*, tal como nas teorias gerais do conhecimento subjetivo (caos, conflito, etc.) e nas teorias particulares das ciências sociais subjectivas (historicismo, materialismo histórico-dialético), acredita-se que a origem do conhecimento se encontra nas sensações. Acredita-se que os seres humanos (cada um em particular) percepcionam a realidade de forma diferente dos outros. Cada ser humano experimenta as mesmas sensações de forma diferente. Distingue-se entre perceção (que é universal) e representação (que é particular). O problema da origem do conhecimento é resolvido com base em pressupostos filosóficos empíricos.

Quando *a psicanálise* é utilizada como base teórica para explorar, descrever, explicar, interpretar, compreender, etc., o papel do professor na aprendizagem do aluno, considera-se, a partir dos sentidos, que o professor é reduzido a um mero mediador dos processos de aquisição de conhecimento do aluno.

- Na teoria psicanalítica, pressupõe-se, a partir dos sentidos, tal como nas teorias gerais do conhecimento subjetivo (caos, conflito, etc.) e nas teorias particulares das ciências sociais subjectivas (historicismo, materialismo histórico-dialético), que (numa relação de conhecimento) o sujeito cognoscente determina o objeto a conhecer. Presume-se que se dois sujeitos cognoscentes se relacionarem com o mesmo objeto de conhecimento, ambos apreenderão o seu objeto a conhecer de uma forma totalmente diferente; porque a sua história de vida, sentimentos, emoções, paixões, complexos, ambições, etc. "contaminam" o objeto de estudo. "contaminam" o objeto de estudo. A ciência não é neutro, obedece a pressupostos filosóficos e a interesses ontológicos. O problema pré-metafísico sobre a essência do conhecimento é resolvido com base em pressupostos filosóficos subjectivistas.

Quando *a psicanálise* é utilizada como base teórica para explorar, descrever, explicar, interpretar, compreender, etc. o conceito de aprendente, assume-se, a partir dos sentidos, que o aprendente é o planeador, executor e avaliador do seu conhecimento.

- Na teoria *psicanalítica*, conjetura-se, a partir dos sentidos, tal como nas teorias gerais do conhecimento subjetivo (caos, conflito, etc.) e nas teorias particulares das ciências sociais subjectivas (historicismo, materialismo histórico-dialético), que a realidade existe independentemente de os sujeitos cognoscentes a apreenderem ou não. Acredita-se que as impressões dos objectos que nos rodeiam têm impacto nos nossos sentidos e produzem sensações que diferentes sujeitos percepcionam, mas que representam de forma diferente. O problema metafísico sobre a *essência* do conhecimento é resolvido com base em pressupostos filosóficos realistas.

Quando *a psicanálise* é utilizada como base teórica para explorar, descrever, explicar, interpretar, compreender, etc., o conceito de aprendizagem, conjetura-se, a partir dos sentidos, que este se refere a um processo inconsciente que gera mudanças abrangentes nos padrões de comportamento dos aprendentes.

- Na teoria *psicanalítica*, tal como nas teorias gerais do conhecimento subjetivo (caos, conflito, etc.) e nas teorias particulares das ciências sociais subjectivas (historicismo, materialismo histórico-dialético), admite-se, a partir dos sentidos, que a realidade se divide em dois pólos opostos e contraditórios: ordem - desordem, regularidades - irregularidades, certeza - incerteza, etc. O problema teológico da essência do conhecimento é resolvido com base em pressupostos filosóficos dualistas.

Quando *a psicanálise* é utilizada como base teórica para explorar, descrever, explicar, interpretar, compreender, etc., os objectivos da educação, admite-se, a partir dos sentidos, que estes devem consistir em formar personalidades psicologicamente sãs e favorecer um desenvolvimento psico-emocional saudável.

- Na teoria *psicanalítica*, tal como nas teorias gerais do conhecimento subjetivo (caos, conflito, etc.) e nas teorias particulares das ciências sociais subjectivas (historicismo, materialismo histórico-dialético), o único tipo de conhecimento que um sujeito cognoscente pode obter de um objeto a conhecer é o intuitivo. Tudo o que sabemos sobre a realidade é considerado como tendo sido obtido através dos sentidos. O problema da classificação do conhecimento é resolvido com base em pressupostos filosóficos intuitivos.

Quando *a psicanálise* é utilizada como base teórica para explorar, descrever, explicar, interpretar, compreender, etc., a metodologia de ensino, atribui-se, a partir dos sentidos, que ela deve ser baseada em grupos operativos.

- Na teoria *psicanalítica*, tal como nas teorias gerais do conhecimento subjetivo (caos, conflito, etc.) e nas teorias particulares das ciências sociais subjectivas (historicismo, materialismo histórico-dialético), pressupõe-se, a partir dos sentidos, que os conceitos e critérios de verdade do conhecimento são transcendentes. A verdade é considerada como a concordância do pensamento com o objeto pensado. Porque se pressupõe que o sujeito cognoscente é confrontado com objectos que têm a sua própria existência na realidade. O problema dos conceitos e critérios de verdade é resolvido com base em pressupostos filosóficos transcendentes.

O quadro seguinte mostra os pressupostos filosóficos a partir dos quais cada um dos cinco principais problemas filosóficos do conhecimento é resolvido na construção da teoria *psicanalítica*:

TEORIA ESPECÍFICA DAS CIÊNCIAS	**PROBLEMAS FILOSÓFICOS DO CONHECIMENTO**

DA EDUCAÇÃO							
TEORIA ESPECÍFICA DAS CIÊNCIAS DA EDUCAÇÃO	POSSIBILIDADE DE CONHECIMENTO	ORIGEM DO CONHECIMENTO	ESSÊNCIA DO CONHECIMENTO **SOLUÇÕES**			TIPO DE CONHECIMENTO	CONCEITO E CRITÉRIO DE VERDADE DO CONHECIMENTO
			SOLUÇÃO PREMETA-FISCA	SOLUÇÃO METAFÍSICA	SOLUÇÃO TEOLÓGICA		
	PRESSUPOSTOS A PARTIR DOS QUAIS SE PODEM RESOLVER PROBLEMAS DE CONHECIMENTO						
PSICANÁLISE SIS	CEPTICISMO, SUBJECTIVISMO, RELATIVISMO E PRAGMATISMO	EMPIRISMO	SUBJECTIVISMO	REALISMO	DUALISMO	INTUITIVO	TRASCENDENTE

2.3.5.4.4.2.2 Humanismo.

O humanismo, tal como a psicanálise, é uma teoria específica das ciências subjectivas da educação que explora, descreve, explica, interpreta, compreende, etc., a realidade do ensino, dos fenómenos educativos, dos acontecimentos escolares, da coisa formativa, etc., a partir dos sentidos, utilizando pressupostos filosóficos subjectivos (possibilidade de conhecimento), empíricos (origem do conhecimento), subjectivistas (solução pré-metafísica do problema da essência do conhecimento).utilizando pressupostos filosóficos subjectivos (possibilidade de conhecimento), empíricos (origem do conhecimento), subjectivistas (solução pré-metafísica para o problema da essência do conhecimento), realistas (solução metafísica para o problema da essência do conhecimento), dualistas (solução teológica para o problema da essência do conhecimento), intuitivos (tipo de conhecimento) e transcendentes (conceito e critério de verdade do conhecimento).

O humanismo ou existencialismo *"... foi fundado por Abraham Maslow, que o concebe como uma psicologia do <ser> e não do <ter>. Esta corrente propõe uma ciência do homem que tem em conta a consciência, a ética, a individualidade e os valores espirituais".* (Guzmán, Jesús Carlos e Gerardo Hernández Rojas; 1993: 41).

O humanismo, tal como o existencialismo, partilha uma visão do homem como um ser criativo, livre e consciente (subjetivismo).

Os representantes mais importantes desta teoria, com aplicações na sociologia, psicologia, psiquiatria e educação, são Maslow, Aliport, Rogers, R. May e V. Frankl. Frankl.

O humanismo é uma teoria, porque explora, descreve, explica, interpreta, compreende, etc., a realidade, os fenómenos, os factos, as coisas, etc.

O humanismo é uma teoria específica das ciências da educação; porque, embora tenha surgido no domínio da sociologia, passando depois para a psicologia e a psiquiatria, pode ser utilizado para explorar, descrever, explicar, interpretar, compreender, etc., a realidade da educação.

O humanismo é uma teoria específica das ciências subjectivas da educação porque permite explorar, descrever, explicar, interpretar, compreender, etc., a realidade educativa; a partir dos sentidos; de forma subjectiva. As explorações, descrições, explicações, interpretações, compreensões, etc., sobre a realidade educativa, os fenómenos de ensino, os acontecimentos escolares, a coisa formativa, etc., que se realizam a partir de uma base teórica, que se realizam utilizando *o humanismo* como base teórica, fazem-se resolvendo os grandes problemas do conhecimento (possibilidade, origem, essência, classificação e conceitos e critérios de verdade) a partir de pressupostos filosóficos cépticos, subjectivistas, relativistas, pragmáticos, empiristas, subjectivistas, realistas, monistas, intuitivos, transcendentes, respetivamente.
Com a teoria do *humanismo* como fundamento teórico, a partir dos sentidos e utilizando pressupostos filosóficos subjectivistas, a realidade educativa pode ser explorada, descrita, explicada, interpretada, compreendida, etc., privilegiando o sujeito cognoscente em detrimento do objeto a conhecer. O sujeito cognoscente determina o objeto a ser conhecido.
Os pressupostos filosóficos a partir dos quais todos e cada um dos cinco principais problemas filosóficos do conhecimento (possibilidade, origem, essência, classificação e conceito e critério de verdade do conhecimento) são resolvidos no *humanismo* são os seguintes
- No *humanismo*, tal como na psicanálise, assume-se, a partir dos sentidos, que a realidade é muito complexa e muito difícil de compreender, devido à permanente mudança em que se encontra. O problema da possibilidade de conhecimento é resolvido com base em pressupostos filosóficos cépticos, subjectivistas, relativistas e pragmáticos.

Quando *o humanismo* é utilizado como base teórica para explorar, descrever, explicar, interpretar, compreender, etc., os objectivos da educação, pressupõe-se, a partir dos sentidos, que estes devem consistir em promover a auto-realização dos seres humanos, estimulando as suas potencialidades, para que possam atingir a máxima altura que a espécie humana pode alcançar.
- No humanismo, considera-se, a partir dos sentidos, como na psicanálise, que a origem do conhecimento se encontra nas sensações. Acredita-se que os seres humanos (cada um em particular) percepcionam a realidade de forma diferente dos outros. Cada ser humano experimenta as mesmas sensações de forma diferente. Distingue-se entre perceção (que é universal) e representação (que é particular). O problema da origem do conhecimento é resolvido com base em pressupostos filosóficos empíricos.

Quando *o humanismo* é utilizado como base teórica para explorar, descrever, explicar, interpretar, compreender, etc., o
metodologia de ensino; considera-se, a partir dos sentidos, que se deve trabalhar com problemas percebidos como reais, fornecer recursos, fazer acordos, dividir a turma em equipas, investigar e promover grupos de encontro. Porque a aprendizagem adquire-se mais pela experimentação do que pelo raciocínio.
- No humanismo, presume-se, a partir dos sentidos, como na psicanálise, que (numa relação de conhecimento) o sujeito cognoscente determina o objeto a conhecer. Presume-se que se dois sujeitos cognoscentes se relacionarem com o mesmo objeto de conhecimento, ambos apreenderão o seu objeto a conhecer de

uma forma totalmente diferente; porque a sua história de vida, sentimentos, emoções, paixões, complexos, ambições, etc. "contaminam" o objeto de estudo. "contaminam" o objeto de estudo. A ciência não é neutra, ela obedece a pressupostos filosóficos e a interesses ontológicos. O problema pré-metafísico sobre a essência do conhecimento é resolvido a partir de pressupostos filosóficos subjectivistas.

Quando *o humanismo* é usado como base teórica para explorar, descrever, explicar, interpretar, compreender, etc., o conceito de aprendente, assume-se, a partir dos sentidos, que o aprendente é uma entidade individual completamente única e diferente; um ser com iniciativa, com necessidades de autodeterminação e com potencial para desenvolver actividades e resolver problemas; uma pessoa total que possui afectos e tem experiências particulares.

- No *humanismo*, conjetura-se, a partir dos sentidos, como na psicanálise, que a realidade existe independentemente do facto de os sujeitos cognoscentes a apreenderem ou não. Acredita-se que as impressões dos objectos que nos rodeiam têm um impacto nos nossos sentidos e produzem sensações que diferentes sujeitos percepcionam, mas que as representam de forma diferente. O problema metafísico sobre a *essência* do conhecimento é resolvido com base em pressupostos filosóficos realistas.

Quando se utiliza *a psicanálise* como fundamento teórico para explorar, descrever, explicar, interpretar, compreender, etc., o conceito de aprendizagem, conjetura-se, a partir dos sentidos, que esta consiste num processo que modifica a perceção da realidade, derivado da reorganização do eu. A aprendizagem que se promove deve ser significativa ou experiencial: cognitiva e afectiva (auto-motivada).

- No humanismo, admite-se, a partir dos sentidos, como na psicanálise, que a realidade se divide em dois pólos opostos e contraditórios: ordem - desordem, regularidades - irregularidades, certeza - incerteza, etc. O problema teológico da essência do conhecimento é resolvido com base em pressupostos filosóficos dualistas.

Quando *a psicanálise* é utilizada como base teórica para explorar, descrever, explicar, interpretar, compreender, etc., a avaliação, admite-se, a partir dos sentidos, que o único tipo de avaliação que deve ser privilegiado é a autoavaliação.

- No *humanismo*, atribui-se, a partir dos sentidos, como na psicanálise, que o único tipo de conhecimento que um sujeito cognoscente pode obter de um objeto a conhecer é o intuitivo. Considera-se que tudo o que sabemos sobre a realidade foi obtido através dos sentidos. O problema da classificação do conhecimento é resolvido com base em pressupostos filosóficos intuitivos.

Quando *a psicanálise* é utilizada como base teórica para explorar, descrever, explicar, interpretar, compreender, etc., a motivação, atribui-se, a partir dos sentidos, que ela deve ser constituída por experiências, ocupações e comunicação.

- No humanismo, pressupõe-se, a partir dos sentidos, como na psicanálise, que os conceitos e critérios de verdade do conhecimento são transcendentes. A verdade é considerada como a concordância do pensamento com o objeto pensado. Porque se supõe que o sujeito cognoscente é confrontado com objectos que têm a sua própria existência na realidade. O problema dos conceitos e critérios de verdade é resolvido com base em pressupostos filosóficos transcendentes.

Quando *o humanismo* é utilizado como base teórica para explorar, descrever, explicar, interpretar, compreender, etc., o papel do professor no processo de aprendizagem é atribuído, a partir dos sentidos, que este deve consistir em facilitar a aprendizagem do aluno, proporcionando as condições para que esta ocorra de forma autónoma, e partindo das potencialidades e necessidades individuais, fomentando um clima social.

O quadro seguinte mostra os pressupostos filosóficos a partir dos quais cada um dos cinco principais problemas filosóficos do conhecimento, a partir dos sentidos, são resolvidos na construção da teoria *psicanalítica*:

TEORIA ESPECÍFICA DE AS CIÊNCIAS DE EDUCAÇÃO CION	**PROBLEMAS FILOSÓFICOS DO CONHECIMENTO**						
	POSSIBILIDADE DE CONHECIMENTO	ORIGEM DO CONHECIMENTO TO	ESSÊNCIA DO CONHECIMENTO			TIPO DE CONHECIMENTO	CONCEITO E CRITÉRIO DE VERDADE DO CONHECIMENTO
			SOLUÇÕES				
			SOLUÇÃO PRÉ-METAFÍSICA	SOLUÇÃO METAFÍSICA	SOLUÇÃO TEOLÓGICA		
	PRESSUPOSTOS A PARTIR DOS QUAIS OS PROBLEMAS DO CONHECIMENTO PODEM SER RESOLVIDOS.						
HUMANISMO	CEPTICISMO, SUBJECTIVISMO E PRAGMATISMO	EMPIRISMO	SUBJECTIVISMO	REALISMO	DUALISMO	INTUITIVO	TRASCENDENTE

2.3.5.4.4.2 Cognitivismo.

O cognoscitivismo, tal como a psicanálise e o humanismo, é uma teoria específica das ciências subjectivas da educação que explora, descreve, explica, interpreta, compreende, etc., a realidade do ensino, dos fenómenos educativos, dos acontecimentos escolares, da coisa formativa, etc., a partir dos sentidos, utilizando pressupostos filosóficos subjectivos (possibilidade de conhecimento), empíricos (origem do conhecimento), subjectivistas (solução pré-metafísica do problema da essência do conhecimento).utilizando pressupostos filosóficos subjectivos (possibilidade de conhecimento), empíricos (origem do conhecimento), subjectivistas (solução pré-metafísica para o problema da essência do conhecimento), realistas (solução metafísica para o problema da essência do conhecimento), dualistas (solução teológica para o problema da essência do conhecimento), intuitivos (tipo de conhecimento) e transcendentes (conceito e critério de verdade do conhecimento).

O Cognoscitivismo é o resultado de "*... diferentes abordagens psicológicas e disciplinas afins, como a linguística, a inteligência artificial, a epistemologia, entre outras. Apesar das suas diferentes origens, todas elas partilham o objetivo de estudar, analisar e compreender os processos mentais*" (Guzmán, Jesús Carlos e Gerardo Hernández Rojas; 1993: 25).

O cognitivismo tem as suas origens na psicologia da Gestalt, uma escola de psicologia desenvolvida no final do século XX na Alemanha.

A Gestalt caracteriza-se pela consideração dos processos perceptivos na resolução de problemas. A forma, o padrão ou a configuração (Gestalt) consiste em colocar questões como: como é que o aprendente aprendeu a percecionar a situação?

Aprender significa trocar uma *gestalt* por outra; uma forma, uma situação, um padrão por outro. A mudança pode ser provocada por uma nova experiência, pela reflexão ou pela simples passagem do tempo.
As correntes mais representativas do *cognitivismo* são as teorias do processamento da informação, da aprendizagem significativa (David Ausubel), da aprendizagem instrucional (Jerome Bruner) e do trabalho de Piaget.
- A teoria *do processamento da informação* estuda a forma como o sujeito cognitivo incorpora, transforma, armazena, recupera e utiliza a informação que recebe. É muito influente no desenvolvimento da inteligência artificial.
- A teoria da *aprendizagem significativa* de David Ausubel investiga o funcionamento das estruturas cognitivas das pessoas e tenta determinar os mecanismos para conseguir uma aprendizagem significativa no ensino.
- A teoria da instrução tenta explicar a aprendizagem por descoberta.
- Para efeitos desta parte do estudo, uma vez que se trata de explorar, descrever, explicar, interpretar, compreender, etc., a relação entre teoria e filosofia, principalmentea relação entre teoria e filosofia, principalmente; a obra de Piaget será analisada na secção seguinte, correspondendo às teorias específicas das ciências dialécticas da educação; por considerar *o construtivismo* como uma teoria que trata ou pode tratar o fenómeno educativo a partir de pressupostos filosóficos críticos (possibilidade do conhecimento), aprioristas (origem do conhecimento), dialécticos, fenomenológicos e monistas (soluções pré-metafísica, metafísica e teológica, respetivamente, para o problema da essência do conhecimento), mistos <racional-intuitivo> (classificação do conhecimento) e mistos <imanente-transcendente> (conceitos e critérios de verdade do conhecimento).
A proposta mais importante do *cognitivismo* é "aprender a aprender", um aspeto que está totalmente relacionado com as aspirações do presente trabalho.
O cognoscitivismo é uma teoria, porque explora, descreve, explica, interpreta, compreende, etc., a realidade, os fenómenos, os factos, as coisas, etc.
O cognoscitivismo é uma teoria específica das ciências da educação; porque, embora englobe vários aspectos (linguística, inteligência artificial, epistemologia, etc.), pode ser utilizado para explorar, descrever, explicar, interpretar, compreender, etc., os processos mentais em educação.
O cognoscitivismo é uma teoria específica das ciências subjectivas da educação porque permite explorar, descrever, explicar, interpretar, compreender, etc., os processos mentais de aprendizagem; a partir dos sentidos; de forma subjectiva. As explorações, descrições, explicações, interpretações, compreensões, etc., sobre a realidade educativa, os fenómenos de ensino, os acontecimentos escolares, a coisa formativa, etc., que se realizam a partir de uma base teórica, que se realizam utilizando *o humanismo* como base teórica, fazem-se resolvendo os grandes problemas do conhecimento (possibilidade, origem, essência, classificação e conceitos e critérios de verdade) a partir de pressupostos filosóficos cépticos, subjectivistas, relativistas, pragmáticos, empiristas, subjectivistas, realistas, monistas, intuitivos, transcendentes, respetivamente.
Com a teoria do *cognoscitivismo* como fundamento teórico, a partir dos sentidos e utilizando pressupostos filosóficos subjectivistas, a realidade educativa pode ser explorada, descrita, explicada, interpretada, compreendida, etc., privilegiando o

sujeito cognoscente em detrimento do objeto a conhecer. O sujeito cognoscente determina o objeto a ser conhecido.
Os pressupostos filosóficos a partir dos quais se resolvem todos e cada um dos cinco principais problemas filosóficos do conhecimento (possibilidade, origem, essência, classificação e conceito e critério de verdade do conhecimento), a partir dos sentidos, no *cognoscitivismo* são os seguintes:
- No *cognoscitivismo*, tal como na psicanálise e no humanismo, assume-se, a partir dos sentidos, que a realidade é muito complexa e muito difícil de compreender, devido à permanente mudança em que se encontra. O problema da possibilidade de conhecimento é resolvido com base em pressupostos filosóficos cépticos, subjectivistas, relativistas e pragmáticos.
Quando *o cognitivismo* é utilizado como base teórica para explorar, descrever, explicar, interpretar, compreender, etc., os objectivos da educação, assume-se, a partir dos sentidos, que estes devem consistir na retenção a longo prazo de corpos significativos de conhecimento, no desenvolvimento de processos cognitivos (aprender a aprender) e no desenvolvimento da curiosidade, da dúvida, da criatividade, do raciocínio e da imaginação.
- No *cognoscitivismo*, acredita-se, tal como na psicanálise e no humanismo, que a origem do conhecimento se encontra na sensação. Acredita-se que os seres humanos (cada um em particular) percepcionam a realidade de forma diferente dos outros. Cada ser humano experimenta as mesmas sensações de forma diferente. Distingue-se entre perceção (que é universal) e representação (que é particular). O problema da origem do conhecimento é resolvido com base em pressupostos filosóficos empíricos.
Quando se utiliza *o cognoscitivismo* como base teórica para explorar, descrever, explicar, interpretar, compreender, etc., utiliza-se a metodologia de ensino.A metodologia de ensino; considera-se, a partir dos sentidos, que se deve promover o domínio de estratégias cognitivas, meta-cognitivas (saber que se sabe), auto-reguladoras e a indução de representações de conhecimento (esquemas) mais elaboradas e inclusivas; para isso, devem ser utilizadas estratégias instrucionais (conceção de situações de ensino: organizador prévio, resumos, ilustrações, perguntas, redes semânticas, mapas conceptuais, etc.), induzidas ou de aprendizagem (competências, hábitos, técnicas e habilidades: auto-interrogação, imaginação, fantasia, etc.) induzidas ou de aprendizagem (aptidões, hábitos, técnicas e competências: auto-interrogação, imaginação, identificação e elaboração.
- No cognoscitivismo, presume-se, a partir dos sentidos, tal como na psicanálise e no humanismo, que (numa relação de conhecimento) o sujeito cognoscente determina o objeto a conhecer. Presume-se que se dois sujeitos cognoscentes se relacionam com o mesmo objeto de conhecimento, ambos apreenderão o seu objeto a conhecer de forma totalmente diferente; porque a sua história de vida, sentimentos, emoções, paixões, complexos, ambições, etc., são diferentes.
"contaminar" o objeto de estudo. A ciência não é neutra, obedece a pressupostos filosóficos e a interesses ontológicos. O problema pré-metafísico da essência do conhecimento é resolvido com base em pressupostos filosóficos subjectivistas.
Quando *o cientificismo cognitivo* é utilizado como base teórica para explorar, descrever, explicar, interpretar, compreender, etc., o conceito de aprendente,

pressupõe-se, a partir dos sentidos, que o aprendente é um processador ativo de informação e responde à sua própria aprendizagem.

- No *cognoscitivismo*, conjetura-se, a partir dos sentidos, como na psicanálise e no humanismo, que a realidade existe independentemente de os sujeitos cognitivos a apreenderem ou não. Acredita-se que as impressões dos objectos que nos rodeiam têm um impacto nos nossos sentidos e produzem sensações que diferentes sujeitos percepcionam, mas que representam de forma diferente. O problema metafísico sobre a *essência* do conhecimento é resolvido com base em pressupostos filosóficos realistas.

Quando *o cientismo cognitivo* é utilizado como base teórica para explorar, descrever, explicar, interpretar, compreender, etc., o conceito de aprendizagem, conjetura-se, a partir dos sentidos, que esta consiste na reestruturação qualitativa dos esquemas, ideias, percepções ou conceitos das pessoas: é a aprendizagem significativa.

- No *cognoscitivismo*, tal como na psicanálise e no humanismo, admite-se que a realidade se divide em dois pólos opostos e contraditórios: ordem - desordem, regularidades - irregularidades, certeza - incerteza, etc. O problema teológico da essência do conhecimento é resolvido com base em pressupostos filosóficos dualistas.

Quando *o cientificismo cognitivo* é utilizado como base teórica para explorar, descrever, explicar, interpretar, compreender, etc., a motivação, atribui-se, a partir dos sentidos, que a motivação deve consistir em

provocar desequilíbrios no aprendente para que a procura do equilíbrio se torne a força motriz da aprendizagem.

- No cognoscitivismo, tal como na psicanálise e no humanismo, o único tipo de conhecimento que um sujeito cognitivo pode obter de um objeto a conhecer é o intuitivo. Tudo o que sabemos sobre a realidade é considerado como tendo sido obtido através dos sentidos. O problema da classificação do conhecimento é resolvido com base em pressupostos filosóficos intuitivos.

Quando *o cientismo cognitivo* é utilizado como base teórica para explorar, descrever, explicar, interpretar, compreender, etc., a avaliação, admite-se, a partir dos sentidos, que as capacidades de pensamento e de raciocínio dos alunos devem ser avaliadas.

- No *cognoscitivismo*, assume-se, tal como na psicanálise e no humanismo, que os conceitos e critérios de verdade do conhecimento são transcendentes. A verdade é considerada como a concordância do pensamento com o objeto pensado. Porque se assume que o sujeito cognoscente é confrontado com objectos que têm existência própria na realidade. O problema dos conceitos e critérios de verdade é resolvido com base em pressupostos filosóficos transcendentes.

Quando se utiliza *o cognoscitivismo* como base teórica para explorar, descrever, explicar, interpretar, compreender, etc., atribui-se, a partir dos sentidos, o papel do professor no processo de aprendizagem, que deve consistir em favorecer o desenvolvimento e a prática dos processos cognitivos do aluno: identificando os conhecimentos prévios e relacionando-os com os novos conhecimentos, a fim de alcançar uma aprendizagem significativa.

O quadro seguinte mostra os pressupostos filosóficos a partir dos quais cada um dos cinco principais problemas filosóficos do conhecimento são resolvidos na construção da teoria *cognoscitivista*:

TEORIA ESPECÍFICA DAS CIÊNCIAS DA EDUCAÇÃO	**PROBLEMAS FILOSÓFICOS DO CONHECIMENTO**						
	POSSIBILIDADE DE CONHECIMENTO	ORIGEM DO CONHECIMENTO	ESSÊNCIA DO CONHECIMENTO **SOLUÇÕES**			TIPO DE CONHECIMENTO	CONCEITO E CRITÉRIO DE VERDADE DO CONHECIMENTO
			SOLUÇÃO PRÉ-METAFÍSICA	SOLUÇÃO METAFÍSICA	SOLUÇÃO TEOLÓGICA		
	PRESSUPOSTOS A PARTIR DOS QUAIS OS PROBLEMAS DE CONHECIMENTO PODEM SER RESOLVIDOS						
COGNOSCITIVISMO	CEPTICISMO, SUBJECTIVISMO, RELATIVISMO E PRAGMATISMO	EMPIRISMO	SUBJECTIVISMO	REALISMO	DUALISMO	INTUITIVO	TRASCENDENTE

Os fundamentos teóricos que permitem problematizar os objectos de estudo com maior profundidade cognitiva a partir do *cognoscitivismo* são as teorias subjectivas gerais do conhecimento (caos, conflito, etc.), as teorias particulares das ciências sociais subjectivas (historicismo, materialismo histórico-dialético, etc.) e as teorias específicas das ciências subjectivas da educação analisadas antes do *cognoscitivismo* (psicanálise e humanismo).

2.3.5.4.4.3 Teorias específicas das ciências dialécticas da educação

The *specific theories of the dialectical sciences of education* derive, like the general theories of dialectical knowledge (analogy, complexity, etc.) and the particular theories of the dialectical social sciences (phenomenology, critical hermeneutics, etc.), de *pressupostos filosóficos críticos* (resolvendo assim o problema da possibilidade do conhecimento); *intelectualistas* e *aprioristas* (resolvendo assim o problema da origem do conhecimento); *dialécticos, fenomenológicos* e *monistas* (resolvendo assim o problema da essência do conhecimento, em termos de soluções pré-metafísicas, metafísicas e teológicas, respetivamente); *mista* - o conhecimento é simultaneamente racional e intuitivo - (resolvendo assim o problema da classificação do conhecimento); e *mista* - os conceitos e critérios de verdade devem ser simultaneamente transcendentes e imanentes - (resolvendo assim o problema dos conceitos e critérios de verdade do conhecimento).

Duas das *teorias específicas das ciências dialécticas da educação* que resolvem todos e cada um dos cinco grandes problemas filosóficos do conhecimento a partir das duas qualidades do sujeito cognoscente: a razão e os sentidos, utilizando os pressupostos acima referidos, são a teoria genética (Piaget) e a teoria sociocultural (Vygostky).

Tal como as *teorias gerais do conhecimento dialético* (analogia e complexidade) e as teorias particulares das ciências sociais dialécticas (fenomenologia, hermenêutica, etc.), a análise das *teorias* específicas das ciências dialécticas da educação (genéticas e socioculturais), num primeiro momento, será realizada considerando a definição, caraterísticas, função, finalidade, classificação, autores e obras de cada uma delas.), a análise das *teorias específicas das ciências dialécticas da educação* (genéticas e socioculturais), num primeiro momento, será realizada tendo em conta a definição, as caraterísticas, a função, a finalidade, a classificação, os autores e as obras de cada *teoria específica das ciências dialécticas da educação*; num segundo momento, serão tidos em conta os *pressupostos* filosóficos a partir dos quais se resolve cada um dos cinco principais *problemas* filosóficos do conhecimento: possibilidade, origem, essência, classificação, e conceitos e critérios de verdade do conhecimento; e, finalmente, serão analisados os seguintes aspectos: objectivos da educação, conceito de aprendizagem, papel do professor, conceito de aluno, motivação, metodologia de ensino e avaliação.
É necessário recordar, para efeitos desta análise, que a *classificação* e os *nomes* atribuídos a cada uma das *teorias específicas das ciências da educação* analisadas nesta secção se baseiam na forma como é resolvido um dos cinco principais *problemas* filosóficos do conhecimento: o problema da *essência* do conhecimento. Foi escolhido este problema filosófico do conhecimento (a essência) e nenhum outro, porque esta dificuldade do conhecimento se refere à *relação* de conhecimento que se estabelece entre o *sujeito* cognoscente e o *objeto* a conhecer. Já foi esclarecido que, dos diferentes *pressupostos* filosóficos a partir dos quais se pode resolver o problema da *essência* do conhecimento e que podem ser encontrados em três *soluções* diferentes (pré-metafísica, metafísica e teológica), escolhemos a solução *pré-metafísica*, porque esta solução aborda o problema da seguinte questão: *quem determina quem numa relação de conhecimento: o objeto para o sujeito, o sujeito para o objeto, ou os dois determinam-se mutuamente*?
Se *a filosofia* determina a *teoria*, então *a teoria* depende da *filosofia*. Se *assumirmos* que, numa relação de conhecimento, o objeto determina o sujeito, então podemos falar de teorias *objectivas*. Pelo contrário, se supusermos que, numa relação de conhecimento, o sujeito determina o objeto, então podemos falar de teorias *subjectivas*. Finalmente, nos casos seguintes, se assumirmos que, numa relação de conhecimento, ambos os elementos do conhecimento se determinam mutuamente, então podemos falar de teorias *dialécticas*.
Até agora, analisámos as teorias específicas das ciências subjectivas da educação (psicanálise, humanismo e cognitivismo). Nesta secção, analisaremos o terceiro grupo de teorias específicas das ciências da educação: *as teorias específicas das ciências dialécticas da educação* (genética e sociocultural).
Já foi dito que as teorias *objectivas* são construídas a partir da razão (objetivismo), as *subjectivas* a partir dos sentidos (subjetivismo) e as *dialécticas* a partir de ambas as qualidades do sujeito cognoscente: da razão e dos sentidos; podendo partir primeiro da razão e depois dos sentidos (apriorismo); ou vice-versa (intelectualismo).
Uma das *teorias específicas das ciências dialécticas da educação*, que parte de pressupostos filosóficos *críticos* (possibilidade de conhecer); *aprioristas* (origem

do conhecimento); *dialécticos* e *monistas* (soluções pré-metafísica, metafísica e teológica, respetivamente, para o problema da essência do conhecimento); racionais-intuitivos (tipo de conhecimento); e imanentes-transcendentes (critérios de verdade), é *a teoria genética* construída por Piaget.

2.3.5.4.4.3.1 Teoria genética (Piaget).

A teoria genética é uma teoria específica das ciências dialécticas da educação que explora, descreve, explica, interpreta, compreende, etc., a realidade, os fenómenos, os factos, as coisas, etc., da educação, educativa; resolvendo todos e cada um dos cinco grandes problemas filosóficos do conhecimento a partir das duas qualidades do sujeito cognoscente: razão e sentidos (primeiro a razão e depois os sentidos), recorrendo aos pressupostos crítico (possibilidade do conhecimento), apriorista (origem do conhecimento), dialético, fenomenológico e monista (soluções pré-metafísica, metafísica e teológica, respetivamente, para os problemas da essência do conhecimento), misto (racional-intuitivo) (classificação do conhecimento) e misto (imanente-transcendente) (conceito e critério de verdade do conhecimento).

A teoria genética surgiu na terceira década do século XX, com base nos estudos de Piaget sobre a lógica e o pensamento verbal das crianças.

Parafraseando Guzmán, Jesús Carlos e Gerardo Hernández Rojas (1993: 71-73), os estudos epistemológicos de Piaget sobre como passar de um determinado nível de conhecimento para outros de maior validade, procurando a parte puramente instrumental e metodológica da aprendizagem, levaram-no a tentar descrever e explicar a natureza do conhecimento e como este é construído: como é que os sujeitos conhecem e aprendem, quais são os mecanismos envolvidos neste processo?

Entre os seus seguidores mais importantes contam-se César Coll, De Vries, Kohlberg, Kamil e Marro.

As duas principais conclusões da teoria são as seguintes "... *1) Não há univocidade nas interpretações ou leituras da teoria para posterior utilização no campo da educação, dado que diferentes <utilizações> podem ser feitas de acordo com os diferentes aspectos que dela são retirados (e.g. aspectos funcionais, estruturais) ou com as diferentes concepções de como as teorias psicológicas devem ser utilizadas no campo da educação (e.g. extrapolações grosseiras ou leituras críticas que propõem a necessidade de uma adequada recontextualização). 2) Apesar dos enormes esforços realizados até à data sobre as implicações da teoria, ainda há muito trabalho de investigação a fazer (especialmente no domínio da psicogenética da aprendizagem dos conteúdos escolares), o que ainda não resultou no grande impacto esperado da teoria no domínio da educação*". (Guzmán, Jesús Carlos e Gerardo Hernández Rojas; 1993: 73).

A teoria *genética* é também conhecida como *construtivista*, na medida em que Piaget parte do princípio de que o conhecimento não é adquirido apenas pela interiorização do meio social <empirismo> (como propunham Freud e Vygostky), mas que predomina a construção efectuada a partir de dentro pelo sujeito (racionalismo). Trata-se de encontrar o caminho do processo construtivo do conhecimento.

Se na teoria *genética* ou *construtivista* se assume que a origem do conhecimento se encontra na razão e nos sentidos, com predomínio da razão sobre os sentidos, então nesta teoria o conhecimento da realidade educativa é construído com base em conjecturas apriorísticas. A teoria baseia-se mais em Kant (apriorismo) do que em Aristóteles (intelectualismo). Isto apenas no que respeita ao problema filosófico da fonte e do fundamento do nosso conhecimento.

A genética, ou *construtivismo*, é uma teoria porque explica, interpreta, compreende, etc., a realidade, os fenómenos, os factos, as coisas, etc., sobre o modo como o conhecimento é construído.

A genética, ou *construtivismo*, é uma teoria particular das ciências sociais porque explora, descreve, explica, interpreta, compreende, etc., qualquer realidade, fenómeno, facto, coisa, etc., relacionado com o conhecimento, entendido como um processo e não como um produto. O conhecimento, entendido como um produto, tem mais interesse para a teoria behaviorista.

A genética ou *construtivismo* é uma teoria específica das ciências dialécticas da educação porque, tratando-se do estudo de questões epistemológicas, pode ser utilizada para explorar, descrever, explicar, interpretar, compreender, etc., qualquer realidade, fenómeno, facto, coisa, etc., que esteja relacionado com a forma como se constrói o conhecimento, a partir da razão e dos sentidos, utilizando pressupostos dialécticos apriorísticos.

As explorações, descrições, explicações, interpretações, compreensões, etc., que, sobre a realidade, os fenómenos, os acontecimentos, as coisas, etc, são feitas na teoria *genética* ou *construtivista*, são feitas, como já foi referido, resolvendo os grandes problemas filosóficos do conhecimento (possibilidade, origem, essência, classificação e conceitos e critérios de verdade) a partir de ambas as qualidades do sujeito cognoscente: a razão e os sentidos (primeiro a razão e depois os sentidos), utilizando *pressupostos* críticos; aprioristas; dialécticos, fenomenalistas e monistas; mistos <intuitivo - racional
>; e misto < transcendente - imanente >; respetivamente; da razão e dos sentidos.

- na teoria *genética ou construtivista*, assume-se, a partir da razão e dos sentidos <primeiro a razão e depois os sentidos> (apriorismo kantiano), que o conhecimento é possível (dogmatismo), mas não em essência (ceticismo), porque cada sujeito cognoscente sente e pensa de forma diferente dos outros (subjetivismo), porque a verdade muda no tempo, no espaço e nas circunstâncias (relativismo), e porque qualquer discurso que se desenvolva sobre um determinado objeto de conhecimento deve ser útil à humanidade (pragmatismo). O problema da *possibilidade* do conhecimento é resolvido com base em *pressupostos* filosóficos críticos.

Quando a teoria *genética* ou *o construtivismo* são utilizados como base teórica para explorar, descrever, explicar, interpretar, compreender, etc., os objectivos da educação são assumidos, a partir da razão e dos sentidos (primeiro a razão e depois os sentidos), como sendo os seguintes

1. A educação é o elemento adequado para melhorar o desenvolvimento do aprendente e promover a sua autonomia moral e intelectual.
2. A educação deve desenvolver alunos criativos, inventivos e descobridores.
3. A educação deve desenvolver aprendizes críticos.
4. A educação deve contribuir para o desenvolvimento do pensamento racional e da autonomia moral e intelectual.

- Na teoria *genética* ou *construtivista*, parte-se da razão e dos sentidos (primeiro a razão e depois os sentidos), para se chegar à origem do conhecimento, que se

encontra tanto nos sentidos como na razão do sujeito cognoscente. O *problema* da origem do conhecimento é resolvido com base em pressupostos filosóficos apriorísticos (primeiro pensamos e depois sentimos).
Quando se utiliza a teoria *genética* ou *o construtivismo* como base teórica para explorar, descrever, explicar, interpretar, compreender, etc., o conceito de aprendizagem, parte-se do princípio, a partir da razão e dos sentidos (primeiro a razão e depois os sentidos), que a aprendizagem é um processo de aquisição de conhecimentos. A aprendizagem é um processo de assimilação de conteúdos que exige uma acomodação por parte do sujeito cognoscente.
- Na teoria *genética* ou *construtivista*, assume-se, a partir da razão e dos sentidos (primeiro a razão e depois os sentidos), que, numa relação de conhecimento, o *sujeito* cognoscente determina o *objeto* a conhecer e, por sua vez, o objeto a conhecer determina o sujeito cognoscente. Esta relação dialética entre o sujeito cognoscente e o objeto a ser conhecido determina que o problema pré-metafísico sobre a essência do conhecimento seja resolvido com base em pressupostos filosóficos dialécticos.
Quando a teoria *genética* ou *o construtivismo* são utilizados como base teórica para explorar, descrever, explicar, interpretar, compreender, etc., o conceito de aprendente, parte-se do princípio, a partir da razão e dos sentidos (primeiro a razão e depois os sentidos), que o aprendente é o construtor ativo do seu próprio conhecimento.
- Na teoria *genética* ou *construtivista*, estima-se, a partir da razão e dos sentidos (primeiro a razão e depois os sentidos), que a realidade existe (realismo), mas que os sujeitos a apreendem de forma diferente (idealismo subjetivo), tal como se apresenta às limitações da nossa razão e dos nossos sentidos; ou seja, o objeto a conhecer apresenta-se aos diferentes sujeitos cognoscentes, como um fenómeno, como uma aparência. Acredita-se que as impressões dos objectos que nos rodeiam têm impacto nos nossos sentidos e produzem sensações que os diferentes sujeitos percepcionam, mas que os representam de forma diferente e, além disso, como fantasmas, como fenómenos, no tempo e no espaço. *O problema* metafísico sobre a *essência* do conhecimento é resolvido com base em *pressupostos* filosóficos *fenomenalistas*.
Quando se utiliza a teoria *genética* ou *o construtivismo* como base teórica para explorar, descrever, explicar, interpretar, compreender, etc., a motivação escolar, parte-se do princípio, a partir da razão e dos sentidos (primeiro a razão e depois os sentidos), que ela deve ser intrínseca: produto de desequilíbrios (conflitos cognitivos) provocados pela contradição (tematização consciente) e, assim, passar para um nível superior de compreensão. Essa motivação deve promover conflitos cognitivos para induzir estados de desequilíbrio que motivem a aprendizagem.
- Na teoria *genética* ou *construtivista*, presume-se, a partir da razão e dos sentidos (primeiro a razão e depois os sentidos), que a realidade é única. O problema teológico sobre a essência do conhecimento é resolvido com base em pressupostos filosóficos monistas.
Quando a teoria *genética* ou *o construtivismo* são utilizados como base teórica para explorar, descrever, explicar, interpretar, compreender, etc., a metodologia de ensino pressupõe, a partir da razão e dos sentidos (primeiro a razão e depois os sentidos), que deve ser direta: atividade, iniciativa e curiosidade. Que é preciso

criar as condições (lógico-matemáticas), conceber situações para o adquirir através da experiência da descoberta (racionalismo) ou do contacto direto (físico) <empirismo> e ensinar (social ou convencionalmente) ou favorecer a sua apropriação ou reconstrução (socialmente não convencional).

- Na *teoria genética ou construtivista*, conjetura-se, a partir da razão e dos sentidos, que o tipo de conhecimento que um sujeito cognoscente pode obter de um objeto a conhecer é *misto* (racional-intuitivo). Considera-se que tudo o que sabemos sobre a realidade foi obtido por meio da razão (primeiro) e dos sentidos (depois). O problema da *classificação* do conhecimento é resolvido com base em pressupostos filosóficos *mistos* (racional-intuitivo).

Quando se utiliza a teoria *genética* ou *o construtivismo* como base teórica para explorar, descrever, explicar, interpretar, compreender, etc., a avaliação do ensino, parte-se do princípio de que, a partir da razão e dos sentidos (primeiro a razão e depois os sentidos), se devem apurar os processos cognitivos e escolares.

- Na teoria *genética* ou *construtivista*, atribui-se, a partir da razão e dos sentidos (primeiro a razão e depois os sentidos), que os *conceitos* e *critérios* de verdade do conhecimento se *misturam* (imanente-transcendente). A verdade do conhecimento é considerada como a concordância do pensamento com o objeto pensado e do pensamento consigo mesmo. Porque se assume que o sujeito cognoscente é confrontado tanto com objectos que têm a sua própria existência na realidade como com objectos ideais, que existem apenas na mente do sujeito cognoscente. O problema dos conceitos e dos critérios de verdade é resolvido com base em pressupostos filosóficos mistos (imanente-transcendente).

O quadro seguinte mostra os pressupostos filosóficos a partir dos quais se resolvem todos e cada um dos cinco grandes problemas filosóficos do conhecimento, a partir das duas qualidades do sujeito cognoscente: a razão e os sentidos (primeiro a razão e depois os sentidos), na construção da teoria *genética* ou *construtivista*:

TEORIA ESPECÍFICA DAS CIÊNCIAS DIALÉCTICAS DA EDUCAÇÃO	**PROBLEMAS FILOSÓFICOS DO CONHECIMENTO**						
	POSSIBILIDADE DE CONHECIMENTO	ORIGEM DO CONHECIMENTO	ESSÊNCIA DO CONHECIMENTO			TIPO DE CONHECIMENTO	CONCEITO E CRITÉRIO DE VERDADE DO CONHECIMENTO
			SOLUÇÕES				
			SOLUÇÃO PRÉ-METAFÍSICA	SOLUÇÃO METAFÍSICA	SOLUÇÃO TEOLÓGICA		
	PRESSUPOSTOS COM BASE NOS QUAIS OS PROBLEMAS DE CONHECIMENTO PODEM SER RESOLVIDOS						
GENÉTICA OU COSNSTRUTIVISTA	CRÍTICA	APRIORISMO	DIALÉTICA	FENOMENALISMO	MONISMO	MISTURADO	MISTURADO

As teorias gerais do conhecimento dialético (analogia e complexidade) e as teorias particulares das ciências sociais dialécticas (fenomenologia, hermenêutica crítica, etc.), podem servir de fundamentos teóricos na construção dos objectos de estudo da teoria *genética* ou *construtivista*, porque partem dos mesmos pressupostos filosóficos para resolver todos e cada um dos cinco problemas principais do conhecimento.

2.3.5.4.4.3.2 teoria sociocultural.

Outra das teorias específicas das ciências dialécticas da educação, que resolve todos e cada um dos cinco grandes problemas filosóficos do conhecimento a partir das duas qualidades do sujeito cognoscente: os sentidos e a razão (mas que, ao contrário da teoria genética ou construtivista, intervêm primeiro os sentidos e depois a razão) partindo de pressupostos filosóficos críticos (possibilidade de conhecer); intelectualista (origem do conhecimento); dialética, fenomenalista e monista e panteísta (soluções pré-metafísica, metafísica e teológica, respetivamente, para o problema da essência do conhecimento); intuitivo-racional (tipo de conhecimento); e transcendente-imanente (conceitos e critérios de verdade do conhecimento), é a teoria *sócio-cultural*.

A diferença filosófica entre a teoria genética ou construtivista e a teoria *sócio-cultural, como já foi referido no parágrafo anterior*, é de ordem: enquanto na teoria genética ou construtivista primeiro pensamos e depois sentimos (apriorismo kantiano), na teoria sócio-cultural primeiro sentimos e depois pensamos (intelectualismo aristotélico).

Na teoria *sócio-cultural*, o homem é estudado como um produto de processos sociais e culturais.

L. S. Vigotsky fundou a teoria sociocultural em psicologia, entre 1925 e 1934, tentando articular processos psicológicos e socioculturais; a partir dos campos da literatura, linguística, filosofia e outras disciplinas humanísticas (Guzmán, Jesús Carlos e Gerardo Hernández Rojas; 1993: 73).

O trabalho de Vigotsky baseia-se principalmente na teoria particular das ciências sociais subjectivas que, neste estudo, foi analisada em secções anteriores sob o nome de materialismo histórico dialético de Karl Marx e Friedrich Engels.

A teoria *sociocultural* é uma teoria, perdoem-me o pleonasmo, porque explora, descreve, explica, interpreta, compreende, etc., a realidade, os fenómenos, os factos, as coisas, etc.

A teoria *sociocultural* é uma teoria específica das ciências da educação porque explica, interpreta, compreende, etc., qualquer realidade educativa, fenómeno, facto, coisa, etc., etc.

A teoria sociocultural é uma teoria específica das ciências dialécticas da educação porque explica, interpreta, compreende, etc., qualquer realidade educativa, fenómeno, facto, coisa, etc., a partir de pressupostos filosóficos dialécticos.

As explorações, descrições, explicações, interpretações, compreensões, etc., sobre a realidade, os fenómenos, os acontecimentos, as coisas, etc., que se realizam na teoria sociocultural fazem-se resolvendo os grandes problemas do conhecimento (possibilidade, origem, essência, classificação e conceitos e critérios de verdade) a partir de pressupostos filosóficos críticos; intelectualistas, dialécticos, fenomenalistas e critérios filosóficos, são realizadas na teoria *sócio-cultural* através da resolução dos grandes problemas do conhecimento (possibilidade, origem, essência, classificação e conceitos e critérios de verdade) a partir de pressupostos filosóficos críticos; intelectualista; dialético, fenomenológico e monista; misto <intuitivo - racional>; e misto <transcendente - imanente>; respetivamente.

- Na teoria *sociocultural*, pressupõe-se, a partir dos sentidos e da razão (intelectualismo aristotélico), tal como na teoria genética, que o conhecimento é possível (dogmatismo), mas não na sua essência.

(ceticismo), porque cada sujeito cognoscente sente e pensa de forma diferente dos outros (subjetivismo), porque a verdade muda no tempo, no espaço e nas circunstâncias (relativismo) e porque qualquer discurso que seja desenvolvido sobre um determinado objeto de conhecimento deve ser útil à humanidade (pragmatismo). O problema da possibilidade do conhecimento é resolvido com base em pressupostos filosóficos críticos.

Quando a teoria *sociocultural* é utilizada como base teórica para explorar, descrever, explicar, interpretar, compreender, etc., os objectivos da educação, parte-se do princípio, a partir da razão e dos sentidos (primeiro os sentidos e depois a razão), de que estes devem promover o desenvolvimento sociocultural e holístico dos aprendentes.

- Na teoria *sociocultural*, a partir dos sentidos e da razão (primeiro os sentidos e depois a razão), parte-se do princípio de que a origem do conhecimento se encontra tanto nos sentidos como na razão do sujeito cognoscente. O problema da origem do conhecimento é resolvido com base em pressupostos filosóficos intelectualistas (primeiro sentimos e depois pesamos).

Quando a teoria *sociocultural* é utilizada como base teórica para explorar, descrever, explicar, interpretar, compreender, etc., o conceito de aprendizagem, parte-se do princípio, a partir da razão e dos sentidos (primeiro os sentidos e depois a razão), de que esta consiste em negociar zonas de desenvolvimento proximal, integrando o nível de desenvolvimento atual com o potencial e num diálogo entre a criança e o seu futuro.

- Na teoria *sociocultural*, assume-se, a partir dos sentidos e da razão (primeiro os sentidos e depois a razão), que, numa relação de conhecimento, o sujeito cognoscente determina o objeto a conhecer e, por sua vez, o objeto a conhecer determina o sujeito cognoscente. Esta relação dialética entre o sujeito cognoscente e o objeto a conhecer determina que o problema pré-metafísico sobre a essência do conhecimento seja resolvido com base em pressupostos filosóficos dialécticos.

Quando a teoria *sociocultural* é utilizada como base teórica para explorar, descrever, explicar, interpretar, compreender, etc., o papel do professor na educação, parte-se do princípio, a partir da razão e dos sentidos (primeiro os sentidos e depois a razão), que o papel do professor é criar e negociar zonas de desenvolvimento proximal no aprendente, como um perito que orienta e medeia o conhecimento sociocultural que os aprendentes devem aprender e interiorizar.

- Na teoria *sociocultural*, parte-se do princípio, com base nos sentidos e na razão (primeiro os sentidos e depois a razão), de que a realidade existe (realismo), mas que os sujeitos a apreendem de forma diferente (idealismo subjetivo), tal como ela se nos apresenta dentro das limitações dos nossos sentidos e da nossa razão; ou seja, o objeto a conhecer apresenta-se aos diferentes sujeitos cognoscentes como um fenómeno, como uma aparência. Acredita-se que as impressões dos objectos que nos rodeiam têm impacto nos nossos sentidos e produzem sensações que os diferentes sujeitos percepcionam, mas que os representam de forma diferente e, além disso, como fantasmas, como fenómenos, no tempo e no espaço. O problema metafísico sobre a *essência* do conhecimento é resolvido com base em pressupostos filosóficos fenomenalistas.

Quando a teoria *sociocultural* é utilizada como base teórica para explorar, descrever, explicar, interpretar, compreender, etc., o conceito de aprendente, assume-se, a partir da razão e dos sentidos (primeiro os sentidos e depois a razão), que o aprendente é uma entidade social, protagonista (subjetivismo) e produto (objetivismo) de múltiplas interações sociais (dialética).

- Na teoria *sócio-cultural*, parte-se do princípio, com base nos sentidos e na razão, de que a realidade é única. O problema teológico da *essência* do conhecimento é resolvido com base em pressupostos filosóficos monistas.

Quando se utiliza a teoria *sociocultural* como base teórica para explorar, descrever, explicar, interpretar, compreender, etc., a metodologia de ensino, parte-se do princípio, a partir da razão e dos sentidos (primeiro os sentidos e depois a razão), que esta consiste em criar zonas de desenvolvimento proximal e em fazer passar o aprendente dos níveis inferiores para os níveis superiores da zona; em procurar um certo grau necessário de competência cognitiva e em orientar com uma sensibilidade muito fina; em partir dos desempenhos progressivamente alcançados pelos aprendentes.

- Na teoria *sociocultural*, assume-se, a partir dos sentidos e da razão, que o tipo de conhecimento que um sujeito cognoscente pode obter de um objeto a conhecer é misto (intuitivo-racional). Considera-se que tudo o que sabemos sobre a realidade, obtivemos por meio dos sentidos (primeiro) e da razão (depois). O problema da classificação do conhecimento é resolvido com base em pressupostos filosóficos mistos (intuitivo-racionais).

Quando a teoria *sociocultural* é utilizada como base teórica para explorar, descrever, explicar, interpretar, compreender, etc., a avaliação, parte-se do princípio, a partir da razão e dos sentidos (primeiro os sentidos e depois a razão), de que a avaliação consiste em determinar o nível de desenvolvimento potencial dos alunos (as competências emergentes que são reveladas pelas interações com os outros que lhes dão contexto).

- Na teoria *sociocultural*, assume-se, a partir dos sentidos e da razão, que os conceitos e critérios de verdade do conhecimento são *mistos* (transcendente-imanente). A verdade do conhecimento é considerada como a concordância do pensamento com o objeto pensado e do pensamento consigo mesmo. Porque se assume que o sujeito cognoscente é confrontado tanto com objectos que têm a sua própria existência na realidade como com objectos ideais, que existem apenas na mente do sujeito cognoscente. O problema dos conceitos e critérios de verdade do conhecimento é resolvido com base em pressupostos filosóficos mistos (transcendente-imanente).

O quadro seguinte mostra os pressupostos a partir dos quais cada um dos cinco principais problemas filosóficos do conhecimento é resolvido na construção da teoria *sociocultural*:

TEORIA GERAL DO CONHECIMENTO DIALÉCTICO	**PROBLEMAS FILOSÓFICOS DO CONHECIMENTO**						
	POSSIBILIDADE DE CONHECIMENTO	ORIGEM DO CONHECIMENTO	ESSÊNCIA DO CONHECIMENTO			TIPO DE CONHECIMENTO	CONCEITO E CRITÉRIO DE VERDADE DO CONHECIMENTO
			SOLUÇÕES				
			SOLUÇÃO PRÉ-METAFÍSICA	SOLUÇÃO METAFÍSICA	SOLUÇÃO TEOLÓGICA		
	PRESSUPOSTOS A PARTIR DOS QUAIS SE PODEM RESOLVER OS PROBLEMAS DA CONHECIMENTO						
TEORIA SOCIOCULTURAL	CRÍTICA	INTELECTUALISMO	DIALÉTICA	FENOMENOLOGIA	MONISMO	MISTURADO	MISTURADO

As teorias gerais do conhecimento dialético (analogia e complexidade) e as teorias particulares das ciências sociais dialécticas (fenomenologia, hermenêutica crítica, etc.) podem servir de fundamentos teóricos na construção dos objectos de estudo da teoria sociocultural, porque partem dos mesmos pressupostos filosóficos para resolver todos e cada um dos cinco problemas principais do conhecimento.
Até aqui, muito para a teoria sócio-cultural.
O quadro sinóptico seguinte mostra algumas das principais *teorias específicas das ciências objectivas, subjectivas e dialécticas da educação*, respetivamente, que foram analisadas epistemologicamente; e os respectivos pressupostos filosóficos a partir dos quais resolvem cada um dos cinco problemas principais do conhecimento.

TEORIA ESPECÍFICA DAS CIÊNCIAS DA EDUCAÇÃO	**PROBLEMAS DE CONHECIMENTO**						
	POSSIBILIDADE DE CONHECIMENTO	ORIGEM DO CONHECIMENTO	ESSÊNCIA DO CONHECIMENTO			TIPO DE CONHECIMENTO	CONCEITO E CRITÉRIO DE VERDADE DO CONHECIMENTO
			SOLUÇÕES				
			SOLUÇÃO PRÉ-METAFÍSICA	SOLUÇÃO METAFÍSICA	SOLUÇÃO TEOLÓGICA		
	PRESSUPOSTOS COM BASE NOS QUAIS OS PROBLEMAS DE CO-CONHECIMENTO PODEM SER RESOLVIDOS						
CONDUCTISMO	**DOGMATISMO**	**RACIONALISMO**	**OBJECTIVISMO**	**IDEALISMO**	**DUALISMO**	**RACIONAL**	**IMANENTE**
PSICOANÁLISE	CEPTICISMO, SUBJECTIVISMO E PRAGMATISMO	EMPIRISMO	SUBJECTIVISMO	REALISMO	DUALISMO	INTUITIVO	TRASCENDENTE
HUMANISMO	CEPTICISMO, SUBJECTIVISMO E PRAGMATISMO	EMPIRISMO	SUBJECTIVISMO	REALISMO	DUALISMO	INTUITIVO	TRASCENDENTE
COGNOSCITIVISMO	CEPTICISMO, SUBJECTIVISMO E PRAGMATISMO	EMPIRISMO	SUBJECTIVISMO	REALISMO	DUALISMO	INTUITIVO	TRASCENDENTE
TEORIA GENÉTICO-ÉTICA (PIAGET)	**CRÍTICA**	**APRIORISMO**	**DIALÉTICA**	**FENOMENALISMO**	**MONISMO**	**MISTO: (RACIONAL-INTUITIVO)**	**MISTO: (IMANENTE-TRANSCENDENTE)**
TEORIA SOCIOCULTURAL	**CRÍTICA**	**INTELECTUALISMO**	**DIALÉTICA**	**FENÓMENOS DE NALISMO**	**MONISMO**	**MISTO: (INTUITIVORACIONAL)**	**MISTURADO: (TRACENDENTEINMANENTE)**

2.3.5.5 *A relação filosófica entre as teorias particulares das ciências sociais e as teorias específicas das ciências da educação.*
É possível estabelecer certas semelhanças e diferenças entre teorias específicas das ciências sociais e teorias específicas das ciências da educação:

2.3.5.5.1 Diferenças filosóficas entre teorias específicas das ciências sociais e teorias específicas das ciências da educação:

- As teorias particulares das ciências sociais procuram explorar, descrever, explicar, interpretar, compreender, etc., qualquer facto, fenómeno, acontecimento, coisa, ocorrência, etc., de natureza social. Por outro lado, as teorias específicas das ciências da educação, como o seu nome indica, tratam apenas de problemas educativos.
- As teorias particulares das ciências sociais podem servir de base teórica para a construção dos objectos de estudo das teorias específicas das ciências da educação.
- As teorias específicas das ciências da educação derivam das teorias específicas das ciências sociais, porque resolvem cada um dos cinco grandes problemas do conhecimento a partir dos mesmos pressupostos filosóficos.

2.3.5.5.2 Semelhanças filosóficas entre teorias específicas das ciências sociais e teorias específicas das ciências da educação:

- Ambos os tipos de teorias precisam de resolver cada um dos cinco principais problemas do conhecimento com base em determinados pressupostos filosóficos.
- Os pressupostos filosóficos a partir dos quais os dois tipos de teorias resolvem cada um dos cinco principais problemas do conhecimento permitem classificá-las como objectivas, subjectivas e mistas.
- As teorias particulares das ciências sociais objectivas, subjectivas e dialécticas e as teorias particulares das ciências sociais objectivas, subjectivas e dialécticas, respetivamente, partem dos mesmos pressupostos filosóficos para construir os seus objectos de estudo.

O quadro seguinte mostra esquematicamente a relação entre as teorias particulares das ciências sociais e as teorias específicas das ciências da educação:

TEORIAS ESPECÍFICAS DAS CIÊNCIAS SOCIAIS			TEORIAS ESPECÍFICAS DAS CIÊNCIAS DA EDUCAÇÃO		
OBJECTIVOS	POSITIVISMO FUNCIONALISMO ESTRUTURALISMO SISTEMAS	O OBJECTO DETERMINA AO ASSUNTO	OBJECTIVOS	CONDUCTISMO	O OBJECTO DETERMINA AO ASSUNTO
SUBJECTIVOS	**HISTORICISMO** **MATERIALISMO HISTÓRICO-DIALÉCTICO**	**O SUJEITO DETERMINA O OBJECTO**	**SUBJECTIVOS**	**PSICOANÁLISE** **HUMANISMO** **COGNOSCITIVISMO**	**O SUJEITO DETERMINA O OBJECTO**
DIALÉTICA	FENOMENOLOGIA HEERMENEUTICA CRÍTICA	AMBOS OS ELEMENTOS DA RELAÇÃO DE CONHECIMENTO SE DETERMINAM MUTUAMENTE	DIALÉTICA	TEORIA GENÉTICA (PIAGET) TEORIA SOCIOCULTURAL (VIGOTSKY)	AMBOS OS ELEMENTOS DA RELAÇÃO DE CONHECIMENTO SE DETERMINAM MUTUAMENTE

As *teorias particulares das ciências sociais objectivas* (positivismo, funcionalismo, estruturalismo, teoria dos sistemas, etc.) podem ser utilizadas como base teórica na construção dos objectos de estudo das *teorias específicas das ciências objectivas da educação* (behaviorismo), porque em ambos os tipos de teoria o conhecimento é construído a partir da razão.

As *teorias particulares das ciências sociais subjectivas* (historicismo, materialismo histórico-dialético, etc.) podem ser utilizadas como fundamento teórico na construção dos objectos de estudo das *teorias específicas das ciências subjectivas da educação* (psicanálise, humanismo, cognoscitivismo, etc.), porque em ambos os tipos de teoria o conhecimento é construído a partir dos sentidos.
As *teorias particulares das ciências sociais dialécticas* (fenomenologia, hermenêutica crítica, etc.) podem ser utilizadas como fundamento teórico na construção dos objectos de estudo das *teorias específicas das ciências dialécticas da educação* (genética <Piaget>, sociocultural <Vigotsky>), porque em ambos os tipos de teoria o conhecimento é construído a partir da razão e dos sentidos (Piaget) e dos sentidos e da razão (Vigotsky).

2.4 A RELAÇÃO FILOSOFIA - TEORIA

Como foi demonstrado nas secções anteriores, a *relação* entre *filosofia* e *teoria* pode ser estabelecida, mais ou menos, no seguinte sentido: todo o discurso (teoria) depende do que o orador assume (filosofia). Quem explora, descreve, explica, interpreta, compreende, etc., qualquer realidade, quer a conheça ou não, constrói-a a partir dos pressupostos filosóficos com que resolve todos e cada um dos cinco grandes problemas do conhecimento (possibilidade, origem, essência, classificação e critérios de verdade).
Estes problemas filosóficos do conhecimento podem ser resolvidos a partir dos sentidos, da razão ou de ambas as qualidades do sujeito cognoscente.
1) Se os problemas filosóficos do conhecimento são resolvidos pela razão, pode falar-se de pressupostos filosóficos dogmáticos (possibilidade do conhecimento), racionalistas (origem do conhecimento), objectivistas, idealistas e dualistas (soluções pré-metafísica, metafísica e teológica, respetivamente, para o problema da essência do conhecimento), racionais (classificação do conhecimento) e imanentes (conceito e critério de verdade do conhecimento).
A partir destes pressupostos filosóficos, foram construídos os discursos das teorias gerais do conhecimento objetivo (matemática, mecanicismo, organicismo, etc.); as teorias particulares das ciências sociais objectivas (positivismo, funcionalismo, estruturalismo, teoria dos sistemas, etc.); e as teorias específicas das ciências objectivas da educação (behaviorismo, etc.).
2) Se os problemas filosóficos do conhecimento forem resolvidos a partir dos sentidos, pode falar-se de pressupostos filosóficos cépticos, subjectivistas, relativistas e pragmáticos (possibilidade do conhecimento), empiristas (origem do conhecimento), subjectivistas, realistas e dualistas (soluções pré-metafísicas, metafísicas e teológicas, respetivamente, para o problema da essência do conhecimento), intuitivos (classificação do conhecimento) e transcendentais (conceito e critério de verdade do conhecimento).
A partir destes pressupostos filosóficos, foram construídos os discursos das teorias gerais do conhecimento subjetivo (caos, conflito, etc.); as teorias particulares das ciências sociais subjectivas (historicismo, materialismo histórico dialético, etc.); e as teorias específicas das ciências subjectivas da educação (psicanálise, humanismo e cognoscitivismo).
3) Se os problemas filosóficos do conhecimento forem resolvidos a partir das duas qualidades do sujeito cognoscente (razão e sentidos), duas coisas podem acontecer:
3.1). Se os problemas filosóficos do conhecimento se resolvem a partir da razão e dos sentidos (primeiro a razão e depois os sentidos), pode falar-se de pressupostos

filosóficos críticos (possibilidade do conhecimento), apriorísticos (origem do conhecimento), dialécticos, fenomenológicos e monistas (soluções pré-metafísica, metafísica e teológica, respetivamente, para o problema da essência do conhecimento), mistos <racional-intuitivo> (classificação do conhecimento) e misto <imanente-transcendente> (conceitos e critérios de verdade do conhecimento).

A partir destes pressupostos filosóficos, foram construídos os discursos das teorias gerais do conhecimento dialético (complexidade, etc.); as teorias particulares das ciências sociais dialécticas (fenomenologia, etc.); e as teorias específicas das ciências subjectivas da educação (genética <Piaget>, etc.).

2) Se os problemas filosóficos do conhecimento se resolvem a partir dos sentidos e da razão (primeiro os sentidos e depois a razão), pode falar-se de pressupostos filosóficos críticos (possibilidade do conhecimento), intelectualistas (origem do conhecimento), dialécticos, fenomenológicos e monistas (soluções pré-metafísicas, metafísicas e teológicas, respetivamente, para o problema da essência do conhecimento), mistos <intuitivo-racional > (classificação do conhecimento) e misto <transcendental-imanente > (conceitos e critérios de verdade do conhecimento).

A partir destes pressupostos filosóficos, foram construídos os discursos das teorias gerais do conhecimento dialético (analogia, etc.); as teorias particulares das ciências sociais dialécticas (hermenêutica crítica, etc.); e as teorias específicas das ciências dialécticas da educação (socioculturais <Vigotsky>, etc.).

Os objectivos da educação, o conceito de aprendizagem, o papel do professor, o conceito de aluno, a motivação, a metodologia de ensino, a avaliação, etc. a partir das teorias específicas das ciências objectivas (behaviorismo), das ciências subjectivas (psicanálise),

humanismo, cognoscitivismo, etc.) e dialécticas (genéticas, socioculturais, etc.) da educação, diferem; porque os discursos são construídos a partir de diferentes atributos do sujeito cognoscente (razão, sentidos, ou ambos); e, pela mesma razão, os pressupostos filosóficos a partir dos quais cada um dos cinco problemas do conhecimento são resolvidos, são também diferentes.

Podemos concluir com o seguinte ditado popular: "nada é verdade e nada é mentira, tudo é da cor do vidro por onde se olha".

Os discursos que elaboramos não são verdadeiros nem falsos, simplesmente são; e derivam dos pressupostos filosóficos a partir dos quais cada um dos cinco principais problemas do conhecimento é resolvido. Por sua vez, estes pressupostos dependem da utilização da razão, dos sentidos ou de ambas as qualidades do sujeito cognoscente para se relacionar com o seu objeto de conhecimento.

2.5 RESUMO DO SUBCAPÍTULO.

Como resumo do subcapítulo, no quadro seguinte é possível apreciar as definições de algumas das *teorias gerais do conhecimento*, *teorias particulares das ciências sociais* e *teorias específicas das ciências da educação*, acima descritas:

FUNDAMENTOS TEÓRICOS	TEORIAS GERAIS DO CONHECIMENTO	**OBJECTIVOS**	MATEMATICISMO: Comparar a realidade com um ideal
			MECANICISMO: Comparar a realidade com uma máquina
			ORGANICISMO: Comparar a realidade a um órgão, aparelho ou sistema biológico.
		SUBJECTIVOS	CAOS: A realidade é imprevisível, mas não anárquica
			CONFLITO: Antagonismo, oposição, combate, etc., que implica inovação e mudança.

	DIALÉTICA	ANALOGIA: Semelhança
		COMPLEXIDADE: Não existe o simples, existe apenas o simplificado.
TEORIAS ESPECÍFICAS DAS CIÊNCIAS SOCIAIS	**OBJECTIVOS**	POSITIVISMO: O único conhecimento autêntico é o conhecimento científico.
		FUNCIONALISMO: Satisfação de uma necessidade
		ESTRUTURALISMO: Comparar a realidade com uma estrutura
		TEORIA DOS SISTEMAS: Comparar a realidade com um sistema
	SUBJECTIVOS	HISTORICISMO: Olhar para a realidade em termos de movimento, de mudança
		MATERIALISMO HISTÓRICO-DIALECTIVO: Considera a realidade em termos de conflito (luta de classes).
	DIALÉTICA	FENOMENOLOGIA: Não conhecemos as coisas como elas são, mas como elas nos aparecem.
		HERMENÊUTICA CRÍTICA: Arte de explicar, traduzir ou interpretar.
TEORIAS ESPECÍFICAS DAS CIÊNCIAS DA EDUCAÇÃO	**OBJECTIVOS**	CONDUCTISMO: Controlo do comportamento
	SUBJECTIVOS	PSICOANÁLISE: Desenvolvimento dos processos cognitivos
		HUMANISMO: Promover um desenvolvimento psico-emocional saudável.
		COGNOSCITIVISMO: Promover o desenvolvimento de sociocultural e integral
	DIALÉTICA	PSICOGENÉTICA (PIAGET): Favorecer o desenvolvimento e promover a autonomia moral e intelectual.
		SOCIO-CULTURAL: Promover a realização pessoal

2.6 PROCEDIMENTOS METODOLÓGICOS OU OPERAÇÕES INTELECTUAIS, PARA GERAR NOVOS CONHECIMENTOS NO DOMÍNIO EDUCATIVO.

Nesta secção, serão abordados os métodos de investigação. O mapeamento concetual será também utilizado para construir *procedimentos metodológicos* ou *operações intelectuais* que podem ser utilizados para gerar novos conhecimentos.
Tal como *a teoria* (segundo nível de uma orientação epistemológica) depende da *filosofia* (primeiro nível de uma orientação epistemológica), *a metodologia* (terceiro nível de uma orientação epistemológica) depende da *teoria*.
Se o investigador em educação resolver todos e cada um dos cinco grandes problemas filosóficos do conhecimento a partir da razão, pode construir os seus objectos de estudo a partir de pressupostos filosóficos dogmáticos (possibilidade do conhecimento), racionais (origem do conhecimento), objectivos, idealistas e dualistas (soluções pré-metafísicas, metafísicas e teológicas, respetivamente, para o problema da essência do conhecimento), racionais (classificação do conhecimento) e racionais (classificação do conhecimento).

e imanente (conceito e critério de verdade do conhecimento); problematizando a realidade que investiga através das teorias gerais do conhecimento objetivo (matematicismo, mecanicismo, organicismo, etc.); das teorias particulares das ciências sociais objectivas (positivismo, funcionalismo, estruturalismo, sistemas, etc.); e das teorias específicas das ciências da educação objectivas (behaviorismo).
Se o investigador educacional resolver todos e cada um dos cinco grandes problemas filosóficos do conhecimento a partir dos sentidos, pode construir os seus objectos de estudo a partir de pressupostos filosóficos cépticos, subjectivistas, relativistas e pragmáticos (possibilidade do conhecimento), empíricos (origem do conhecimento), subjectivos, realistas e dualistas (soluções pré-metafísicas, metafísicas e teológicas, respetivamente, para o problema da essência do conhecimento), intuitivos (classificação do conhecimento) e transcendentais (conceito e critério de verdade do conhecimento); problematising the reality it investigates by means of the general theories of subjective knowledge (chaos, conflict, etc.); as teorias particulares das ciências sociais subjectivas (historicismo, materialismo histórico-dialético, etc.); e as teorias específicas das ciências subjectivas da educação (psicanálise, humanismo, cognoscitivismo, etc.).
Se o investigador em educação resolver todos e cada um dos cinco grandes problemas filosóficos do conhecimento a partir da razão e dos sentidos (primeiro pensar e depois sentir), ou a partir dos sentidos e da razão (primeiro sentir e depois pensar), pode construir os seus objectos de estudo a partir de pressupostos filosóficos críticos (possibilidade do conhecimento), aprioristas ou intelectualistas, respetivamente (origem do conhecimento), dialécticos, fenomenalistas e monistas (soluções pré-metafísica, metafísica e teológica, respetivamente, para o problema da essência do conhecimento), mistos <racional-intuitivo> ou <intuitivo-racional> (classificação do conhecimento) e misto <imanente-transcendente> ou <transcendente-imanente>, respetivamente (conceito e critério de verdade do conhecimento); problematizando a realidade que investiga através das teorias gerais do conhecimento dialético (<complexidade-analogia> ou <analogia-complexidade, etc.); as teorias particulares das ciências sociais dialécticas (historicismo, materialismo histórico-dialético, etc.); e as teorias específicas das ciências dialécticas da educação (<genética-humanismo> ou humanismo-genética>, etc.).
Recordemos que uma *orientação epistemológica* é constituída por cinco elementos ou níveis de conhecimento: os pressupostos *filosóficos*, a partir dos quais se resolve cada um dos cinco grandes problemas do conhecimento; os fundamentos *teóricos*, com os quais se problematizam os objectos de estudo; os procedimentos *metodológicos* ou operações intelectuais, com os quais o sujeito cognoscente gera novos conhecimentos; as estratégias *técnicas* com as quais se conhece a realidade; e os *instrumentos* com os quais se recolhe a informação.
Se *a teoria* (segundo nível de conhecimento de uma orientação epistemológica) depende da filosofia (primeiro nível de conhecimento de uma orientação epistemológica) e se o método (terceiro nível de conhecimento de uma orientação epistemológica) deriva da teoria, então: o que se deve entender por método de conhecimento?

2.6.1 *A definição de métodos de conhecimento.*

Parafraseando Gutiérrez Pantoja (1999: 153-154), *o método* é uma forma, um caminho, uma rota, para atingir ou obter um fim, um objetivo. *A metodologia*, por outro lado, é o estudo dos métodos.

Por razões de espaço e de tempo, sugere-se a seguinte definição de *método* de investigação educacional: o *método* ou *os métodos* de investigação educacional consistem nas operações intelectuais ou nos procedimentos *metodológicos* que o sujeito cognoscente realiza para gerar novos conhecimentos no domínio educacional, a partir da razão, dos sentidos ou de ambas as qualidades do sujeito cognoscente.

2.6.2 *As caraterísticas dos métodos de conhecimento.*

A caraterística mais importante das operações intelectuais ou dos procedimentos metodológicos para a produção de novos conhecimentos é precisamente o facto de o seu objetivo ser a produção de novos conhecimentos.

Outra caraterística importante das operações intelectuais ou procedimentos metodológicos que o sujeito cognoscente realiza para gerar novos conhecimentos é que esta atividade depende da questão de investigação.

A questão de pesquisa é a que determina o método a ser utilizado para produzir o novo conhecimento. Por exemplo: se a questão de investigação fosse a seguinte: *quais são as semelhanças e as diferenças entre a educação capitalista e a educação socialista no que respeita ao patrocínio da educação*, a principal *operação intelectual* ou *procedimento metodológico* com que se poderia dar a resposta é a *comparação. A comparação* é uma operação intelectual ou procedimento metodológico que o sujeito cognoscente realiza para dar uma resposta à questão acima mencionada, procurando *semelhanças* e *diferenças* entre um tipo de educação e o outro. Desta forma, a resposta a esta pergunta constituiria um conhecimento novo que não estaria disponível se não tivesse sido efectuada uma investigação prévia.

2.6.3 . *O papel dos métodos de conhecimento.*

A principal necessidade satisfeita por uma operação intelectual ou por um procedimento metodológico é a de responder à questão de investigação.

2.6.4 *O objetivo dos métodos de conhecimento.*

O principal *objetivo* de uma operação intelectual ou de um procedimento metodológico é gerar novos conhecimentos.

2.6.5 . *A classificação dos métodos de conhecimento.*

Os principais *procedimentos metodológicos* ou *operações intelectuais* (terceiro nível de conhecimento de uma orientação epistemológica) que realizamos para gerar novos conhecimentos são: adição, subtração, multiplicação, divisão, análise, síntese, indução, dedução, definição, classificação, comparação, etc. Estes métodos podem ser classificados, de acordo com os pressupostos filosóficos a partir dos quais se resolve o problema pré-metafísico da essência do conhecimento, em objectivos, subjectivos e dialécticos. O mesmo critério de classificação foi seguido para os fundamentos teóricos (segundo nível de conhecimento de orientação epistemológica).

2.6.5.1 *Procedimentos metodológicos ou operações intelectuais para gerar novos conhecimentos a partir da razão (objetivamente).*

Os principais procedimentos metodológicos ou operações intelectuais para gerar novos conhecimentos a partir da razão, e que são, portanto, filosoficamente assumidos como objectivos, são a adição, a multiplicação, a dedução, a síntese, a comparação e a definição.

2.6.5.1.1 A soma.

A operação intelectual ou procedimento metodológico chamado *adição* consiste em combinar ou adicionar dois números para obter uma quantidade final ou um total. É um processo em que se juntam duas ou mais colecções de objectos para obter um único objeto.

Parafraseando Juvencio Reyes Parra (1982: 1), um conjunto é um grupo, uma lista, uma coleção de objectos ou uma reunião de pessoas, chamadas elementos ou membros do conjunto. Os conjuntos podem ser finitos (porque podem ter um determinado número de elementos, por exemplo: os planetas do Sistema Solar Planetário) ou infinitos (porque não se sabe quantos elementos o conjunto pode conter, por exemplo: as estrelas que compõem o universo).

Os elementos podem pertencer ou não a um determinado conjunto, por exemplo, o cavalo pertence ao conjunto dos cavalos, o ganso não pertence ao conjunto dos cavalos.

Os conjuntos são comparáveis quando todos os elementos de um conjunto estão noutro conjunto, por exemplo: alto e baixo; grande e pequeno; maior que, menor que; muito, pouco, nenhum; igual, diferente; igual, desigual; etc.

A operação intelectual denominada *adição* é a união de dois ou mais conjuntos de objectos para obter um único objeto.

Empiricamente, só se podem agrupar elementos iguais, tanto materiais (ouro com ouro, mogno com mogno, vacas com vacas, pessoas com pessoas, etc.) como espirituais (justo com justo, bom com bom, igual com igual, etc.). O problema coloca-se em termos racionais, quando se pretende a união de desiguais.

A definição, caraterísticas, função, objetivo, classificação, etc., da *adição*, tal como da multiplicação, é construída a partir da razão. Os pressupostos filosóficos do conceito de *adição* são dogmáticos (possibilidade de conhecer), racionalistas (origem do conhecimento), objectivistas, idealistas e dualistas (soluções pré-metafísica, metafísica e teológica, respetivamente, para o problema da essência do conhecimento), racionais (classificação do conhecimento) e imanentes (conceito e critério de verdade do conhecimento).

Para além disso, assume-se que alguns elementos podem ser unidos, acrescentados, adicionados, somados a outros, aumentando o seu tamanho. Com a unidade, afirma-se que a realidade não se move, que permanece sempre a mesma, imóvel. Este é o aspeto verdadeiramente filosófico da adição: que a realidade é única e que os fenómenos não mudam, que não se movem. Se a realidade se movesse, dois mais dois deixaria de ser quatro e a convenção internacional desmoronar-se-ia, causando graves problemas financeiros no mundo.

Em suma, o problema da *possibilidade* de conhecer resolve-se de preferência a partir da razão, recorrendo a pressupostos filosóficos dogmáticos. Só a partir da razão é que o sujeito cognoscente pode assumir que duas colecções de objectos podem ser reunidas para obter uma única. O objeto de estudo pode ser explorado,

descrito, explicado, interpretado, compreendido como uma série de partes que, quando unidas, podem formar um todo.
Para além *disso*, o problema da origem do conhecimento é resolvido preferencialmente pela razão, utilizando pressupostos filosóficos racionalistas. Se o sujeito cognoscente assume que a razão pode descobrir a essência do seu objeto de conhecimento, por meio da reflexão, tentará combinar ou adicionar dois ou mais números para obter uma quantidade final ou um total. A adição é uma operação racional porque o sujeito cognoscente usa a sua razão, e não os seus sentidos, para supor ou querer supor que dois ou mais objectos reais ou ideais devem ser agrupados para formar um único, com um único objetivo.
Trata-se de pôr ordem na realidade. Só que esta "ordem" que se propõe não é a ordem eterna, imutável, universal, incriada, etc., que a razão do sujeito cognoscente que a propõe ou que a impõe aos outros quer fazer crer. É uma ordem engendrada pela razão do sujeito cognoscente cuja inteligência o faz ver que, para satisfazer as suas necessidades de posse de bens, por exemplo, precisa de estabelecer uma série de convenções com outros sujeitos para justificar a sua posse.
Além disso, o problema da essência do conhecimento é resolvido, de preferência, a partir da razão; utilizando pressupostos filosóficos objectivistas. Se o sujeito cognoscente assume que uma *soma* é um conjunto, um grupo, uma lista, uma coleção, etc., de objectos ou uma reunião de pessoas, chamados elementos ou membros do conjunto; então pode estimar que, na relação de conhecimento, o objeto determina o sujeito; isto é, que se pode conhecer o que a realidade é em si mesma, na sua essência. Esta seria uma solução pré-metafísica para o problema da essência do conhecimento. Na relação entre o sujeito cognoscente e o objeto a conhecer, considera-se, com base na razão, que o objeto determina o sujeito.
Em *suma*, o problema sobre a essência do conhecimento é resolvido, preferencialmente, a partir da razão; utilizando pressupostos filosóficos idealistas. Assume-se, a partir da razão, que a realidade contém elementos que podem ser integrados. O facto de os elementos da realidade poderem ser integrados é uma ideia que nada tem a ver com a realidade. Esta seria uma solução metafísica para o problema da essência do conhecimento.
Em *suma*, o problema da *essência* do conhecimento é resolvido, preferencialmente, a partir da razão; utilizando pressupostos filosóficos dualistas. Só a partir da razão é que o sujeito cognoscente pode assumir que a realidade pode ser explorada, descrita, explicada, interpretada, compreendida, etc., dividindo-a em partes, e depois comparando esses elementos entre si, em termos de igualdade ou desigualdade, maior que (<) e menor que (>). Esta seria uma solução teológica para o problema da essência do conhecimento em que se considera que a realidade está dividida em dois pólos opostos e irreconciliáveis.
Em *suma*, o problema da classificação do conhecimento é resolvido, preferencialmente, a partir da razão; utilizando pressupostos filosóficos racionais. Só a partir da razão é que o sujeito cognoscente pode assumir que o único conhecimento verdadeiro é o conhecimento racional. Considera-se que o sujeito cognoscente pode e deve agrupar, combinar, adicionar, etc., duas ou mais colecções de objectos para formar uma única.

Se a pergunta de investigação for quanto é que dois mais dois nos dá, a operação intelectual ou o procedimento metodológico que a nossa mente realiza para lhe responder é uma *adição:*

QUESTÃO DE INVESTIGAÇÃO	OPERAÇÃO INTELECTUAL OU PROCEDIMENTO METODOLÓGICO	RESPOSTA
Quanto é dois mais dois? 2 + 2 =	Adição (agrupamento, adição)	4

Em *suma*, o problema dos conceitos e critérios de verdade do conhecimento resolve-se, preferencialmente, a partir da razão; recorrendo a pressupostos filosóficos imanentes. Só a partir da razão é que o sujeito cognoscente pode assumir que a verdade é a concordância do pensamento com as suas próprias regras de criação. Estima-se, a partir da razão, que é possível combinar ou adicionar dois números para obter uma quantidade final ou total. O conceito de verdade da definição utilizada é imanente, porque as ideias "dois", "quatro", "mais", "igual", etc., não existem na realidade, é uma invenção da razão para ordenar a realidade. Presume-se, a partir da razão, que os critérios de verdade da *soma* são imanentes, porque o sujeito cognoscente se relaciona com objectos ideais, mentais, a conhecer, que não têm existência própria na realidade, que só existem no pensamento.

2.6.5.1.1.2Multiplicação.

A operação intelectual ou procedimento metodológico chamado *multiplicação* consiste numa adição abreviada. É uma operação aritmética de composição que consiste em adicionar repetidamente a primeira quantidade tantas vezes quantas as indicadas pela segunda quantidade.

A definição, caraterísticas, função, objetivo, classificação, etc., da *multiplicação*, tal como da adição, é construída a partir da razão. Os pressupostos filosóficos do conceito de *adição* são dogmáticos (possibilidade de conhecer), racionalistas (origem do conhecimento), objectivistas, idealistas e dualistas (soluções pré-metafísicas),

metafísica e teológica, respetivamente, para o problema da essência do conhecimento), racional (classificação do conhecimento) e imanente (conceito e critério de verdade do conhecimento).

2.6.5.1.3 Dedução.

A dedução é uma operação intelectual ou um procedimento metodológico para gerar novos conhecimentos, que o sujeito cognoscente efectua a partir da razão, com o objetivo de obter conclusões particulares a partir de leis gerais.

Dedução (do latim *deductio*, conduzir). "... *Uma das formas fundamentais de raciocínio (conclusão) e métodos de investigação.... A dedução é analisada como o movimento do conhecimento do geral para o particular...*" (I Blauberg et al., 1993: 43).

Na operação intelectual ou procedimento metodológico para gerar novos conhecimentos denominado *dedução*, o processo de raciocínio parte de leis (dogmas), que se supõem universalmente válidas e logicamente necessárias, para explicar casos particulares.

O modelo lógico do método *dedutivo* é o silogismo. "*Do grego syllogismós (reunir, contar, calcular). É um argumento dedutivo que tem duas premissas e uma conclusão*". (I Blauberg et al., 1993: 522). Por exemplo:

PRÉMIO PRINCIPAL	TODOS OS HOMENS COMETEM ERROS
PRÉMIO MENOR	TODO O SÁBIO É UM HOMEM
CONCLUSÃO	ENTÃO, TODOS OS SÁBIOS ESTÃO ERRADOS

Para Aristóteles (1983 B), o silogismo (método *dedutivo*) é "... *um argumento (logos) em que, tendo estabelecido certas coisas, delas resulta necessariamente algo diferente, porque elas são o que são...*".
O método *dedutivo* (silogístico) consiste numa demonstração. Uma demonstração é a "...*fundamentação da verdade (ou falsidade) de um juízo isolado (de uma opinião)...por demonstração em sentido estrito entende-se um raciocínio lógico que permite fundamentar a verdade desta ou daquela afirmação. A demonstração é composta por: a conclusão a demonstrar (tese) e as premissas (argumentos ou razões) a partir das quais a tese é deduzida. As premissas da demonstração são consideradas verdadeiras, e se a tese demonstrada for deduzida dessas premissas observando certas regras lógicas, é reconhecida como verdadeira (por exemplo, a verdade da tese: <alguns metais não se afundam na água>, é deduzida das premissas verdadeiras" <o potássio é um metal> e <o potássio não se afunda na água>...*" (I.Blauberg et al., 1983: 44-45).
O *silogismo* (método *dedutivo*) também pode ser expresso como uma *hipótese* (do grego *hypothesis*, fundamento, conjetura), como uma "... *construção teórica ainda não demonstrada... suposição...*" (I: Blauberg et al., 1983: 83). A *hipótese* (operação intelectual ou procedimento metodológico para gerar novos conhecimentos a partir da razão) é uma suposição, estimativa, presunção, conjetura, etc.
Na *hipótese* (método *dedutivo*), o objetivo é demonstrar uma interação entre dois fenómenos. A interação é uma "... *forma universal de ligação entre objectos e fenómenos, que se exprime pela influência de uns sobre os outros e pelas suas modificações. Ela liga os seus elementos, determina o seu conjunto, a sua organização estrutural e as mudanças que neles ocorrem*". (I. Blauberg et al., 1983: 101). Parte-se do princípio de que na realidade existem entidades (objectos e fenómenos, tanto concretos como abstractos) que interagem entre si provocando modificações entre elas, umas (variável independente) sobre as outras (variável dependente); regidas por leis que podem ser descobertas pela razão.
A *hipótese* relaciona uma causa (variável independente) com um efeito (variável dependente). Causa e efeito são ".*categorias filosóficas que reflectem a ligação geral necessária entre objectos e fenómenos*". (I. Blauberg et al., 1983: 25). Parte-se do princípio de que, necessariamente, se estabelece uma relação entre objectos e/ou fenómenos (concretos e/ou abstractos). Os fenómenos causais (variável independente) dão origem a fenómenos efectivos (variável dependente).
"...*o conteúdo material do nexo causal entre objectos e fenómenos consiste, em última análise, na influência de uns objectos e fenómenos sobre outros, na interação entre eles, e esta interação constitui o processo de transmissão de substância, de energia e de informação de um objeto para outro*". (I. Blauberg et al., 1983: 25-26). Parte-se do princípio de que a cada causa corresponde um efeito.

Trata-se de uma relação de causa e efeito. Alguns objectos e/ou fenómenos determinam outros.
"*A causa precede sempre o efeito. Nos quadros de uma certa conexão entre dois fenómenos, um deles será apenas uma causa e o outro um efeito. Ao mesmo tempo, o efeito pode influenciar a causa, isto é, aparecer por sua vez como uma causa que influencia o fenómeno que foi anteriormente a sua causa*". (I. Blauberg et al., 1983: 26). Isto dependerá do facto de o sujeito cognoscente elaborar os seus juízos utilizando a razão ou os sentidos. Se a razão é utilizada, é porque pressupõe que a realidade é determinada, que tudo o que acontece neste mundo se deve a uma causa ou causas, provocadas por certos fenómenos.
Os juízos que o sujeito cognoscente elabora a partir da razão são supostos ser logicamente necessários e universalmente válidos. Necessidade e acaso são "*.categorias filosóficas que reflectem os vários aspectos dos objectos e fenómenos do mundo exterior, os seus diferentes nexos. A necessidade é o nexo interno indispensável, que decorre das peculiaridades fundamentais dos fenómenos e dos objectos. É o que tem de acontecer inevitavelmente e, além disso, precisamente desta forma e não de outra. O acaso, por outro lado, é externo ao fenómeno em questão. É condicionado por factores estranhos, não relacionados com a essência do fenómeno. É*
que, em determinadas condições, pode acontecer ou não acontecer, realizar-se de uma forma ou de outra..." (I. Blauberg et al., 1983: 133).
Parafraseando Gutiérrez Sáenz (2005: 169-171), *a dedução* - ou silogismo - é o raciocínio (diríamos operação intelectual ou procedimento metodológico) em que as premissas ligam dois termos a um terceiro, e a conclusão exprime a relação desses dois termos entre si. Exemplo:

PRÉMIO PRINCIPAL	TODO O **HOMEM** É UM ANIMAL RACIONAL
PRÉMIO MENOR	SÓCRATES É UM **HOMEM**
CONCLUSÃO	SÓCRATES É UM ANIMAL RACIONAL

O silogismo é constituído por matéria próxima e matéria remota. A matéria próxima do silogismo é constituída pelas premissas (maior, menor) e a conclusão. As premissas e a conclusão são expressas por três proposições. A matéria remota está nos três termos: maior, menor e médio. O termo médio (MAN) é o que se repete nas duas premissas. Na conclusão, o menor (SÓCRATES) está ligado ao maior (ANIMAL RACIONAL).
A premissa maior (TODO **HOMEM** É UM ANIMAL RACIONAL) expressa que o termo médio (SÓCRATES) está contido no maior (ANIMAL RACIONAL). A premissa menor (SÓCRATES É **HOMEM**) indica que o termo menor (SÓCRATES) está contido no meio (ANIMAL RACIONAL). Daí resulta, graças ao termo médio (**HOMEM**), que o termo menor (SÓCRATES) deve estar contido no maior (ANIMAL RACIONAL).
O termo médio (**HOMEM**) é a razão ou causa da ligação do termo médio (**HOMEM**) com o termo maior (ANIMAL RACIONAL). O silogismo é um conhecimento por causas. É por isso que se chama conhecimento científico. O silogismo é uma *dedução* ordinária que permite estabelecer as causas ou razões dos fenómenos.

A definição, caraterísticas, função, objetivo, classificação, etc. da *dedução* é construída a partir dos sentidos. Os pressupostos filosóficos do conceito de *indução* são dogmáticos (possibilidade de conhecer), racionalistas (origem do conhecimento), objectivistas, idealistas e dualistas (soluções pré-metafísica, metafísica e teológica, respetivamente, para o problema da essência do conhecimento), racionais (classificação do conhecimento) e imanentes (conceito e critério de verdade do conhecimento).

Na *dedução*, o problema da possibilidade de conhecer é resolvido preferencialmente a partir da razão, recorrendo a pressupostos filosóficos dogmáticos. Só a partir da razão é que o sujeito cognoscente pode assumir que existe uma ordem normativa da qual se pode deduzir a verdade e a validade de juízos particulares. O objeto de estudo pode ser explorado, descrito, explicado, interpretado, entendido como um todo universal do qual se podem deduzir todos os fenómenos particulares, porque se considera que a realidade não se move. É a razão colocando ordem na realidade, de acordo com as necessidades do sujeito cognoscente. O silogismo é um instrumento demonstrativo.

Na *dedução*, o problema da origem do conhecimento é resolvido, preferencialmente, a partir da razão, utilizando pressupostos filosóficos racionalistas. Se o sujeito cognoscente assumir que a razão lhe permite conhecer o seu objeto de estudo, tentará explicar as causas dos fenómenos a partir da descoberta de leis universalmente válidas e logicamente necessárias, derivadas da razão, através da reflexão.

Na *dedução*, o problema da essência do conhecimento é preferencialmente resolvido pela razão, utilizando pressupostos filosóficos objectivistas. Se o sujeito cognoscente assume que uma *dedução* consiste em explicar fenómenos particulares com base em leis universalmente válidas e logicamente necessárias que existem no plano metafísico, então pode considerar que, na relação de conhecimento, o objeto determina o sujeito, ou seja, que o conhecimento se obtém por meio de silogismos (deduções). Esta seria uma solução pré-metafísica para o problema da essência do conhecimento. Na relação entre o sujeito cognoscente e o objeto a ser conhecido, considera-se, a partir da razão, que o objeto a ser conhecido determina o sujeito cognoscente.

Na *dedução*, o problema da essência do conhecimento é resolvido, de preferência a partir da razão, utilizando pressupostos filosóficos idealistas. Assume-se, a partir da razão, que a realidade existe independentemente do sujeito cognoscente. Esta seria uma solução metafísica para o problema da essência do conhecimento.

Na *dedução*, o problema sobre a essência do conhecimento é resolvido, preferencialmente, a partir da razão; utilizando pressupostos filosóficos dualistas. Assume-se, a partir da razão, que o sujeito cognoscente pode explorar, descrever, explicar, interpretar, compreender, etc., a realidade de uma forma maniqueísta. Considera-se que as explicações da realidade podem ser verdadeiras ou falsas. Esta seria uma solução teológica para o problema da essência do conhecimento em que se considera que a realidade está dividida em dois pólos opostos e irreconciliáveis.

Na *dedução*, o problema sobre a classificação do conhecimento é resolvido, preferencialmente, a partir da razão; utilizando pressupostos filosóficos racionais. Só a partir da razão é que o sujeito cognoscente pode assumir que o único conhecimento verdadeiro é o conhecimento racional. Considera-se que o sujeito cognoscente pode e deve procurar novas verdades a partir das já conhecidas.

Na *dedução*, o problema dos conceitos e critérios de verdade do conhecimento é resolvido, preferencialmente, a partir da razão; utilizando pressupostos filosóficos imanentes. Só a partir da razão é que o sujeito cognoscente pode assumir que a verdade é a concordância do pensamento consigo mesmo, isto é, com as suas próprias regras de criação. Considera-se, a partir da razão, que o ato de raciocinar consiste em obter novas verdades a partir das já conhecidas; que o pensamento é constituído por vários juízos em que o último
(O conceito de verdade da definição utilizada é imanente, porque se admite que o sujeito cognoscente é confrontado com objectos ideais de conhecimento, que nada têm a ver com a realidade. O conceito de verdade da definição utilizada é imanente, porque se admite que o sujeito cognoscente se confronta com objectos ideais de conhecimento, que nada têm a ver com a realidade. Presume-se, a partir dos sentidos, que os critérios de verdade da *dedução* são imanentes; porque o sujeito cognoscente se relaciona com objectos ideais a conhecer, que não têm existência própria na realidade, que são puro pensamento.

2.6.5.1.4 . A síntese.

A síntese é uma operação intelectual ou um procedimento metodológico que o sujeito cognoscente realiza com o seu objeto de estudo, a fim de construir um novo conhecimento a partir da razão, reconstruindo e reintegrando as partes no todo.

Para I. Blauberg et al. (1983:12) análise e *síntese* (do grego analysis: decomposição, divisão, e *synthesis*: composição, união), são "*...processos de divisão prática ou mental do todo em partes, e a reunificação do todo com base nas suas partes (partes e todo)...*". *A síntese* é um método de investigação que consiste em reconstruir, em reintegrar as partes no todo. A síntese é uma operação intelectual ou um procedimento metodológico que o sujeito cognoscente realiza com o seu objeto de estudo para gerar novos conhecimentos sobre ele. A decomposição (análise) é efectuada a partir dos sentidos e a composição (síntese) é efectuada a partir da razão. Como processos de divisão prática ou mental, podem ser utilizados para gerar novos conhecimentos tanto nas ciências formais (lógica e matemática) como nas ciências factuais (naturais e sociais).

Observa-se, como mostram os autores supracitados ao afirmarem que tanto a análise quanto *a síntese* são "processos de divisão prática ou mental do todo em partes e de reunificação do todo com base nas suas partes", que se pode analisar a partir dos sentidos (processos de divisão prática) e sintetizar a partir da razão (processos de divisão mental). A análise é uma operação intelectual ou procedimento metodológico (método) que o sujeito cognoscente pode realizar com o seu objeto de estudo a partir dos sentidos para gerar novos conhecimentos sobre ele. Por outro lado, a síntese é uma operação intelectual ou um procedimento metodológico (método) que o sujeito cognoscente pode realizar com a sua razão para gerar novos conhecimentos sobre o seu objeto de estudo.

O conjunto destes dois métodos (ou procedimentos metodológicos ou operações intelectuais para gerar novos conhecimentos) constitui um novo método: o método analítico-sintético.

Parafraseando I. Blauberg et al. (1983:12), os objectos de estudo são complexos, a sua apreensão não pode ser limitada à soma das suas partes (síntese); para a sua reunificação no pensamento (síntese), com toda a riqueza das suas relações mútuas, é necessário aplicar um outro procedimento metodológico ou operação intelectual (método) para gerar novos conhecimentos: *a síntese*. Através desta operação intelectual ou procedimento metodológico para gerar novos conhecimentos é possível reunificar o todo no pensamento como um "*todo rico com numerosas definições e ligações*" (Marx, citado por I. Blauberg et al. (1983:12), como um todo concreto.

Os autores citados consideram que o conhecimento dos objectos de estudo não é simples nem esquemático, mas complexo. Afirmam que *a análise* e *a síntese* não são etapas isoladas do conhecimento, que apenas se complementam e se sucedem. Dizem que em cada etapa *a análise* e *a síntese* são indissociáveis; que não se compreende *a análise* sem a *síntese*, nem *a síntese* sem a *análise*. Dizem que, através da *análise,* separamos no objeto as propriedades que o tornam parte do todo, com base numa representação sintética, mesmo que seja a representação mais geral (prévia) do todo, enquanto através da *síntese* reconhecemos o todo como composto de partes, relacionadas entre si de uma certa maneira.

No processo de conhecimento, *a síntese* realiza-se através da *análise* e a análise através da *síntese.* <*o pensamento é composto tanto pelo desmembramento dos objectos, pela consciência, nos seus elementos, como pela reunificação dos elementos ligados num todo. Sem análise não há síntese* > (Engels, citado por I. Blauberg et al. (1983:12).

Para Ortiz (2003: 146) *a síntese* é um "...método de demonstração que procede dos princípios às consequências, das causas aos efeitos. É a reunião dos elementos de um todo". Note-se que o autor se refere ao aspeto racional. A síntese é uma operação intelectual ou um procedimento metodológico (método) para gerar novos conhecimentos a partir da razão.

A *síntese* de qualquer entidade é obtida através da resolução dos cinco principais problemas filosóficos do conhecimento a partir da razão: assumir que é possível conhecer (dogmatismo), acreditar que a fonte e a base do nosso conhecimento se encontram na razão (racionalismo), assumir que o objeto determina o sujeito na relação de conhecimento (objetivismo), conjeturar que a realidade existe independentemente do sujeito cognoscente (idealismo), admitindo que a realidade se divide em dois pólos opostos e irreconciliáveis (dualismo), atribuindo que só o conhecimento racional pode ser válido (racionalismo) e aceitando que a verdade é a concordância do pensamento com as suas próprias leis de criação (conceito e critérios imanentes).

Na *síntese,* o problema da *possibilidade* de conhecer é resolvido, preferencialmente, a partir da *razão*; recorrendo a pressupostos filosóficos *dogmáticos*. Só a partir da razão é que o sujeito cognoscente pode assumir que uma proposição ou conjunto de coisas pode ter as propriedades gerais e diferenciadoras de algo material ou imaterial.

Na *síntese*, o problema da *origem* do conhecimento é resolvido preferencialmente pela *razão*, a partir de pressupostos filosóficos *racionalistas*. Se o sujeito cognoscente assume que a razão pode descobrir a essência do seu objeto de conhecimento, através da reflexão, tentará demonstrar que é possível reconstruir e reintegrar as partes que compõem um todo, procedendo dos princípios às consequências, das causas aos efeitos. Parte-se do princípio, com base na razão, que a síntese é a reunião dos elementos de um todo.

Na *síntese*, o problema da essência do conhecimento é resolvido preferencialmente do ponto de vista da *razão*, utilizando pressupostos filosóficos *objectivistas*. Se o sujeito cognoscente assume que o seu objeto de conhecimento é constituído por partes que podem ser reconstruídas e reintegradas no todo, então pode considerar que, na relação de conhecimento, o objeto determina o sujeito; isto é, que se pode conhecer o que a realidade é em si mesma, na sua essência. Esta seria uma solução *pré-metafísica* para o problema da essência do conhecimento: a relação entre o sujeito cognoscente e o objeto a conhecer, na qual se estima, a partir da razão, que o objeto determina o sujeito.

Na *síntese*, o problema da essência do conhecimento é resolvido preferencialmente pela *razão*, utilizando pressupostos filosóficos *idealistas*. Se o sujeito cognoscente assume que as partes que compõem o objeto a conhecer podem ser reconstruídas e integradas num todo, então pode estimar que pode chegar à ideia do que é realmente o objeto de conhecimento. Esta seria uma solução *metafísica* para o problema da essência do conhecimento, em que se admite, a partir da razão, que toda a realidade é construída pelo sujeito cognoscente.

Na síntese, o problema da *essência* do conhecimento é resolvido, preferencialmente, a partir da *razão*; utilizando pressupostos filosóficos *dualistas*. Só a partir da razão é que o sujeito cognoscente pode supor que se pode falar de composição e decomposição, construção e desconstrução, etc. Esta seria uma solução *teológica* para o problema da essência do conhecimento, na qual se considera que a realidade está dividida em dois pólos opostos e irreconciliáveis.

Na síntese, o problema da *classificação* do conhecimento é resolvido preferencialmente a partir da *razão*, utilizando pressupostos filosóficos *racionais*. Só a partir da razão é que o sujeito cognoscente pode assumir que o objeto de estudo pode ser integrado nas partes que o constituem. Entre a pergunta (Quais são as partes que compõem o todo?) e a resposta (x número) há uma operação intelectual ou procedimento metodológico que, neste caso, é uma síntese. O sujeito cognoscente considera, com base na razão, que o único conhecimento verdadeiro é o conhecimento racional.

Na síntese, o problema sobre os *conceitos* e *critérios* de verdade do conhecimento é resolvido, preferencialmente, a partir da *razão*; utilizando pressupostos filosóficos *imanentes*. Só a partir da razão é que o sujeito cognoscente pode assumir que a verdade é a concordância do pensamento com as suas próprias regras de criação. Considera-se, a partir da razão, que *sintetizar* consiste em reconstruir, em reintegrar as partes no todo. O conceito de verdade de *síntese* que está a ser utilizado é imanente, porque a ideia de "integrar as partes no todo" não existe na realidade, é uma invenção da razão para ordenar a realidade. Presume-se, a partir da razão, que os critérios de verdade da *síntese* são imanentes, porque o sujeito cognoscente se relaciona com objectos ideais, mentais, a conhecer, que não têm existência própria na realidade, que só existem no pensamento.

2.6.5.1.5 Classificação.

A classificação é uma operação intelectual ou um procedimento metodológico que o sujeito cognoscente realiza a partir da razão para gerar novos conhecimentos, que consiste em agrupar os elementos de um conjunto em subconjuntos, classes ou conceitos classificatórios que o dividem de forma disjuntiva ou exaustiva.

Segundo Ortiz (3003: 28), *a classificação "...é a forma mais simples de discriminar simultaneamente os elementos de um conjunto e de os agrupar em subconjuntos, ou seja, a forma mais simples de analisar e sintetizar..."*. Discriminar, agrupar, analisar e sintetizar com a razão e/ou com os sentidos.

A *classificação* de qualquer entidade é obtida através da resolução dos cinco principais problemas filosóficos do conhecimento a partir da razão: assumir que é possível conhecer (dogmatismo), estimar que a fonte e a base do nosso conhecimento se encontram na razão (racionalismo), assumir que o objeto determina o sujeito na relação de conhecimento (objetivismo), conjeturar que a realidade existe independentemente do sujeito cognoscente (idealismo), admitindo que a realidade se divide em dois pólos opostos e irreconciliáveis (dualismo), atribuindo que só o conhecimento racional pode ser válido (racionalismo) e aceitando que a verdade é a concordância do pensamento com as suas próprias leis de criação (conceito e critérios imanentes).

Como já foi referido, *a classificação* é uma operação intelectual ou um procedimento metodológico para gerar novos conhecimentos a partir da razão. Para *classificar*, é necessário "ordenar", discriminar simultaneamente os elementos de um conjunto e agrupá-los em subconjuntos, ou seja, a forma mais simples de analisar e sintetizar. A realidade analisada é discriminada, agrupada, analisada e sintetizada com a razão. Trata-se de explorar, descrever, explicar, interpretar, compreender, etc., o objeto de estudo, discriminando simultaneamente os elementos de um conjunto e agrupando-os em subconjuntos; analisando-os e sintetizando-os. Em suma: *a classificação* é uma operação intelectual ou um procedimento metodológico que a razão do sujeito cognoscente realiza para gerar novos conhecimentos, respondendo a questões como as seguintes: quantos objectos de conhecimento posso encontrar que se assemelhem à realidade estudada.

Na *classificação*, o problema da *possibilidade* de conhecer é preferencialmente resolvido pela *razão*, recorrendo a pressupostos filosóficos *dogmáticos*. Só a partir da razão é que o sujeito cognoscente pode assumir que é possível discriminar simultaneamente os
elementos de um conjunto e agrupá-los em subconjuntos, ou seja, a realidade pode ser analisada e sintetizada.

Na *classificação*, o problema da *origem* do conhecimento é resolvido, preferencialmente, *a* partir da *razão*, utilizando pressupostos filosóficos *racionalistas*. Se o sujeito cognoscente assume que a razão pode descobrir a essência do seu objeto de conhecimento, através da reflexão, tentará discriminar os elementos que compõem um conjunto dos outros, para os agrupar em subconjuntos do seu objeto de estudo.

Na *classificação*, o problema da essência do conhecimento é preferencialmente resolvido pela *razão*, utilizando pressupostos filosóficos *objectivistas*. Se o sujeito cognoscente assume que os elementos de um conjunto podem ser agrupados em subconjuntos, então pode estimar que, na relação de conhecimento, o objeto determina o sujeito; isto é, que se pode conhecer o que a realidade é em si mesma, na sua essência. Esta seria uma solução *pré-metafísica* para o problema da essência do conhecimento: a relação entre o sujeito cognoscente e o objeto a conhecer, na qual se estima, a partir da razão, que o objeto determina o sujeito.

Na *classificação*, o problema sobre a essência do conhecimento é resolvido, preferencialmente, a partir da *razão*; utilizando pressupostos filosóficos *idealistas*. Se o sujeito cognoscente assume que os elementos de um conjunto podem ser agrupados em subconjuntos, classes ou conceitos classificatórios que o dividem disjuntiva e exaustivamente, então pode estimar que sem sujeito nenhum objeto é possível (idealismo subjetivo); isto é, que se pode chegar à ideia do que é realmente o objeto do conhecimento. Esta seria uma solução *metafísica* para o problema da essência do conhecimento, em que se admite, a partir da razão, que toda a realidade é construída pelo sujeito cognoscente.

Na *classificação*, o problema da *essência* do conhecimento é resolvido, preferencialmente, a partir da *razão*; utilizando pressupostos filosóficos *dualistas*. Só a partir da razão é que o sujeito cognoscente pode supor que os elementos de um conjunto podem ser agrupados em subconjuntos, conceitos classificatórios, que o dividem de forma disjuntiva ou exaustiva. Esta seria uma solução *teológica* para o problema da essência do conhecimento em que se considera que a realidade está dividida em dois pólos opostos e irreconciliáveis.

Na *classificação*, o problema dos tipos de conhecimento é resolvido, preferencialmente, a partir da *razão*; utilizando pressupostos filosóficos *racionais*. Só a partir da razão pode o sujeito cognoscente assumir que os elementos de um conjunto podem ser agrupados em subconjuntos, classes ou conceitos classificatórios, que o dividem disjuntiva ou exaustivamente. O sujeito cognoscente considera, com base na razão, que o único conhecimento verdadeiro é o conhecimento racional.

Na *classificação*, o problema dos *conceitos* e *critérios* de verdade do conhecimento é resolvido preferencialmente do ponto de vista da *razão*, recorrendo a pressupostos filosóficos *imanentes*. Só a partir da razão é que o sujeito cognoscente pode assumir que a verdade é a concordância do pensamento com as suas próprias regras de criação. Considera-se, a partir da razão, que *classificar* é agrupar os elementos de um conjunto em subconjuntos, classes ou conceitos *classificatórios*, que o dividem de forma disjuntiva ou exaustiva. O conceito de verdade da *classificação* que está a ser utilizado é imanente, pois a ideia de "agrupamento" não existe na realidade, é uma invenção da razão para dar ordem à realidade. Presume-se, a partir da razão, que os critérios de verdade da *classificação* são imanentes, porque o sujeito cognoscente se relaciona com objectos ideais, mentais, a conhecer, que não têm existência própria na realidade, que só existem no pensamento.

2.6.5.1. 6A definição.

A definição é uma operação intelectual ou um procedimento metodológico que o sujeito cognoscente realiza com o seu objeto de conhecimento.

estudar a fim de gerar novos conhecimentos sobre ela utilizando a razão e/ou os sentidos.

Parafraseando I. Blauberg et al. (1983: 43-44), *a definição* (do latim *definitio*, consiste na explicação de um *conceito*. O sujeito cognoscente vai tentar explorar, descrever, explicar, interpretar, compreender, etc. o que é e o que não é o seu objeto de estudo. Definir, neste sentido, significa estabelecer limites. É uma proposição ou conjunto de coisas que reúne as propriedades gerais e diferenciadoras de algo material ou imaterial. Em termos aristotélicos, trata-se de encontrar a relação entre o género próximo e a diferença específica. Uma *definição* deve exprimir as caraterísticas fundamentais que constituem o conteúdo do *conceito*.

A definição é a primeira operação intelectual que o sujeito cognoscente deve efetuar para explorar, descrever, explicar, compreender, interpretar, etc., as caraterísticas, a função, a finalidade, a classificação, os elementos, etc., de um *conceito*. O conteúdo de um *conceito* é mais vasto do que a sua *definição*. A *definição* é apenas uma das partes em que um *conceito* pode ser dividido para a sua construção.

Parafraseando Gutiérrez Sáenz (2005: 109-110), *definir* significa "estabelecer limites". É algo como a expressão do que um objeto é sem lhe acrescentar ou subtrair nada. O termo vem do latim *definire* = estabelecer limites. Delimitar o que uma entidade é ou não é.

Os conceitos referem-se a objectos. Especificar exatamente a que tipo de objectos estes *conceitos* se referem é *definir*: estabelecer limites ao que uma entidade é, sem lhe acrescentar ou subtrair nada. Para construir um *conceito*, a partir do mapeamento concetual, o primeiro passo é *defini-lo*, estabelecer limites entre o que é e o que não é.

A diferença entre um *conceito* e uma *definição* é de grau; a *definição* é apenas uma parte do *conceito*: a sua noção. Responde à questão de saber o que é a entidade de que queremos falar: o que é? As outras partes que compõem o conceito são as suas caraterísticas, a

a função que desempenha num discurso, o objetivo dessa função, a sua classificação, etc.

A definição refere-se à compreensão e à extensão de uma entidade. Desenvolver a compreensão de um *conceito* de forma exacta e fiel, sem faltar ou omitir notas essenciais, é *defini-lo*. Uma *definição* bem feita é um sinal de pensamento correto. Na *definição,* aplica-se a lei da lógica: quanto mais longo é um conceito, menos é compreendido, e vice-versa.

Algumas caraterísticas da *definição* são:

1. Breve, mas completo, ou seja, exato.
2. Aplicável a tudo e apenas ao que está definido.
3. Clara.
4. A palavra definida não deve ser utilizada na definição.
5. Não deve ser negativo.
6. Deve indicar os atributos essenciais (se possível, o género próximo e a diferença específica).

Uma definição é útil na medida em que elimina a ambiguidade do vocabulário e torna possível a uniformidade do pensamento, conduzindo ao objetivo da definição: a compreensão do conceito em questão.

Existem vários tipos de definição:

7. Definição *nominal*: refere-se ao nome ou à palavra. Este tipo de *definição* pode orientar o investigador sobre o significado da palavra *definida*. Os sinónimos podem ser utilizados para as palavras mais comuns e próximas da *palavra definida*. A *etimologia* da palavra deve ser utilizada.

8. Definição *real*: Refere-se à coisa ou ao objeto significado. Trata-se de clarificar as notas constitutivas de um *conceito*, na medida em que a sua extensão engloba precisamente as notas que o compõem. Aproxima-nos do fim desejado: a compreensão do *conceito*. A compreensão do *conceito* pode ser alcançada de duas formas: descrevendo-o: enumeram-se as propriedades mais típicas do objeto a definir (exemplo: o ferro é um metal cinzento com peso atómico 55,84, número atómico 26 e densidade 7,86); ou decompondo-o no seu género próximo e na sua

diferença específica (por exemplo: homem: animal <género próximo> racional <diferença específica>).
A *definição* de qualquer entidade é obtida através da resolução dos cinco principais problemas filosóficos do conhecimento a partir da razão: assumir que é possível conhecer (dogmatismo), estimar que a fonte e a base do nosso conhecimento se encontram na razão (racionalismo), assumir que o objeto determina o sujeito na relação de conhecimento (objetivismo), conjeturar que a realidade existe independentemente do sujeito cognoscente (idealismo), admitindo que a realidade se divide em dois pólos opostos e irreconciliáveis (dualismo), atribuindo que só o conhecimento racional pode ser válido (racionalismo) e aceitando que a verdade é a concordância do pensamento com as suas próprias leis de criação (conceito e critérios imanentes).
Como já foi referido, *a definição* é uma operação intelectual ou um procedimento metodológico para gerar novos conhecimentos a partir da razão. Para definir, é necessário "ordenar" a realidade analisada, estabelecer "limites" entre o que o objeto é e o que não é; trata-se de explorar, descrever, explicar, interpretar, compreender, etc., o que é, em si mesmo, um objeto de conhecimento, sem lhe acrescentar ou subtrair nada.
A definição é uma proposição ou conjunto de coisas que reúne as propriedades gerais e distintivas de algo material ou imaterial.
Na *definição*, o problema da *possibilidade* de conhecer é resolvido preferencialmente a partir da *razão*, recorrendo a pressupostos filosóficos *dogmáticos*. Só a partir da razão é que o sujeito cognoscente pode assumir que pode estabelecer os limites entre o que é e o que não é o seu objeto de conhecimento. Pretender saber o que é a realidade, como já vimos, é uma ilusão.
Na *definição*, o problema da *origem* do conhecimento é resolvido preferencialmente pela *razão*, recorrendo a pressupostos filosóficos *racionalistas*. Se o sujeito cognoscente assumir que a razão pode descobrir a essência do seu objeto de conhecimento, por meio da reflexão, tentará encontrar o tipo próximo e a diferença específica do seu objeto de estudo, enumerando as propriedades mais típicas do objeto.
Na *definição*, o problema da essência do conhecimento é preferencialmente resolvido pela *razão*, utilizando pressupostos filosóficos *objectivistas*. Se o sujeito cognoscente assume que uma definição deve ser breve, completa, exacta, clara, aplicável a tudo e apenas ao que é definido e indicando atributos essenciais, então pode estimar que, na relação de conhecimento, o objeto determina o sujeito; isto é, que se pode conhecer o que a realidade é em si mesma, na sua essência. Esta seria uma solução *pré-metafísica* para o problema da essência do conhecimento: a relação entre o sujeito cognoscente e o objeto a conhecer, na qual se estima, a partir da razão, que o objeto determina o sujeito.
Na *definição*, o problema da essência do conhecimento é resolvido preferencialmente a partir da *razão*, utilizando pressupostos filosóficos *idealistas*. Se o sujeito cognoscente assume que a ideia do objeto a conhecer pode ser construída, então pode estimar que sem sujeito nenhum objeto é possível (idealismo subjetivo), ou seja, que se pode chegar à ideia do que é realmente o objeto do conhecimento. Esta seria uma solução *metafísica* para o problema da essência do conhecimento, em que se admite, com base na razão, que toda a realidade é construída pelo sujeito cognoscente.

Na *definição*, o problema da *essência* do conhecimento é resolvido, de preferência, a partir da *razão*; utilizando pressupostos filosóficos *dualistas*. Só a partir da razão é que o sujeito cognoscente pode assumir que se pode falar de definições completas ou incompletas, curtas ou longas, exactas ou inexactas, claras ou confusas, negativas ou positivas, etc., do seu objeto de estudo. Esta seria uma solução *teológica* para o problema da essência do conhecimento em que se considera que a realidade está dividida em dois pólos opostos e irreconciliáveis.
Na *definição*, o problema da *classificação* do conhecimento é resolvido, preferencialmente, a partir da *razão*; utilizando pressupostos filosóficos *racionais*. Só a partir da razão é que o sujeito cognoscente pode assumir que se podem traçar fronteiras entre o que uma coisa é e o que não é. Entre a pergunta (o que é a definição?) e a resposta (expressão do que é um objeto sem lhe acrescentar ou subtrair nada) há uma operação intelectual ou um procedimento metodológico que, neste caso, é uma definição. O sujeito cognoscente considera, com base na razão, que o único conhecimento verdadeiro é o conhecimento racional.
Na *definição*, o problema dos *conceitos* e *critérios* de verdade do conhecimento é resolvido preferencialmente a partir da *razão*, recorrendo a pressupostos filosóficos imanentes. Só a partir da razão é que o sujeito cognoscente pode assumir que a verdade é a concordância do pensamento com as suas próprias regras de criação. Considera-se, a partir da razão, que definir é estabelecer limites para o que uma coisa é e para o que ela não é. O conceito de verdade da definição utilizada é imanente, porque a ideia de "estabelecer limites ao que uma coisa é e ao que não é" não existe na realidade, é uma invenção da razão para ordenar a realidade. Presume-se, a partir da razão, que os critérios de verdade da definição são imanentes, porque o sujeito cognoscente se relaciona com objectos ideais, mentais, a conhecer, que não têm existência própria na realidade, que só existem no pensamento.

2.6.5.2 *Procedimentos metodológicos ou operações intelectuais para gerar novos conhecimentos a partir dos sentidos (subjetivamente)*.

Os principais procedimentos metodológicos ou operações intelectuais para gerar novos conhecimentos a partir dos sentidos, e que por isso são filosoficamente assumidos como subjectivos, são: a subtração, a divisão, a indução, a análise e a comparação.

2.6.5.2.1 Subtração.

A operação intelectual ou procedimento metodológico chamado *subtração* é uma operação de decomposição, que consiste em, dada uma certa quantidade, eliminar uma parte dela e o resultado é conhecido como a diferença. É o inverso da adição. Parafraseando Juvencio Reyes Parra (1982: 24), a subtração chama-se diferença; é o conjunto de elementos que faltam a um conjunto para ser igual a outro conjunto. A definição, as caraterísticas, a função, a finalidade, a classificação, etc., da *subtração*, tal como na divisão, é construída a partir dos sentidos. Os pressupostos filosóficos do conceito de *subtração* são cépticos, subjectivistas, relativistas e pragmáticos (possibilidade de conhecer), empiristas (origem do conhecimento), subjectivistas, realistas e dualistas (soluções pré-metafísica, metafísica e teológica, respetivamente, para o problema da essência do conhecimento), intuitivos (classificação do conhecimento) e transcendentes (conceito e critério de verdade do conhecimento).

Assume-se, a partir dos sentidos, que os elementos podem ser retirados, separados ou subtraídos de um conjunto por pertencerem a outro conjunto. Os elementos restantes são chamados de diferença.

Na *subtração*, o problema da *possibilidade* de conhecer é resolvido, preferencialmente, a partir dos sentidos; recorrendo a pressupostos filosóficos cépticos, subjectivistas, relativistas e pragmáticos. Só a partir dos sentidos é que o sujeito cognoscente pode assumir que um conjunto pode ser separado, subtraído ou subtraído de outro. O objeto de estudo pode ser explorado, descrito, explicado, interpretado, compreendido como uma série de partes que, unidas, podem formar um todo.

Na *subtração*, o problema da origem do conhecimento é resolvido, de preferência, a partir dos sentidos; utilizando pressupostos filosóficos empiristas. Se o sujeito cognoscente supõe que, dada uma certa quantidade, uma parte dela pode ser eliminada, ele concederá, a partir dos sentidos, que a subtração é uma operação de decomposição, e não de união, como na adição.

Na *subtração*, o problema sobre a essência do conhecimento é resolvido, de preferência, a partir dos sentidos; utilizando pressupostos filosóficos subjectivistas. Se o sujeito cognoscente assume que subtrair é separar, tirar, um conjunto de outro; então pode estimar que na relação de conhecimento, o sujeito cognoscente determina o objeto a conhecer; ou seja, que numa subtração, a diferença é o conjunto de elementos que faltam a um conjunto para o tornar igual a outro conjunto. Esta seria uma solução pré-metafísica para o problema da essência do conhecimento. Na relação entre o sujeito cognoscente e o objeto a conhecer, estima-se, a partir dos sentidos, que o sujeito determina o objeto.

Na *subtração*, o problema da essência do conhecimento é resolvido preferencialmente a partir dos sentidos, recorrendo a pressupostos filosóficos realistas. Assume-se, a partir dos sentidos, que a realidade contém elementos que podem ser desintegrados do todo de que fazem parte. Esta seria uma solução metafísica para o problema da essência do conhecimento.

Na *subtração*, o problema sobre a *essência* do conhecimento é resolvido, preferencialmente, a partir dos sentidos; utilizando pressupostos filosóficos dualistas. Só a partir dos sentidos é que o sujeito cognoscente pode assumir que a realidade pode ser explorada, descrita, explicada, interpretada, compreendida, etc., dividindo-a em partes, e depois comparando esses elementos entre si, em termos de igualdade ou desigualdade, maior (<) e menor (>). Esta seria uma solução teológica para o problema da essência do conhecimento em que se considera que a realidade está dividida em dois pólos opostos e irreconciliáveis.

Na *subtração*, o problema da classificação do conhecimento é resolvido preferencialmente a partir dos sentidos; utilizando pressupostos filosóficos empiristas. Só a partir dos sentidos é que o sujeito cognoscente pode supor que o único conhecimento verdadeiro é o conhecimento intuitivo. Considera-se que o sujeito cognoscente pode e deve supor que uma diferença ou subtração é o conjunto de elementos que faltam a um conjunto para ser igual a outro conjunto.

Se a pergunta de investigação é quanto é quatro menos dois, a operação intelectual ou procedimento metodológico que a nossa mente realiza para lhe responder é uma *subtração*:

QUESTÃO DE INVESTIGAÇÃO	OPERAÇÃO INTELECTUAL OU PROCEDIMENTO METODOLÓGICO	RESPOSTA
Quanto é quatro menos dois? 4 - 2 =	Subtrair	2

Na *subtração*, o problema sobre os conceitos e critérios de verdade do conhecimento é resolvido, preferencialmente, a partir dos sentidos; recorrendo a pressupostos filosóficos transcendentes. Só a partir dos sentidos é que o sujeito cognoscente pode assumir que a verdade é a concordância do pensamento com o objeto pensado. Estima-se, a partir dos sentidos, que é possível separar, subtrair ou subtrair um conjunto de outro. O conceito de verdade da definição utilizada é transcendente, porque as ideias "menos", "subtrair", etc., são empíricas. Presume-se, a partir dos sentidos, que os critérios de verdade da *subtração* são transcendentes porque o sujeito cognoscente se relaciona com objectos reais a conhecer, independentes do sujeito cognoscente.

2.6.5.2.2 A divisão.

A divisão é a operação que consiste em dividir um todo nas suas partes. Parafraseando Gutiérrez Sáenz (2005: 114-117), *a divisão* é a distribuição de um todo nas suas partes constituintes. Refere-se à extensão de uma ideia ou conceito. *A divisão* ajuda a compreender melhor o significado de um conceito.

A divisão move-se no domínio da extensão, *a definição* no domínio da compreensão. Quanto maior for a extensão (divisão) de um conceito, menor será a compreensão (definição) do mesmo; quanto menor for a extensão de uma ideia (divisão), maior será a compreensão (definição) da mesma.

A divisão está relacionada com a análise (divisão do conceito nas suas partes constituintes ou classes).

Esta operação intelectual ou procedimento metodológico é muito útil para obter clareza e precisão no significado de um conceito.

A *divisão*, segundo o autor supracitado, pode ser de diferentes tipos:

- *Classificação*: mencionar as diferentes espécies (ou classes) contidas num género (ou conjunto). Parte-se de um todo universal e obtêm-se partes chamadas classes ou espécies. Trata-se de ordenar os diferentes grupos de indivíduos que se encontram num *conceito*. Todos os indivíduos incluídos num *conceito* podem ser agrupados em classes e subclasses, de acordo com uma ou mais caraterísticas que têm em comum e que servirão de *critério de classificação*. O *critério de classificação* é a base da *divisão*. Cada *conceito* pode ser considerado como um género. *Dividir* ou *classificar* consiste em encontrar as diferentes espécies contidas no género. Esta forma de *divisão* (cujo exemplo mais ilustrativo é a "árvore de Porfírio") chama-se *dicotómica*. O conjunto considerado é designado por conjunto universal ou género e as partes em que está ou pode ser *dividido* são as classes ou espécies.

-Divisão *física*: mencionar as diferentes partes materiais que constituem um todo. Parte-se de um todo integral e obtêm-se as partes físicas. Trata-se de decompor um todo nas partes físicas que o compõem materialmente.

-Divisão *lógica ou metálica*: mencionar os diferentes elementos que contêm a compreensão de um conceito. A separação destes elementos só é possível na mente, mas não na realidade sensível. É uma questão de penetrar nos elementos contidos na compreensão de um conceito. Estes elementos só podem ser separados na mente, não na realidade.

As principais regras de uma divisão são:

-Deve estar completo.

-Uma parte não deve incluir outra. São mutuamente exclusivas.

-Deve ser ordenada e gradual.

-Deve ser breve.

A definição, as caraterísticas, a função, a finalidade, a classificação, etc., da *divisão*, como na subtração, são construídas a partir dos sentidos. Os pressupostos filosóficos do conceito de *divisão* são cépticos, subjectivistas, relativistas e pragmatistas (possibilidade de conhecer), racionalistas (origem do conhecimento), subjectivistas, realistas e dualistas (soluções pré-metafísica, metafísica e teológica, respetivamente, para o problema da essência do conhecimento),

intuitivo (classificação do conhecimento) e transcendente (conceito e critério de verdade do conhecimento).

Na *divisão*, o problema da possibilidade de conhecer é resolvido preferencialmente a partir dos sentidos, recorrendo a pressupostos filosóficos cépticos, subjectivistas, relativistas e pragmáticos. Só a partir dos sentidos é que o sujeito cognoscente pode assumir que o objeto de conhecimento pode ser distribuído nas suas partes constituintes. O objeto de estudo pode ser explorado, descrito, explicado, interpretado, compreendido como um todo universal que pode ser decomposto nas suas partes constituintes (classes ou espécies), porque se acredita que a realidade se move.

A divisão, tal como a subtração, são operações intelectuais ou procedimentos metodológicos para gerar novos conhecimentos, a partir dos sentidos, de decomposição, e não de união, como na adição e na multiplicação; é por isso que os pressupostos filosóficos dos métodos mencionados são diferentes.

Na *divisão*, o problema da origem do conhecimento é resolvido preferencialmente a partir dos sentidos, utilizando pressupostos filosóficos empiristas. Se o sujeito cognoscente assume que a razão pode descrever o objeto de conhecimento, através dos sentidos, tentará encontrar as partes e caraterísticas que o constituem.

Na *divisão*, o problema da essência do conhecimento é resolvido preferencialmente a partir dos sentidos, utilizando pressupostos filosóficos subjectivistas. Se o sujeito cognoscente assume que uma divisão deve ser completa, ordenada, gradual e breve, então pode considerar que, na relação de conhecimento, o sujeito determina o objeto, ou seja, que a realidade é construída por cada sujeito. Esta seria uma solução *pré-metafísica* para o problema da essência do conhecimento. Na relação entre o sujeito cognoscente e o objeto a conhecer, estima-se, a partir dos sentidos, que o sujeito determina o objeto.

Na *divisão*, o problema da essência do conhecimento é resolvido preferencialmente a partir dos sentidos, utilizando pressupostos filosóficos realistas. Assume-se, a partir dos sentidos, que a realidade pode ser dividida. Esta seria uma solução metafísica para o problema da essência do conhecimento.

Na *divisão*, o problema sobre a essência do conhecimento é resolvido, preferencialmente, a partir dos sentidos; utilizando pressupostos filosóficos *dualistas*. Somente a partir dos sentidos o sujeito cognoscente pode supor que a realidade pode ser explorada, descrita, explicada, interpretada, compreendida, etc., por meio de *divisões* completas, excludentes, ordenadas, graduais, breves, com partes excludentes, etc. Esta seria uma solução *teológica* para o problema da essência do conhecimento em que se considera que a realidade está dividida em dois pólos opostos e irreconciliáveis.

Na *divisão*, o problema sobre a classificação do conhecimento é resolvido, preferencialmente, a partir dos sentidos; utilizando pressupostos filosóficos intuitivos. Só a partir dos sentidos é que o sujeito cognoscente pode assumir que o único conhecimento verdadeiro é o conhecimento intuitivo. Considera-se que o sujeito cognoscente pode e deve distribuir o todo nas suas partes constituintes para o poder apreender.

Na *divisão*, o problema sobre os conceitos e critérios de verdade do conhecimento é resolvido, preferencialmente, a partir dos sentidos; recorrendo a pressupostos filosóficos transcendentes. Só a partir dos sentidos é que o sujeito cognoscente pode assumir que a verdade é a concordância do pensamento com o objeto pensado. Estima-se, a partir dos sentidos, que dividir é distribuir um todo nas suas partes. O conceito de verdade da *definição* utilizada é transcendente, porque se dividem entidades concretas ou abstractas que podem ter existência própria na realidade. Presume-se, a partir dos sentidos, que os critérios de verdade da divisão são transcendentes, porque o sujeito cognoscente se relaciona com objectos reais a conhecer, que têm existência própria na realidade, independentemente dos sujeitos cognoscentes.

2.6.5.2.3 Indução.

A indução é uma operação intelectual ou procedimento metodológico, que o sujeito cognoscente realiza com o seu objeto de estudo, para gerar novos conhecimentos a partir dos sentidos; e que consiste em obter conclusões gerais a partir de premissas que contêm dados particulares.

A indução (do latim *inductio*, guiar, conduzir) "*... é um dos tipos fundamentais de raciocínio (conclusão) e método de investigação. A conclusão indutiva é o movimento do conhecimento de afirmações isoladas para conclusões gerais. Distingue-se entre indução completa, quando a conclusão sobre uma classe de objectos em geral é feita com base na análise de todos os objectos dessa classe, e os vários tipos de indução incompleta, quando a conclusão sobre a classe de objectos é feita com base na análise de alguns objectos dessa classe (neste caso, são analisadas as suas propriedades essenciais, nexos, etc.)...*" (I: Blauberg et al., 7983: 100). A indução é uma operação intelectual ou um procedimento metodológico que pode ser efectuado pelo sujeito cognoscente para gerar novos conhecimentos a partir dos sentidos.

Parafraseando Gutiérrez Sáenz (2005: 206-210), "*.a indução é um processo inverso ao da dedução*". *A indução* parte do particular para chegar ao universal, do singular para o geral, da observação de algumas coisas singulares para uma lei universal.

Observa-se uma relação constante entre fenómenos e obtém-se uma relação essencial (logicamente necessária e universalmente válida). O autor cita como exemplo a observação de alguns metais: se observarmos que o ouro, o ferro, o cobre, etc., são bons condutores de eletricidade, podemos inferir (indutivamente) uma lei universalmente válida e logicamente necessária: todos os metais são bons condutores de eletricidade.

O processo de *indução* depende de uma relação essencial. Quando conseguimos apreender uma relação essencial numa série de experiências singulares, é válido inferir que todos os casos relacionados com essa essência possuem a propriedade indicada.

As leis das ciências experimentais (ciências naturais e físicas) foram obtidas a partir desta operação intelectual ou procedimento metodológico, designado por método científico.

A indução pode ser total ou parcial:

- *Indução* total: observar todos os casos contidos numa lição e apreender a propriedade que os relaciona. Por exemplo: Mercúrio gira à volta do Sol, Vénus gira à volta do Sol, a Terra gira à volta do Sol... Plutão...; logo, todos os planetas do sistema planetário solar giram à volta do Sol.
- *Indução* parcial: observar uma propriedade num número suficiente (não total) de casos singulares e, a partir daí, inferir a lei universal. Por exemplo: Vénus não tem luz própria, mercúrio não tem luz própria, etc., logo todos os planetas do sistema planetário solar não têm luz própria.

A definição, as caraterísticas, a função, a finalidade, a classificação, etc. da *indução* são construídas a partir dos sentidos. Os pressupostos filosóficos do conceito de *indução* são cépticos, subjectivistas, relativistas e pragmáticos (possibilidade de conhecer), empiristas (origem do conhecimento), subjectivistas, realistas e dualistas (soluções pré-metafísica, metafísica e teológica, respetivamente, para o problema da essência do conhecimento), intuitivos (classificação do conhecimento) e transcendentes (conceito e critério de verdade do conhecimento).

Na *indução*, o problema da possibilidade de conhecer é resolvido preferencialmente a partir dos sentidos; recorrendo a pressupostos filosóficos cépticos, subjectivistas, relativistas e pragmáticos. Só a partir dos sentidos é que o sujeito cognoscente pode assumir que, ao observar uma propriedade num número suficiente (não total) de casos singulares, pode levar o sujeito cognoscente a inferir uma lei universal.

Na *indução*, o problema da origem do conhecimento é resolvido preferencialmente a partir dos sentidos, utilizando pressupostos filosóficos empiristas. Se o sujeito cognoscente parte do princípio de que os sentidos lhe permitem conhecer o seu objeto de estudo, tentará documentar vários casos particulares em que uma essência pode ser apreendida, partindo daí para um nexo necessário e depois para uma lei universal.

Na *indução*, o problema da essência do conhecimento é resolvido de preferência a partir dos sentidos, recorrendo a pressupostos filosóficos subjectivistas. Se o sujeito cognoscente assume que uma *indução* consiste em observar uma propriedade num número suficiente (não total) de casos singulares, e daí inferir a lei universal, então pode estimar que, na relação de conhecimento, o sujeito determina o objeto, ou seja, que o conhecimento se obtém por meio da experiência (experimentos). Esta seria uma solução pré-metafísica para o problema da essência do conhecimento. Na relação entre o sujeito cognoscente e o objeto a ser conhecido, estima-se, a partir dos sentidos, que o sujeito cognoscente determina o objeto a ser conhecido.

Na *indução*, o problema da essência do conhecimento é resolvido preferencialmente a partir dos sentidos, utilizando pressupostos filosóficos realistas. Assume-se, a partir dos sentidos, que a realidade existe independentemente do sujeito cognoscente. Esta seria uma solução metafísica para o problema da essência do conhecimento.

Na *indução*, o problema sobre a essência do conhecimento é resolvido, preferencialmente, a partir dos sentidos; utilizando pressupostos filosóficos *dualistas*. Assume-se, a partir dos sentidos, que o sujeito cognoscente pode explorar, descrever, explicar, interpretar, compreender, etc., a realidade de forma maniqueísta. Esta seria uma solução teológica para o problema da essência do conhecimento em que se considera que a realidade está dividida em dois pólos opostos e irreconciliáveis.

Na *indução*, o problema da classificação do conhecimento é resolvido preferencialmente a partir dos sentidos, recorrendo a pressupostos filosóficos intuitivos. Só a partir dos sentidos é que o sujeito cognoscente pode assumir que o único conhecimento verdadeiro é o conhecimento intuitivo. Considera-se que o sujeito cognoscente pode e deve procurar uma propriedade comum a um número suficiente de casos particulares para poder inferir uma lei universal, derivada desse nexo empírico.

Na *indução*, o problema sobre os conceitos e critérios de verdade do conhecimento é resolvido, preferencialmente, a partir dos sentidos; utilizando pressupostos filosóficos transcendentes. Só a partir dos sentidos é que o sujeito cognoscente pode assumir que a verdade é a concordância do pensamento com as caraterísticas do objeto pensado. Estima-se, a partir dos sentidos, que a mente reflecte, à maneira de um "espelho", as caraterísticas reais do objeto pensado. O conceito de verdade, na definição utilizada, é transcendente, pois admite-se que a realidade existe independentemente do pensamento. Presume-se, a partir dos sentidos, que os critérios de verdade da *indução* são transcendentes; porque o sujeito cognoscente se relaciona com objectos reais a conhecer, que têm a sua própria existência na realidade, independentemente do pensamento.

2.6.5.2.4 A análise.

A análise é uma operação intelectual ou procedimento metodológico, que o sujeito cognoscente realiza a partir dos sentidos, para gerar novos conhecimentos, decompondo o todo (o objeto de estudo) nas suas partes constituintes.

A análise é entendida em termos de "... *categorizar, ordenar, manipular e resumir os dados de uma investigação para responder às questões que nela se colocam; é a operação intelectual que considera separadamente as partes de um todo...*" (Ortiz, 2003: 14). Note-se que o autor citado considera, tal como nós, que estamos a falar de "operações intelectuais". O método de geração de novos conhecimentos denominado *análise* consiste numa operação intelectual ou procedimento metodológico que o sujeito cognoscente efectua para "responder à(s) questão(ões) de investigação", categorizando, ordenando, manipulando e sintetizando as partes que compõem o todo, para as poder analisar uma a uma.

Para I. Blauberg et al. (1983:12) "...*A análise é um método de investigação dos objectos que permite decompor o todo nas suas partes e submetê-las a um estudo individual. Ao separá-las das suas ligações, das suas interações com as outras partes e com o todo, obtêm-se definições abstractas, incompletas e unilaterais. A análise, no entanto, é uma etapa indispensável para o conhecimento do todo. Ela permite estudar as partes isoladas do todo, desvendar as relações gerais de todas as partes e, assim, reconhecer as particularidades da emergência e do*

desenvolvimento do objeto inteiro (o todo)". A análise é um método que consiste em decompor um todo nas suas partes constituintes.
Analisar é decompor um todo nas suas partes constituintes. É uma operação intelectual ou procedimento metodológico que o sujeito cognoscente realiza, a partir dos sentidos, para ordenar os vários aspectos do objeto de estudo, com vista a explorar, descrever, explicar, interpretar, compreender, de uma melhor forma a realidade em análise, como um todo que só os sentidos podem dividir nas partes que o constituem.
As classificações de análise podem ser infinitas. O âmbito do presente estudo limita-nos ao aspeto filosófico. Por esta razão, não entraremos no estudo das classificações mencionadas.
A definição, as caraterísticas, a função, a finalidade, a classificação, etc. da *análise* são construídas a partir dos sentidos. Os pressupostos filosóficos do conceito de *análise* são cépticos, subjectivistas, relativistas e pragmáticos (possibilidade de conhecer), empíricos (origem do conhecimento), subjectivistas, realistas e dualistas (soluções pré-metafísica, metafísica e teológica, respetivamente, para o problema da essência do conhecimento), intuitivos (classificação do conhecimento) e transcendentes (conceito e critério de verdade do conhecimento).
Na *análise*, o problema da possibilidade de conhecer é resolvido preferencialmente a partir dos sentidos; utilizando pressupostos filosóficos cépticos, subjectivistas, relativistas e pragmáticos. Se o sujeito cognoscente assume que não é possível conhecer em essência o seu objeto de estudo, tentará categorizar, ordenar, manipular e sintetizar os dados de uma investigação para responder às questões nela colocadas. Na *análise*, considera-se que a realidade se move e que, por isso, pode ser decomposta nas suas partes constituintes, para as estudar separadamente e, numa segunda fase, explorar, descrever, explicar, interpretar, compreender, etc., de uma melhor forma o todo.
Na *análise*, o problema da *origem* do conhecimento é resolvido preferencialmente a partir dos sentidos, utilizando pressupostos filosóficos empíricos. Se o sujeito cognoscente assume que a origem do conhecimento se encontra nos sentidos, tentará utilizá-los para decompor um todo nas suas partes constituintes e, assim, analisá-lo parte a parte.
Na *análise*, o problema da essência do conhecimento é resolvido preferencialmente a partir dos sentidos, recorrendo a pressupostos filosóficos subjectivistas. Se o sujeito cognoscente assume que, numa relação de conhecimento, o sujeito cognoscente determina o objeto a conhecer, então pode estimar que a realidade, o todo, é construída por cada sujeito cognoscente e, da mesma forma, o investigador tem de construir o seu objeto de estudo. Esta seria uma solução *pré-metafísica* para o problema da essência do conhecimento. Na relação entre o sujeito cognoscente e o objeto a conhecer, estima-se, a partir dos sentidos, que o sujeito cognoscente determina o seu objeto de conhecimento.
Na *análise*, o problema da essência do conhecimento é resolvido de preferência a partir dos sentidos, utilizando pressupostos filosóficos realistas. Se o investigador partir do princípio de que a realidade existe independentemente do sujeito cognoscente, então estimará que a realidade pode ser decomposta nas suas partes constituintes. Esta seria uma solução metafísica para o problema da essência do conhecimento.

Na *análise*, o problema da essência do conhecimento é resolvido preferencialmente a partir dos sentidos, recorrendo a pressupostos filosóficos dualistas. Se o investigador partir do princípio de que a realidade está dividida em dois pólos opostos e irreconciliáveis, então considerará que o objeto de estudo pode ser decomposto nas suas diferentes partes. É garantido, a partir dos sentidos, que o sujeito cognoscente pode explorar, descrever, explicar, interpretar, compreender, etc., a realidade de uma forma maniqueísta. Esta seria uma solução *teológica* para o problema da essência do conhecimento em que se presume que a realidade está dividida em dois pólos opostos e irreconciliáveis.

Na *análise*, o problema da classificação do conhecimento é resolvido preferencialmente a partir dos sentidos; utilizando pressupostos filosóficos intuitivos. Só a partir dos sentidos é que o sujeito cognoscente pode assumir que o único conhecimento verdadeiro é o conhecimento intuitivo. Considera-se que o sujeito cognoscente pode e deve decompor o seu objeto de estudo nas suas partes constituintes, com vista a uma melhor compreensão do mesmo.

Na *análise*, o problema dos *conceitos* e *critérios* de verdade do conhecimento é resolvido, preferencialmente, a partir dos sentidos; recorrendo a pressupostos filosóficos transcendentes. Só a partir dos sentidos é que o sujeito cognoscente pode assumir que a verdade é a concordância do pensamento com o objeto pensado. A partir dos sentidos, considera-se que os sentidos descrevem as relações entre os fenómenos. O conceito de verdade da definição utilizada é transcendente, porque se admite que a realidade existe independentemente do pensamento. A partir dos sentidos, presume-se que os critérios de verdade da *análise* são transcendentes, porque o sujeito cognoscente se relaciona com objectos reais a conhecer, que têm a sua própria existência na realidade, independentemente do pensamento.

2.6.5.2.5 A comparação.

A comparação é uma operação intelectual ou um procedimento metodológico que o sujeito cognoscente realiza a partir dos sentidos para gerar novos conhecimentos, que consiste em fixar a atenção em dois ou mais objectos para descobrir as suas relações ou estimar as suas diferenças e/ou semelhanças.

A definição, caraterísticas, função, finalidade, classificação, etc. da *comparação* é construída a partir dos sentidos. Os pressupostos filosóficos do conceito de comparação são cépticos, subjectivistas, relativistas e pragmáticos (possibilidade de conhecer), empíricos (origem do conhecimento), subjectivistas, realistas e dualistas (soluções pré-metafísica, metafísica e teológica, respetivamente, para o problema da essência do conhecimento), intuitivos (classificação do conhecimento) e transcendentes (conceito e critério de verdade do conhecimento).

Em comparação, o problema da cognoscibilidade é resolvido preferencialmente a partir dos sentidos, recorrendo a pressupostos filosóficos cépticos, subjectivistas, relativistas e pragmáticos. Se o sujeito cognoscente assume que não é possível conhecer em essência o seu objeto de estudo, tentará descobrir as relações entre dois ou mais objectos ou estimar as suas diferenças ou semelhanças para dar uma resposta à questão de investigação. Na comparação, estima-se que a realidade se move e que, portanto, podem ser descobertas relações entre os objectos de estudo e, num segundo momento, o conjunto pode ser explorado, descrito, explicado, interpretado, compreendido, etc., de uma melhor forma, estimando as suas diferenças e/ou semelhanças.

Na *comparação*, o problema da *origem* do conhecimento é resolvido preferencialmente a partir dos sentidos, utilizando pressupostos filosóficos empíricos. Se o sujeito cognoscente assume que a origem do conhecimento se encontra nos sentidos, tentará utilizar a comparação para decompor um todo nas suas partes constituintes e, assim, analisá-lo parte a parte.
Na *comparação*, o problema da essência do conhecimento é resolvido de preferência a partir dos sentidos, recorrendo a pressupostos filosóficos subjectivistas. Se o sujeito cognoscente assume que, numa relação de conhecimento, o sujeito cognoscente determina o objeto a conhecer, então pode estimar que a realidade, o todo, é construída por cada sujeito cognoscente e, da mesma forma, o investigador tem de construir o seu objeto de estudo. Esta seria uma solução *pré-metafísica* para o problema da essência do conhecimento. Na relação entre o sujeito cognoscente e o objeto a conhecer, estima-se, a partir dos sentidos, que o sujeito cognoscente determina o seu objeto de conhecimento.
Em comparação, o problema da essência do conhecimento é resolvido preferencialmente a partir dos sentidos, utilizando pressupostos filosóficos realistas. Se o investigador partir do princípio de que a realidade existe independentemente do sujeito cognoscente, então considerará que a realidade é composta por partes que podem ser semelhantes ou diferentes umas das outras. Esta seria uma solução metafísica para o problema da essência do conhecimento.
Em comparação, o problema da essência do conhecimento é preferencialmente resolvido a partir dos sentidos, utilizando pressupostos filosóficos dualistas. Se o investigador partir do princípio de que a realidade está dividida em dois pólos opostos e irreconciliáveis, então considerará que o objeto de estudo é composto por duas ou mais partes que podem ser semelhantes ou diferentes entre si. É garantido, a partir dos sentidos, que o sujeito cognoscente pode explorar, descrever, explicar, interpretar, compreender, etc., a realidade de uma forma maniqueísta. Esta seria uma solução teológica para o problema da essência do conhecimento em que se presume que a realidade está dividida em dois pólos opostos e irreconciliáveis.
Na *comparação*, o problema da classificação do conhecimento é resolvido preferencialmente a partir dos sentidos; utilizando pressupostos filosóficos intuitivos. Só a partir dos sentidos é que o sujeito cognoscente pode assumir que o único conhecimento verdadeiro é o conhecimento intuitivo. Considera-se que a realidade pode ser dividida em dois ou mais objectos de estudo com o objetivo de os comparar entre si e descobrir as suas semelhanças e diferenças.
Na *comparação*, o problema dos *conceitos* e *critérios* de verdade do conhecimento é resolvido, preferencialmente, a partir dos sentidos; recorrendo a pressupostos filosóficos transcendentes. Só a partir dos sentidos é que o sujeito cognoscente pode assumir que a verdade é a concordância do pensamento com o objeto pensado. Estima-se, a partir dos sentidos, que se podem descobrir relações de semelhança e/ou diferença entre fenómenos, comparando-os entre si. O conceito de verdade, na definição utilizada, é transcendente, pois admite-se que a realidade existe independentemente do pensamento. Assume-se, a partir dos sentidos, que os critérios de verdade da *análise* são transcendentes; porque o sujeito cognoscente se relaciona com objectos reais a conhecer, que têm a sua própria existência na realidade, independentemente do pensamento.

2.6.5.3 *Procedimentos metodológicos ou operações intelectuais para gerar novos conhecimentos a partir dos sentidos e da razão (dialeticamente).*

Os principais procedimentos metodológicos ou operações intelectuais para gerar novos conhecimentos a partir dos sentidos e/ou da razão, e que por isso são filosoficamente assumidos como dialécticos, são: o método indutivo-dedutivo ou vice-versa, o método analítico-sintético ou vice-versa, e assim por diante. Estes métodos constituem uma combinação dos outros (indutivo, dedutivo; e analítico, sintético; respetivamente).

2.6.5.3.1 O método indutivo-dedutivo.

O método indutivo-dedutivo é uma operação intelectual ou um procedimento metodológico para gerar novos conhecimentos a partir das duas qualidades do sujeito cognoscente: a razão e os sentidos, que consiste em obter conclusões gerais a partir de premissas que contêm dados particulares (indução) e, em seguida, obter conclusões particulares a partir dessas leis gerais (dedução).

O método *indutivo-dedutivo* vê a ciência como um conhecimento racional, sistemático, exato, verificável e, portanto, falível; *o conhecimento científico* como um sistema de ideias provisoriamente estabelecido; e a investigação científica como uma atividade que produz novas ideias (Bunge, 1970: 9).

No método *indutivo-dedutivo*, a ciência começa pela observação (indução). Trata-se de registar o que se vê, ouve, etc. com os órgãos dos sentidos, de forma fiável e sem preconceitos. As afirmações observacionais são derivadas em leis e teorias (indução). Quando um cientista dispõe de leis e teorias universais, pode retirar delas várias consequências que servirão de explicações e previsões (dedução).

Metodologicamente, o método *indutivo-dedutivo* considera que, sob certas condições, é permitido generalizar a partir de uma lista finita de afirmações observacionais singulares para uma lei universal; desde que o número de afirmações observacionais que formam a base da generalização seja grande, as observações sejam repetidas sob uma grande variedade de condições e que nenhuma afirmação

As generalizações podem ser singulares, referindo-se a um determinado acontecimento ou estado de coisas num determinado lugar e num determinado momento. As generalizações podem ser singulares, referindo-se a um determinado acontecimento ou estado de coisas num determinado lugar e num determinado momento; gerais, expressando afirmações sobre as propriedades ou o comportamento de algum aspeto do universo, referindo-se a todos os acontecimentos de um determinado tipo em todos os lugares e em todos os momentos; e universais, todas as leis e teorias que constituem o conhecimento científico.

As técnicas utilizadas para recolher dados (factos) são a observação, a experimentação, o inquérito e a documentação.

O modelo de investigação que seguem é o seguinte: "se, sob uma grande variedade de condições, for observado um grande número de A's e se todos os A's observados possuírem a propriedade B sem exceção, então todos os A's têm a propriedade B".

E a sua expressão gráfica é a seguinte:

		LEIS E TEORIAS		

	INDUÇÃO		DEDUÇÃO	
FACTOS ADQUIRIDA ATRAVÉS DA EXPERIÊNCIA				PREDICÇÕES E EXPLICAÇÕES

Segundo eles, a ciência progride através de explicações e previsões. A fonte da verdade é a experiência (empirismo). Os princípios gerais são derivados da experiência por *indução*. Ou *as induções* satisfazem as condições prescritas ou não. A fiabilidade da ciência decorre das afirmações do *indutivismo* sobre a observação e *a indução*. As afirmações observacionais são certas e fiáveis porque a sua verdade pode ser determinada usando os sentidos.

A fiabilidade das afirmações observacionais é transmitida às leis e teorias. Na medida em que as teorias científicas podem ser justificadas, são-no porque assentam indutivamente na base mais ou menos segura fornecida pela experiência. A verdade é estabelecida por uma observação cuidadosa e testada através dos sentidos. A dedução logicamente válida é a seguinte: "se as premissas de uma dedução logicamente válida são verdadeiras, então a conclusão deve ser verdadeira" (Chalmers, 1999: 11-23).

A definição, caraterísticas, função, objetivo, classificação, etc. do método *indutivo-dedutivo* é construída a partir das duas qualidades do sujeito cognoscente: os sentidos e a razão. Os pressupostos filosóficos do conceito de método *indutivo-dedutivo* são críticos (possibilidade de conhecer), intelectualistas ou aprioristas (origem do conhecimento), dialécticos, fenomenológicos e monistas (soluções pré-metafísicas, metafísicas e teológicas, respetivamente, para o problema da essência do conhecimento), mistos <intuitivo-racional ou racional-intuitivo> (classificação do conhecimento) e misto <transcendente-imanente ou imanente-transcendente> (conceito e critério de verdade do conhecimento).

No método *indutivo-dedutivo*, o problema da possibilidade de conhecer é resolvido preferencialmente a partir dos sentidos e da razão, utilizando pressupostos filosóficos críticos. Se o sujeito cognoscente parte do princípio de que é possível conhecer (dogmatismo), mas não em essência (ceticismo), porque todos e cada um dos sujeitos cognoscentes pensam e sentem de forma diferente (subjetivismo), porque a verdade muda no tempo, no espaço e nas circunstâncias (relativismo) e porque, além disso, todo o conhecimento deve ter alguma utilidade para o sujeito que o constrói, ele tentará usar os seus sentidos e a sua razão para obter conclusões gerais a partir de premissas que contêm dados particulares e para obter conclusões particulares a partir de leis gerais.

No método *indutivo-dedutivo*, o problema sobre a origem do conhecimento é resolvido, preferencialmente, a partir das duas qualidades do sujeito cognoscente: os sentidos e a razão; utilizando pressupostos filosóficos intelectualistas ou aprioristas (consoante utilize primeiro os sentidos e depois a razão ou vice-versa, respetivamente). Se o sujeito cognoscente assumir que a origem do conhecimento está tanto nos sentidos como na razão, tentará utilizar o método *indutivo-dedutivo* para gerar novos conhecimentos sobre o seu objeto de estudo, obtendo conclusões gerais a partir de premissas que contêm dados particulares e conclusões particulares a partir de leis gerais.

No método *indutivo-dedutivo*, o problema pré-metafísico sobre a essência do conhecimento é resolvido preferencialmente a partir dos sentidos e da razão, utilizando pressupostos filosóficos dialécticos. Se o sujeito cognoscente assume que numa relação de conhecimento os dois elementos do conhecimento (sujeito-objeto) se determinam mutuamente numa relação dialética interminável (porque nunca acabamos de conhecer os objectos), então pode estimar que as explorações, descrições, explicações, interpretações, compreensões da realidade, o todo, devem ser *induzidas* e *deduzidas* tantas vezes quantas as necessárias devido à constante mudança em que se encontra. Na relação entre o sujeito cognoscente e o objeto a conhecer, considera-se, a partir dos sentidos e da razão, que o sujeito cognoscente e o objeto a conhecer se determinam mutuamente e sem fim.

No método *indutivo-dedutivo*, o problema metafísico sobre a essência do conhecimento é resolvido preferencialmente a partir dos sentidos e da razão; utilizando pressupostos filosóficos fenomenológicos. Se o investigador educacional assumir que a realidade existe, independentemente do sujeito cognoscente, mas que cada sujeito a conhece de forma diferente e apenas na aparência, nunca de forma essencial, mas apenas como um fenómeno localizado no tempo e no espaço, então considerará que pode ser *induzida* e *deduzida*, a fim de a conhecer melhor.

No método *indutivo-dedutivo*, o problema teológico sobre a essência do conhecimento é resolvido preferencialmente a partir dos sentidos e da razão, utilizando pressupostos filosóficos monistas. Se o investigador partir do princípio de que a realidade é um todo único, então considerará que, para construir o seu objeto de estudo, terá primeiro de tirar conclusões gerais a partir de premissas que contêm dados particulares e, depois, tirar conclusões particulares a partir de leis gerais. É garantido, a partir dos sentidos e da razão, que o sujeito cognoscente pode explorar, descrever, explicar, interpretar, compreender, etc., a realidade de uma forma monista.

No método *indutivo-dedutivo*, o problema sobre a classificação do conhecimento é resolvido preferencialmente a partir dos sentidos e da razão; utilizando pressupostos filosóficos mistos (intuitivo-racional ou racional-intuitivo). Só a partir dos sentidos e da razão é que o sujeito cognoscente pode assumir que os objectos de estudo são tão complexos que, para se pronunciar sobre eles, é necessário utilizar as duas qualidades do investigador. Considera-se que, para conhecer a realidade, é necessário primeiro induzi-la e depois deduzi-la.

No método *indutivo-dedutivo*, o problema sobre os conceitos e critérios de verdade do conhecimento é resolvido, preferencialmente, a partir dos sentidos e da razão; utilizando pressupostos filosóficos mistos (transcendente-imanente e imanente-transcendente). Só a partir dos sentidos e da razão é que o sujeito cognoscente pode assumir que a verdade é tanto a concordância do pensamento com o objeto pensado, como a correspondência do pensamento com as suas próprias regras de criação. A partir dos sentidos e da razão considera-se que os fenómenos podem ser conhecidos *de forma indutiva-dedutiva*. O conceito de verdade da definição utilizada é transcendente e imanente, porque se admite que a realidade existe independentemente do pensamento e, além disso, que cada sujeito a constrói de forma diferente. Pressupõe-se, a partir dos sentidos, que os critérios de verdade do método *indutivo-dedutivo* são transcendentes-imanentes; porque o sujeito cognoscente se relaciona com objectos reais a conhecer, que têm existência própria na realidade, independentemente do pensamento, mas que, também, todos e cada um dos diferentes sujeitos que pretendem conhecer a realidade a pensarão de forma diferente, porque sentem e pensam de forma diferente dos outros sujeitos.

2.6.5.3.2 O método analítico-sintético.

O método *analítico-sintético* é uma operação intelectual ou procedimento metodológico para gerar novos conhecimentos a partir das duas qualidades do sujeito cognoscente: a razão e os sentidos, que consiste em decompor a realidade investigada nas partes que a constituem e, uma vez analisada, reconstruí-la, integrando as partes no todo.

Para I. Blauberg et al. (1983:12) *análise* e *síntese* (do grego analysis: decomposição, divisão, e *synthesis*: composição, união), são "*...processos de divisão prática ou mental do todo em partes, e a reunificação do todo com base nas suas partes (partes e todo)...*". A decomposição (análise) é feita a partir dos sentidos e a composição (síntese) é feita a partir da razão. Como processos de divisão prática ou mental, podem ser utilizados para gerar novos conhecimentos, tanto nas ciências formais (lógica e matemática) como nas ciências factuais (naturais e sociais).

Observa-se, como mostram os autores acima citados quando afirmam que tanto *a análise* como *a síntese* são "processos de divisão prática ou mental do todo em partes e de reunificação do todo com base nas suas partes", que se pode *analisar a* partir dos sentidos (processos de divisão prática) e *sintetizar* a partir da razão (processos de divisão mental). *A análise* é uma operação intelectual ou procedimento metodológico (método) que o sujeito cognoscente pode realizar com o seu objeto de estudo a partir dos sentidos para gerar novos conhecimentos sobre ele. Por outro lado, *a síntese* é uma operação intelectual ou um procedimento metodológico (método) que o sujeito cognoscente pode realizar com a sua razão para gerar novos conhecimentos sobre o seu objeto de estudo.

O conjunto destes dois métodos (ou procedimentos metodológicos ou operações intelectuais para gerar novos conhecimentos) constitui um novo método: o método *analítico-sintético*.

Parafraseando I. Blauberg et al. (1983:12), os objectos de estudo são complexos, a sua apreensão não pode ser limitada à soma das suas partes (síntese); para a sua reunificação no pensamento (síntese), com toda a riqueza das suas relações mútuas, é necessário aplicar um outro procedimento metodológico ou operação intelectual (método) para gerar novos conhecimentos: *a síntese*. Através desta operação intelectual ou procedimento metodológico para gerar novos conhecimentos é possível reunificar o todo no pensamento como um "*todo rico com numerosas definições e ligações*" (Marx, citado por I. Blauberg et al. (1983:12), como um todo concreto.

Os autores citados consideram que o conhecimento dos objectos de estudo não é simples nem esquemático, mas complexo. Afirmam que *a análise* e *a síntese* não são etapas isoladas do conhecimento, que apenas se complementam e se sucedem. Dizem que em cada etapa *a análise* e *a síntese* são indissociáveis; que não se compreende *a análise* sem a *síntese*, nem *a síntese* sem a *análise*. Dizem que, através da *análise,* separamos no objeto as propriedades que o tornam parte do todo, com base numa representação sintética, mesmo que seja a representação mais geral (prévia) do todo, enquanto através da *síntese* reconhecemos o todo como composto de partes, relacionadas entre si de uma certa maneira.

No processo de conhecimento, *a síntese* realiza-se através da *análise* e *a análise* através da *síntese.* *<o pensamento é composto tanto pelo desmembramento dos objectos, pela consciência, nos seus elementos, como pela reunificação dos elementos ligados num todo. Sem análise não há síntese* > (Engels, citado por I. Blauberg et al. (1983:12).

A definição, caraterísticas, função, finalidade, classificação, etc., do método *analítico-sintético* é construída a partir das duas qualidades do sujeito cognoscente: os sentidos e a razão. Os pressupostos filosóficos do conceito de método analítico-sintético são críticos (possibilidade de conhecer), intelectualistas ou aprioristas (origem do conhecimento), dialécticos, fenomenológicos e monistas (soluções pré-metafísicas, metafísicas e teológicas, respetivamente, para o problema da essência do conhecimento), mistos <intuitivo-racional ou racional-intuitivo> (classificação do conhecimento) e misto <transcendente-imanente ou imanente-transcendente> (conceito e critério de verdade do conhecimento).

No método *analítico-sintético*, o problema da possibilidade de conhecer é resolvido preferencialmente a partir dos sentidos e da razão, utilizando pressupostos filosóficos críticos. Se o sujeito cognoscente assume que é possível conhecer (dogmatismo), mas não em essência (ceticismo), porque todos e cada um dos sujeitos cognoscentes pensam e sentem de forma diferente (subjetivismo), porque a verdade muda no tempo, no espaço e nas circunstâncias (relativismo) e porque, além disso, todo o conhecimento deve ter uma certa utilidade para o sujeito que o constrói; O sujeito tentará usar os seus sentidos e a sua razão para decompor, dividir o seu objeto de estudo nas suas partes constituintes e depois integrá-las, uni-las, de novo no todo e, se necessário, para uma melhor exploração, descrição, explicação, interpretação, compreensão, etc., do seu objeto de estudo, ele realizará este procedimento sempre que considerar que a realidade (o todo) já mudou, já se deslocou e, portanto, já não é a mesma.

No método *analítico-sintético*, o problema da origem do conhecimento é resolvido, de preferência, a partir das duas qualidades do sujeito cognoscente: os sentidos e a razão; recorrendo a pressupostos filosóficos intelectualistas ou aprioristas (consoante utilize primeiro os sentidos e depois a razão ou vice-versa, respetivamente). Se o sujeito cognoscente assume que a origem do conhecimento se encontra tanto nos sentidos como na razão, tentará utilizar o método *analítico-sintético* para gerar novos conhecimentos sobre o seu objeto de estudo, decompondo-o nas suas partes constituintes (análise) e voltando a juntá-lo (síntese) e, num segundo momento, dividindo-o novamente e voltando a juntá-lo (síntese), com a ideia de compreender melhor o fenómeno.

No método *analítico sintético*, o problema pré-metafísico sobre a essência do conhecimento é resolvido preferencialmente a partir dos sentidos e da razão, utilizando pressupostos filosóficos dialécticos. Se o sujeito cognoscente assume que, numa relação de conhecimento, os dois elementos do conhecimento (sujeito-objeto) se determinam mutuamente numa relação dialética interminável (porque nunca acabamos de conhecer os objectos), então pode estimar que a realidade, o todo, deve ser *analisada* e *sintetizada* tantas vezes quantas as necessárias devido à constante mudança em que se encontra. Na relação entre o sujeito cognoscente e o objeto a conhecer, estima-se, a partir dos sentidos e da razão, que o sujeito cognoscente e o objeto a conhecer se determinam mutuamente e sem fim.

No método *analítico-sintético*, o problema metafísico sobre a essência do conhecimento é resolvido preferencialmente a partir dos sentidos e da razão; utilizando pressupostos filosóficos fenomenológicos. Se o investigador em educação partir do princípio de que a realidade existe, independentemente do sujeito cognoscente, mas que cada sujeito a conhece de forma diferente e apenas na aparência, nunca de forma essencial, mas apenas como um fenómeno situado no tempo e no espaço, então considerará que pode ser separada nas suas partes constituintes e reunida de novo, para a conhecer melhor.
No método *analítico-sintético*, o problema teológico sobre a essência do conhecimento é resolvido preferencialmente a partir dos sentidos e da razão, utilizando pressupostos filosóficos monistas. Se o investigador parte do princípio de que a realidade é um todo único, então considerará que o objeto de estudo apenas se decompõe em duas ou mais partes (que podem ser semelhantes ou diferentes entre si) com o objetivo de observar certas relações entre elas e, uma vez feito isso, reunir essas partes no todo. É garantido, a partir dos sentidos e da razão, que o sujeito cognoscente pode explorar, descrever, explicar, interpretar, compreender, etc., a realidade de uma forma monista.
No método *analítico-sintético*, o problema da classificação dos conhecimentos é resolvido preferencialmente a partir dos sentidos e da razão, utilizando pressupostos filosóficos mistos (intuitivo-racional ou racional-intuitivo). Só a partir dos sentidos e da razão é que o sujeito cognoscente pode assumir que os objectos de estudo são tão complexos que, para se pronunciar sobre eles, é necessário utilizar as duas qualidades do investigador. Acredita-se que a realidade pode ser dividida em duas ou mais partes com o objetivo de as comparar entre si e descobrir as suas semelhanças e diferenças (análise); e, posteriormente, voltar a juntar essas partes, para melhor compreender o todo (realidade).
No método *analítico-sintético*, o problema sobre os conceitos e critérios de verdade do conhecimento é resolvido, preferencialmente, a partir dos sentidos e da razão; utilizando pressupostos filosóficos mistos (transcendente-imanente e imanente-transcendente). Só a partir dos sentidos e da razão é que o sujeito cognoscente pode assumir que a verdade é tanto a concordância do pensamento com o objeto pensado, como a correspondência do pensamento com as suas próprias regras de criação. A partir dos sentidos e da razão, considera-se que as relações de semelhança e/ou de diferença entre as partes dos fenómenos podem ser descobertas *analisando-as* e *sintetizando-as* de novo. O conceito de verdade da definição utilizada é transcendente e imanente, porque se admite que a realidade existe independentemente do pensamento e, além disso, que cada sujeito a constrói de forma diferente. Pressupõe-se, a partir dos sentidos, que os critérios de verdade do método *analítico-sintético* são transcendentes-imanentes; porque o sujeito cognoscente se relaciona com objectos reais a conhecer, que têm existência própria na realidade, independentemente do pensamento, mas que, também, todos e cada um dos diferentes sujeitos que pretendem conhecer a realidade a pensarão de forma diferente, porque sentem e pensam de forma diferente dos outros sujeitos.
Até este ponto, a análise das operações intelectuais ou dos procedimentos metodológicos que o sujeito cognoscente pode efetuar (a partir da razão, dos sentidos ou de ambas as qualidades do investigador) para gerar novos conhecimentos sobre a realidade (terceiro nível e elemento de uma orientação epistemológica).

2.7 A RELAÇÃO ENTRE TEORIA E MÉTODO.

Cada um dos cinco elementos de uma *orientação epistemológica* cumpre funções diferentes no processo de conhecimento: os *pressupostos* filosóficos, para analisar a realidade, permitem-nos resolver todos e cada um dos cinco problemas principais do conhecimento a partir da razão, dos sentidos ou de ambos; os fundamentos *teóricos*, para problematizar os objectos de estudo, fornecem os elementos epistemológicos para construir a investigação; os procedimentos *metodológicos* ou operações intelectuais, para gerar novos conhecimentos, fornecem-nos o método; as *estratégias técnicas* para conhecer a realidade, servem para explorar, descrever, explicar, interpretar, compreender, etc., a realidade; e os instrumentos são utilizados para recolher informações sobre o objeto de estudo. realidade; e os *instrumentos* são utilizados para recolher informações sobre o objeto de estudo.

Tal como *a teoria* depende da *filosofia*, o *método* para gerar novos conhecimentos dependerá das *teorias* com as quais o objeto de estudo está a ser problematizado.

Por exemplo, o método *dedutivo*; o seu oposto em termos filosóficos e teóricos, o método *indutivo*; e a operação intelectual ou procedimento metodológico que visa, também em termos filosóficos e teóricos, conciliar os dois métodos: o método *indutivo-dedutivo* ou *dedutivo-indutivo*:

Se o objeto de estudo for problematizado com *teorias gerais do conhecimento objetivo* (como o matematicismo, o mecanicismo, etc.),

organicismo, etc.), *específicos das ciências sociais objectivas* (como o positivismo, o funcionalismo, o estruturalismo, a teoria dos sistemas, etc.) e *específicos das ciências objectivas da educação* (como o behaviorismo), a resposta à questão de investigação, o caminho para o objetivo, terá necessariamente de ser *dedutivo*.

Nas teorias supracitadas, cada um dos cinco grandes problemas do conhecimento é resolvido pela *razão*, recorrendo a pressupostos filosóficos *dogmáticos* (possibilidade do conhecimento), *racionalistas* (origem do conhecimento), *objectivistas, idealistas* e *dualistas* (soluções pré-metafísica, metafísica e teológica, respetivamente, para o problema da essência do conhecimento), *racionais* (classificação do conhecimento) e *imanentes* (conceito e critério de verdade do conhecimento).

O *método* utilizado para gerar novos conhecimentos sobre qualquer objeto de estudo que se pretenda construir através da problematização da realidade com as teorias acima referidas é o método *dedutivo*.

Para passar da questão de investigação à sua solução através da operação intelectual ou do procedimento metodológico *dedutivo*, todos e cada um dos cinco grandes *problemas do conhecimento* são resolvidos, como nas teorias acima mencionadas, a partir da *razão*. O *método dedutivo* é *dogmático* (possibilidade do conhecimento), *racionalista* (origem do conhecimento), *objetivista*, *idealista* e *dualista* (soluções pré-metafísica, metafísica e teológica, respetivamente, para o problema da essência do conhecimento), *racional* (classificação do conhecimento) e *imanente* (conceito e critério de verdade do conhecimento).

Por outro lado, se o objeto de estudo for problematizado com *teorias gerais do conhecimento subjetivo* (como o caos, o conflito, etc.), *particulares das ciências sociais subjectivas* (como o historicismo, o materialismo histórico dialético, etc.) e *específicas das ciências subjectivas da educação* (como a psicanálise, o humanismo, o cognitivismo, etc.), a forma de responder à questão de investigação, o caminho para o objetivo, terá necessariamente de ser *indutivo*.

Nas teorias acima referidas, cada um dos cinco grandes *problemas do conhecimento* é resolvido a partir dos *sentidos*, recorrendo a pressupostos filosóficos *cépticos*, *subjectivistas*, *relativistas*, *pragmáticos* (possibilidade do conhecimento), *empiristas* (origem do conhecimento), *subjectivistas, realistas* e *dualistas* (soluções pré-metafísica, metafísica e teológica, respetivamente, para o problema da essência do conhecimento), *intuitivos* (classificação do conhecimento) e *transcendentais* (conceito e critério de verdade do conhecimento).

O *método* utilizado para gerar novos conhecimentos sobre qualquer objeto de estudo que se pretenda construir através da problematização da realidade com as teorias acima referidas é o método *indutivo*.

Para passar da questão de investigação à sua solução, utilizando a operação intelectual ou o procedimento metodológico *indutivo*, todos e cada um dos cinco *problemas* principais *do conhecimento* são resolvidos, como nas teorias acima mencionadas, a partir dos *sentidos*. O método *indutivo* é *cético, subjetivo*, *relativo* e *pragmático* (possibilidade do conhecimento), *empírico* (origem do conhecimento), *subjetivista*, *realista* e *dualista* (soluções pré-metafísica, metafísica e teológica, respetivamente, para o problema da essência do conhecimento), *intuitivo* (classificação do conhecimento) e *transcendente* (conceito e critério de verdade do conhecimento).

Finally, if the object of study is problematised with *general theories of dialectical knowledge* (such as analogy, complexity, etc.), *particular to the dialectical social sciences* (such as phenomenology, critical hermeneutics, etc.) e *específicas das ciências dialécticas da educação* (como a teoria genética <Piaget>, a teoria sociocultural <Vigotsky>, etc.) a forma de responder à questão de investigação, o caminho para o objetivo, terá necessariamente de ser *indutivo-dedutivo*.

Nas referidas teorias, todos e cada um dos cinco grandes *problemas do conhecimento* são resolvidos a partir dos *sentidos* e *da razão*, recorrendo a pressupostos filosóficos *críticos* (possibilidade do conhecimento), *intelectualistas* e/ou *aprioristas* (origem do conhecimento), *dialécticos*, *fenomenológicos* e *monistas* (soluções pré-metafísica, metafísica e teológica, respetivamente, para o problema da essência do conhecimento), mistos <racional-intuitivo> (classificação do conhecimento) e misto <imanente-transcendente> (conceito e critério de verdade do conhecimento).

O método utilizado para gerar novos conhecimentos sobre qualquer objeto de estudo que se pretenda construir através da problematização da realidade com as teorias acima referidas é o método *indutivo-dedutivo*.

Para passar da questão de investigação à sua solução, utilizando a operação intelectual ou o procedimento metodológico *indutivo-dedutivo*, todos e cada um dos cinco principais *problemas do conhecimento* são resolvidos, como nas teorias acima mencionadas, a partir dos *sentidos* e *da razão*. O método *indutivo-dedutivo* é crítico (possibilidade do conhecimento), *intelectualista* e/ou *apriorista* (origem do conhecimento), *dialético*, *fenomenalista* e *monista* (soluções pré-metafísica, metafísica e teológica, respetivamente, para o problema da essência do conhecimento), misto *<intuitivo-racional>* (classificação do conhecimento) e misto <*transcendente-imanente*< (conceito e critério de verdade do conhecimento).

No mesmo sentido, as teorias gerais do conhecimento, as teorias particulares das ciências sociais e as teorias específicas das ciências da educação acima mencionadas poderiam ser comparadas com as outras *operações intelectuais ou procedimentos metodológicos* para gerar novos conhecimentos, também indicados neste trabalho, tais como a adição, a subtração, a multiplicação, a divisão, a análise, a síntese, a classificação, a comparação e a definição. Como se observou, a relação entre *teoria* e *método*, tal como a relação entre *filosofia* e *teoria*, é uma relação de dependência do segundo em relação ao primeiro: tal como *a teoria* depende da *filosofia*, o método depende da *teoria* e, portanto, da *filosofia* de que depende a *teoria* com que se problematiza a realidade para construir novos conhecimentos. Se um investigador em educação não se aperceber disso, construirá um objeto de estudo epistemologicamente incongruente.

O quadro seguinte resume a relação entre teoria e método:

TEORIAS			**MÉTODOS**		
GERAL CONHECIMENTO	OBJECTIVOS	MATEMATICISMO MECANISMO ORGANIZAÇÃO	**ADIÇÃO** **MULTIPLICAÇÃO** **DEDUÇÃO** **SÍNTESE** **CLASSIFICAÇÃO** **DEFINIÇÃO**	RAZÃO	DOGMATISMO, RACIONALISMO OBJECTIVISMO, IDEALISMO DUALISMO, RACIONAL IMANENTE
	SUBJECTIVOS	CHAOS CONFLITO	**SUBTRACÇÃO** **DIVISÃO** **INDUÇÃO** **ANÁLISE** **COMPARAÇÃO**	SENTIMENTOS	CEPTICISMO, SUBJECTIVISMO RELATIVISMO, PRAGMATISMO EMPIRISMO, SUBJECTIVISMO EPISTEMOLÓGICO, IDEALISMO DUALISMO, INTUITIVO TRANSCENDENTE
	DIALÉTICA	ANALOGIA COMPLEXIDADE	**INDUTIVO - DEDUTIVO** **ANALÍTICO - SINTÉTICO**	AMBOS	CRÍTICA, INTELECTUALISMO E/OU APRIORISMO, DIALÉCTICA- FENOMENOLOGIA, INTUITIVO- RACIONAL, TRANSCENDENTE- IMANENTE
PARTICULA- CIÊNCIAS SOCIAIS	OBJECTIVOS	POSITIVISMO FUNCIONALISMO ESTRUTURALISMO SISTEMAS	**ADIÇÃO** **MULTIPLICAÇÃO** **DEDUÇÃO** **SÍNTESE** **SÍNTESE** **CLASSIFICAÇÃO** **DEFINIÇÃO**	RAZÃO	DOGMATISMO, RACIONALISMO OBJECTIVISMO, IDEALISMO DUALISMO, RACIONAL IMANENTE
	SUBJECTIVOS	HISTORICISMO MATERIALISMO HISTÓRICO- DIALÉCTICO	**SUBTRACÇÃO** **DIVISÃO** **INDUÇÃO** **ANÁLISE** **COMPARAÇÃO**	SENTIMENTOS	CEPTICISMO, SUBJECTIVISMO RELATIVISMO, PRAGMATISMO EMPIRISMO, SUBJECTIVISMO EPISTEMOLÓGICO, IDEALISMO DUALISMO, INTUITIVO TRANSCENDENTE

	DIALÉTICA	FENOMENOL GIA HERMENÊUTICA CRÍTICA	**INDUTIVO - DEDUTIVO ANALÍTICO - SINTÉTICO**	AMBOS	CRÍTICA, INTELECTUALISMO O E/OU APRIORISMO, DIALÉCTICA FENOMENOL GIA, INTUITIVO- RACIONAL, TRANSCENDENTE IMANENTE
ESPECÍFICOS DAS CIÊNCIAS DA EDUCAÇÃO	OBJECTIVOS	CONDUCTISMO	**ADIÇÃO MULTIPLICAÇÃ O DEDUÇÃO SÍNTESE CLASSIFICAÇÃO CLASSIFICAÇÃO DEFINIÇÃO**	RAZÃO	DOGMATISMO, RACIONALISMO OBJECTIVISMO, IDEALISMO DUALISMO, RACIONAL IMANENTE
	SUBJECTIVO S	PSICOANÁLISE HUMANISMO COGNOSCITIVISM O	**SUBTRACÇÃO DIVISÃO INDUÇÃO ANÁLISE COMPARAÇÃO**	SENTIMENTOS	CEPTICISMO, SUBJECTIVISMO, RELATIVISMO, PRAGMATISMO, EMPIRISMO, SUBJECTIVISMO EPISTEMOLÓGICO, IDEALISMO, DUALISMO, INTUICIONISMO TRANSCENDENTAL
	DIALÉTICA	GENÉTICA SOCIOCULTURAL	**INDUTIVO - DEDUTIVO ANALÍTICO - SINTÉTICO**	AMBOS	CRÍTICA, INTELECTUALISMO E/OU APRIORISMO, DIALÉCTICA FENOMENOLÓGICA, E GIA, INTUITIVORACIONA L, TRANSCENDENTAL- IMANENTE

2.8 RESUMO DO SUBCAPÍTULO.

Até aqui, estudámos as onze *operações intelectuais* ou *procedimentos metodológicos* mais importantes que o sujeito cognoscente pode realizar com o seu objeto de estudo para gerar novos conhecimentos sobre ele a partir da razão, dos sentidos ou de ambas as qualidades do sujeito cognoscente. É possível que existam mais. Nesta investigação, apenas foram analisadas as onze mencionadas, porque não encontrámos mais. Pode mesmo afirmar-se que qualquer outra que possa ser tratada se enquadra numa ou nalgumas das operações intelectuais ou procedimentos metodológicos mencionados. Por exemplo: discriminar. Por um lado, ao discriminar já estamos a focar a nossa atenção em dois ou mais objectos para descobrir as suas relações ou estimar as suas diferenças ou semelhanças, e caímos no método comparativo. Por outro lado, caímos também no método de classificação, uma vez que estamos a agrupar os elementos de um conjunto em subconjuntos, classes ou conceitos classificatórios que o dividem de forma disjuntiva ou exaustiva. Por fim, também nos enquadramos na divisão, pois estamos a dividir o todo nas suas partes constituintes.

No quadro seguinte é possível apreciar, de forma muito resumida, as *definições* dos onze *procedimentos metodológicos* ou *operações intelectuais* que o sujeito cognoscente pode realizar com o seu objeto de estudo para gerar novos conhecimentos a partir da razão, dos sentidos ou de ambas as qualidades do investigador em educação:

MÉTODOS PARA GERAR NOVOS CONHECIMENTOS DA RAZÃO (OBJECTIVOS)	SUMA	Combinação ou adição de dois números para obter um valor final ou total. O processo de juntar duas colecções de objectos, de modo a obter uma única coleção.
	MULTIPLICAÇÃO	Adição abreviada. Operação de decomposição aritmética que consiste em adicionar repetidamente a primeira quantidade tantas vezes quantas as indicadas pela segunda quantidade.
	DEDUÇÃO	Tirar conclusões particulares de leis gerais.
	RESUMO	Reconstruir, reintegrar as partes no todo.
	CLASSIFICAÇÃO	Agrupamento dos elementos de um conjunto em subconjuntos, classes ou conceitos classificatórios que o dividem de forma disjuntiva ou exaustiva.
	DEFINIÇÃO	Estabelecer limites. Proposição ou conjunto de coisas que reúne as propriedades gerais e diferenciadoras de algo material ou imaterial. Relação entre o género e a diferença específica.
MÉTODOS PARA GERAR NOVOS CONHECIMENTOS DOS SENTIDOS (SUBJECTIVOS)	RESTA	Operação de decomposição, que consiste em, dada uma determinada quantidade, eliminar uma parte dela e o resultado é conhecido como a diferença. Operação inversa à adição.
	DIVISÃO	A operação de dividir um todo nas suas partes.
	INDUÇÃO	Tirar conclusões gerais a partir de premissas que contêm dados específicos.
	ANÁLISE	Decompor um todo nas suas partes constituintes.
	COMPARAÇÃO	Fixar a atenção em dois ou mais objectos, a fim de descobrir as suas relações ou estimar as suas diferenças ou semelhanças.
MÉTODOS PARA GERAR NOVOS CONHECIMENTOS A PARTIR DA RAZÃO E DOS SENTIDOS (DIALÉCTICA)	INDUTIVO - DEDUTIVO	Tirar conclusões gerais a partir de premissas que contêm dados particulares e, em seguida, tirar conclusões particulares a partir dessas leis gerais.
	ANALÍTICO-SINTÉTICO	Decompor um todo nas suas partes constituintes e depois integrar as partes de novo no todo, reconstruindo-o.

Uma análise detalhada das principais *operações intelectuais*, ou *procedimentos metodológicos*, que o ser humano realiza para gerar novos conhecimentos foge ao escopo do presente trabalho. Por exemplo: a dedução e a indução são tratadas por inúmeros pensadores, entre eles Aristóteles (*no organon*) e Bacon (no *novo organon*); obras que foram construídas a partir da razão e dos sentidos, respetivamente; portanto, os pressupostos filosóficos são totalmente diferentes e contrários. Por esta razão, no presente trabalho apenas foi analisado o aspeto epistemológico destas obras, deixando para trabalhos futuros uma análise mais profunda de cada um dos métodos acima referidos.

2.9 ESTRATÉGIAS TÉCNICAS, COM O OBJECTIVO DE CONHECER A REALIDADE EDUCATIVA.

A quarta etapa de um processo de conhecimento é a estratégia *técnica* que o investigador educacional deve escolher para conhecer a realidade em estudo. Tal como a teoria ou teorias com que o sujeito cognoscente problematiza o seu objeto de estudo, para o construir, depende dos pressupostos a partir dos quais se resolve cada um dos cinco principais problemas *filosóficos* do conhecimento (com a razão; com os sentidos; com ambos, primeiro a razão e depois os sentidos; ou com ambos, primeiro os sentidos e depois os sentidos), também o método utilizado para gerar novos conhecimentos depende dos pressupostos a partir dos quais se resolve cada um dos cinco principais problemas *filosóficos* do conhecimento; ou com ambos, primeiro os sentidos e depois a razão), assim como o *método* utilizado para gerar novos conhecimentos sobre ela dependerá da teoria ou teorias em que se baseou o trabalho de investigação; e, consequentemente, a *técnica* com que se pretende conhecer a realidade dependerá do *método* com que se vai gerar os novos conhecimentos.

2.9.1 ***Definição de uma estratégia técnica para conhecer a realidade***.

Tradicionalmente, o termo grego *tekhné* era também traduzido pelo termo latino *ars* (arte) (do grego "saber fazer"). No seu primeiro significado, como substantivo, este termo designa um conjunto de competências e procedimentos que seguem certas regras estabelecidas e mais ou menos codificadas para fazer algo com um determinado objetivo. Neste sentido, é o conjunto de procedimentos utilizados num ofício ou numa arte. Como adjetivo, refere-se a tudo o que é relativo às actividades destes ofícios ou artes, por oposição aos conhecimentos teóricos em que se baseiam (Gutiérrez, 2007).

A técnica é uma arte, um saber-fazer. No caso da investigação levada a cabo nas ciências da educação, a técnica é um saber como conhecer a realidade educativa; e está ligada, de forma essencial, aos outros níveis epistemológicos de toda a investigação: filosófico (primeiro), teórico (segundo), metodológico (terceiro) e instrumental (quinto), a estratégia técnica constitui o quarto nível epistemológico de toda a investigação.

A técnica é um conjunto de competências e procedimentos que seguem determinadas regras para conhecer a realidade, de acordo com procedimentos metodológicos ou operações intelectuais (métodos) que têm como objetivo gerar novos conhecimentos. Este novo conhecimento sobre o objeto de estudo que se pretende alcançar através dos métodos é obtido com a utilização de determinadas estratégias técnicas. A técnica está ao serviço do método.

De acordo com Ander (1995) "*...o método não é suficiente, nem é tudo; são necessários procedimentos e meios para tornar os métodos operacionais. As técnicas situam-se a este nível. Estas, tal como os métodos, são respostas ao 'como fazer' para atingir um fim ou resultado proposto, mas situam-se ao nível dos factos ou etapas práticas que, como dispositivos auxiliares, permitem a aplicação do método através de elementos práticos, concretos e adaptados a um objeto bem definido...*". As técnicas são os agentes operacionais dos métodos, porque através delas se conhece a realidade, se responde à questão de investigação que o método propõe para chegar à resposta.

Rojas (1987-2003) é da mesma opinião quando afirma que "... *na prática da investigação, as diretrizes metodológicas são insuficientes para alcançar a verdade científica. É necessário recorrer a métodos específicos, a técnicas e instrumentos adequados e precisos para resolver e analisar essa informação empírica que a teoria utilizada e as hipóteses formuladas indicam como relevante para formular o conhecimento científico...*". A única imprecisão do autor em questão é que ele confunde o *método* para gerar novos conhecimentos com a *técnica* para conhecer a realidade. Mas é importante considerar o que ele diz sobre o *método* ser insuficiente para construir o objeto de estudo, que é preciso recorrer a estratégias e *instrumentos técnicos* (quarto e quinto níveis, respetivamente, de uma orientação epistemológica) para relacionar adequadamente a teoria com o *método* e construir o conhecimento.

Devido ao uso e abuso que tem sido feito do conceito de *técnica*, este tem sido geralmente entendido como um *método*.

Dieterich (2003: 100) relaciona muito bem os níveis *teórico* e *metodológico* de uma investigação quando afirma que ".*com a seleção das disciplinas científicas que são necessárias para a descrição, explicação e previsão das propriedades e do comportamento do objeto de investigação* - teoria - *o investigador selecionou também implicitamente os métodos - metodologia -, os conceitos e os conhecimentos que serão utilizados durante o trabalho, uma vez que estes são parte integrante de uma teoria*". As disciplinas científicas contêm *as teorias* com as quais a realidade foi problematizada e construída e, implicitamente, também os *métodos* com os quais foram gerados novos conhecimentos sobre essas disciplinas.

No texto em análise, *método* é confundido com *técnica*, quando se afirma que "...*todas elas (técnicas) podem ser subsumidas em quatro métodos ou procedimentos (particulares), que são os únicos disponíveis para testar uma hipótese e, portanto, para saber se ela é verdadeira ou não*" (Dieterich 2003: 101).

Consideramos, por outro lado, que *o método* é a operação intelectual ou o procedimento metodológico levado a cabo pelo sujeito cognoscente para gerar novos conhecimentos sobre o seu objeto de conhecimento.

estudo. A *técnica*, por outro lado, é um procedimento diferente que é realizado com o objetivo de conhecer a realidade que está a ser investigada. A *técnica* depende do *método*. *O método* está no terceiro nível do conhecimento e *a técnica* no quarto. *O método* vem em primeiro lugar e depois *a técnica* em todos os processos de conhecimento.

A título de conclusão parcial sobre a *definição* de estratégia *técnica*, pode afirmar-se que esta consiste nos procedimentos, operações ou estratégias que, para passar da pergunta de investigação à sua resposta, o *método* propõe. *As estratégias técnicas* permitem ao investigador em educação conhecer o seu objeto de estudo, a realidade educativa que pretende conhecer. As estratégias técnicas operacionalizam o método.

Por exemplo: se a operação intelectual ou o procedimento metodológico para gerar novos conhecimentos que está a ser utilizado numa investigação é o método comparativo, para responder à seguinte questão de investigação: quais são as semelhanças e as diferenças entre fumadores e não fumadores no que diz respeito ao cancro, será necessário utilizar a *técnica* para conhecer a realidade chamada *inquérito*; que consiste em selecionar dois grupos (um de fumadores e outro de não fumadores) e perguntar-lhes se contraíram ou não a doença e todas as outras questões que conduzem à resposta da questão de investigação formulada.

2.9.2 ***Caraterísticas das estratégias técnicas para conhecer a realidade.***

A primeira caraterística importante de qualquer estratégia *técnica* para conhecer a realidade é precisamente essa: serve para conhecer os fenómenos.

A segunda caraterística que salta à vista, na sequência da anterior, é que qualquer estratégia *técnica* de conhecimento da realidade é um saber fazer, um saber conhecer essa realidade. O único problema que se pode observar aqui é que este "saber conhecer a realidade" depende do modo como se resolvem todos e cada um dos cinco grandes problemas filosóficos do conhecimento (possibilidade, origem, essência, classificação e conceitos e critérios de verdade). Já sabemos que eles podem ser resolvidos a partir da razão, dos sentidos ou de ambos, o que nos remete para o problema epistemológico dos pressupostos filosóficos. Sabemos também que a forma como se resolvem os problemas acima referidos remete o investigador para determinadas teorias que terá necessariamente de ter em conta para construir o seu objeto de estudo. Sabemos também que as teorias que o sujeito cognitivo considera para problematizar a realidade investigada determinarão o método ou métodos com que terá de gerar o seu novo conhecimento sobre os fenómenos que investiga. E, finalmente, o método ou métodos com que o investigador educacional pretende gerar novos conhecimentos sobre os fenómenos educativos que investiga determinarão as estratégias técnicas de aprendizagem dessas realidades.

A terceira caraterística de qualquer estratégia *técnica* de conhecimento da realidade é que ela implica determinados procedimentos, competências ou estratégias que o sujeito cognoscente realiza para conhecer o seu objeto de estudo.

A quarta caraterística da estratégia *técnica* para conhecer a realidade pode ser enunciada no sentido de que ela não está sozinha no processo de conhecimento, mas está totalmente relacionada, de forma indissolúvel, com os outros níveis de uma orientação epistemológica: filosófico, teórico, metodológico e instrumental. Assim, para conhecer a realidade através de uma determinada estratégia técnica, é necessário respeitar certas regras, sobretudo de carácter epistemológico, para atingir determinados fins.

A quinta caraterística de uma estratégia *técnica* é que a sua realização é implementada em qualquer tipo de arte, ofício ou ciência, a fim de conhecer a realidade (nesta última).

A sexta caraterística de qualquer estratégia *técnica* para conhecer a realidade é o facto de ser um meio, utilizado pelo *método*, para passar da pergunta de investigação à sua resposta, gerando novos conhecimentos.

A sétima caraterística das estratégias *técnicas* de conhecimento da realidade que pode ser mencionada é que ela está implícita no *método*, é a realização da operação intelectual ou do procedimento metodológico que o sujeito cognoscente realiza para conhecer o seu objeto de estudo.

2.9.3 *O papel das estratégias técnicas para conhecer a realidade*.

Já se sabe que a função de uma entidade consiste na necessidade que ela satisfaz em relação a um todo.

A função de qualquer estratégia *técnica* de conhecimento da realidade é servir de procedimento, de competência, de estratégia, etc., para que o método gere novos conhecimentos.

2.9.4 *Objetivo das estratégias técnicas para conhecer a realidade*.

O objetivo de qualquer estratégia *técnica* de conhecimento da realidade, como o seu nome indica, é precisamente esse: conhecer a realidade.

2.9.5 *Classificação das estratégias técnicas de aprendizagem da realidade*.

Existem apenas quatro *estratégias técnicas* conhecidas para aprender sobre qualquer realidade, concreta ou abstrata: observação, experimentação, inquérito e documentação.

As *estratégias técnicas* de conhecimento da realidade constituem, como já foi referido, o quarto nível de conhecimento de orientação epistemológica. O primeiro, o segundo e o terceiro níveis são, respetivamente, os pressupostos *filosóficos* a partir dos quais se resolve cada um dos cinco grandes problemas do conhecimento, os fundamentos *teóricos* com que se problematiza e fundamenta a construção do objeto de estudo e os procedimentos *metodológicos* ou operações intelectuais com que se constroem novos conhecimentos sobre os objectos de estudo.

A classificação das estratégias técnicas para conhecer a realidade deve-se a Dieterich (2003: 102) quando afirma que os "*... métodos de contraste são: 1) a documentação sistemática; 2) a observação sistemática; 3) o inquérito ou censo representativo; 4) a experiência sistemática*".

Note-se, mais uma vez, que se está a confundir procedimento metodológico ou operação intelectual para gerar novos conhecimentos (método) com estratégia técnica para conhecer a realidade (técnica). A observação, a experimentação, o inquérito e o documentário são estratégias *técnicas* que o investigador educacional pode utilizar para conhecer a realidade. Qualquer realidade, consoante o *método* utilizado para gerar novos conhecimentos sobre ela, pode ser conhecida quer através da observação, da experimentação, do inquérito e/ou da documentação.

Por fim, para Dieterich (2003: 103) "*.o teste final da veracidade de uma hipótese consistirá sempre no seu contraste com o fenómeno real a que se refere*". "

A ideia de *técnica* como um procedimento único disponível para contrastar hipóteses com a realidade parece-nos correta, mas não entendida como um *método*, mas como uma *técnica*; isto é, como um procedimento para abordar a realidade e contrastá-la com a hipótese que foi proposta para a explorar, descrever, explicar, interpretar, compreender, etc.

Os elementos filosóficos, teóricos, metodológicos, técnicos e instrumentais das orientações epistemológicas são separados apenas para efeitos de estudo, antologicamente são indissociáveis, constituem a engrenagem do discurso, exploratório, descritivo, explicativo, interpretativo, compreensivo, etc. da realidade estudada.

De acordo com o exposto, as quatro estratégias técnicas de conhecimento da realidade podem ser agrupadas, seguindo a lógica epistemológica desta investigação, em objectivas, subjectivas e dialécticas, consoante a realidade seja conhecida com a razão, com os sentidos ou com ambas as caraterísticas do sujeito cognoscente.

2.9.5.1 *Estratégias técnicas para conhecer a realidade de uma forma objetiva.*

As *estratégias técnicas* para conhecer objetivamente a realidade derivam das operações intelectuais ou procedimentos metodológicos que o sujeito cognoscente realiza com o seu objeto de conhecimento a partir da razão, isto é, objetivamente: adição, multiplicação, dedução, síntese, classificação e definição.

As estratégias *técnicas* para conhecer a realidade de uma forma *objetiva* são a *experimentação* e o *documentário*.

2.9.5.1.1 Experimentação.

A experimentação é uma estratégia técnica para aprender sobre a realidade, a partir da razão, de uma forma objetiva, que consiste em encontrar o comportamento de uma variável a partir de diferentes combinações de factores ou variáveis de entrada de um processo que, ao mudarem, afectam a resposta.

Alguns autores consideram a estratégia técnica para conhecer a realidade como um tipo de investigação, Tamayo (1982: 32-38), por exemplo, pensa que a experimentação é um tipo de investigação; considera a experimentação, juntamente com a investigação histórica e descritiva, como um tipo de investigação. A investigação histórica e a investigação descritiva podem ser classificadas como tipos de investigação, consoante se trate de experiências passadas ou presentes, no primeiro caso, ou do âmbito da investigação (exploratória, descritiva, explicativa, interpretativa, exaustiva, etc.), no segundo caso.

Por outro lado, a *experiência* não pode ser considerada como um tipo de investigação, porque é, segundo Tamayo (1982: 36), "*...uma situação provocada pelo investigador para introduzir certas variáveis de estudo manipuladas por ele para controlar o aumento ou a diminuição dessas variáveis e o seu efeito sobre os comportamentos observados*".

Quando se manipula uma variável experimental não testada, "*.em condições rigorosamente controladas, com o objetivo de descobrir de que modo ou por que causa ocorre uma determinada situação ou acontecimento*. (Tamayo: 1982: 36), o objetivo é conhecer a realidade a partir da razão, ou seja, objetivamente. O investigador educacional que utiliza a experiência como estratégia técnica para conhecer a realidade, quer a conheça ou não, está a utilizar a operação intelectual ou o procedimento metodológico *dedutivo* para gerar novos conhecimentos, porque está a tentar conhecer relações de causa (variável independente) e efeito (variável dependente).

Também para Ortiz (2003: 63), *a experimentação* é "*... o método clássico do laboratório científico onde os elementos manipulados e os efeitos observados podem ser controlados. É o método mais preciso e poderoso para descobrir e desenvolver um corpo organizado de conhecimentos*". Na *experimentação*, manipulam-se os elementos e observam-se os efeitos para conhecer as suas relações, ou seja, é uma *técnica* de conhecimento da realidade. Pensamos que *o método* de investigação é entendido como a operação intelectual ou procedimento metodológico realizado pelo sujeito cognitivo para gerar novos conhecimentos sobre o objeto de estudo e que a *técnica* de investigação é uma estratégia, procedimento, etc., que torna possível a construção do conhecimento que se pretende com o *método*.

Numa tentativa de clarificar a posição, vamos agora colocar a estratégia *técnica* de conhecimento da realidade chamada *experimentação* no seu devido lugar no processo de conhecimento, ou seja, numa orientação epistemológica.

Na *experimentação*, todos e cada um dos cinco principais problemas filosóficos do conhecimento são resolvidos pela razão.

Na *experimentação*, o problema filosófico sobre a possibilidade do conhecimento é resolvido a partir de pressupostos dogmáticos (primeiro nível ou elemento de uma orientação epistemológica). Pode-se afirmar, segundo Olea (1980: 33-34) que "*... o método experimental* (note-se que ele também chama de método a técnica em análise) *não parte de situações dadas, mas as cria para estabelecer princípios científicos por meio da verificação...*". Presume-se, a partir da razão, que é possível conhecer a realidade, porque se "inventam" relações entre os fenómenos para estabelecer princípios sobre a forma dessas relações, que são considerados universalmente válidos e logicamente necessários; portanto, só necessitam de verificação. Presume-se que a realidade não se move, que as relações entre os fenómenos obedecem a princípios universais, eternos e imutáveis que existem num plano metafísico e que a razão humana pode descobri-los através da elaboração de hipóteses, ou seja, *dedutivamente* (método).

Na *experimentação*, o problema da origem do conhecimento é resolvido com base em pressupostos filosóficos racionalistas. A experimentação "parte da teoria existente e desce à realidade empírica" (Sierra, 1983: 93). (Sierra, 1983: 93). Isto é feito *de forma dedutiva* (método: terceiro elemento ou nível de uma orientação epistemológica). *A dedução* é a operação intelectual ou o procedimento metodológico efectuado pelo sujeito cognoscente para gerar novos conhecimentos a partir da razão.

Já vimos que uma *dedução* consiste num ".*movimento do conhecimento do geral para o particular*. (Blauberg, I., 1983:42), porque parte de um conhecimento previamente estabelecido como verdadeiro, logicamente necessário e universalmente válido. Conhecimento que a nossa razão julga que deve ser assim, que tem de ser assim sempre e em todo o lado. Por exemplo: "se os metais são bons condutores de calor e o aço é um metal, então o aço é um bom condutor de calor".

Na *experimentação*, o problema da essência do conhecimento é resolvido com base em pressupostos filosóficos objectivistas. *A experimentação* é uma estratégia técnica de conhecimento da realidade, que consiste, como já vimos, na demonstração de uma hipótese (método dedutivo). *A experimentação* pressupõe que as relações entre os fenómenos são em termos de causa-efeito. *A experimentação* parte do princípio de que existe uma ordem universalmente válida e logicamente necessária, que é a causa de todos os efeitos. Na *experimentação* trata-se de demonstrar *verdades objectivas* (universalmente válidas e logicamente necessárias), aplicadas a casos particulares, que consistem em conteúdos do conhecimento humano que "...*não dependem do sujeito, não dependem do homem nem da humanidade. Isto significa que na sua consciência as coisas e as suas propriedades são reproduzidas tal como são na realidade, independentemente do homem*..." (Blauberg, I., 1983:185). Esta seria uma solução pré-metafísica para o problema filosófico da essência do conhecimento, porque não se refere à realidade em si, mas à relação de conhecimento que se estabelece entre o sujeito cognoscente e o objeto a conhecer.

Na *experimentação*, o problema da essência do conhecimento também pode ser colocado em termos metafísicos e resolvido a partir de pressupostos filosóficos idealistas. Presume-se que ".*a primeira base do existente (substância) é a consciência impessoal objetivamente existente (espírito absoluto, razão universal, vontade universal, etc.)* (Blauberg, I., 1983:185). O mundo material é considerado como o produto desta consciência sobre-humana, do outro ser do espírito (idealismo objetivo). Conjetura-se também que sem sujeito não há objeto (idealismo subjetivo). Esta seria uma solução metafísica para o problema da essência do conhecimento, porque se refere à existência ou inexistência da realidade.

Na *experimentação*, o problema da essência do conhecimento também pode ser colocado em termos teológicos e resolvido com base em pressupostos filosóficos dualistas. A estratégia técnica para conhecer a realidade, chamada *experimentação*, consiste na demonstração. A demonstração é uma "... *fundamentação da veracidade (ou falsidade) de um juízo isolado (de uma opinião), de uma parte de uma teoria ou de toda uma teoria... a fundamentação da autenticidade de qualquer juízo que assenta, não só na reflexão lógica, mas também no testemunho dos órgãos do sentido, a experiência. ...*" (Blauberg, I.,

1983:44). Uma demonstração é suposto ser verdadeira ou falsa, certa ou errada. A *experiência* é o procedimento para demonstrar a hipótese, ou seja, a estratégia técnica para conhecer a realidade. *A experimentação* é uma estratégia técnica para conhecer a realidade em que ".*o material e o psíquico, o corpóreo e o espiritual, a validade e a invalidade, constituem dois princípios independentes um do outro e não mutuamente condicionados*" (*Blauberg, I.*, "*O material e o psíquico, o corpóreo e o espiritual, a validade e a invalidade, constituem dois princípios independentes um do outro e não mutuamente condicionados*". (Blauberg, I., 1983:51). Na experimentação, a realidade é dividida em duas para estudo: verdade-falsidade. Esta seria uma solução teológica para o problema da essência do conhecimento, pois, em termos filosóficos, o conhecimento que se tem da realidade pode ser verdadeiro ou falso (dualismo).

Na *experimentação*, o problema da classificação do conhecimento é resolvido com base em pressupostos filosóficos racionais. A estratégia técnica de conhecimento da realidade chamada *experimentação* fornece um tipo de conhecimento racional, porque é uma demonstração, um silogismo que emana da razão, em que a realidade nada tem a ver com ela e, no entanto, é aplicada à realidade para a ordenar. Na experimentação, como já foi observado, parte-se do princípio de que ".*só a razão, o intelecto, é capaz de fornecer um conhecimento fiável de carácter geral, necessário e não possível (casual)*". (Blauberg, I., 1983:154).

Na *experimentação*, o problema filosófico sobre os conceitos e critérios de verdade do conhecimento é resolvido com base em pressupostos imanentes. Na estratégia técnica para conhecer a realidade chamada experimentação, considera-se que a verdade deve ser objetiva, absoluta, não relativa; isto é, que o conteúdo do conhecimento humano "*...não depende do sujeito, não depende nem do homem nem da humanidade...*" (Blauberg, I., 1983:154). Considera-se que a verdade deve ser absoluta, um pressuposto que só pode ser alcançado através da razão. Por isso, a verdade é concebida como a concordância do pensamento com as suas próprias regras de criação e o critério de verdade baseia-se no facto de o sujeito cognoscente ser confrontado com objectos ideais, que não têm existência própria na realidade, existindo apenas no pensamento.

No nível ou elemento da teoria, que ocupa o segundo lugar numa orientação epistemológica, as teorias gerais do conhecimento objetivo (matematicismo, mecanicismo e organicismo), particulares das ciências sociais objectivas (positivismo, funcionalismo, estruturalismo e sistemas) e específicas das ciências objectivas da educação (behaviorismo) são aquelas que, mais do que as outras teorias (subjectivas e dialécticas), podem utilizar *a experimentação* como estratégia técnica para conhecer a realidade. Isto porque as explorações, as descrições, as explicações, as interpretações e as compreensões da realidade nas teorias supracitadas são baseadas na razão.

No nível ou elemento do método, que ocupa o terceiro lugar numa orientação epistemológica, *a experimentação* é uma estratégia técnica para conhecer a realidade que deriva principalmente de operações intelectuais ou procedimentos metodológicos para gerar novos conhecimentos a partir da razão (objetivamente), tais como: adição, multiplicação, dedução, síntese, classificação e definição.

Pode-se assumir que *a experimentação* é uma estratégia técnica de conhecimento da realidade que deriva de pressupostos filosóficos, fundamentos teóricos e procedimentos metodológicos que nascem na razão, ou seja, são objectivos (nos termos acordados ao longo do presente documento).

2.9.5.1.2 O documentário.

O *documentário* é uma estratégia técnica de conhecimento da realidade que consiste em todos os tipos de registo. *O documentário* é uma estratégia técnica utilizada para conhecer objectos que não estão presentes na realidade. *O documentário* é uma estratégia técnica que consiste em discursos que outros sujeitos cognitivos, antes do investigador educacional, elaboraram sobre os objectos de conhecimento e que são registados. *O documentário* é uma estratégia técnica de aprendizagem da realidade em que um teórico nos diz algo sobre um objeto de estudo.

Algo semelhante à análise epistemológica que efectuámos com a *experimentação*, faremos o mesmo com o *documentário*, situando-o no lugar que lhe corresponde no processo de conhecimento, ou seja, dentro de uma orientação epistemológica.

No documentário, todos e cada um dos cinco principais problemas filosóficos do conhecimento são resolvidos pela razão.

No *documentário*, o problema filosófico sobre a possibilidade do conhecimento é resolvido a partir de pressupostos dogmáticos (primeiro nível ou elemento de uma orientação epistemológica). Pode afirmar-se, segundo Ortiz (3003: 49-50), que o documento é "*... todo o conhecimento fixado materialmente num suporte, que pode ser utilizado para consulta, estudo ou trabalho, como instrumento indispensável para transmitir conhecimentos, ideias e dar testemunho dos factos, permitindo a comunicação, a formação e o ensino...*". Assume-se, a partir da razão, que é possível conhecer a realidade, porque o discurso que explora, descreve, explica, interpreta, compreende, etc., está materialmente fixado num suporte que pode ser utilizado para consulta. Parte-se do princípio de que a realidade não se move, que as ideias podem ser transmitidas tal como foram elaboradas por alguém.

No *documentário*, o problema da origem do conhecimento é resolvido com base em pressupostos filosóficos racionalistas. Segundo Ortiz (3003: 49), o documentário é uma estratégia técnica para conhecer a realidade que consiste num "*...testemunho filmado dos factos; é uma forma de comunicação direta para se aproximar da realidade e atestá-la com a maior exatidão possível; o documentário é um instrumento de recolha de informação que permite descrever o significado de um recorte da realidade, factual, temporal, contextual, para depois fazer uma reconstrução ou concatenação com outros factos*". A estratégia técnica para conhecer a realidade do documentário pode ser derivada de operações intelectuais ou procedimentos metodológicos para gerar novos conhecimentos a partir da razão (adição, multiplicação, dedução, síntese, classificação, definição).

Nos *documentários*, o problema da essência do conhecimento é resolvido com base em pressupostos filosóficos objectivistas. O *documentário* é uma estratégia técnica de conhecimento da realidade, que trata, como já vimos, "*...de todas as realizações que dão conta dos acontecimentos sociais e das ideias humanas ou são produto da vida social e, portanto, na medida em que a registam ou reflectem, podem ser utilizadas para a estudar indiretamente...*" (Sierra, 2001: 284). O autor supracitado parte do princípio de que as gravuras registam e reflectem a realidade.

No *documentário*, considera-se que o objeto a conhecer determina o sujeito cognoscente, porque o discurso gravado sobre a realidade permanece fixo e pode influenciar quem o assimila. Esta seria uma solução pré-metafísica para o problema da essência do conhecimento, no que diz respeito à relação de conhecimento que se pode estabelecer entre o sujeito cognoscente e o objeto a conhecer.

No *documentário*, o problema da essência do conhecimento também pode ser colocado em termos metafísicos e resolvido com base em pressupostos filosóficos idealistas. Etimologicamente, o termo documentário deriva do latim "*documentum*", que se supõe significar "*...ensinamento, modelo, prova e isto de <docere>, ensinar...os documentos são todas as realizações do homem, na medida em que são um indício da sua ação e podem revelar-nos as suas ideias, opiniões e modos de agir e de viver...*" (Sierra, 2001: 284). No documentário não estamos a lidar com a realidade, mas com um discurso elaborado por um ou mais sujeitos que nos antecederam. No documentário considera-se que cada sujeito constrói a realidade de uma forma diferente (idealismo subjetivo).

No *documentário*, o problema da essência do conhecimento também pode ser colocado em termos teológicos e resolvido com base em pressupostos filosóficos dualistas. No documentário, como estratégia técnica para conhecer a realidade, quem o elabora "*.não oferece os próprios fenómenos sociais ocorridos, mas o resultado da perceção e interpretação dos mesmos por parte do escritor, que é sempre parcial e incompleto*". (Sierra, 2001: 285). No documentário pode-se considerar que uma gravura pode ser verdadeira ou falsa, original ou alterada. Esta seria uma solução teológica para o problema da essência do conhecimento, se a realidade é única, dupla ou múltipla.

No *cinema documental*, o problema da classificação do conhecimento é resolvido com base em pressupostos filosóficos racionais. Na aplicação da estratégia técnica para conhecer a chamada realidade *documental*, parte-se do princípio de que o conhecimento obtido é racional. O sujeito cognoscente elabora conceitos sobre as gravuras procurando descrever as suas definições, explorar as suas classificações, explicar os seus elementos, interpretar as suas causas, compreender as suas finalidades, etc., de modo a ordenar a realidade. No documentário, como estratégia técnica para conhecer a realidade, o sujeito cognitivo deve realizar uma análise de conteúdo, que consiste em ".uma técnica de investigação para a descrição objetiva, sistemática e quantitativa do conteúdo manifesto das comunicações, tendo em vista a sua interpretação". (Sierra, 2001: 287).

No *cinema documental*, o problema filosófico dos conceitos e critérios de verdade do conhecimento é resolvido com base em pressupostos imanentes. Na estratégia técnica para conhecer a chamada realidade *documental*, considera-se que a verdade deve ser objetiva, absoluta, não relativa; ou seja, que o conteúdo do conhecimento humano pode ser analisado. Assume-se que a análise de conteúdo "*... é uma técnica de quantificação de dados secundários: consiste basicamente em isolar e contar unidades e indicadores dos fenómenos em que estamos interessados...*" (Sierra, 2001: 287). Considera-se que a verdade deve ser absoluta, pressuposto que só pode ser alcançado através da razão. Por isso, a verdade é concebida como a concordância do pensamento com as suas próprias regras de criação e o critério de verdade baseia-se no facto de o sujeito cognoscente ser confrontado com objectos ideais, que não têm existência própria na realidade, existindo apenas no pensamento.

O mesmo que pensamos sobre a estratégia técnica de conhecimento da realidade chamada *experimentação*, aplica-se à estratégia técnica de conhecimento da realidade chamada *documental*; em ambas, como já foi referido na respectiva secção, ao nível ou elemento da teoria, que ocupa o segundo lugar numa orientação epistemológica, as teorias gerais do conhecimento objetivo (matematicismo, mecanicismo e organicismo), particulares das ciências sociais objectivas (positivismo, funcionalismo, estruturalismo e sistémicas) e específicas das ciências objectivas da educação (behaviorismo) são aquelas que, mais do que as outras teorias (subjectivas e dialécticas), podem utilizar o *documentário* como estratégia técnica para conhecer a realidade. Isto porque as explorações, descrições, explicações, interpretações e compreensões da realidade nas teorias supracitadas são feitas a partir da razão.

O mesmo que pensamos sobre a estratégia técnica para conhecer a realidade denominada *experimentação*, aplica-se à estratégia técnica para conhecer a realidade denominada *documental*; em ambas, como já foi referido na respectiva secção, ao nível ou elemento do método, que ocupa o terceiro lugar numa orientação epistemológica, *a experimentação* é uma estratégia técnica para conhecer a realidade que deriva principalmente de operações intelectuais ou procedimentos metodológicos para gerar novos conhecimentos a partir da razão (de forma objetiva), tais como: adição, multiplicação, dedução, síntese, classificação e definição.

Pode assumir-se que *o documentário*, tal como *a experimentação*, é uma estratégia técnica de conhecimento da realidade que deriva de pressupostos filosóficos, fundamentos teóricos e procedimentos metodológicos que nascem na razão, ou seja, que são objectivos (nos termos acordados ao longo deste trabalho).

2.9.5.2 *Estratégias técnicas para o conhecimento subjetivo da realidade educativa.*

As *estratégias técnicas* para conhecer subjetivamente a realidade derivam das operações intelectuais ou procedimentos metodológicos que o sujeito cognoscente realiza com o seu objeto de conhecimento a partir dos sentidos, isto é, subjetivamente: subtração, divisão, análise, indução e comparação.

As estratégias *técnicas* para o conhecimento *subjetivo* da realidade são a observação e o inquérito.

2.9.5.2.1 A observação.

A observação é uma estratégia *técnica* de conhecimento subjetivo da realidade (a partir dos sentidos) que consiste na utilização deliberada e sistemática dos *sentidos* para perceber a realidade e obter dados previamente definidos como sendo de interesse. É um ato de vontade consciente que seleciona uma área da realidade para ver algo.

Ortiz (2003: 120) concorda connosco que *a observação* é uma *técnica* de investigação. A estratégia *técnica* para conhecer a realidade, denominada *observação*, consiste num "...*procedimento de recolha de dados e informações que consiste em utilizar os sentidos para observar factos e realidades sociais presentes e pessoas no contexto real em que desenvolvem as suas actividades*...". Os factos, fenómenos, etc., que ocorrem na realidade podem ser observados e percebidos com os sentidos. A observação é uma estratégia técnica para conhecer a realidade com os sentidos, ou seja, subjetivamente. A vontade do sujeito conta muito, por isso é subjectiva. O sujeito, como diz o ditado, vê o que quer ver. O problema é que nenhum ser humano sente e pensa da mesma maneira.

Em contacto direto com a realidade investigada, ou trabalho de campo, *a observação ".engloba todos os procedimentos utilizados nas ciências sociais - e também* nas ciências naturais - *não só para examinar as fontes onde se encontram os factos e dados em estudo, mas também para os obter e registar*". Sierra (2001: 240). *A observação* é um procedimento para examinar factos e dados.
No texto comentado, a estratégia *técnica* de conhecimento da realidade denominada *observação* é confundida com as demais (experimentação, inquérito e documental), quando é classificada como direta (simples ou *experimental*), documental e *inquérito* (por questionário, entrevista ou escala de atitudes) (Serra: 2001: 241). Para *observar* recorre-se aos sentidos, na *experimentação* o fenómeno é produzido artificialmente, no inquérito "pergunta-se a quem sabe" e no documental estuda-se todo o tipo de registos. Por isso, não devem ser considerados como parte da observação (que é uma estratégia técnica para conhecer a realidade) mas como estratégias técnicas independentes desta, em que o objetivo é também conhecer a realidade em estudo.
A observação é uma estratégia técnica que o sujeito cognoscente realiza a partir dos sentidos (subjetivamente) para conhecer o seu objeto de estudo, que consiste, como já vimos, na utilização deliberada e sistemática dos sentidos para perceber a realidade e obter dados que foram previamente definidos como sendo de interesse. É um ato de vontade a partir do qual se seleciona uma área da realidade para ver algo.
A definição, as caraterísticas, a função, a finalidade, a classificação, etc. da *observação* podem ser construídas a partir dos sentidos (subjectivos).
O conceito de *observação* depende da forma como se resolvem os cinco grandes problemas filosóficos do conhecimento, das teorias com que se problematiza a realidade em estudo e dos métodos escolhidos para gerar novos conhecimentos.
Tal como o método depende da *teoria*, a estratégia técnica para conhecer a realidade dependerá dos métodos utilizados para gerar novos conhecimentos.
Tal como fizemos com as outras estratégias técnicas de conhecimento da realidade para definir a posição epistemológica, vamos agora colocar a estratégia *técnica* de conhecimento da realidade chamada observação no seu devido lugar no processo de conhecimento, ou seja, numa orientação epistemológica.
Na *observação*, todos e cada um dos cinco principais problemas filosóficos do conhecimento são resolvidos a partir dos sentidos.
Na *observação*, o problema filosófico sobre a possibilidade do conhecimento é resolvido a partir de pressupostos cépticos, subjectivistas, relativistas e pragmáticos (primeiro nível ou elemento de uma orientação epistemológica). Pode afirmar-se, de acordo com Tamayo (1982: 99), que a observação se refere explicitamente "*...à perceção visual e é usada para indicar todas as formas de perceção utilizadas para o registo de respostas tal como se apresentam aos nossos sentidos...*". Na *observação* assume-se, a partir dos sentidos, que é de facto possível conhecer a realidade, mas não na sua essência, mas apenas de forma cética (duvidosa), subjectiva (a partir dos sentidos do sujeito cognoscente), relativa (porque muda no tempo, no espaço e nas circunstâncias) e pragmática (porque todo o conhecimento deve ser útil à humanidade). Parte-se do princípio que a realidade se move, que as relações entre os fenómenos obedecem às mudanças que a realidade sofre e que podem ser registadas, através dos sentidos, ou seja, indutivamente (método).

Na *observação*, o problema da origem do conhecimento é resolvido com base em pressupostos filosóficos empiristas. A observação "*...é a forma básica pela qual obtemos informação sobre o mundo que nos rodeia...*" (Pick, 2007: 57). Isto é feito de forma indutiva (método: terceiro elemento ou nível de uma orientação epistemológica). A indução é a operação intelectual ou o procedimento metodológico efectuado pelo sujeito cognoscente para gerar novos conhecimentos a partir dos sentidos. A observação é uma técnica de conhecimento da realidade que permite a materialização, a instrumentação, a implementação, a realização, etc., do procedimento metodológico ou da operação intelectual de geração de novos conhecimentos denominada *indução.*
Já vimos que uma *indução* consiste *num* "*.movimento do conhecimento de enunciados isolados para conclusões gerais*" (*Blauberg, I.*, 1983:100). (Blauberg, I., 1983:100), porque parte de factos, de fenómenos, para conceptualizações dos mesmos.
Na *observação*, o problema da essência do conhecimento é resolvido a partir de pressupostos filosóficos subjectivistas. *A observação* é uma estratégia técnica para conhecer a realidade, que tem sido definida como "*.um procedimento de recolha de dados e informações que consiste em utilizar os sentidos para observar factos e apresentar realidades sociais e pessoas no contexto real onde normalmente desenvolvem as suas actividades*" (Ortiz, 2003: 120). (Ortiz, 2003: 120). *A observação* pode ser considerada como uma técnica para conhecer a realidade de forma subjectiva, porque, na relação de conhecimento, o sujeito determina o objeto. O facto de o sujeito cognoscente determinar o objeto a conhecer pode ser interpretado como significando que nenhuma *observação* é neutra, inocente, etc.; pelo contrário, toda a *observação* será parcial e interessada. Os preconceitos, a história de vida, as tradições, as crenças, os mitos, os valores, as ambições, etc. do sujeito cognoscente contaminam a *observação* dos factos, dos acontecimentos ou dos fenómenos. Esta seria uma solução pré-metafísica para o problema filosófico da essência do conhecimento, porque se refere à relação de conhecimento que se estabelece entre o sujeito cognoscente e o objeto a conhecer, e não à própria realidade *observada.*
Na *observação*, o problema da essência do conhecimento também pode ser colocado em termos metafísicos e resolvido a partir de pressupostos filosóficos realistas. Parte-se do princípio de que "*...o conhecimento constitui um processo complicado de intermediações, composto por três elementos: o sujeito, o objeto e o <dado> (ou essência), Este último exprime apenas os objectos, indica a sua presença, mas não se identifica com os processos psíquicos nem com os próprios objectos...*" (Blauberg, I., 1983:157). O mundo material é considerado independente do mundo espiritual. *A observação* é uma estratégia técnica de conhecimento da realidade em que "*.considera os fenómenos tal como são, sem os modificar nem agir sobre eles*". (Bisquerra, S/F: 7), Esta seria uma solução metafísica para o problema da essência do conhecimento, porque se refere à existência ou inexistência da realidade.
Na *observação*, o problema da essência do conhecimento também pode ser colocado em termos teológicos e resolvido com base em pressupostos filosóficos dualistas. A estratégia técnica de conhecimento da realidade denominada observação "*...está sujeita a verificações e controlos de validade e fiabilidade*" (Bisquerra, S/F: 134). (Bisquerra, S/F: 134). A observação é uma estratégia técnica

de conhecimento da realidade que pode aceitar critérios de validade e invalidade. A observação é uma estratégia técnica de conhecimento da realidade em que ".*o material e o psíquico, o corporal e o espiritual, a validade e a invalidade, constituem dois princípios independentes um do outro e que não se condicionam mutuamente*". (Blauberg, I., 1983:51). Na observação, a realidade é dividida em duas para estudo: verdade-falsidade. Esta seria uma solução teológica para o problema da essência do conhecimento, pois, em termos filosóficos, o conhecimento que se tem da realidade pode ser verdadeiro ou falso (dualismo).
Na *observação*, o problema da classificação dos conhecimentos é resolvido com base em pressupostos filosóficos intuitivos. A estratégia técnica de conhecimento da realidade designada por *observação* proporciona um conhecimento de tipo intuitivo, porque "... *consiste em extrair da realidade dados normalizados de forma a serem comparáveis e correlacioná-los*..." (Anguera, 1997: 21) A técnica de *observação* é uma estratégia para materializar, tornar real, o objetivo do método *indutivo*: a geração de novos conhecimentos. Já foi referido que a indução é ".*o movimento do conhecimento de afirmações isoladas para conclusões gerais*". (Blauberg, I., 1983:100). Na observação, como já foi referido, parte-se do princípio de que o sujeito cognoscente é capaz de contemplar diretamente o seu objeto de estudo; que consegue obter uma representação visual do mesmo (Blauberg, I., 1983:154).
Na *observação*, o problema filosófico sobre os conceitos e critérios de verdade do conhecimento é resolvido a partir de pressupostos transcendentes. Na estratégia técnica de conhecimento da realidade denominada observação, a verdade é considerada como a concordância do pensamento com o objeto pensado (conceito transcendente de verdade). A verdade é considerada subjectiva, relativa e pragmática; um pressuposto que só é alcançado a partir dos sentidos. O critério para estimar o referido conceito transcendente de verdade decorre de se admitir que o sujeito cognoscente é confrontado com objectos de conhecimento que têm existência real no mundo (realismo) independentemente do próprio pensamento.
No plano ou elemento da teoria, que ocupa o segundo lugar numa orientação epistemológica, as teorias gerais do conhecimento subjectivas (caos e conflito), particulares das ciências sociais subjectivas (historicismo e materialismo histórico dialético) e específicas das ciências subjectivas da educação (psicanálise, humanismo e cognoscitivismo) são aquelas que, mais do que as outras teorias (objectivas e dialécticas), podem utilizar *a observação* como estratégia técnica para conhecer a realidade. Isso porque as explorações, descrições, explicações, interpretações e compreensões da realidade nas teorias citadas são feitas a partir dos sentidos.
No nível ou elemento do método, que ocupa o terceiro lugar numa orientação epistemológica, *a observação* é uma estratégia técnica para conhecer a realidade que deriva principalmente de operações intelectuais ou procedimentos metodológicos para gerar novos conhecimentos a partir dos sentidos (subjetivamente), tais como: subtração, divisão, indução, análise e comparação.
Pode assumir-se que *a observação* é uma estratégia técnica de conhecimento da realidade que deriva de pressupostos filosóficos, fundamentos teóricos e procedimentos metodológicos que nascem nos sentidos, ou seja, que são subjectivos (nos termos acordados ao longo deste trabalho).

A última das quatro estratégias técnicas conhecidas de apuramento da realidade é o *inquérito*. De seguida, tentaremos construir o conceito da mesma, com base na teoria dos mapas mentais; e, posteriormente, procederemos à respectiva análise epistemológica; tal como está a ser feito na presente investigação com todos e cada um dos elementos de uma orientação epistemológica.

2.9.5.2.2 O inquérito.

O *inquérito* é uma estratégia *técnica* de conhecimento da realidade que consiste num conjunto de perguntas padronizadas dirigidas a uma amostra representativa da população ou de instituições, com o objetivo de conhecer estados de opinião. O *inquérito* é uma *estratégia técnica* de apuramento de opiniões através da inquirição a quem "sabe".

Para Sierra (2001: 305), o *inquérito* "*...consiste na obtenção de dados de interesse sociológico através da interrogação de membros da sociedade*". Parte-se do princípio de que são inquiridos os sujeitos mais adequados, aqueles que têm conhecimentos sobre a questão a abordar.

Algumas caraterísticas do *inquérito*, parafraseando Sierra (2001: 305), são:

1. - Trata-se de uma observação não direta dos factos.
2. - Trata-se de um método de recolha de dados.
3. - Pode ser aplicado em grande escala.

No que diz respeito à primeira das caraterísticas do *inquérito* indicadas pelo autor acima referido, não nos parece que o *inquérito* seja uma *observação* não direta de factos ou fenómenos, uma vez que *inquirir* significa perguntar a quem "sabe" algo sobre a realidade investigada; enquanto *observar* significa, como já vimos, utilizar os sentidos para perceber coisas ou acontecimentos e obter dados sobre eles. O *inquérito* é efectuado através de perguntas que podem ser formuladas ou recolhidas através de dois *instrumentos*: o questionário e a entrevista. *A observação*, por outro lado, é feita através dos sentidos do investigador e a informação é recolhida num *instrumento* chamado registo. O registo será aprofundado no subcapítulo relativo aos instrumentos de recolha de informação existente sobre o objeto de estudo.

Observa-se que, se este critério for seguido, a *estratégia* técnica para conhecer a realidade seria duplicada porque, por um lado, tentar conhecer os factos ou fenómenos perguntando a quem "sabe" é uma *estratégia* técnica para conhecer a realidade que se investiga, e *observar* os factos ou fenómenos é outra *estratégia* técnica para conhecer a realidade. Na primeira *estratégia* técnica para conhecer a realidade, recorre-se *a perguntas*, que podem ser recolhidas através de instrumentos de recolha de informação, como questionários e/ou entrevistas (que são, como se verá mais à frente, os dois *instrumentos* através dos quais se realiza o *inquérito*); na segunda, nada se *pergunta*, apenas se *observa* a realidade e se recolhe num *instrumento* chamado *registo*. Com a primeira *estratégia* técnica, podem ser apuradas opiniões; com a segunda, caraterísticas dos factos ou fenómenos *observados*. Ambas são, como já foi referido, *estratégias* técnicas diferentes para conhecer a realidade.

Relativamente à segunda caraterística que o autor refere sobre o *inquérito*, também não nos parece que se trate de um *método*, pois o *método*, para efeitos de investigação, como se observou no subcapítulo correspondente, é entendido como uma operação intelectual ou procedimento metodológico que o sujeito cognoscente realiza para gerar novos conhecimentos sobre os assuntos em investigação, e não como uma estratégia para conhecer a realidade.

Como já foi referido nos respectivos subcapítulos desta investigação, cada um dos níveis ou etapas de uma *orientação epistemológica* serve diferentes propósitos e determina-se mutuamente (do superior para o inferior e vice-versa): *Os pressupostos filosóficos* têm como finalidade resolver os problemas do conhecimento (a partir da razão e/ou dos sentidos) e determinar a teoria ou teorias que podem servir para construir o objeto de estudo; Os *fundamentos teóricos* servem para problematizar a realidade e organizar os métodos para construir novos conhecimentos; *as operações intelectuais ou procedimentos metodológicos* (métodos) servem para gerar novos conhecimentos sobre o objeto de estudo e decidir as estratégias técnicas para conhecer a realidade; as *estratégias técnicas* permitem conhecer a realidade e prescrevem os instrumentos com que se vai recolher a informação existente sobre o objeto de estudo; e os *instrumentos* servem para recolher a informação sobre o objeto de investigação.

Somos de opinião que o *inquérito* não é um *método* de recolha de dados, pois para obter dados temos os respectivos *instrumentos* de todas e cada uma das *estratégias* técnicas que, para conhecer a realidade, são conhecidas até hoje: observação, experimentação, inquérito e documental. No sub-capítulo correspondente aos *instrumentos* de recolha de informação (infra. 2.12), verifica-se que o *instrumento* de recolha de dados na estratégia *técnica* designada por "*observação*" é o registo; a estratégia técnica de *experimentação* não tem *instrumentos*, para a sua realização apenas é necessário reunir os elementos necessários; os da estratégia técnica do *inquérito*, o questionário e a entrevista; e os da estratégia técnica *documental*, a ficha de trabalho.

Uma primeira aproximação à definição de *inquérito* seria a seguinte: o *inquérito* é uma estratégia *técnica* para conhecer a realidade, constituída por estados de opinião ou factos específicos, através de perguntas de opinião que o sujeito cognoscente faz, com base nos sentidos, a pessoas que conhecem e estão conscientes das propriedades de certos factos e/ou fenómenos, através da utilização de questionários e/ou entrevistas.

A definição, as caraterísticas, a função, a finalidade, a classificação, etc. do *inquérito* podem ser construídas a partir dos sentidos (subjectivos).

O conceito *de investigação* depende da forma como os sujeitos cognitivos resolvem todos e cada um dos cinco problemas do conhecimento: com a razão, com os sentidos ou com ambas as qualidades do investigador; as teorias, com as quais se pretende problematizar a realidade em estudo, e os métodos que se escolhem para gerar novos conhecimentos.

Como tem sido constantemente reiterado ao longo desta investigação, tal como o *método* depende da *teoria*, a estratégia *técnica* de aprendizagem da realidade dependerá dos *métodos* com os quais se pretende gerar novos conhecimentos.

Tal como fizemos com as outras estratégias *técnicas* de conhecimento da realidade, para definir a posição epistemológica, vamos agora colocar a estratégia *técnica* de conhecimento da realidade denominada *inquérito* no lugar que lhe corresponde no processo de conhecimento, ou seja, numa orientação epistemológica.

No *inquérito*, todos e cada um dos cinco principais problemas filosóficos do conhecimento são resolvidos a partir dos sentidos.

No *inquérito*, o problema filosófico sobre a possibilidade de conhecimento é resolvido a partir de pressupostos cépticos, subjectivistas, relativistas e pragmáticos (primeiro nível ou elemento de uma orientação epistemológica). Pode afirmar-se, de acordo com García (1986: 123), que o *inquérito* é "...*uma investigação realizada sobre uma amostra de sujeitos representativos de uma coletividade mais ampla, que se realiza no contexto da vida quotidiana, utilizando procedimentos de interrogação estandardizados com o fim de obter medidas quantitativas de uma grande variedade de caraterísticas objectivas e subjectivas da população*". No *inquérito* assume-se, a partir dos sentidos, que é possível conhecer a realidade, mas não na sua essência, mas apenas de forma cética (duvidosa), subjectiva (a partir dos sentidos do sujeito cognoscente), relativa (porque muda no tempo, no espaço e nas circunstâncias) e pragmática (porque todo o conhecimento deve ser útil à humanidade). Assume-se que a realidade se move, que as relações entre os fenómenos obedecem às mudanças que a realidade sofre e que podem ser registadas, através dos sentidos, ou seja, indutivamente (método). No *inquérito*, o problema da origem do conhecimento é resolvido com base em pressupostos filosóficos empiristas. O inquérito é uma técnica que consiste em "*.recolher informação sobre uma parte da população denominada amostra, por exemplo: dados gerais, opiniões, sugestões ou respostas que se dão a perguntas formuladas sobre os diversos indicadores que se pretendem explorar*" (Rojas, 1985: 137). Esta recolha é feita de forma indutiva (método: terceiro elemento ou nível de uma orientação epistemológica). A indução é a operação intelectual ou procedimento metodológico efectuado pelo sujeito cognoscente para gerar novos conhecimentos a partir dos sentidos. O *inquérito* é uma técnica de conhecimento da realidade que permite a materialização, a instrumentação, a implementação, a realização, etc., do procedimento metodológico ou operação intelectual de geração de novos conhecimentos denominada *indução*.

Já vimos que a *indução* consiste no "...*movimento do conhecimento de enunciados isolados para conclusões gerais*..." (Blauberg, I., 1983:100), porque parte dos factos, dos fenómenos, para as suas conceptualizações. O *inquérito* é a estratégia técnica para conhecer a realidade, o procedimento que permite a geração de novos conhecimentos que se pretende alcançar através da indução.

Na *pesquisa*, o problema da essência do conhecimento é resolvido a partir de pressupostos filosóficos subjectivistas. A *pesquisa* é uma estratégia técnica para conhecer a realidade, que foi definida como "*.uma resposta a um <como>. É um meio para atingir um fim, mas situa-se ao nível dos factos ou das etapas práticas ...representa as etapas de operações limitadas, ligadas a elementos práticos, concretos, adaptados a um fim definido*". (Grawitz, 1984: 291). Pode-se considerar que o *levantamento* é uma estratégia técnica para conhecer a realidade de forma subjectiva, pois, é o meio que serve o método (neste caso dedutivo) para atingir o fim: a construção de novos conhecimentos. Na relação de conhecimento, o sujeito determina o objeto. O facto de o sujeito cognoscente determinar o objeto a conhecer pode ser interpretado como significando que nenhuma *observação* é neutra, inocente, etc.; pelo contrário, *todas as investigações* serão tendenciosas e egoístas. Os preconceitos, a história de vida, as tradições, as crenças, os mitos, os valores, as ambições, etc. do sujeito cognoscente contaminam *a investigação* que ele faz sobre factos, acontecimentos ou fenómenos. Esta seria uma solução pré-metafísica para o problema filosófico da essência do conhecimento, porque se

refere à relação de conhecimento que se estabelece entre o sujeito cognoscente e o objeto a conhecer, e não à realidade em si mesma que é *inquirida*.
No *inquérito*, o problema da essência do conhecimento também pode ser colocado em termos metafísicos e resolvido a partir de pressupostos filosóficos realistas. O *inquérito* "...presume-se *ser um método de obtenção de informações por meio de perguntas orais ou escritas, dirigidas a um universo ou amostra de pessoas que apresentam as caraterísticas requeridas pelo problema de investigação*. (Briones, 2008: 99). Entre a pergunta e a resposta ao problema de pesquisa, há uma operação intelectual ou procedimento metodológico que o sujeito cognoscente realiza, a partir dos sentidos, para gerar novos conhecimentos. Para conhecer a realidade, o sujeito cognoscente deve perguntar àqueles que dela têm notícia. Isto é feito através do inquérito. O *inquérito* é a estratégia técnica do método para responder à questão de investigação. Esta seria uma solução metafísica para o problema da essência do conhecimento, porque se refere à existência ou inexistência da realidade.
No *inquérito*, o problema da essência do conhecimento pode também ser colocado em termos teológicos e resolvido a partir de pressupostos filosóficos dualistas. A estratégia técnica para conhecer a realidade denominada *inquérito* é um "*.método de investigação capaz de responder a problemas tanto em termos descritivos como em termos de relação de variáveis, após a recolha de informação sistemática, de acordo com um desenho previamente estabelecido que garanta o rigor da informação obtida*" (Ortiz, 2003: 52). (Ortiz, 2003: 52). O *inquérito* é uma estratégia técnica de conhecimento da realidade que pode aceitar critérios de validade e invalidade. No *inquérito*, a realidade é dividida em duas para o seu estudo: verdade-falsidade. Esta seria uma solução teológica para o problema da essência do conhecimento, pois, em termos filosóficos, o conhecimento que se tem da realidade pode ser verdadeiro ou falso (dualismo).
No *inquérito*, o problema da classificação do conhecimento é resolvido com base em pressupostos filosóficos intuitivos. A estratégia técnica para conhecer a realidade chamada inquérito fornece um tipo de conhecimento intuitivo, porque "*... no inquérito procede-se à recolha de dados individuais para obter durante a avaliação dados agregados...*" (Mayntz et al., 1980: 133) A técnica de inquérito é uma estratégia para materializar, para tornar real, o objetivo do método *indutivo*: a geração de novos conhecimentos. Já foi referido que a indução é "*.o movimento do conhecimento de afirmações isoladas para conclusões gerais*". (Blauberg, I., 1983:100). No inquérito, como já foi observado, parte-se do princípio de que o sujeito cognoscente é capaz de interrogar o conhecedor sobre o seu objeto de estudo; que pode chegar a uma generalização do comportamento do objeto de estudo.
Na *investigação*, o problema filosófico sobre os conceitos e critérios de verdade do conhecimento é resolvido a partir de pressupostos transcendentes. Na estratégia técnica de conhecimento da realidade denominada *inquérito*, a verdade é considerada como a concordância do pensamento com o objeto pensado (conceito transcendente de verdade). A verdade é considerada subjectiva, relativa e pragmática; um pressuposto que só pode ser alcançado através dos sentidos. No *inquérito*, "*.embora se interroguem indivíduos, o que interessa ao investigador social é a consideração conjunta dos dados, agrupados segundo classes, grupos ou tipos de indivíduos. O objeto da avaliação não é apenas a descrição, mas*

também a descoberta ou a verificação de relações" (Mayntz et *al*., 1980). (Mayntz et al., 1980: 133). O critério para estimar o conceito transcendente de verdade acima referido decorre de se admitir que o sujeito cognoscente é confrontado com objectos de conhecimento que têm existência real no mundo (realismo) independentemente do próprio pensamento.

No plano ou elemento da teoria, que ocupa o segundo lugar numa orientação epistemológica, as teorias gerais do conhecimento subjectivas (caos e conflito), particulares das ciências sociais subjectivas (historicismo e materialismo histórico dialético) e específicas das ciências subjectivas da educação (psicanálise, humanismo e cognoscitivismo) são aquelas que, mais do que as outras teorias (objectivas e dialécticas), podem utilizar o *inquérito* como estratégia técnica para conhecer a realidade. Isso porque as explorações, descrições, explicações, interpretações e compreensões da realidade nas teorias supracitadas são feitas a partir dos sentidos.

No plano ou elemento do método, que ocupa o terceiro lugar numa orientação epistemológica, o *inquérito* é uma estratégia técnica para conhecer a realidade que deriva principalmente de operações intelectuais ou procedimentos metodológicos para gerar novos conhecimentos a partir dos sentidos (subjetivamente), tais como: subtração, divisão, indução, análise e comparação.

Pode-se assumir que o *inquérito* é uma estratégia técnica de conhecimento da realidade que deriva de pressupostos filosóficos, fundamentos teóricos e procedimentos metodológicos que nascem nos sentidos, ou seja, que são subjectivos (nos termos acordados ao longo deste trabalho).

Até este ponto, a análise das estratégias técnicas que o sujeito cognoscente pode utilizar para conhecer a realidade num processo de conhecimento (quarto nível e elemento de uma orientação epistemológica).

2.10 A RELAÇÃO MÉTODO-TÉCNICA.

Lamentamos ter de ser tão repetitivos, mas consideramos necessário fazê-lo devido à complexidade do tratamento da questão. Como foi sublinhado ao longo deste documento, cada um dos cinco elementos de uma *orientação epistemológica* desempenha funções diferentes no processo de conhecimento: *os pressupostos* filosóficos, para analisar a realidade, permitem-nos resolver todos e cada um dos cinco grandes problemas do conhecimento a partir da razão, dos sentidos ou de ambos; os fundamentos *teóricos*, para problematizar os objectos de estudo, fornecem os elementos epistemológicos para construir a investigação; os procedimentos *metodológicos* ou operações intelectuais, para gerar novos conhecimentos, fornecem-nos o método; as estratégias *técnicas* para conhecer a realidade, servem para explorar, descrever, explicar, interpretar, compreender, etc., a realidade; e os instrumentos são utilizados para conhecer a realidade. realidade; e os *instrumentos* são utilizados para recolher informações sobre o objeto de estudo.

Já foi dito que, tal como *a teoria* depende da *filosofia*, o *método* para gerar novos conhecimentos dependerá das *teorias* com as quais o objeto de estudo está a ser problematizado.

Já foi dito que a estratégia *técnica* utilizada na construção do objeto de estudo dependerá da operação intelectual ou do procedimento metodológico utilizado para gerar novos conhecimentos sobre a realidade (*método*).

Se procurarmos conhecer a realidade com *estratégias técnicas objectivas* (experimentação, documentário, etc.), será porque as operações intelectuais ou os procedimentos metodológicos com os quais queremos gerar novos conhecimentos são também *objectivos* (adição, multiplicação, dedução, síntese, classificação, definição, etc.).

Se utilizamos *operações intelectuais ou procedimentos metodológicos objectivos* (adição, multiplicação, dedução, síntese, classificação, definição, etc.) para gerar novos conhecimentos sobre o nosso objeto de estudo, é porque estamos a problematizar a realidade com *teorias gerais do conhecimento objetivo* (matemática, mecanicismo, organicismo, etc.), *particulares das ciências sociais objectivas* (positivismo, funcionalismo, estruturalismo, sistemas, etc.) e *específicas das ciências objectivas da educação* (behaviorismo).

If we problematise reality with *general theories of objective knowledge* (mathematicism, mechanicism, organicism, etc.), *particular theories of objective knowledge* (mathematicism, mechanicism, organicism, etc.), *particular das ciências sociais objectivas* (positivismo, funcionalismo, estruturalismo, sistemas, etc.), e *específico das ciências objectivas da educação* (behaviorismo).Será porque estamos a resolver todos e cada um dos cinco grandes problemas do conhecimento a partir de pressupostos filosóficos *dogmáticos* (possibilidade do conhecimento), *racionalistas* (origem do conhecimento), *objectivistas, idealistas* e *dualistas* (soluções pré-metafísica, metafísica e teológica, respetivamente, para o problema da essência do conhecimento), *racionais* (classificação do conhecimento) e *imanentes* (conceito e critério de verdade do conhecimento).

Finalmente, se estamos a resolver todos e cada um dos cinco grandes problemas do conhecimento recorrendo a pressupostos filosóficos *dogmáticos* (possibilidade do conhecimento), *racionalistas* (origem do conhecimento), *objectivistas, idealistas* e *dualistas* (soluções pré-metafísica, metafísica e teológica, respetivamente, para o problema da essência do conhecimento), *racionais* (classificação do conhecimento) e *imanentes* (conceito e critério de verdade do conhecimento), será porque estamos a analisar a realidade a partir da razão.

Se tentarmos conhecer a realidade com *estratégias técnicas subjectivas* (observação, inquérito, etc.), será porque as operações intelectuais ou os procedimentos metodológicos com os quais queremos gerar novos conhecimentos são também *subjectivos* (subtração, divisão, indução, análise, comparação, etc.).

Se utilizamos *operações intelectuais ou procedimentos metodológicos subjectivos* (subtração, divisão, indução, análise, comparação, etc.) para gerar novos conhecimentos sobre o nosso objeto de estudo, é porque estamos a problematizar a realidade com *teorias gerais do conhecimento subjetivo* (caos, conflito, etc.), *particulares das ciências sociais subjectivas* (historicismo, materialismo histórico dialético, etc.) e *específicas das ciências subjectivas da educação* (psicanálise, humanismo, cognoscitivismo, etc.).

Se problematizarmos a realidade com *teorias gerais do conhecimento subjetivo* (caos, conflito, etc.), *particulares das ciências sociais subjectivas* (historicismo, materialismo histórico dialético, etc.), e *específicas das ciências subjectivas da educação* (psicanálise, humanismo, cognoscitivismo, etc.); será porque estamos a resolver cada um dos cinco grandes problemas *do conhecimento recorrendo a teorias cépticas*, subjectivistas, relativistas e pragmáticas (possibilidade do conhecimento), *empiristas (origem do conhecimento)*, ou *a teorias de base empirista (possibilidade do conhecimento)*.Será porque estamos a resolver todos e cada um dos cinco grandes problemas do conhecimento a partir de pressupostos filosóficos cépticos, subjectivistas, relativistas e pragmáticos (possibilidade do conhecimento), empiristas (origem do conhecimento), subjectivistas, realistas e fenomenalistas (soluções pré-metafísicas, metafísicas e teológicas, respetivamente, para o problema da essência do conhecimento), intuitivos (classificação do conhecimento) e transcendentais (conceito e critério de verdade do conhecimento).

Finalmente, se estamos a resolver todos e cada um dos cinco grandes problemas do conhecimento recorrendo *a pressupostos filosóficos* cépticos, subjectivistas, relativistas e pragmáticos (possibilidade do conhecimento), empiristas (origem do conhecimento), subjectivistas, realistas e fenomenalistas (soluções pré-metafísicas, metafísicas e teológicas, respetivamente, para o problema da essência do conhecimento), intuitivos (classificação do conhecimento) e transcendentais (conceito e critério de verdade do conhecimento); será porque estamos a analisar a realidade a partir dos sentidos.

Como bem se observou, a relação entre método e técnica, tal como a relação entre *teoria* e *método* e como a relação entre *filosofia* e *teoria*, é uma relação de dependência da segunda em relação à primeira: tal como *a teoria* depende da *filosofia*, o método depende da *teoria* e a técnica do método e, portanto, da *filosofia* de que depende a *teoria* com que se problematiza a realidade para construir novos conhecimentos. Se um investigador em educação não se aperceber disto, construirá um objeto de estudo epistemologicamente incongruente.

O quadro seguinte apresenta a relação método-técnica:

MÉTODOS			TÉCNICAS		
OBJECTIVOS	SUMA	RAZÃO	OBJECTIVOS	EXPERIMENTAÇÃO	RAZÃO
	MULTIPLICACION			DOCUMENTÁRIO	
OBJECTIVOS	RESTA	SENTIMENTOS	SUBJECTIVOS	OBSERVAÇÃO	SENTIMENTOS
	DIVISÃO			PESQUISA	
DIALECTIVAS	INDUTIVO-DEDUTIVO	AMBOS	DIALÉTICA	TODOS	AMBOS
	ANALITICOSINTÉTICO				

2.11 RESUMO DO SUBCAPÍTULO.

A título de síntese, o quadro seguinte apresenta as principais estratégias técnicas para conhecer a realidade:

ESTRATÉGIAS TÉCNICAS		
	OBJECTIVOS	**EXPERIMENTAÇÃO:** Estratégia técnica utilizada para encontrar o comportamento de uma variável a partir de diferentes combinações de factores ou variáveis de entrada de um processo, que, quando alteradas, afectam a resposta.
		DOCUMENTAÇÃO: Todos os tipos de gravura. Não é o objeto, é o discurso, é o que nos diz um teórico, é o objeto de que se fala.
	SUBJECTIVOS	**OBSERVAÇÃO**: Utilização deliberada e sistemática dos sentidos para percecionar a realidade e obter dados que foram previamente definidos como sendo de interesse. Ato de vontade consciente que seleciona uma área da realidade para ver algo.

		Inquérito: Conjunto de perguntas padronizadas dirigidas a uma amostra representativa da população ou de instituições, com o objetivo de conhecer estados de opinião ou factos específicos.
	DIALÉTICA	TODOS

2.12 INSTRUMENTOS, A FIM DE OBTER INFORMAÇÕES SOBRE QUESTÕES EDUCATIVAS.

O quinto elemento de uma orientação epistemológica é o *instrumento* ou instrumentos que o investigador em educação deve escolher para obter informações sobre o seu objeto de estudo. Tal como a teoria ou teorias com que o sujeito cognoscente problematiza o seu objeto de estudo, para o construir, depende dos pressupostos a partir dos quais se resolvem todos e cada um dos cinco grandes problemas *filosóficos* do conhecimento (com a razão; com os sentidos; com ambos, primeiro a razão e depois os sentidos; ou com ambos, primeiro os sentidos e depois os sentidos; ou com ambos, primeiro os sentidos e depois a razão); do mesmo modo, o *método* utilizado para gerar novos conhecimentos sobre o mesmo dependerá da teoria ou teorias em que se baseia o trabalho de investigação; e, consequentemente, a *técnica* com que se pretende conhecer a realidade dependerá do *método* com que se pretende gerar os novos conhecimentos; e, finalmente, os instrumentos com que se pretende recuperar informação sobre o objeto de estudo dependerão da estratégia técnica utilizada para conhecer a realidade.

Os instrumentos das orientações epistemológicas, com os quais se recuperam os dados da realidade para a explorar, descrever, explicar, interpretar, compreender, etc., dependem da estratégia *técnica* com que se pretende conhecer a realidade. Se a estratégia *técnica* utilizada for a *observação*, o *instrumento* mais adequado para recuperar os dados será o *registo*; se utilizarmos a *experiência* como *técnica, as ferramentas que* utilizarmos para realizar a *experiência* serão os respectivos *instrumentos* que nos permitirão recuperar os dados de que necessitamos; se utilizarmos o *inquérito* como estratégia *técnica*, os *instrumentos* adequados serão o *questionário* e/ou a *entrevista* e, finalmente, se utilizarmos a *técnica documental*, o *instrumento* que nos permitirá recolher os dados de que necessitamos será a *ficha de trabalho.*

O quadro seguinte apresenta os diferentes *instrumentos* que podem ser utilizados para recolher informações e a estratégia técnica para conhecer a realidade de onde provêm.

INSTRUMENTO	**ESTRATÉGIA TÉCNICA**
REGISTO	OBSERVAÇÃO
ELEMENTOS	EXPERIMENTAÇÃO
QUESTIONÁRIO	PESQUISA
ENTREVISTA	
FICHA DE TRABALHO	DOCUMENTAÇÃO

2.12.1 *A definição de um instrumento de recolha de informações sobre problemas educativos.*

Para Ortiz (2003), um *instrumento "...refere-se aos meios que permitem ao investigador obter os dados centrais..."*. É importante referir, para efeitos deste estudo, que os *instrumentos* de que estamos a falar são aqueles que nos permitem, enquanto investigadores, recuperar dados (informações) existentes sobre a realidade em investigação.

Os instrumentos de investigação são meios, modos, procedimentos ou formas de obtenção de dados para a construção do objeto de estudo.

Um instrumento, neste caso, é como um utensílio (cesto, cesta), ferramenta, aparelho, utensílio, dispositivo, etc., através do qual se podem recolher dados.

Um *dado* pode ser definido como o ".*produto sistematizado e objetivo de algum tipo de factos: acontecimentos, processos, fenómenos, entidades, coisas físicas ou sistemas concretos*" (Ortiz, *2003: 39*). (Ortiz, 2003: 39). Um dado pode ser uma nota, um pormenor, um antecedente, uma notícia, etc., sobre o objeto de estudo.

Uma primeira abordagem para a definição de um instrumento de recolha de informações sobre os problemas educativos é a seguinte

Um *instrumento* de investigação é o meio, o modo, o procedimento ou a forma, que pode consistir num implemento, numa ferramenta, num aparelho ou num artefacto, que o investigador em educação pode utilizar para recolher notas, pormenores, antecedentes, notícias, etc., sobre o seu objeto de estudo.

Os instrumentos de recolha de informações sobre o objeto de estudo estão para os dados o que um cesto pode estar para o seu conteúdo.

2.12.2 ***Caraterísticas dos instrumentos de recolha de informações sobre problemas educativos***:

- A principal caraterística de um *instrumento* de recolha de informação sobre problemas educativos é a de ser o meio pelo qual se conhece a realidade com a respectiva estratégia técnica utilizada. Se a realidade for conhecida através da observação, o instrumento em que se devem recolher as notas sobre ela terá de ser o registo; se for através da vivência, com os elementos; se for através da documentação, com as fichas de trabalho; e, finalmente, se for através do levantamento, com o questionário e/ou a entrevista.
- É um meio, um modo, um procedimento ou uma forma de recolher informações sobre a realidade que está a ser investigada.
- Consistem em utensílios, ferramentas, dispositivos ou artefactos para armazenar dados, notas, pormenores, informações de base, notícias, etc., relacionados com o objeto de investigação.
- Apenas quatro *instrumentos* são conhecidos para recolher dados de investigação: a *ficha de trabalho* (para conhecer a realidade com a técnica documental); o *registo* (para conhecer a realidade observando-a); e o *questionário* e a *entrevista* (para conhecer a realidade inquirindo-a). A experiência (quarta e última estratégia técnica para conhecer a realidade) não tem instrumentos; apenas é necessário reunir os elementos, recursos ou meios necessários para a sua realização.
- É o quinto e último elemento, componente, peça, parte, etc., de uma orientação epistemológica, nos termos acordados ao longo desta investigação.
- O(s) *instrumento*(s) escolhido(s) por qualquer investigador em educação para recuperar a informação existente sobre o objeto de estudo dependerá(ão) da(s) estratégia(s) técnica(s) com que o investigador pretende conhecer a realidade sob investigação.

1.12.3 *O papel dos instrumentos de recolha de informações sobre questões educativas*.

A principal função dos *instrumentos* de recolha de informação sobre problemas educativos, a necessidade que satisfazem, é precisamente essa: a recolha, ordenação e sistematização da informação disponível sobre o objeto de estudo.

Ao satisfazer a necessidade de recolher, ordenar, organizar, preparar e sistematizar a informação disponível sobre a realidade investigada, o *instrumento* permite que a estratégia *técnica* cumpra a sua função: permitir ao investigador conhecer a realidade, de acordo com o método ou métodos com que se pretende gerar novos conhecimentos.

1.12.4 *Objetivo dos instrumentos de recolha de informações sobre questões educativas*.

A finalidade de qualquer instrumento de recolha de dados sobre o objeto de estudo é precisamente essa: recolher informações sobre a realidade em estudo.

2.12.5 *Classificação dos instrumentos de recolha de informações sobre problemas educativos*.

Seguindo os mesmos critérios utilizados para classificar os pressupostos filosóficos, os fundamentos teóricos, os procedimentos metodológicos e as estratégias técnicas, *os instrumentos* podem ser classificados como objectivos, subjectivos e dialécticos.

2.12.5.1 *Os instrumentos objectivos de recolha de informações sobre os problemas educativos*.

Consideramos que os instrumentos objectivos de recolha de informação sobre problemas educativos que melhor se enquadram no modelo proposto nesta investigação são os elementos (da experimentação) e as fichas de trabalho (do documentário).

2.12.5.1.1 Os elementos.

Do latim *elementum*, é entendido como "*...princípio que entra na composição dos corpos...fundamento, móvel ou parte integrante de uma coisa...*" (Diccionario léxico hispano, 1983: 532). A estratégia técnica da experimentação não requer *instrumentos* para obter informações sobre o objeto de estudo, mas podemos falar de *elementos*: ou seja, para conhecer a realidade através da experimentação, basta reunir os elementos, componentes, peças, partes, princípios, etc., que são necessários para a realizar.

2.12.5.1.2 As fichas de trabalho.

Para Ortiz (2003: 68), a ficha de trabalho "*.é o principal instrumento de registo da informação documental ou de campo. Nesta ficha, as informações relevantes podem ter diferentes tratamentos (resumo, comentário, análise, citação textual, etc.); são básicas para organizar todas as informações que irão compor o relatório final*". A ficha de trabalho é como o cesto no qual recolhemos os dados necessários para conhecer a realidade com a estratégia técnica conhecida como documental.

Para Tamayo (1982: 98), a *ficha de trabalho* é "*.de grande valor para a pesquisa documental. É o instrumento que nos permite ordenar e classificar os dados consultados, incluindo as nossas observações e críticas, facilitando assim a redação do documento...*". A ficha de trabalho permite-nos ordenar e classificar as informações com as quais vamos conhecer a realidade investigada, utilizando o documentário como estratégia técnica.

A *ficha de trabalho* permite "... *recolher informações de livros, revistas, jornais, documentos pessoais e públicos e qualquer testemunho histórico*..." (Rojas, 1985: 69). A única fonte da *ficha de trabalho* é o documento. Um documento é qualquer tipo de gravura em que o objeto de estudo não está presente, mas em que um especialista fala sobre ele. Os documentos mais importantes na investigação educacional são os livros, os artigos de revistas e as teses de licenciatura, de mestrado e de doutoramento.

A *ficha de trabalho* é o meio, o modo, o procedimento ou a forma que o investigador educacional pode utilizar para recolher notas, pormenores, informações de base, notícias, etc., que lhe permitem conhecer a realidade através da documentação.

2.12.5.2 *Instrumentos subjectivos de recolha de informações sobre problemas educativos.*

2.12.5.2.1 Registo.

Para Ortiz (2003: 141), o *registo* é um ".*conjunto de elementos de informação relacionados entre si, que são tratados como uma unidade, e cuja caraterística principal é uma ordem sistemática. O registo* consiste em tomar notas, assinalar, inscrever, etc. factos objectivos observáveis), atitudes pessoais, opiniões, etc.

Para Munch (2003: 55), o *registo* serve para ".*registar factos objectivos, atitudes e opiniões*". *O registo* é o *instrumento* de *observação* para conhecer realidades que estão presentes perante o sujeito cognoscente, que existem independentemente dele.

O registo é o meio, o modo, o procedimento ou a forma que o investigador em educação pode utilizar para recolher notas, pormenores, informações de base, notícias, etc., que lhe permitam conhecer a realidade através da *observação.*

2.12.5.2.2 O questionário.

Para Bisquerra (2000: 88), *os questionários* são "... *um conjunto mais ou menos extenso de perguntas ou questões que se consideram relevantes para o traço, caraterísticas ou variáveis que constituem o objeto de estudo*...". O *questionário* é questionado porque a estratégia técnica para conhecer a realidade que lhe dá sentido é o *inquérito*, que significa, em termos gerais, "perguntar a quem sabe". Trata-se, portanto, de perguntas, de questões que devem ser respondidas pelos sujeitos inquiridos.

Para Ortiz (2003: 37), o questionário é ".*um instrumento de recolha de dados, constituído por um conjunto de questões relativas a uma ou várias variáveis objeto de medida*". O questionário é aplicado a pessoas reais que têm ou podem ter opiniões diferentes sobre uma determinada realidade.

Para Munch (2003: 55), o *questionário* é ".*um formato escrito sob a forma de uma interrogação em que se obtêm informações sobre as variáveis a investigar*".

Pick (2007: 61), define um *questionário* como ".um método para obter informações de forma clara e precisa, onde existe um formato padronizado de perguntas e onde o informante relata as suas respostas". O *questionário* não é um método, porque não é uma operação intelectual ou um procedimento metodológico para gerar novos conhecimentos, é um instrumento para recolher informações sobre o objeto de estudo.

Para Hernández et al., 1991: 276) o *questionário* é "*... um conjunto de perguntas relativas a uma ou mais variáveis a medir...". O questionário* obedece à estratégia técnica para conhecer a realidade denominada, neste estudo, *inquérito*; e o *inquérito* pode dever-se ao método *indutivo* ou *dedutivo*, pelo que as perguntas respondem a determinadas variáveis que devem ser medidas, com vista a estabelecer generalizações (*indução*) ou *deduções* sobre a relação entre um ou mais fenómenos.

Para Sierra (1994: 306) o *questionário* é "*.um conjunto de perguntas, cuidadosamente preparadas, sobre os factos e aspectos que interessam a uma investigação sociológica, a serem respondidas pela população ou sua amostra a que se estende o estudo realizado...*". O *questionário* é geralmente aplicado a uma amostra representativa da população em estudo.

O *questionário* é um dos dois meios (o outro é a entrevista), modos, procedimentos ou formas que o investigador educacional pode utilizar para recolher notas, pormenores, antecedentes, notícias, etc., que lhe permitam conhecer a realidade através do *inquérito*.

2.12.5.2.3 A entrevista.

Para Tamayo (1982: 100), a *entrevista* é "*...a relação direta que o investigador estabelece com o seu objeto de estudo através de indivíduos ou grupos com o fim de obter testemunhos orais*". *Entrevistar* é perguntar àquele que "sabe" sobre o objeto de estudo.

Para Bisquerra (2000: 88), a *entrevista* é "*.um diálogo intencional orientado para determinados objectivos. A entrevista pode cumprir diferentes funções: diagnóstica, orientadora, terapêutica e de investigação*". A *entrevista* é uma situação pessoal, face a face, em que uma pessoa (o entrevistador) coloca a outra pessoa (o entrevistado) questões destinadas a obter respostas pertinentes para o problema de investigação.

A *entrevista* de investigação "...é uma conversa entre duas pessoas iniciada pelo entrevistador com o objetivo de obter informações relevantes para uma investigação". Na *entrevista*, o objeto de estudo não está presente, mas algumas pessoas têm uma opinião sobre ele. É por isso que este instrumento é utilizado para conhecer as opiniões sobre diferentes fenómenos.

Para Munch (2003: 55), o *inquérito* "*é uma técnica que consiste em obter informações sobre uma parte da população ou amostra através da utilização de um questionário ou de uma entrevista*". Concordamos com ela que a *entrevista*, juntamente com o *questionário*, são os dois instrumentos que permitem à estratégia técnica do inquérito obter a informação necessária sobre o objeto de estudo para conhecer a realidade.

Mas, mais tarde, Munch (2003: 62), considera que a *entrevista* é uma técnica, "*...por meio da qual uma pessoa (o entrevistador) solicita informações a outra (entrevistado)*". Não partilhamos desta ideia porque, como já esclarecemos na altura, a *técnica* é uma estratégia para conhecer a realidade e, neste caso, a *entrevista* é *um instrumento* utilizado pela estratégia *técnica* do inquérito para recolher as informações que lhe permitem conhecer a realidade que está a ser investigada.

Para Ortiz (2003: 37), a *entrevista* é a "*...interação pessoal de tipo comunicativo cujo objetivo central é a obtenção de informação básica para levar a cabo uma*

investigação". A entrevista permite obter dados quantitativos e qualitativos, pelo que é muito importante que seja presencial, de modo a observar as atitudes.
Para Pick (2007: 66), a *entrevista* é a relação pessoal entre um ou mais sujeitos, na qual um deles, o entrevistado, tem determinada informação a fornecer a outro sujeito, o entrevistador". Há que ter cuidado na utilização da entrevista, porque os entrevistados nem sempre dizem a verdade.
A entrevista é um dos dois meios (o outro é o questionário, já mencionado), modos, procedimentos ou formas que o investigador educacional pode utilizar para recolher notas, pormenores, antecedentes, notícias, etc., que lhe permitam conhecer a realidade através do *inquérito*.
Até este ponto, foram descritos os instrumentos utilizados para recolher informações sobre o objeto de estudo.

2.13 A RELAÇÃO TÉCNICO-INSTRUMENTO.

Já foi dito que a estratégia *técnica* utilizada na construção do objeto de estudo dependerá da operação intelectual ou do procedimento metodológico utilizado para gerar novos conhecimentos sobre a realidade (*método*).
Do mesmo modo, o(s) instrumento(s) que o investigador educacional escolhe para recolher dados sobre o seu objeto de estudo dependerá(ão) da(s) estratégia(s) técnica(s) com que pretende conhecer a realidade.
O quadro seguinte mostra a relação entre técnica e instrumento:

TÉCNICAS			INSTRUMENTOS		
OBJECTIVOS	EXPERIMENTAÇÃO CION	RAZÃO	OBJECTIVOS	ELEMENTOS	RAZÃO
	DOCUMENTÁRIO			FICHAS DE TRABALHO	
SUBJECTIVOS	OBSERVAÇÃO	SENTIMENTOS	SUBJECTIVOS	REGISTO	SENTIMENTOS
	PESQUISA			QUESTIONÁRIO	
DIALÉTICA	TODOS	AMBOS	DIALÉTICA	TODOS	AMBOS

2.14 RESUMO DO SUBCAPÍTULO.

A título de síntese, o quadro seguinte apresenta os principais instrumentos de recolha de dados:

INSTRUMENTOS		
	OBJECTIVOS	**ELEMENTOS**: Agrupamento de factores que fazem parte de um componente.
		FICHAS DE TRABALHO: Instrumento que permite ordenar e classificar os dados consultados.
	OBJECTIVOS	**REGISTO:** Anotar, marcar, inscrever.
		QUESTIONÁRIO: Um sistema de perguntas racionais e ordenadas. de forma coerente. **ENTREVISTA**: Situação interpessoal, frente a frente, em que uma pessoa (o entrevistador) faz perguntas a outra pessoa (o entrevistado) com o objetivo de obter respostas pertinentes para o problema de investigação.
	DIALECTIVAS	TODOS

2.15 RESUMO DO CAPÍTULO.

Como foi demonstrado ao longo desta investigação, as dimensões filosófica, teórica, metodológica, técnica e instrumental são determinadas reciprocamente, de

forma descendente; ou seja, os pressupostos *filosóficos*, a partir dos quais se vai estudar a realidade, determinam os fundamentos *teóricos*; os fundamentos teóricos, a partir dos quais se vai problematizar o objeto de estudo, definem os procedimentos *metodológicos*; os procedimentos metodológicos, para gerar novos conhecimentos, definem as estratégias *técnicas*; e, finalmente, as estratégias técnicas com as quais se vai conhecer o fenómeno, orientam os *instrumentos* com os quais se pretende recolher a informação necessária para conhecer a realidade.
Quando não há congruência entre estas cinco dimensões da investigação, diz-se que o estudo carece de rigidez metodológica, a que eu chamaria falta de congruência epistemológica.
No quadro seguinte é possível apreciar, de uma forma geral, os pressupostos filosóficos, a partir dos quais se podem resolver todos e cada um dos principais problemas do conhecimento, a partir das ciências da educação; os fundamentos teóricos (gerais da
As cinco etapas da investigação são: os procedimentos metodológicos que podem ser utilizados para gerar novos conhecimentos; as estratégias técnicas que podem ser utilizadas para conhecer a realidade; e os instrumentos que podem ser considerados para recolher a informação necessária para construir um objeto de estudo. As cinco etapas de investigação acima referidas constituem aquilo a que costumo chamar: a orientação epistemológica da investigação em ciências da educação:

<table>
<tr><td rowspan="17">ORIENTAÇÃO PISTEMOLÓGICA</td><td rowspan="17">I.PROBLEMASDOCONHECIMENTO</td><td rowspan="6">1.1 POSSIBILIDADE DO CONHECIMENTO</td><td rowspan="6">É RESOLVIDO A PARTIR DA RAZÃO, DOS SENTIDOS OU DE AMBAS AS QUALIDADES DO SUJEITO COGNOSCENTE.</td><td colspan="2">DOGAMATISMO: Razão</td></tr>
<tr><td colspan="2">SKEPTICISM: Sentidos</td></tr>
<tr><td colspan="2">RELATIVISMO: Sentidos</td></tr>
<tr><td colspan="2">SUBJECTIVISMO: Sentidos</td></tr>
<tr><td colspan="2">PRAGMATISMO: Sentidos</td></tr>
<tr><td colspan="2">CRITICISMO: Sentido e razão ou vice-versa</td></tr>
<tr><td rowspan="4">1.2 ORIGEM DO CONHECIMENTO</td><td rowspan="4">É RESOLVIDO A PARTIR DA RAZÃO, DOS SENTIDOS OU DE AMBAS AS QUALIDADES DO SUJEITO COGNOSCENTE.</td><td colspan="2">RACIONALISMO: Razão</td></tr>
<tr><td colspan="2">EMPIRISMO: Sentidos</td></tr>
<tr><td colspan="2">INTELECTUALISMO: Sentidos e razão</td></tr>
<tr><td colspan="2">APRIORISMO: A razão e os sentidos</td></tr>
<tr><td rowspan="7">1.3 ESSÊNCIA DO CONHECIMENTO</td><td rowspan="7">É RESOLVIDO A PARTIR DA RAZÃO, DOS SENTIDOS OU DE AMBAS AS QUALIDADES DO SUJEITO COGNOSCENTE.</td><td rowspan="2">SOLUÇÕES PRÉ-METAFÍSICA</td><td>OBJECTIVISMO: Motivo</td></tr>
<tr><td>SUBJECTIVISMO: Sentidos</td></tr>
<tr><td rowspan="3">SOLUÇÕES METAFÍSICAS</td><td>REALISMO: Sentidos</td></tr>
<tr><td>IDEALISMO: Razão</td></tr>
<tr><td>FENOMENALISMO: Razão e sentidos e vice-versa</td></tr>
<tr><td rowspan="2">SOLUÇÕES TEOLÓGICO</td><td>DUALISMO E TEISMO: Razão</td></tr>
<tr><td>MONISMOY</td></tr>
</table>

		PANTEÍSMO: Razão e sentidos ou vice-versa
1.4 TIPOS DE CONHECIMENTO	**É RESOLVIDO A PARTIR DA RAZÃO, DA DOS SENTIDOS OU DE AMBAS AS QUALIDADES DO SUJEITO COGNOSCENTE**	RATIONAL: **Razão**
		INTUITIVO: **Sentidos**
1.5. CRITÉRIOS PARA VERDADE	**É RESOLVIDO A PARTIR DA RAZÃO, DA SENTIDOS OU DE AMBAS AS QUALIDADES DO SUJEITO COGNOSCENTE**	TRASCENDENTE: **Sentidos**
		IMMANENTE: **Motivo**
II. FUNDAMENTOS TEÓRICOS	AS EXPLORAÇÕES, DESCRIÇÕES, EXPLICAÇÕES, INTERPRETAÇÕES, COMPREENSÕES, ETC., DA REALIDADE SÃO CONSTRUÍDAS A PARTIR DA RAZÃO, DOS SENTIDOS OU DE AMBAS AS QUALIDADES DO SUJEITO COGNOSCENTE. AS EXPLORAÇÕES, DESCRIÇÕES, EXPLICAÇÕES, INTERPRETAÇÕES, COMPREENSÕES, ETC., DA REALIDADE SÃO CONSTRUÍDAS A PARTIR DA RAZÃO, DOS SENTIDOS OU DE AMBAS AS QUALIDADES DO SUJEITO COGNOSCENTE.	2.1 TEORIAS GERAIS DO CONHECIMENTO: **O matematicismo, Mecanismo, Organicismo, Caos, Conflito, Complexidade, etc.**
		2.2 TEORIAS PARTICULARES DAS CIÊNCIAS SOCIAIS: **Positivismo**, **Funcionalismo**, **Estruturalismo, Marxismo, Teoria dos Sistemas, Historicismo, Fenomenologia, Hermenêutica**, etc.
		2.3 TEORIAS ESPECÍFICAS DAS CIÊNCIAS DA EDUCAÇÃO: Behaviorismo, Psicanálise, Humanismo, Cognoscitivismo, Psicogenética, Socioculturais, etc.
III. PROCEDIMENTOS METODOLÓGICOS OU OPERAÇÕES INTELECTUAIS PARA GERAR NOVOS CONHECIMENTOS		Adição, Subtração, Multiplicação, Divisão, Análise, Síntese, Indução, Dedução, Abdução, Definição, Classificação, Intuição
IV. **ESTRATÉGIAS TÉCNICAS**	A REALIDADE É CONHECIDA PELA RAZÃO, PELOS SENTIDOS OU POR AMBAS AS QUALIDADES DO SUJEITO COGNOSCENTE.	4.1 **OBSERVAÇÃO**: Sentidos
		4.2**EXPERIMENTAÇÃO**: Justificação
		4.3 **DOCUMENTÁRIO**: Justificação
		4.4 PESQUISA: Sentidos

V. INSTRUMENTOS	A INFORMAÇÃO É RECOLHIDA A PARTIR DA RAZÃO, DA DOS SENTIDOS OU DE AMBAS AS QUALIDADES DO SUJEITO COGNOSCENTE	**5.1 REGISTO: Sentidos**
		5.2 **ELEMENTOS**: Motivo
		5.3 **FICHAS DE TRABALHO**: Justificação
		5.4 **ENTREVISTA**: Sentimentos
		5.5 **QUESTIONÁRIO**: Sentidos

CAPÍTULO 3

CARACTERÍSTICAS DE UMA ORIENTAÇÃO EPISTEMOLÓGICA. As diferentes possibilidades de posicionamento do investigador em relação ao problema do conhecimento.

III. **CARACTERÍSTICAS DE UMA ORIENTAÇÃO EPISTEMOLÓGICA**. As diferentes possibilidades de posicionamento do investigador em relação ao problema do conhecimento.

As comunidades científicas ou tradições de investigação constroem os seus objectos de estudo com base em determinadas perspectivas, paradigmas ou orientações epistemológicas, em função do programa ou do modo de produção de conhecimentos que adoptam.

As perspectivas, paradigmas ou *orientações epistemológicas* orientam as comunidades científicas ou as tradições de investigação na construção dos seus objectos de estudo com base em determinados programas ou formas de produção de conhecimento.

Os programas ou modos de produção de conhecimentos dependem da perspetiva, do paradigma ou da *orientação epistemológica* adoptada pelas comunidades científicas ou tradições de investigação que os utilizam.

As *orientações epistemológicas* são posições sobre o problema do conhecimento. Privilegiam interesses ontológicos e epistemológicos diferentes.

Como o conhecimento não é neutro, o investigador que constrói os seus objectos de estudo a partir de uma determinada orientação epistemológica aceita implicitamente as consequências teóricas e práticas do seu trabalho.

Toda a construção de conhecimento é auto-interessada, não há ciência que seja neutra; *conhecimento* é *poder* e poder é a possibilidade de *dominação*, tanto epistemológica como ontologicamente.

Os elementos das *orientações epistemológicas* diferem em significado e alcance, no que diz respeito aos problemas do conhecimento.

Os *pressupostos filosóficos* a partir dos quais todos e cada um dos cinco problemas filosóficos são resolvidos a partir de uma determinada orientação epistemológica dependem da(s) qualidade(s) que o sujeito cognoscente utiliza para estudar a realidade e fornecer as "lentes" para ver a realidade.

O sujeito cognoscente pode utilizar a sua razão, os seus sentidos ou ambas as qualidades (primeiro a razão e depois os sentidos ou vice-versa) para explorar, descrever, explicar, interpretar, compreender, etc. a realidade.

Os *fundamentos teóricos* com que se problematiza a realidade a partir de uma determinada orientação epistemológica dependem dos pressupostos filosóficos com que se resolve cada um dos cinco grandes problemas filosóficos do conhecimento e servem para problematizar os objectos de estudo.

Os procedimentos metodológicos ou operações intelectuais utilizados para gerar novos conhecimentos a partir de uma determinada orientação epistemológica dependem dos fundamentos teóricos com que a realidade é problematizada e servem para gerar novos conhecimentos.

As *estratégias técnicas* com que se pretende conhecer a realidade a partir de uma determinada orientação epistemológica dependem dos procedimentos metodológicos ou das operações intelectuais com que se pretende gerar novos conhecimentos e servir para conhecer a realidade.

Os instrumentos utilizados para recolher informações a partir de uma determinada orientação epistemológica dependem das estratégias técnicas utilizadas para conhecer a realidade e servem para recolher informações sobre os objectos de estudo.

A principal caraterística de uma orientação epistemológica é o facto de ser uma posição sobre o problema do conhecimento.

CAPÍTULO 4

FUNÇÕES DAS ORIENTAÇÕES EPISTEMOLÓGICAS. O guia do investigador em educação na construção do seu objeto de estudo.

IV. **FUNÇÕES DAS ORIENTAÇÕES EPISTEMOLÓGICAS.** O guia do investigador em educação na construção do seu objeto de estudo.

A função fundamental de qualquer *orientação epistemológica* é fornecer à comunidade científica os diferentes pressupostos filosóficos, a partir dos quais pode resolver todos e cada um dos cinco grandes problemas filosóficos do conhecimento; os fundamentos teóricos, para problematizar os objectos de estudo; os procedimentos metodológicos ou operações intelectuais, para gerar novos conhecimentos; as estratégias técnicas, para conhecer a realidade; e os instrumentos, para recolher a informação existente sobre o objeto de estudo.

Todos os investigadores em educação, quer o saibam ou não, quando tentam construir um objeto de estudo, saem da esfera ontológica e colocam-se no mundo psicológico: transformam-se de uma entidade num sujeito cognoscente.

A realidade que o investigador em educação pretende conhecer, pelo simples facto de nela ter fixado os seus sentidos e/ou a sua razão, também se transforma de entidade em objeto a conhecer; no entanto, a sua esfera, mundo, realidade, etc., permanece inalterada no plano ontológico.

É muito importante que o investigador em educação reflicta que, para estabelecer uma relação de conhecimento com o seu objeto de estudo, dispõe apenas da sua razão e dos seus sentidos e que, em função da qualidade ou qualidades acima referidas, "conhecerá" a realidade de uma forma ou de outra.

A necessidade que uma orientação epistemológica satisfaz é precisamente essa: guiar o sujeito cognoscente no árduo caminho da construção do seu objeto de estudo, dando-lhe a escolher entre várias alternativas, diferentes soluções para todos e cada um dos cinco problemas gerais do conhecimento: filosófico, teórico, metodológico, técnico e instrumental.

CAPÍTULO 5

OBJECTIVO DE UMA ORIENTAÇÃO EPISTEMOLÓGICA.

A determinação da validade, do alcance e dos limites do conhecimento humano, da sua natureza e da sua verdade no domínio da educação.

V. OBJECTIVO DE UMA ORIENTAÇÃO EPISTEMOLÓGICA.

A determinação da validade, do alcance e dos limites do conhecimento humano, da sua natureza e da sua verdade no domínio da educação.

Os objectivos mais importantes das *orientações epistemológicas* são determinar a validade, o âmbito e os limites do conhecimento humano; a natureza e a verdade do conhecimento humano.

Uma *orientação epistemológica* é uma proposta de solução para os cinco principais problemas gerais do conhecimento humano: filosófico, teórico, metodológico, técnico e instrumental.

O principal objetivo de qualquer *orientação epistemológica* é resolver todos e cada um dos cinco problemas acima referidos para conhecer qualquer realidade.

O conhecimento é um problema que se resolve a partir de diferentes *orientações epistemológicas*, como se verá no respetivo capítulo.

Não há conhecimento inocente, toda a construção de um objeto de estudo é intencional e, por detrás dela, há interesses ontológicos e epistemológicos em jogo.

As diferentes *orientações epistemológicas* que analisaremos no capítulo seguinte resolvem de forma diferente todos e cada um dos problemas do conhecimento e, por isso, é necessário que o investigador em educação as conheça e, deste modo, possa escolher livremente a *orientação epistemológica* que melhor se adapta aos seus interesses ontológicos e epistemológicos.

Qualquer orientação epistemológica é um guia para o investigador não se perder no difícil processo do conhecimento.

CAPÍTULO 6

CLASSIFICAÇÃO DAS ORIENTAÇÕES EPISTEMOLÓGICAS. As três maneiras pelas quais o investigador em educação se orienta e toma posição sobre o problema do conhecimento.

VI. **CLASSIFICAÇÃO DAS ORIENTAÇÕES EPISTEMOLÓGICAS**. As três maneiras pelas quais o investigador em educação se orienta e toma posição sobre o problema do conhecimento.

Para efeitos do presente documento, *as orientações epistemológicas* podem ser classificadas como objectivas, subjectivas e dialógicas.

O critério de classificação foi retirado da solução pré-metafísica (sem se referir ao carácter ontológico do sujeito cognoscente e do objeto a conhecer, mas apenas ao seu carácter epistemológico, isto é, ao problema do conhecimento e não ao problema do ser) do problema da essência do conhecimento, isto é, do problema da relação de conhecimento entre o sujeito e o objeto.

Como já foi referido nos capítulos anteriores, a solução acima referida para o problema da relação de conhecimento entre o sujeito cognoscente e o objeto a conhecer pode ser estabelecida em três sentidos:

OBJECTIVISMO: O objeto determina o sujeito.

SUBJECTIVISMO: O sujeito determina o objeto.

DIALÉTICA: O sujeito e o objeto determinam-se mutuamente através do diálogo.

Tendo em conta os critérios acima referidos, *as orientações epistemológicas* podem ser classificadas como objectivas, subjectivas e dialógicas.

Recorde-se que isto se deve à qualidade que o sujeito cognoscente pode utilizar para resolver o problema acima referido da essência do conhecimento: a sua razão, os seus sentidos ou ambos (pode ser primeiro a razão e depois os sentidos ou vice-versa).

6.1 A ORIENTAÇÃO EPISTEMOLÓGICA OBJECTIVISTA. O aspeto quantitativo da investigação educacional.

Uma ação é *objetivamente* justa se for o que o agente deve realmente fazer (objetivismo) e não apenas o que ele pensa que deve fazer (subjetivismo), ou seja, *epistemologicamente*, defende-se que tudo o que é aprendido é independente do sujeito que aprende. A referência ao *objetivo* é a autotranscendência de um conteúdo imediatamente dado, que se dirige a um *objeto*. Na lógica, na estética e na ética, é entendida como uma doutrina que defende que a mente possui *objectos*, normas ou significados universalmente válidos. O oposto é o subjetivismo. Um *objetivista* ético defenderá que as verdades éticas não são relativas, que há certos actos que são corretos ou certos *objectos* que são bons da mesma forma para todos os indivíduos. O *objetivo* é algo que tem a caraterística de ser um *objeto* que existe independentemente da mente que o conhece. Entende-se que tanto o sujeito como *o objeto* são reais da mesma forma e que ambos são igualmente manifestações de um absoluto ou ideia. O mundo é suposto consistir em concretizações de universais que têm o seu ser independente da mente (Runes, 1998:273).

Para efeitos desta classificação, é necessário caraterizar o *objetivo*, enquanto *orientação epistemológica*, com base nos elementos que o compõem; ou seja, os pressupostos filosóficos, a partir dos quais se resolvem todos e cada um dos cinco grandes problemas do conhecimento; os fundamentos teóricos, com os quais se problematizam os objectos de estudo; os procedimentos metodológicos, com os quais se geram novos conhecimentos; as estratégias técnicas, que se utilizam para conhecer a realidade; e os instrumentos, com os quais se recolhem as informações.

6.1.1 *Os pressupostos filosóficos da orientação epistemológica objetivista*.

Para conhecer a realidade, uma orientação epistemológica objetivista baseia-se principalmente em sete *pressupostos filosóficos* que, respetivamente, se referem à possibilidade, origem, essência, classificação e critérios de verdade do conhecimento.

Todos e cada um dos cinco principais problemas filosóficos do conhecimento são resolvidos pela razão.

O *primeiro pressuposto filosófico* de que se parte, a partir de uma orientação epistemológica *objetivista* para conhecer a realidade, consiste em admitir que o sujeito apreende realmente o objeto, que o conhecimento não é um problema, que o contacto real entre o sujeito e o objeto é possível e real, que o conhecimento não é uma relação, que os objectos do conhecimento nos são absolutamente dados, etc.; ou seja, que é possível conhecer de forma *dogmática*, sem pedir contas à razão.

No que diz respeito à possibilidade de conhecer, o dogmatismo predomina sobre o *ceticismo* nesta orientação epistemológica. Isto porque o problema filosófico da possibilidade de conhecer é resolvido pela razão.

O *segundo pressuposto filosófico* de que se parte, a partir de uma orientação epistemológica *objetivista* para conhecer a realidade, refere-se ao facto de se considerar que a principal fonte do conhecimento humano está na razão, no pensamento. Admite-se que o conhecimento só merece este nome quando é logicamente necessário e universalmente válido, quando a nossa razão julga que algo tem de ser assim e não pode ser de outra forma, que tem de ser assim sempre e em todo o lado.

No que respeita à *origem do conhecimento, o racionalismo* predomina sobre o empirismo nesta orientação epistemológica. Isto porque o problema filosófico da origem do conhecimento é resolvido pela razão.

O *terceiro pressuposto filosófico* de que se parte, a partir de uma orientação epistemológica *objetivista* para conhecer a realidade, refere-se ao facto de se conjeturar que, na relação de conhecimento (independentemente do carácter ontológico do sujeito e do objeto, em termos pré-metafísicos), isto é, na relação entre o sujeito apreensor e o objeto a conhecer, o objeto determina o sujeito. Os objectos são ditos como algo dado, algo que apresenta uma estrutura que é reconstruída pela consciência cognoscente, como uma fotografia da realidade.

Na *essência do conhecimento*, em termos *pré-metafísicos*, ou seja, sem dizer nada sobre o carácter ontológico do sujeito e do objeto, na orientação epistemológica *objetivista, o objetivismo* predomina sobre o subjetivismo. Isto porque o problema pré-metafísico da essência do conhecimento é resolvido pela razão.

O *quarto pressuposto filosófico* de uma abordagem epistemológica *objetivista* ao conhecimento da realidade é o ponto de vista de que, no que diz respeito ao carácter ontológico do sujeito e do objeto, ou seja, em termos metafísicos, esta abordagem epistemológica também assume que a realidade existe, em si mesma, independentemente do pensamento.

Em termos *metafísicos*, ou seja, referindo-se ao carácter ontológico do sujeito e do objeto, esta orientação epistemológica é dominada pelo *realismo* em detrimento do idealismo. Isto porque o problema metafísico da essência do conhecimento é resolvido pela razão.

O *quinto pressuposto filosófico* de que se parte, a partir de uma orientação epistemológica *objetivista*, para explicar os fenómenos, consiste em admitir que, em termos teológicos, por exemplo, o bem e o mal coexistem num eterno confronto, até que o primeiro triunfe sobre o segundo; ou seja, Deus e o homem estão separados, porque (no caso do cristianismo) os nossos primeiros pais (Adão e Eva) foram expulsos do paraíso; ao qual regressaremos através da religião (religando o desvinculado).

No problema da relação do conhecimento, na orientação epistemológica objetivista, a *solução teológica dualista e teísta* predomina sobre o monismo e o panteísmo. Isto porque o problema teológico da essência do conhecimento é resolvido pela razão.

O *sexto pressuposto filosófico* de que se parte, a partir de uma orientação epistemológica *objetivista* para conhecer a realidade, no que diz respeito aos tipos de conhecimento, consiste em assumir que o conhecimento é a apreensão espiritual de um objeto; ou seja, é um conhecimento racional, mediato, discursivo.

Na orientação epistemológica objetivista, no que diz respeito aos tipos de conhecimento, o conhecimento *racional* predomina sobre o conhecimento intuitivo. Isto porque o problema da classificação dos conhecimentos é resolvido pela razão.

O *sétimo pressuposto filosófico* do qual partimos, a partir de uma orientação epistemológica *objetivista* para conhecer a realidade, consiste na opinião de que o pensamento deve estar de acordo consigo mesmo para ser verdadeiro. Um juízo é verdadeiro quando é formado de acordo com as leis e as regras do pensamento. A verdade é algo formal, coincide com a correção (idealismo).

Na orientação epistemológica objetivista, o *critério imanente de verdade* predomina sobre o transcendente. Isto porque o problema filosófico do conceito e do critério de verdade do conhecimento é resolvido pela razão.

6.1.2 ***Os fundamentos teóricos da orientação epistemológica objetivista.***

A orientação epistemológica objetivista, pelo facto de resolver todos e cada um dos cinco principais problemas filosóficos do conhecimento a partir da razão, só permite a construção de teorias dogmáticas (possibilidade de conhecer), racionais (origem do conhecimento), objectivas, idealistas e dualistas (soluções pré-metafísica, metafísica e teológica, respetivamente, para o problema da essência do conhecimento), racionais (classificação do conhecimento) e imanentes (conceito e critério de verdade do conhecimento).

6.1.2.1 *Teorias gerais do conhecimento de orientação epistemológica objetivista.*

A orientação epistemológica *objetivista* é de origem *matemática (*os fenómenos são pensados em termos de diversidade, contraposição ou relação), mecanicista (os acontecimentos são pensados em termos de leis da mecânica) e organicista (evolução).

Para efeitos da presente investigação, e pelas razões expostas nos capítulos anteriores, designamos por matematicismo, mecanicismo e organicismo *as teorias*

gerais do conhecimento. Estas teorias têm origem nas ciências matemáticas, físicas, químicas, biológicas, etc.
Os fundamentos *matemáticos, mecanicistas e organicistas* da orientação epistemológica objetivista permitem gerar teorias a partir da matemática, da física, da química e da biologia, ou seja, a partir das *ciências formais ou ideais* e das *ciências naturais* (factuais). Isto explica a sua orientação epistemológica *objetivista*, com raízes na escola platónica, que, esquecendo o sujeito, concentra toda a sua atenção no objeto, ou seja, negligenciando o ser, concentra-se no dever ser.

6.1.2.2 *As teorias particulares das ciências sociais da orientação epistemológica objetivista.*

Levadas ao nível das ciências factuais ou materiais, as teorias gerais do conhecimento (matematicismo, mecanicismo e organicismo) permitem a emergência de *teorias particulares das ciências sociais*, como o positivismo, o funcionalismo, o estruturalismo, a teoria geral dos sistemas, etc.
Em todas estas teorias, o denominador comum é o facto de a sociedade ser comparada a uma máquina (mecanicismo), a um animal (organicismo) ou a um ideal lógico-matemático (matematicismo).

6.1.2.3 *Teorias específicas das ciências da educação de orientação epistemológica objetivista.*

As consequências epistemológicas de uma tal problematização da realidade são evidentes. No domínio da educação, surgem *teorias específicas* que se relacionam muito bem com os pressupostos acima referidos. Por exemplo, *o behaviorismo* e as suas derivações.

6.1.3 ***Os procedimentos metodológicos da orientação epistemológica objetivista.***

Para construir novos conhecimentos, o *objetivista* efectua principalmente as seguintes operações intelectuais: adição, multiplicação, síntese, dedução, definição, classificação, etc.

6.1.4 ***As estratégias técnicas da orientação epistemológica objetivista.***

As *estratégias técnicas* que um objetivista utiliza para conhecer a realidade são principalmente a experimentação e a documentação.

6.1.5 ***Os instrumentos da orientação epistemológica objetivista.***

Os instrumentos de recolha de dados da realidade dependem da *técnica* com que se contrasta o fenómeno em estudo. Se a *técnica* utilizada for a *observação*, o *instrumento* mais adequado para recuperar os dados será o *registo*; se utilizarmos a *experiência*, os *instrumentos que* utilizaremos para a realização da *experiência* serão os respectivos *elementos* que nos permitirão recuperar os dados de que necessitamos; se utilizarmos *o inquérito*, os *instrumentos* adequados serão o *questionário* e/ou a *entrevista* e, finalmente, se utilizarmos a *técnica documental*, o *instrumento* que nos permitirá recolher os dados de que necessitamos será a *ficha de trabalho.*
Pode afirmar-se que os principais instrumentos que um objetivista pode utilizar para recolher a informação existente sobre o seu objeto de estudo são os seguintes: os elementos e as fichas de trabalho.
Pode deduzir-se que este tipo de investigação é o que outros autores designam por quantitativa.

6.2 A ORIENTAÇÃO EPISTEMOLÓGICA SUBJECTIVISTA. O aspeto qualitativo na reconstrução da realidade educativa.

Uma ação é *subjetivamente* justa se for praticada na convicção de que *é objetivamente* justa. O conhecimento restringe-se ao *sujeito cognoscente* (aos seus estados sensoriais, afectivos e volitivos) e às realidades exteriores que podem ser deduzidas dos estados *subjectivos* do espírito. Em termos axiológicos, os valores morais e estéticos reflectem os sentimentos e reacções *subjectivas* dos espíritos, não tendo um carácter independente dessas reacções, ou seja, os juízos morais apenas reflectem as emoções de aprovação ou desaprovação. Em termos *epistemológicos*, trata-se de uma doutrina segundo a qual todo o objeto apreendido é criado, construído pelo *sujeito*. Por vezes também chamado *idealismo psicológico*, é uma *teoria do conhecimento* segundo a qual o mundo só existe para o espírito. O único mundo que existe é o mundo que conhecemos, encerrado no domínio das ideias. Ser é percecionar (Runes1998:353).

Para efeitos desta investigação, é necessário caraterizar o *subjetivo* como uma *orientação epistemológica*, baseada nos elementos que o constituem; ou seja, os pressupostos filosóficos, a partir dos quais se resolvem todos e cada um dos principais problemas do conhecimento; os fundamentos teóricos, com os quais se problematizam os objectos de estudo; os procedimentos metodológicos, com os quais se geram novos conhecimentos; as estratégias técnicas, com as quais se conhece a realidade; e os instrumentos, com os quais se recolhem as informações.

6.2.1 ***Os pressupostos filosóficos da orientação epistemológica subjetivista.***

Para conhecer a realidade, a partir de uma orientação epistemológica *subjetivista*, partimos sobretudo de sete *pressupostos filosóficos* que, respetivamente, se referem à possibilidade, à origem, à essência, à classificação e aos critérios de verdade do conhecimento.

Todos e cada um dos cinco principais problemas filosóficos do conhecimento são resolvidos a partir dos sentidos.

O *primeiro pressuposto filosófico* a partir do qual se parte, numa orientação epistemológica *subjetivista*, para conhecer a realidade, consiste em admitir que o sujeito não pode apreender verdadeiramente o objeto, que o conhecimento é um problema porque não é possível um contacto real entre o sujeito e o objeto. Afirma-se que não existem verdades universalmente válidas, que a verdade está limitada ao sujeito que conhece e julga; que um juízo só é válido para o sujeito individual que o formula; e que, em última análise, o homem é a medida de todas as coisas. Neste sentido, admite-se que há verdades apenas em relação a uma dada humanidade; e que o círculo de validade das verdades coincide com o círculo cultural e temporal de onde provêm os seus defensores.

No que diz respeito à *possibilidade de conhecer*, nesta orientação epistemológica, *o ceticismo*, o *subjetivismo*, o *relativismo* e *o pragmatismo* predominam sobre o dogmatismo e o criticismo. Isto porque o problema filosófico da possibilidade de conhecer é resolvido a partir dos sentidos.

O *segundo pressuposto filosófico* em que se baseia a orientação epistemológica *subjetivista* para conhecer os fenómenos, refere-se ao facto de se admitir que a principal fonte de conhecimento reside na experiência. Admite-se que a consciência cognoscente retira os seus conteúdos da experiência; que o espírito humano é por natureza vazio, uma tábua rasa, uma folha de papel para ser escrita

e na qual a experiência escreve; que a alma experimenta apenas sensações; e que as ideias são cópias de impressões derivadas das sensações.
No que diz respeito ao problema da *origem do conhecimento*, a orientação epistemológica *subjetivista* privilegia *o empirismo* em detrimento do racionalismo. Isto porque o problema filosófico da origem do conhecimento é resolvido a partir dos sentidos.
O *terceiro pressuposto filosófico* do qual se parte, a partir de uma orientação epistemológica *subjetivista*, para conhecer os factos, refere-se ao facto de se considerar que, na relação de conhecimento (independentemente do carácter ontológico do sujeito e do objeto), o *sujeito* determina o objeto. O mundo das ideias, o conjunto de princípios do conhecimento, é colocado no sujeito.
Em relação à *essência do conhecimento*, em termos *pré-metafísicos*, na orientação epistemológica *subjetivista*, o *sujeito* predomina sobre o objeto. Isso porque o problema pré-metafísico sobre a essência do conhecimento é resolvido a partir dos sentidos.
O *quarto pressuposto filosófico* do qual parte a orientação epistemológica *subjetivista* para realizar a investigação diz respeito à circunstância de - ao considerar o carácter ontológico do sujeito e do objeto na relação de conhecimento - se assumir que todos os objectos possuem um ser ideal, isto é, mental.
Em termos *metafísicos*, no problema da *essência do conhecimento*, a orientação epistemológica *subjetivista* privilegia *o idealismo* em detrimento do realismo. Isto porque o problema metafísico sobre a essência do conhecimento é resolvido a partir dos sentidos.
O *quinto pressuposto filosófico* do qual partimos, a partir de uma orientação epistemológica *subjetivista*, para explicar os fenómenos, consiste em que, em termos teológicos, por exemplo, considerar que o bem e o mal coexistem num eterno confronto, até que o primeiro triunfe sobre o segundo; ou seja, Deus e o homem estão separados, graças ao facto de (no caso do cristianismo) os nossos primeiros pais (Adão e Eva) terem sido expulsos do paraíso; ao qual regressaremos através da religião (para voltar a ligar os desligados).
No problema da *essência do conhecimento*, nas *soluções teológicas*, a orientação epistemológica *subjetivista* favorece a solução *dualista e teísta* em detrimento da solução monista e panteísta. Isto porque o problema teológico da essência do conhecimento é resolvido a partir dos sentidos.
O *sexto pressuposto filosófico* do qual partimos, a partir de uma orientação epistemológica *subjetivista*, para analisar a realidade, é que apreendemos de forma imediata tudo o que é dado na experiência externa ou interna; isto é, de forma sensível e espiritual. Diz-se que apreendemos de forma imediata, intuitiva, tanto o que é imediatamente dado, como os princípios últimos.
Nos *tipos de conhecimento*, a orientação epistemológica *subjetivista* privilegia *o conhecimento intuitivo* em detrimento do conhecimento racional. Isso porque o problema da classificação dos conhecimentos é resolvido a partir dos sentidos.
O *sétimo pressuposto filosófico* de que parte a orientação epistemológica *subjetivista*, para explorar a realidade, é que ela se baseia em conceitos e critérios de verdade transcendentes, ou seja, a verdade é entendida como a concordância do pensamento com o objeto. Pensa-se que são verdadeiros todos os juízos que assentam numa presença ou realidade imediata do objeto pensado (realismo) e que,

em relação aos objectos reais, nos dados da consciência possuímos uma certeza imediata, uma presença ou realidade imediata de um objeto.
No problema dos *critérios de verdade do conhecimento*, a orientação epistemológica subjetivista privilegia *os conceitos e critérios de verdade transcendentes*. Isto porque o problema do conceito e dos critérios de verdade do conhecimento é resolvido a partir dos sentidos.

6.2.2 *Os fundamentos teóricos da orientação epistemológica subjetivista.*

A orientação epistemológica *subjetivista* é de origem historicista, evolucionista, fenomenológica, hermenêutica, linguística, etc.
Os seus *precursores* são Aristóteles e Hegel, entre outros.
As ciências que se destacam nesta orientação epistemológica *subjetivista* são sobretudo a antropologia, a historiografia e a linguística.
A orientação epistemológica *subjetivista* opõe-se à objetivista na sua pretensão de considerar *científicas* apenas as explicações que se enquadram no modelo das ciências formais (matemáticas) e factuais (naturais, como a física, a biologia, a química, etc.).
Os *teóricos* mais representativos desta orientação epistemológica subjetivista são: Husserl, Weber, Dilthey, Alfred Schutz, G. Gadamer, P. Winch, G. W. Wrigth, etc.
Teoricamente, justifica-se a existência das *ciências humanas* ou *ciências do espírito*. Nestas ciências, o objeto de estudo é o mundo humano, produto do espírito humano, algo historicamente criado pelo homem. Nas ciências sociais, não é possível dissociar o investigador e a realidade investigada. Observa-se uma identidade sujeito-objeto e o nível de conhecimento mais adequado para conhecer é a *compreensão*, que nos permite apreender um mundo significativo e intencional.

6.2.2.1 *Teorias gerais do conhecimento de orientação epistemológica subjetivista.*

As *teorias gerais do conhecimento* que servem para problematizar os objectos de estudo, a partir de uma orientação epistemológica *subjetivista*, são as do caos e do conflito, ou seja, o foco está no sujeito, negligenciando o objeto.
A teoria do caos constrói os seus objectos de estudo a partir de categorias como a turbulência, a desorganização, o inesperado, o acaso, o caos, a desordem, a crise, a mobilidade, os mitos, os rituais, a mudança, etc.
Segundo a *teoria do caos*, a realidade é turbulenta, desorganizada, inesperada. É dominada pela desordem, relacionada, de forma complexa e misteriosa, com a ordem, ambas um enigma em todos os tempos e culturas.
Diz-se que os mitos de origem exprimem e ritualizam uma ordem primordial a partir do caos. Nas sociedades tradicionais, as máscaras da desordem são a feitiçaria, as simbolizações e os rituais, bem como as estratégias de poder político para converter forças dispersas em energia colectiva.
Na época atual, Balandier (2003) salienta que as figuras mais caraterísticas da desordem são fenómenos como as crises bolsistas, as doenças epidémicas como a SIDA, a violência do terrorismo e a fraqueza do discurso político que cria incerteza e desorientação.
No entanto, a desordem social que ocorre em qualquer altura de crise tem um aspeto positivo, porque implica mobilidade e uma mudança de modelos. É por isso que Georges Balandier presta uma homenagem especial ao movimento,

simultaneamente energizante e apaziguador, para acalmar os receios e alertar contra as tentativas de sucumbir ao medo confuso que gera.

Um princípio filosófico básico da teoria do caos é o da *geração* (subjetivismo) e não o *da criação* (objetivismo). Ou seja, "*...o caos é o enigma que vem de tempos muito longínquos, quando os mitos tentavam mostrar como todas as coisas provêm e são o resultado de géneses sucessivas...*" (Balandier, 2003: 9).

Diz-se que na natureza nada é linear (objetivo) ou simples (ingénuo). A ordem (objetiva) esconde-se por detrás da desordem (subjectiva), o aleatório (relativo) está sempre em ação, o imprevisível (relativo) deve ser compreendido. Trata-se de uma descrição diferente do mundo, na qual a consideração do movimento (relativismo) e das suas flutuações predomina sobre as estruturas (dogma), as organizações (objetivo), as pertenças, etc.

Os grandes mitos (dogmas) das sociedades de tradição (modernidade) dão uma explicação total (dogma), afirmam, dizem o que é e o que deve ser (maniqueísmo). A ciência de hoje já não tenta chegar a uma visão totalmente explicativa (objetiva) do mundo, a visão que produz é parcial e provisória (subjectiva). É confrontada com uma realidade incerta (relativismo), com fronteiras imprecisas ou móveis (subjetivismo), estuda o jogo do possível (relativismo), explora o complexo, o imprevisível, o inédito. Já não tem a obsessão da harmonia (ordem), dá grande lugar à entropia (indiferença) e à desordem (caos), e a sua argumentação descobre progressivamente os seus limites.

6.2.2.2 *As teorias particulares das ciências sociais de orientação epistemológica subjetivista.*

Duas das *teorias particulares das ciências sociais* que emergem das teorias gerais do conhecimento, como o caos, o conflito e a incerteza, são *o historicismo* (olhar para a realidade em termos de movimento, mudança, etc.) e o materialismo histórico dialético (olhar para a realidade em termos de conflito, luta, etc.).

6.2.2.3 *Teorias específicas das ciências da educação de orientação epistemológica subjetivista.*

As *teorias específicas das ciências da educação*, que se desenvolvem a partir das teorias gerais do conhecimento e das teorias particulares das ciências sociais acima referidas, são principalmente o cognoscitivismo (promoção do desenvolvimento sociocultural e holístico), a psicogenética (reforço do desenvolvimento e promoção da autonomia moral e intelectual) e o humanismo.

6.2.3 ***Os procedimentos metodológicos da orientação epistemológica subjetivista.***

Para gerar novos conhecimentos, a partir da orientação epistemológica *subjetivista*, realizam-se principalmente os seguintes *procedimentos metodológicos* ou operações intelectuais: subtração, divisão, análise, indução, comparação, etc.

6.2.4 ***As estratégias técnicas da orientação epistemológica subjetivista.***

As estratégias técnicas mais susceptíveis de serem utilizadas por um subjetivista para conhecer a realidade são a observação e o inquérito.

6.2.5 ***Os instrumentos da orientação epistemológica subjetivista.***

Os instrumentos mais susceptíveis de serem utilizados por um subjetivista para obter informações sobre o seu objeto de estudo são: o registo, o questionário e a entrevista.

Pode deduzir-se que este tipo de investigação é o que outros autores designam por qualitativa.

6.3 ORIENTAÇÃO EPISTEMOLÓGICA DIALÉCTICA. O quantitativo-qualitativo na construção da realidade educativa.

Em termos epistemológicos, segundo Gutiérrez (2000:9), há uma tentativa de superar o univocismo (objetivismo) e o equivocismo (subjetivismo) em que se encontra o pensamento atual. Por um lado, a univocidade (objetivismo) no positivismo e cientificismo da modernidade; por outro lado, a equivocidade (subjetivismo) em muitas áreas do chamado pensamento pós-moderno.

Diz-se que, para ultrapassar este impasse, Beauchot propôs uma saída: nem a univocidade (objetivismo) nem a equivocidade (subjetivismo), mas *a analogia* (objetivismo-subjetivismo ou diálogo). Uma tradição que remonta aos gregos e foi retomada na Idade Média, e que não foi bem compreendida nem pela modernidade (univocidade) nem pela pós-modernidade (equivocidade).

É uma questão de equilíbrio, de mediação, entre a univocidade (objetivismo) e a equivocidade (subjetivismo), embora esta última, a diferença, predomine.

Segundo Beauchot (Gutiérrez, 2000:12-18) *a analogia* é entendida como um modo de predicação e de significação entre termos unívocos (aqueles que são atribuídos aos seus inferiores ou os significam, de forma completamente igual, por exemplo, "homem", predicado de todos os indivíduos humanos) (objetivismo) e equívocos (são atribuídos aos seus inferiores de forma completamente diferente, por exemplo, "urso", que pode ser predicado do animal e da constelação) (subjetivismo); por outro lado, um termo analógico é atribuído aos seus inferiores de forma parcialmente igual e parcialmente diferente, por exemplo, "saudável" pode ser predicado do organismo, da alimentação, da medicina e da urina, uma vez que é predicado do organismo em primeiro lugar como o sujeito da saúde, da alimentação como aquilo que a preserva, da medicina como aquilo que a restaura e da urina como aquilo que é o seu efeito ou a manifesta (diálogo).

Trata-se de unir o finito (dogmatismo) e o infinito (ceticismo), a união dos opostos, um princípio hermenêutico fundamental. Desta forma, é possível reduzir as dicotomias entre o religioso e o secular, o sagrado e o profano, o simbólico e o literal, a realidade e a idealidade, etc.

A intervenção da *analogia*, que é proporcional, requer a intervenção *dialógica*, que é intersubjectiva; mas também envolve o sujeito. No diálogo há uma reflexão individual, que torna possível o próprio diálogo; visto como uma partilha do que cada um reflecte a partir de si e em contacto com os outros; assim, a reflexão que é influenciada pelo diálogo também o influencia. Esta reflexão leva à abstração, à universalização, e leva ao que é apresentado dialogicamente como hipótese a ser testada no debate intersubjetivo.

Segundo Beauchot (2000), trata-se de encontrar o que há de semelhante nas coisas (objetivismo), sem esquecer que o diferente, a diversidade, predomina (subjetivismo); respeitar as diferenças sem renunciar à semelhança que permite alcançar uma certa universalização (diálogo entre o sujeito e o objeto).

Neste sentido, uma ação é objetiva e subjetivamente justa se, por um lado, for o que o agente deve (objetivamente) fazer e quer realmente (subjetivamente) fazer, com o querer (subjetivo) a predominar sobre o dever (objetivo), mas sem descurar um certo grau de universalidade (objetivo) relativamente ao que a maioria entende por justo (dialógico).

6.3.1 *Os pressupostos filosóficos da orientação epistemológica dialética*.

Para conhecer a realidade, a partir da orientação epistemológica *dialética*, partimos principalmente de sete *pressupostos filosóficos* que, respetivamente, se referem à possibilidade, origem, essência, classificação e critérios de verdade do conhecimento.

Todos e cada um dos cinco principais problemas filosóficos do conhecimento são resolvidos a partir dos sentidos e da razão, privilegiando os primeiros em detrimento da segunda ou vice-versa.

O *primeiro pressuposto filosófico* a partir do qual partimos de uma orientação epistemológica *dialética* para conhecer a realidade, refere-se ao facto de o sujeito saber o que quer saber sobre o objeto, mas de acordo com o consenso com os outros sujeitos; ou seja, de forma *dialógica*.

Na orientação epistemológica *dialética*, o dogma combina-se com a exceção, privilegiando a exceção, o que nos leva a um certo subjetivismo, relativismo, pragmatismo e criticismo, sobre a *possibilidade do conhecimento*. Isso porque o problema sobre a possibilidade do conhecimento é resolvido a partir dos sentidos e da razão ou vice-versa (criticismo).

O *segundo pressuposto filosófico* do qual se parte, a partir de uma orientação epistemológica *dialética*, para realizar uma investigação, consiste na opinião de que, para conhecer os fenómenos, se recorre tanto à razão (racionalismo) como à experiência (empirismo), privilegiando a experiência em detrimento da razão (*intelectualismo*) ou a razão em detrimento da experiência (apriorismo).

Na orientação epistemológica *dialética*, o intelectualismo ou apriorismo é privilegiado no que diz respeito à *origem do conhecimento*. Isto porque o problema da origem do conhecimento é resolvido a partir dos sentidos e da razão ou vice-versa (intelectualismo ou apriorismo).

O *terceiro pressuposto filosófico* de que se parte numa orientação epistemológica *dialética*, para conhecer a realidade, consiste em admitir que, na relação de conhecimento, o sujeito e o objeto se determinam mutuamente, prevalecendo o sujeito sobre o objeto ou vice-versa.

Na orientação epistemológica *dialética - no que diz respeito* à *solução pré-metafísica do problema da essência do conhecimento* - privilegia-se o diálogo entre sujeito e objeto, com a primazia do primeiro sobre o segundo ou vice-versa. Isto porque o problema pré-metafísico da essência do conhecimento é resolvido a partir dos sentidos e da razão ou vice-versa (dialética).

O *quarto pressuposto filosófico* a partir do qual se parte de uma orientação epistemológica *dialética*, para conhecer a realidade, consiste em admitir que a realidade existe por si mesma, independentemente do pensamento; mas que, no entanto, os objectos possuem um ser ideal mental, que pode ser apreendido pelos sujeitos; isto de uma forma fenomenológica, ou seja, uma certa universalidade (objetivismo) pode ser alcançada na apreensão subjectiva da realidade.

Na orientação epistemológica *dialética - em* relação à *solução metafísica do problema da essência do conhecimento* - privilegia-se o diálogo entre a realidade e o pensamento, privilegiando a primeira em detrimento do segundo ou vice-versa. Isto porque o problema metafísico da essência do conhecimento é resolvido a partir dos sentidos e da razão ou vice-versa (dialética).

O *quinto pressuposto filosófico* de que se parte numa orientação epistemológica *dialética*, para conhecer a realidade, consiste em presumir que a divindade é a fonte comum do pensamento e do ser, do absoluto transcendente, mas sujeito e objeto, pensamento e ser, consciência e coisas, estão absorvidos numa unidade, num absoluto imanente.

Na orientação epistemológica *dialética - na solução teológica do problema da essência do conhecimento* - o monismo e o panteísmo *são* privilegiados. Isto porque o problema teológico da essência do conhecimento é resolvido a partir dos sentidos e da razão ou vice-versa (dialética).

O *sexto pressuposto filosófico* a partir do qual se parte, numa orientação epistemológica *dialética*, para conhecer a realidade, consiste em admitir que o conhecimento é entendido em termos de uma apreensão espiritual de um objeto que é dado de forma imediata e discursiva; isto é, tudo o que é dado na experiência interna ou externa é apreendido de forma imediata, de forma sensível e espiritual, de forma intuitiva, tanto o que é imediatamente dado como os últimos princípios, bem como de forma racional, mediata e discursiva.

Na orientação epistemológica *dialética*, tanto o conhecimento intuitivo como o racional são privilegiados no problema dos *tipos de conhecimento*. Isto porque o problema da classificação dos conhecimentos se resolve a partir dos sentidos e da razão ou vice-versa (dialética).

O *sétimo pressuposto filosófico* a partir do qual se parte de uma orientação epistemológica *dialética*, para conhecer a realidade, consiste em conjeturar que um juízo é verdadeiro tanto quando o pensamento concorda consigo mesmo como quando concorda com o objeto pensado; Ou seja, todos os juízos são verdadeiros tanto quando se apoiam numa presença ou realidade imediata do objeto pensado (realismo) como quando são formados de acordo com as leis e normas do pensamento (idealismo); isto é, em relação aos objectos reais, nos dados da consciência possuímos uma certeza imediata dos objectos e, em relação aos objectos mentais, a verdade é algo formal, que coincide com a correção do pensamento.

Na orientação epistemológica *dialética*, tanto *os conceitos* como os *critérios de verdade transcendentes* e *imanentes* são privilegiados. Isto porque o problema sobre o conceito e o critério de verdade do conhecimento é resolvido a partir dos sentidos e da razão ou vice-versa (dialética).

6.3.2 ***Os fundamentos teóricos da orientação epistemológica dialética.***

A orientação epistemológica dialética de origem *multidisciplinar*. Desloca-se da física para as ciências da vida e da sociedade.

6.3.2.1 *Teorias gerais do conhecimento de orientação epistemológica dialética.*

As principais teorias gerais do conhecimento, a partir das quais os objectos de estudo podem ser problematizados numa orientação epistemológica dialética, são a analogia e a complexidade. Estas foram mencionadas nos capítulos anteriores.

6.3.2.2 *As teorias particulares das ciências sociais de orientação epistemológica dialética.*

As principais teorias particulares das ciências sociais, a partir das quais os objectos de estudo podem ser problematizados a partir de uma orientação epistemológica dialética, são a fenomenologia e a hermenêutica crítica. Estas foram mencionadas em capítulos anteriores.

6.3.2.3 *As teorias específicas das ciências da educação de orientação epistemológica dialética.*

As principais teorias específicas das ciências da educação, a partir das quais os objectos de estudo podem ser problematizados numa orientação epistemológica dialética, são a teoria genética (Piaget) e a teoria sociocultural (Vigotsky). Estas foram mencionadas nos capítulos anteriores.

6.3.3 ***Os procedimentos metodológicos da orientação epistemológica dialética.***

Para gerar novos conhecimentos, a partir da orientação epistemológica *dialética*, induzimos-deduzimos, analisamos-sintetizamos, etc.

6.3.4As ***estratégias técnicas da orientação epistemológica dialética.***

As *estratégias técnicas* que, a partir da orientação epistemológica *dialética*, podem ser utilizadas para conhecer a realidade são principalmente a observação, a experimentação, o inquérito e a documentação. Aqui, a diferença em relação às orientações epistemológicas objetivista e subjetivista é de grau, ou seja, depende do alcance explicativo, interpretativo ou explicativo-interpretativo-compreensivo que, respetivamente, se quer dar à técnica selecionada.

6.3. ***5Os instrumentos da orientação epistemológica dialética.***

Os instrumentos que, segundo a orientação epistemológica *dialética*, podem ser utilizados para recolher dados são principalmente os elementos, a ficha de trabalho, o registo, a entrevista e o inquérito. Aqui, a diferença em relação às orientações epistemológicas objetivista e subjetivista é de grau, ou seja, depende do alcance explicativo, interpretativo ou explicativo-interpretativo-compreensivo que, respetivamente, se pretende dar ao instrumento selecionado.

A diferença entre as orientações epistemológicas objetivista e subjetivista em termos de técnicas - e respectivos *instrumentos* - depende do âmbito da investigação. A observação do subjetivista é *qualitativa*, a do objetivista é quantitativa (registam-se qualidades e dados, respetivamente) e a do dialético é *quantitativa-qualitativa.*

Finalmente, pode inferir-se que este tipo de investigação é o que outros autores designam por mista (quantitativa-qualitativa).

6.4 RESUMO DO CAPÍTULO.

A título de síntese, o quadro seguinte apresenta graficamente os pressupostos filosóficos, os fundamentos teóricos, os procedimentos metodológicos, as estratégias técnicas e os instrumentos utilizados para a realização da investigação em cada uma das orientações epistemológicas analisadas neste capítulo:

ORIENTAÇÕES EPISTEMOLÓGICAS	I OBJECTIVO	1.1 PROBLEMAS DE CONHECIMENTO TO	POSSIBILIDADE		SOLUÇÕES	DOGMATISMO
			ORIGEM			RACIONALISMO
			ESSÊNCIA	SOLUÇÃO PRE METAFÍSICA		OBJECTIVISMO
				SOLUÇÃO		IDEALISMO

			META-FÍSICA	
			SOLUÇÃO TEOLÓGICO	**DUALISMO**
		CLASSIFICAÇÃO		**RACIONAL**
		CONCEITO E CRITÉRIO DE VERDADE		**IMANENTE**
	1.2 FUNDAMENTOS SO TEORISTAS	**TEORIAS GERAIS DO CONHECIMENTO**		MATEMATICISMO, MECANICISMO E ORGANICISMO
		TEORIAS PARTICULARES DE LAS C. S.		POSITIVISMO, FUNCIONALISMO, ESTRUTURALISMO E SISTEMAS
		TEORIAS ESPECÍFICAS DAS CIÊNCIAS DA EDUCAÇÃO.		CONDUCTISMO
	1.3 PROCEDIMENTOS METODOLÓGICO			**ADIÇÃO, MULTIPLICAÇÃO, DEDUÇÃO, SÍNTESE, CLASSIFICAÇÃO, DEFINIÇÃO**
	1.4 ESTRATÉGIAS TÉCNICAS			**EXPERIMENTAÇÃO, DOCUMENTÁRIO**
	1,5 INSTRUMENTOS			**ELEMENTOS, FOLHAS DE CÁLCULO**
II SUBOBJECTIVO	2.1 PROBLEMAS DO CONHECIMENTO TO	**POSSIBILIDADE**	SOLUÇÕES	**CEPTICISMO, SUBJECTIVISMO, RELATIVISMO, PREGMATISMO**
		ORIGEM		**EMPIRISMO**
		ESSÊNCIA	SOLUÇÃO PREMETAFÍSICA	**SUBJECTIVISMO**
			SOLUÇÃO METAFÍSICA	**REALISMO**
			SOLUÇÃO TEOLÓGICO	**DUALISMO**
		CLASSIFICAÇÃO		**INTUITIVO**

		CONCEITO E CRITÉRIO DE VERDADE			**TRASCENDENTE**
	2.2 FUNDAMENTOS SO TEORISTAS	**TEORIAS GERAIS DO CONHECIMENTO**			CAOS, CONFLITO
		TEORIAS PARTICULARES DE LAS C. S.			HISTORICISMO, MATERIA LISMO HISTÓRICO-DIALÉCTICO
		TEORIAS ESPECÍFICAS DAS CIÊNCIAS DA EDUCAÇÃO.			PSICANÁLISE, HUMAN ISMO, COGNOSCITIVISMO
	2. 3PROCEDIMENTOS METODOLÓGICO				**SUBTRACÇÃO, DIVISÃO, INDUÇÃO, ANÁLISE, COMPARAÇÃO**
	2.4 ESTRATÉGIAS TÉCNICAS				**OBSERVAÇÃO, INQUÉRITO**
	2.5 INSTRUMENTOS				**REGISTO, QUESTIONÁRIO, ENTREVISTA**
III. DIALÉTICA	3.1 PROBLEMAS DE CONHECIMENTO	**POSSIBILIDADE**		SOLUÇÕES	**CRÍTICA**
		ORIGEM			**INTELECTUALISMO, APRIORISMO**
		ESSÊNCIA	SOLUÇÃO PREMETAFÍSICA		**DIALÉTICA**
			SOLUÇÃO METAFÍSICA		**FENOMENOLOGIA**
			SOLUÇÃO TEOLÓGICO		**MONISMO E PANTEÍSMO**
		CLASSIFICAÇÃO			**MISTO (INTUITIVO-RACIONAL)**
		CONCEITO E CRITÉRIO DE VERDADE			**MISTO (TRANSCENDENTE-IMANENTE**
	3.2 FUNDAMENTAÇÃO SO TEORISTAS	**TEORIAS GERAIS DO CONHECIMENTO**			ANALOGIA, COMPLEXIDADE
		TEORIAS PARTICULARES DE LAS C. S.			FENOMENOLOGIA, HERMENÊUTICA CRÍTICA
		TEORIAS ESPECÍFICAS DAS CIÊNCIAS DA EDUCAÇÃO.			TEORIA GENÉTICA (PIAGET), TEORIA SÓCIO-CULTURAL (VOGOTSKY)
	3.3 PROCEDIMENTOS METODOLÓGICO				**INDUTIVO-DEDUTIVO, ANALÍTICO-SINTÉTICO**

		3.4 ESTRATÉGIAS TÉCNICAS	TODOS
		3.5 INSTRUMENTOS	TODOS

CONCLUSÕES

CONCLUSÕES GERAIS

A epistemologia é um ramo da filosofia que lida com o problema do conhecimento; o conhecimento do conhecimento.

O conhecimento, entendido como um processo, é um problema porque quando o ser humano procura conhecer a realidade, sai da esfera ontológica e passa para a esfera psicológica, em relação ao objeto que procura conhecer; e, ao fazê-lo, separa-se do objeto.

É impossível ao sujeito cognoscente penetrar na esfera do objeto a conhecer. É impossível conhecer a realidade na sua essência, o que é a realidade. O investigador em educação terá de se contentar em *assumir* a definição, as caraterísticas, os elementos, a função, a finalidade, a classificação, etc., do seu problema de investigação.

Os principais *problemas* do conhecimento, entendido como um processo, são de ordem filosófica, teórica, metodológica, técnica e instrumental.

Todos e cada um dos cinco problemas de conhecimento acima mencionados são resolvidos pelo sujeito cognoscente com a sua razão, os seus sentidos ou ambas as qualidades.

A orientação epistemológica consiste na forma como o investigador se orienta no processo de conhecimento.

Os elementos de uma orientação epistemológica são os pressupostos filosóficos, a partir dos quais se resolvem todos e cada um dos cinco problemas filosóficos do conhecimento; os fundamentos teóricos, com os quais se problematiza a realidade; os procedimentos metodológicos, para gerar novos conhecimentos; as estratégias técnicas, para conhecer a realidade; e os instrumentos, para recolher informação.

Em qualquer processo de investigação educacional, as dimensões acima referidas são determinadas reciprocamente, de forma descendente e ascendente: os pressupostos *filosóficos* determinam os fundamentos *teóricos*; os fundamentos teóricos definem os procedimentos *metodológicos*; os procedimentos metodológicos decidem as estratégias *técnicas*; e as estratégias técnicas determinam os *instrumentos*; e vice-versa.

Quando não há congruência entre estas cinco dimensões da investigação, diz-se que o estudo carece de rigidez metodológica; parece mais correto dizer que carece de coerência epistemológica.

Uma orientação epistemológica *caracteriza-se* principalmente pelo facto de o investigador tomar posição sobre o problema do conhecimento; ele (o investigador) terá de decidir a partir de que pressupostos filosóficos pretende observar a realidade, com que teorias vai problematizar o seu objeto de estudo, que procedimento metodológico vai utilizar para gerar o novo conhecimento, com que estratégia técnica vai aprender sobre a realidade e, finalmente, que instrumento ou instrumentos vai utilizar para recolher a informação de que necessita para construir o seu objeto de estudo.

A escolha dos elementos acima referidos permite ao investigador em educação situar-se em qualquer uma das três possibilidades epistemológicas para realizar o seu trabalho; pode escolher entre as orientações epistemológicas objetivista, subjetivista ou dialética.

Uma vez que os elementos acima mencionados são de natureza diferente e constituem uma posição sobre o problema do conhecimento, não é possível definir uma única orientação epistemológica para a realização de investigação nas ciências da educação; tudo dependerá do objeto de estudo e das inclinações epistemológicas e ontológicas do investigador.

BIBLIOGRAFIA

1. Abruch Linder, Miguel (S/F). *Metodología de las ciencias sociales*. UNAM. México.
2. Anguera, María Teresa (1997). *Metodologia da observação nas ciências humanas*. Cátedra. Espanha.
3. Aristóteles (A) (1992). *Metafísica*. Porrúa (Col. "Sepan Cuántos...", nº 120), México.
4. Aristóteles (B) (1993). *Tratados de Lógica*. Porrúa (Col. "Sepan Cuántos...", nº 124), México.
5. Arntz, William et al. (2003): *E tu?* Kiev. Argentina.
6. Bacon, Francis (1991). *NovumOrganum*. Porrúa (Col. "Sepan cuantos...", núm.293). México.
7. Balandier, Georges (2003). *El desorden*. Gedisa. Barcelona.
8. Beauchot, Mauricio (2000). *Tratado de hermenêutica analógica*. Itaca. México.
9. Bisquerra, Rafael (2000). *Métodos de investigação educativa*. Ediciones ceac. Espanha.
10. Blauberg I, P. Kopnin e I. Pantin (1983). *Breve dicionário filosófico*. Carthage. México.
11. Bosch García, Carlos (1982) *La técnica de investigación documental*. UNAM. México.
12. Briones, Guillermo (2008). *Métodos y técnicas de investigación para las ciencias sociales*. Trillas. México.
13. Brom, Juan (1975). *Para entender a história*. Nuestro tiempo. México.
14. Bunge, Mario (1970). *La ciencia, su método y su filosofía*. Ediciones Quinto Sol. México.
15. Bunge, Mario (1992). *La investigación científica*. Ariel. México.
16. Cásares Hernández, Laura e outros (2008). *Técnicas actuales de investigación documental*. Trillas. México.
17. Cícero (1993). *Os ofícios e os deveres*. Porrúa (Col. "Sepan Cuántos...", no. 230). México.
18. Chalmers F. Alan (1999): *O que é esta coisa chamada ciência?* Siglo XXI. México.
19. Comte, Auguste (1997). *A Filosofia Positiva*. Porrúa (Col. "Sepan Cuántos...", nº 340). México.
20. Descartes (A) (1981). *Discurso do método*. Porrúa (Col. "Sepan Cuántos...", núm. 177), México.
21. Descartes (B) (1981). *Meditações Metafísicas*. Porrúa (Col. "Sepan Cuántos...", nº 177). México.
22. Dieterich Steffan, Heinz (2003). *Novo guia para a investigação científica*. Ariel. México.
23. Dilthey, Wilhelm (1978). *Introdução às ciências do espírito*. F. C. E. México.
24. Durkheim, Emile (2000). *As regras do método sociológico*. Ediciones Coyoacán.
México.
25. Durkheim, Emile (2000). *Educação e sociologia*. Colofón. México.
26. Duverger, Maurice (1999). *Métodos de las ciencias sociales*. Ariel. México.

27. Freire, Pablo (1982). *A educação como prática da liberdade*. Siglo XXI. México.
28. Gaarder, Jostein (2001). *O Mundo de Sofia*. Um romance sobre a história da filosofia. Patria / Siruela. México.
29. Gadamer, Hans-Georg (1977). *Verdade e Método I*. Sígueme. Espanha.
30. Galindo Cásares, Luis Jesús (1998) *Técnicas de investigación en sociedad, cultura y comunicación*. Pearson. México.
31. García Ferrando, Manuel, Jesús Ibañez e Francisco Alvira (1986). *El análisis de la realidad social. Métodos y técnicas de investigación*. Alianza Universidad Textos. Madrid.
32. García, Rolando (2000). *O conhecimento em construção*. Gedisa. Espanha.
33. G. W. F., Hegel (A) (1997). *Enciclopédia das Ciências Filosóficas*. Porrúa (Col. "Sepan Cuántos...", nº 187). México.
34. G. W., F. Hegel (1993). *Fenomenologia do Espírito*. F. C. E. México.
35. Gibsons et al (1997). *La nueva producción del conocimiento*. Pomares. Barcelona.
36. Grawitz, Madeleine (1984). *Métodos e técnicas nas ciências sociais*. México.
37. Gutiérrez Pantoja, Gabriel (A) (1984). *Metodología de las Ciencias Sociales I*. Harla. México.
38. Gutiérrez Pantoja, Gabriel (B) (2007). *"Curso de Direito e Metodologia das Ciências Sociais"*. 26 de maio a 1 de junho de 2007. UAEM. Faculdade de Direito. Toluca.
39. Gutiérrez Robles, Alejandro (2000). *Hermenêutica analógica: para uma nova ordem de racionalidade*. Universidad Intercontinental. México.
40. Gutiérrez Saenz,Raúl (1987). *Historia de las Doctrinas Filosóficas*. Esfinge. México.
41. Gutiérrez Saenz,Raúl (2005). *Introdução à lógica*. Esfinge. México.
42. Heidegger, Martín (1993). *Ser e Tempo*. F. C. E. México.
43. Hessen, Juan (1999). *Teoria do conhecimento*. Porrúa (Col. "SepanCuantos ...", num. 351). México.
44. Hobbes, Thomas (2003). *Leviatã*. F. C. E. México.
45. Hume, David (1992). *Tratado da Natureza Humana*. Porrúa (Col. "Sepan Cuántos...", nº 326). México.
46. Husserl, Edmund (1995). *Ideas relative a una fenomenología pura y una filosofía fenomenológica*. F. C. E. México
47. Imre, Lakatos (2001). *História da ciência*. Techno. Espanha.
48. Imre, Lakatos (2002). *Escritos filosóficos*. Alianza. Espanha.
49. Johann Gottlieb, Fichte (1994). *O Destino do Homem*. Porrúa (Col. "Sepan Cuántos...", nº 641). México.
50. Kant (1996). *Crítica da Razão Pura*. Porrúa (Col. "Sepan Cuántos...", nº 203). México.
51. Kant (1994. *Filosofia da história*. FCE. México.
52. Kart R., Popper (1999). *A lógica da investigação científica*. Tecnos. Espanha.
53. Kuhn T., S (1999). *A Estrutura das Revoluções Científicas*. F. C. E. (Breviarios). México.
54. Larroyo, Francisco (1978). *Historia y Sistema de las Doctrinas Filosóficas*. Porrúa. México.

55. Leibniz (A) (1991). *Novo Tratado do Entendimento Humano*. Porrúa (Col. "Sepan Cuántos...", núm. 321). México.
56. Leibniz (B) (1991). *Monadologia*. Porrúa (Col. "Sepan Cuántos...", núm. 321). México.
57. Locke, John (1994). *Ensaio sobre o entendimento humano* (volume I) Gernika. México.
58. Magee, Bryan (1994). *Popper*. Colofón. México.
59. Mayntz Renate, Kurt Holm e Peter Hubner (1980). *Introdução aos métodos da sociologia empírica. Alianza Editorial. Espanha.*
60. Mardones José, M. (2003).*Filosofia das ciências humanas e sociais*. Antropos. Espanha.
61. Melich, Joan-Charles (1961). *Antropologia simbólica e ação educativa*. Paidós. Barcelona.
62. Mendoza Navarro, Alfonso (1997). *Filosofia Jurídica*. Notas del Curso impartido en el Primer Semestre de la Maestría en Derecho, Grupo Piloto. Faculdade de Direito. UAEM. Toluca.
63. Mercado Maldonado, Asael (1997). *Sociología norteamericana: Un diagnóstico de nuestro tiempo*. U. A. E. M. Centro de Investigação em Ciências Sociais e Humanas. Toluca.
64. Messer, Augusto (1999). *El Realismo Crítico*. Porrúa (Col. "Sepan Cuántos...", nº 351). México.
65. Migueles, Roberto (1977). *Epistemologia e ciências sociais e humanas*. UNAM. México.
66. Montesquieu (1997). *O espírito das leis*. Porrúa (Col. "Sepan Cuántos...", nº 191). México.
67. Morín, Edgar (A) (2001). *Os sete saberes necessários para a educação do futuro*. UNESCO. México.
68. Morín, Edgar (B) (2001).*Introducción al pensamiento complejo*. Gedisa. Espanha.
69. Munch, Lourdes e Ernesto Ángeles (2003). *Métodos e técnicas de investigação*. Trillas. México.
70. Muñoz, Jacobo e Julián Velarde (2000). *Compêndio de epistemologia*. Trota. Madrid.
71. Nietzsche, Frederick (1976). *Para além do bem e do mal*. Editores Unidos Mexicanos, S. A., (Col. Obras de Federico Nietzsche). México.
72. ONU. DECLARAÇÃO MUNDIAL SOBRE O ENSINO SUPERIOR NO SÉCULO XXI. VISÃO E ACÇÃO.
73. Ortiz Uribe, Frida Gisela (2003). México. *Diccionario de metodología de la investigación científica*. Limusa.
74. Pick, Susan e Ana Luisa López Velasco de Faubert (2007). *Cómo investigar en ciencias sociales*. Trillas. México.
75. Platão (A) (1998). *Diálogos*. Porrúa (Col. "Sepan Cuantos...", núm. 13). México.
76. Platão (B) (1991), *As Leis*. Porrúa (Col. "Sepan Cuántos...", núm. 139). México.
77. Ponce, Anibal (1993). *Educación y lucha de clases*. Editores unidos mexicanos. México.

78. Reyes Parra, Juvencio (1983). *Matemática explicada*. Ediciones Mucar. México.
79. Rojas Soriano, Raúl (1985). *Guía para realizar investigaciones sociales*. UNAM. México.
80. Runes, Dagoberto D. (1998). *Diccionario de filosofía*. Grijalbo. México.
81. Santo Agostinho (1994). *A cidade de Deus*. Porrúa (Col. "Sepan Cuántos...", núm. 59). México.
82. Sandoval, Edgar (2006). *Semiótica, lógica e conhecimento. Homenagem a Charles Sanders Peirce*. UACM. México.
83. Schopenhauer, Arthur (1997). *O Mundo como Vontade e Representação*. Porrúa (Col. "Sepan Cuántos...", nº 419). México.
84. Schutz, Alfred (1974). *O problema da realidade social*. Amorrortu. Argentina.
85. Schutz, Alfred (1977). *As estruturas do mundo da vida*. Amorrortu. Argentina.
86. Schwarts, Howard e Jerry Jacobs (1996). *Sociologia Qualitativa. Método para a reconstrução da realidade*. Trillas. México.
87. Séneca (1999). *Tratados Filosóficos*. Porrúa (Col. "Sepan Cuántos...", nº 281). México.
88. Sierra Bravo, Restituto (2001). *Técnicas de investigação social*. Paraninfo. Espanha.
89. Sierra Bravo, Restituto (1984). *Ciencias sociales. Epistemologia, lógica e metodologia*. Paraninfo. Espanha.
90. Spinoza (1990). *Ética*. Porrúa (Col. "Sepan Cuántos...", nº 319), México.
91. Tamayo y Tamayo, Mario (1982). *El proceso de la investigación científica*. Limusa. México.
92. Tomás de Aquino (1991). *Summa Contra los Gentiles*. Porrúa (Col. "Sepan Cuántos...", nº 317). México.
93. UAEM (1999). *Universidade Interdisciplinar*. Editorial Emahaia. Toluca, México.
94. Von Wriht, G. H. (1979). *Explicação e compreensão*. Alianza. Madrid.
95. Weber, M. (A) (1969). *Economia e sociedade*. F. C. E. México.
96. Weber, M. (B) (1971). *Sobre a teoria da ciência social*. Península. Espanha.
97. Wilhelm, Dilthey (1978) *Introducción a las ciencias del espíritu*. F. C. E. México.
98. Winch, P. (1972). *Ciências sociais e filosofia*. Amorrortu. Argentina.
99. W. M. Jackson, Inc. publishers (1983). *Dicionário lexical hispânico*. México.

MIX
Papier aus verantwortungsvollen Quellen
Paper from responsible sources
FSC® C105338

Printed by Books on Demand GmbH, Norderstedt / Germany